Somos así
¡YA!

Second Edition

James F. Funston
Alejandro Vargas Bonilla

EMC/Paradigm Publishing, Saint Paul, Minnesota

Credits

Editorial Direction
Saskia Gorospe Rombouts
Inés Greenberger

Editors
María Andrea Ghiringhelli
Piedad Gutiérrez
Ruby Norfolk
Candy Rodó

Editorial Consultants
Susanne Church
Sol Gaitán
Mercedes Roffé

Production Direction
Helen Breen
Lucy Hebard

Art Direction
Ana Linnemann

Illustrators
Rick Cooley
Len Ebert
René Rios

Photo Coordinator
Rory Maxwell

Photo Research
Jennifer Anderson
Romy Charlesworth
Elisa Frohlich
Robin Sand

Electronic Production
Maureen O'Connor

We have attempted to locate owners of copyright materials used in this book. If an error or omission has occurred, EMC/Paradigm Publishing will acknowledge the contribution in subsequent printings.

ISBN 0-8219-1936-9

Published by EMC/Paradigm Publishing
875 Montreal Way
St. Paul, Minnesota 55102
800-328-1452
http://www.emcp.com
E-mail: educate@emcp.com

Printed in the United States of America
2 3 4 5 6 7 8 9 10 X X X 05 04 03 02 01 00

About the Cover

Have you ever seen the cover of *Somos así ¡YA!* before? You may remember seeing a similar painting, *Sueño de una tarde dominical en la Alameda Central*, by the famous twentieth-century Mexican muralist Diego Rivera. This huge fresco takes viewers on a Sunday walk through Alameda Park in Mexico City where they meet numerous prominent figures from Mexican history. The painting integrates art and politics and expresses one of the most important ideals of the Mexican Revolution—that the rich are no more important than common people. The Mexican people consider Rivera to be a national treasure and a revolutionary painter who took art to the people.

You may want to compare Rivera's mural with the painting on the cover of this textbook, *Sunday Afternoon in the Park*, by Tune Insisiengmay. Like the Rivera mural, this painting also brings together people from all social classes and walks of life in Mexico. On the left side you can recognize former President Benito Juárez (large, hatless man holding a piece of paper to indicate his legislative legacies). Directly in front of him are Diego Rivera (in the yellow hat) and his wife, the artist Frida Kahlo (in the red dress). Note the wide range of people in this painting: the young, the elderly, the poor, the rich, the peasants, the artists, the revolutionaries, the military and the aristocracy. Insisiengmay uses broad areas of flat color in the background to contrast with the people who wear the same bright, primary colors that are found in the balloons. His post-modernistic, precise style, like that of Rivera, conveys the diversity of the Mexican social landscape in the twentieth century.

Table of Contents

Lección 15   174

Lección 16   186

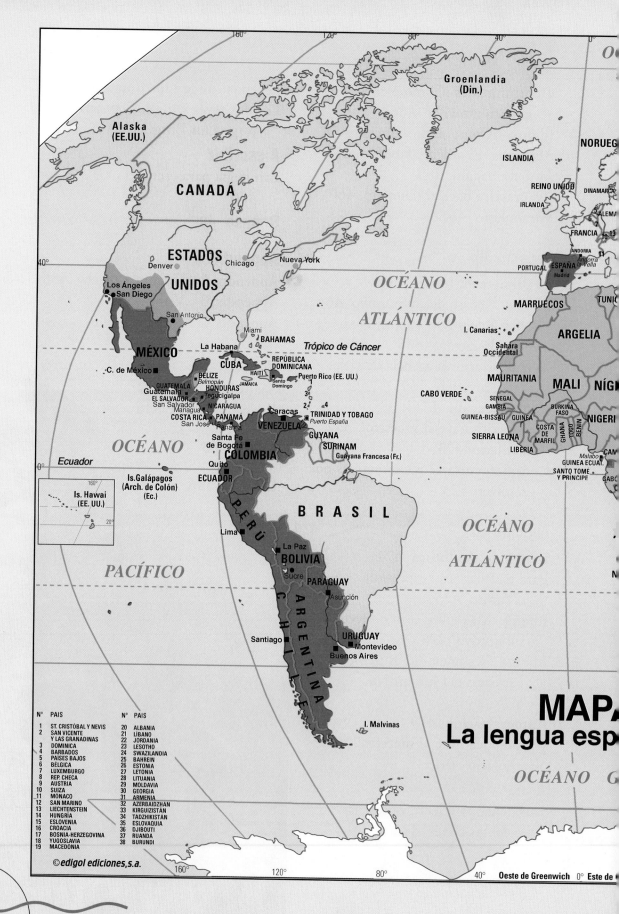

Alaska
(EE.UU.)

Groenlandia
(Din.)

ISLANDIA

NORUEG

CANADÁ

REINO UNIDO   DINAMARCA

IRLANDA   5 ALEMA
                      6
                      7
FRANCIA   16 15

ANDORRA
Andorra   13
la Vella
PORTUGAL ESPAÑA
           Madrid

ESTADOS   Chicago   Nueva York
Denver

UNIDOS

OCÉANO

MARRUECOS   TUNI

Los Ángeles
San Diego

ATLÁNTICO

I. Canarias
Sahára
Occidental

ARGELIA

San Antonio

Miami
BAHAMAS   Trópico de Cáncer
MÉXICO   La Habana

MAURITANIA   MALI   NÍG

CUBA   REPÚBLICA
C. de México   DOMINICANA
          BÉLIZE   HAITÍ Santo   Puerto Rico (EE. UU.)
          Belmopán   Domingo
GUATEMALA HONDURAS JAMAICA   3
Guatemala Tegucigalpa   1
EL SALVADOR   3
San Salvador NICARAGUA   2   4
  Managua   2
COSTA RICA PANAMÁ   Caracas TRINIDAD Y TOBAGO
San José   Panamá VENEZUELA   Puerto España

CABO VERDE

SENEGAL
GAMBIA   BURKINA
GUINEA-BISSAU GUINEA FASO NIGERI

OCÉANO

Santa Fe
de Bogotá   GUYANA
COLOMBIA   SURINAM
Quito   Guayana Francesa (Fr.)

COSTA
DE   GHANA
MARFIL TOGO BENIN
SIERRA LEONA
LIBERIA   Malabo CAM
            GUINEA ECUAT.
            SANTO TOMÉ
            Y PRÍNCIPE GABO

Ecuador

Is.Galápagos
(Arch. de Colón)
(Ec.)

ECUADOR

160°
Is. Hawai
(EE. UU.)

20°

PERÚ

Lima

BRASIL

OCÉANO

ATLÁNTICO

La Paz
BOLIVIA
Sucre

PACÍFICO

PARAGUAY
Asunción

ARGENTINA

Santiago

CHILE

URUGUAY
Montevideo
Buenos Aires

MAPA
La lengua esp

I. Malvinas

OCÉANO G

N° PAIS   N° PAIS
1   ST. CRISTÓBAL Y NEVIS   20 ALBANIA
2   SAN VICENTE   21 LÍBANO
    Y LAS GRANADINAS   22 JORDANIA
3   DOMINICA   23 LESOTHO
4   BARBADOS   24 SWAZILANDIA
5   PAISES BAJOS   25 BAHREIN
6   BÉLGICA   26 ESTONIA
7   LUXEMBURGO   27 LETONIA
8   REP. CHECA   28 LITUANIA
9   AUSTRIA   29 MOLDAVIA
10 SUIZA   30 GEORGIA
11 MÓNACO   31 ARMENIA
12 SAN MARINO   32 AZERBAIDZHAN
13 LIECHTENSTEIN   33 KIRGUIZISTÁN
14 HUNGRIA   34 TADZHIKISTÁN
15 ESLOVENIA   35 ESLOVAQUIA
16 CROACIA   36 DJIBOUTI
17 BOSNIA-HERZEGOVINA 37 RUANDA
18 YUGOSLAVIA   38 BURUNDI
19 MACEDONIA

160°   120°   80°   40° Oeste de Greenwich 0° Este de

OCÉANO GLACIAL ÁRTICO

Alaska
(EE.UU.)

R U S I A

KAZAJSTÁN

MONGOLIA

40°

UZBEKISTÁN 30 33

TURQUÍA 31 32 TURKMENISTÁN 34

COREA
DEL NORTE

JAPÓN

OCÉANO

PACÍFICO

SIRIA 21

ISRAEL 22

IRAK IRÁN

AFGANISTÁN

REP. POP. CHINA

COREA
DEL SUR

PRE

EGIPTO

KUWAIT

ARABIA
SAUDITA 25

PAKISTÁN

NEPAL

BHUTAN

TAIWÁN

QATAR

EMIRATOS
ÁRABES UNIDOS

BANGLA-
DESH

OMÁN

INDIA

BIRMANIA

LAOS

VIETNAM

Manila

ERITREA

YEMEN

THAILANDIA

CAMBOYA

FILIPINAS

REP. DE PALAOS

SUDÁN

36

SRI LANKA

BRUNEI

ETIOPÍA

SOMALIA

MALASIA

UGANDA

KENYA 37

MALDIVAS

SINGAPUR

0°

38

I N D O N E S I A

PAPÚA
NUEVA GUINEA

SEYCHELLES

OCÉANO

TANZANIA

COMORES

SALOMÓN

MALAWI

MAURICIO

ÍNDICO

MOZAMBIQUE

ZIMBABWE

MADAGASCAR

24

AUSTRALIA

Trópico de Capricornio

NUEVA

40°

ZELANDA

MUNDI
a en el mundo

Línea internacional
de cambio de hora

ANTÁRTICO

PARTIDA

	Países donde el español es la lengua oficial o co-oficial	**Madrid** Ciudad de más de 1 millón de hab.
	Zonas donde el español es hablado por una parte de la población	Panamá Ciudad de 100.000 a 1 millón de hab.
		Malabo Ciudad de menos de 100.000 hab.
		▪–▪ Límite de Estado
		▪ Capital de Estado
		● Otras ciudades

40°   80°   120°   160°   160°

xix

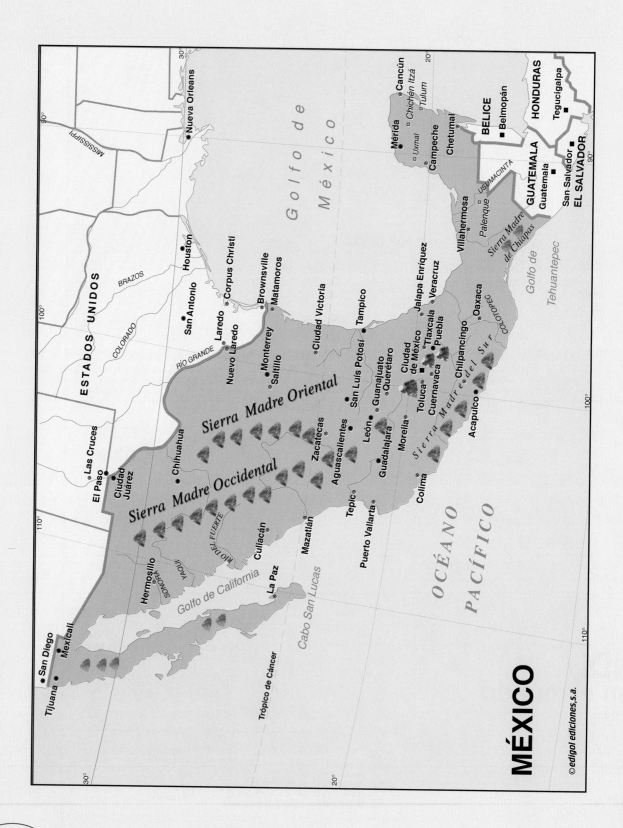

MÉXICO

XX

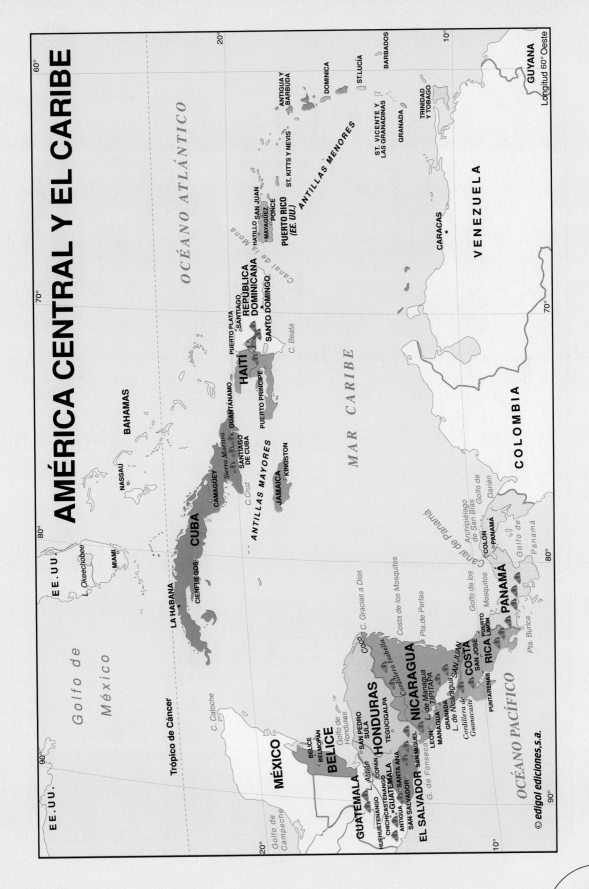

AMÉRICA CENTRAL Y EL CARIBE

E E . U U.

E E . U U.

L. Okeechobee

MIAMI

Golfo de México

Trópico de Cáncer

C. Catoche

Golfo de Campeche

MÉXICO

BELICE
BELMOPÁN
BELICE

GUATEMALA
HUEHUETENANGO
L. Atitlán
CHICHICASTENANGO COPÁN
ANTIGUA GUATEMALA SANTA ANA
SAN SALVADOR SAN MIGUEL
EL SALVADOR
G. de Fonseca

SAN PEDRO SULA
Golfo de Honduras
HONDURAS
TEGUCIGALPA

Cordillera Isabella

NICARAGUA
L. de Managua
MANAGUA TIPITAPA
LEÓN L. de Nicaragua
GRANADA
Cordillera de
Guanacaste
PUNTARENAS

COCO C. Gracias a Dios

SAN JUAN

COSTA
RICA SAN JOSÉ
PUERTO LIMÓN

Costa de los Mosquitos

Pta. de Perlas

Golfo de los
Mosquitos

PANAMÁ

Archipiélago
de San Blas

COLÓN
PANAMÁ

Canal de Panamá

Golfo de
Darién

Golfo de
Panamá

Pta. Burica

OCÉANO PACÍFICO

LA HABANA

CIENFUEGOS

CUBA

CAMAGÜEY

Sierra Maestra

SANTIAGO
DE CUBA

GUANTÁNAMO

PUERTO PRÍNCIPE

HAITÍ

PUERTO PLATA
SANTIAGO
REPÚBLICA
DOMINICANA
SANTO DOMINGO

C. Beata

C. Cruz

ANTILLAS MAYORES

JAMAICA
KINGSTON

MAR CARIBE

BAHAMAS

NASSAU

OCÉANO ATLÁNTICO

Canal de la Mona

HATILLO SAN JUAN
MAYAGÜEZ PONCE
PUERTO RICO
(EE. UU.)

ANTIGUA Y
BARBUDA

DOMINICA

ST. KITTS Y NEVIS

ANTILLAS MENORES

ST. LUCÍA

ST. VICENTE Y
LAS GRANADINAS

GRANADA

BARBADOS

TRINIDAD
Y TOBAGO

CARACAS

VENEZUELA

COLOMBIA

GUYANA

Golfo de México

Longitud 60° Oeste

© edigol ediciones, s.a.

20°

10°

10°

20°

60°

70°

80°

90°

70°

80°

90°

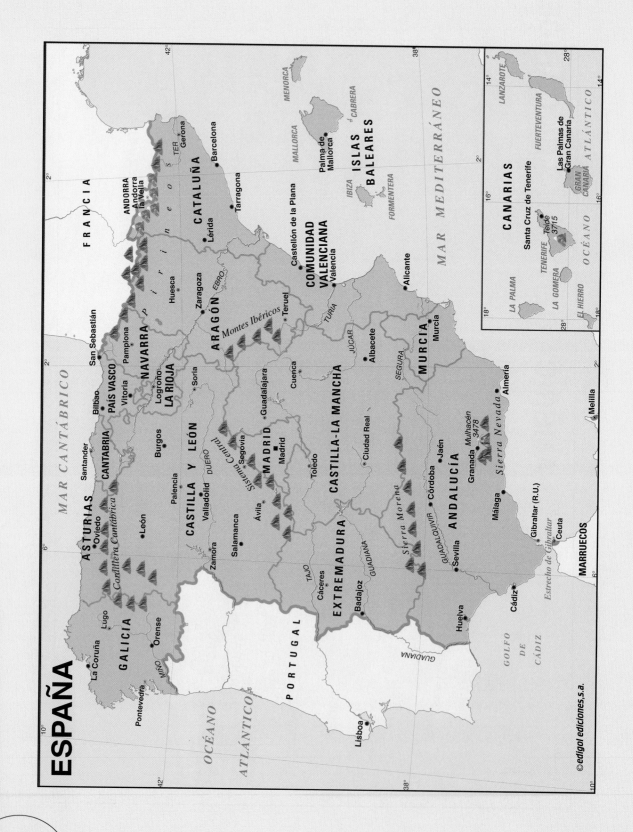

ESPAÑA

AMÉRICA DEL SUR

MAR CARIBE
G. de Venezuela
Delta del Orinoco

BARRANQUILLA
CARTAGENA
MARACAIBO   CARACAS
de Maracaibo
MÉRIDA   VENEZUELA
BUCARAMANGA
ARAUCA   ORINOCO
MEDELLÍN   GEORGETOWN
PARAMARIBO
SANTA FE   GUYANA   CAYENA
DE BOGOTÁ   SURINAM   GUAYANA
CALI   VILLAVICENCIO   FRANCESA
(Fra.)
PASTO   COLOMBIA
QUITO   Estuario del Amazonas
ECUADOR   Cotopaxi   Ecuador
GUAYAQUIL   5896
Golfo de   Chimborazo   CAQUETÁ   AMAZONAS
Guayaquil   CUENCA   6267   AMAZONAS
IQUITOS
Pta. Negra   PERÚ   FORTALEZA

OCÉANO   ATLÁNTICO

CHICLAYO   Los Andes
TRUJILLO   B R A S I L   RECIFE

CALLAO   SAN FRANCISCO
LIMA   Machu Picchu   SALVADOR
ICA   CUZCO
JULIACA   L. Titicaca   BRASILIA
LA PAZ   BOLIVIA
COCHABAMBA   BELO HORIZONTE
ARICA   L. de Poopó
SUCRE
POTOSÍ   PARAGUAY
PARANÁ

OCÉANO   Gran Chaco   PARAGUAY   SÃO PAULO
PILCOMAYO   CONCEPCIÓN   RÍO DE JANEIRO
Trópico de Capricornio   ANTOFAGASTA   Itaipú
Cataratas
del Iguazú
PACÍFICO   Los Andes   SAN MIGUEL   ASUNCIÓN
DE TUCUMÁN   RESISTENCIA   URUGUAY
CORRIENTES
ARGENTINA
Aconcagua   CÓRDOBA   PARANÁ   OCÉANO
6959   SAN JUAN   PARANÁ   SALTO
IS. JUAN FERNÁNDEZ   MENDOZA   ROSARIO   URUGUAY   ATLÁNTICO
(Chile)   VIÑA DEL MAR   Pampas   BUENOS   MONTEVIDEO
VALPARAÍSO   SALADO   AIRES   URUGUAY
SANTIAGO   LA PLATA   RÍO DE LA PLATA
DE CHILE   Pta. Norte
TALCA   COLORADO   BAHÍA BLANCA   MAR DEL PLATA
CONCEPCIÓN   NEGRO
VALDIVIA   NEUQUÉN
PUERTO   SAN CARLOS DE
MONTT   BARILOCHE
Los Andes   Patagonia
C. Tres Puntas

Golfo de Penas
Bahía   Estr. de Magallanes   ISLAS MALVINAS (R.U.)
Grande
PUNTA ARENAS   TIERRA DEL   PUERTO STANLEY
FUEGO   GEORGIA DEL SUR (R.U.)
USHUAIA
Cabo de Hornos
Estr. de Drake

©edigol ediciones,s.a.

¡Mucho
gusto!

CAPÍTULO 1

escríbenos

Planeta Chat

In this chapter you will be able to:
greet others and say good-bye
ask for and give names
recognize some common classroom expressions
ask for and state place of origin
ask for and state age
ask how someone is and tell how you are
ask for and tell what time it is
express courtesy

Lección 1

El primer día de clase

José se acerca a Patricia, una chica nueva en una escuela en San Juan, Puerto Rico.

JOSÉ: Hola. Me llamo José Martínez y estoy haciendo una encuesta para el periódico de la escuela. ¿Me permite que le haga unas preguntas?

PATRICIA: Bueno, si no toma mucho tiempo... Tengo que estar en clase dentro de cinco minutos.

JOSÉ: Va a ser **rápido.**° ¿Cómo se llama?

PATRICIA: Me llamo Patricia, pero mi **apodo**° es Pati. Todos mis amigos me dicen Pati.

JOSÉ: Está bien, Pati. ¿Cómo se llaman sus padres?

PATRICIA: Enrique García y Liliana Fresneda.

JOSÉ: Entonces, su nombre completo es Patricia García Fresneda.

PATRICIA: Así es, pero, ¿por qué tanta **formalidad**?° ¿Por qué no **nos tuteamos**?°

JOSÉ: Sí, claro. Dime, ¿tienes novio?

PATRICIA: Oye... ¿para qué es la encuesta?

JOSÉ: Ejem... para... ¡nada! Sólo quería una excusa para hablar contigo... Eres nueva, ¿verdad?

PATRICIA: Sí. Mi familia y yo acabamos de **mudarnos**° a San Juan. Antes vivíamos en Ponce.

JOSÉ:	Si quieres te puedo enseñar la escuela y presentarte a mis amigos.
PATRICIA:	Lo siento, ahora no puedo. **Se me hace tarde.**° Tengo que ir a clase.
JOSÉ:	¿Te busco a la **salida**?°
PATRICIA:	Está bien, pero entonces las preguntas las hago yo.
JOSÉ:	De acuerdo. ¡Nos vemos luego!

rápido *fast, quick* **el apodo** *nickname* **la formalidad** *formality* **nos tuteamos** *call each other "tú"* **mudarnos** *to move* **Se me hace tarde.** *It's getting late.* **la salida** *exit*

¿Qué comprendió Ud.?

Diga si las siguientes oraciones son ciertas o falsas.

1. José es un estudiante nuevo en la escuela.
2. El apodo de Patricia es Pati.
3. Fresneda es el segundo apellido de Patricia.
4. José quiere tutear a Patricia.
5. Patricia tiene prisa.

El distrito histórico de San Juan.

Conexión *Cultural*

Puerto Rico, la isla del encanto

Puerto Rico es la más pequeña de las Antillas Mayores, en el Caribe (sólo mide 110 por 35 millas). Es un Estado Libre Asociado de Estados Unidos y sus idiomas oficiales son el español y el inglés.

Puerto Rico tiene un clima tropical y su naturaleza es muy rica. Tiene playas en la costa del Atlántico y la costa del Caribe, bosques tropicales hermosísimos y una espectacular cadena de montañas, la Cordillera Central.

Puerto Rico tiene una larga história y todavía hoy en día un paseo por sus ciudades nos habla de su importante pasado colonial.

San Juan, la capital de Puerto Rico, es la segunda ciudad más antigua del continente americano, después de Santo Domingo, en la República Dominicana. Fue fundada por Juan Ponce de León en 1508. En sus calles encontramos edificios coloniales de siete cuadras *(city blocks),* que los españoles construyeron entre los siglos XVI y XVII, y que hoy en día están restaurados *(restored)* en todo su esplendor. Algunos de los edificios más famosos son la fortaleza *(fortress)* de El Morro, que se hizo para defender la ciudad, y la iglesia de San José, la más antigua de América.

La fortaleza de El Morro fue construida a finales del siglo XVI.

El primer día de clase (continuación)

Más tarde, a la salida de la escuela.

JOSÉ:	Hola otra vez.
PATRICIA:	Hola, José. ¿Tienes algún apodo?
JOSÉ:	Sí. Muchos me llaman Pepe.
PATRICIA:	Encantada, Pepe. ¿Cuántos años tienes?
JOSÉ:	Diecisiete. ¿Y tú?
PATRICIA:	Yo tengo casi dieciséis. No estás en mi clase, ¿verdad?
JOSÉ:	No. ¿Vas a participar en alguna actividad después de la escuela? Practicas algún deporte o piensas **hacerte miembro de°** algún **club?°**
PATRICIA:	No sé, **tal vez...°** ¡Pero pensé que esta vez las preguntas las haría yo!
JOSÉ:	¡Uy! Perdona... Mira, allí está mi amiga Tania. Te la voy a presentar. *(Se acerca Tania.)* Tania, te presento a Pati. Es nueva.
TANIA:	Hola, mucho gusto.
PATRICIA:	**Igualmente.°**
TANIA:	Tú estás en mi clase, ¿no? Ven, Pati, voy a presentarte a mis amigas. Hasta luego Pepe.
PATRICIA:	Bueno, **te veo por ahí.°**
JOSÉ:	**¡Qué se va a hacer!°** Hasta luego.

hacerte miembro de *to join* **el club** *club* **tal vez** *perhaps* **Igualmente.** *Me too./The pleasure is mine.* **Te veo por ahí.** *See you around.* **¡Qué se va a hacer!** *What else can I do?*

2 ¿Qué comprendió Ud.?

1. ¿Qué le pregunta Pati a José sobre su nombre?
2. ¿A quién le presenta José a Pati?
3. ¿Quiénes están en la misma clase?
4. ¿Quién se queda solo(a) al final?

3 Charlando

1. ¿Qué piensa usted de la táctica de José para conocer chicas?
2. ¿Qué hace usted cuando quiere conocer a alguien?
3. ¿Sus amigos o compañeros tienen apodos? ¿Cuáles?
4. Y usted, ¿tiene algún apodo?
5. ¿Es usted miembro de algún club?

Conexión Cultural

Los apodos

Muchos apodos son nombres acortados. Por ejemplo: Tere (de Teresa), Toni (de Antonio), Guille (de Guillermo). En otros casos, el apodo está tradicionalmente asociado a un determinado nombre que suele reemplazar. Por ejemplo: Manolo (de Manuel), Pepe/Pepa (de José/Josefina), Meche (de Mercedes), Lupe (de Guadalupe).

El tenista brasileño Gustavo Kuerten sueña con ser el número uno del mundo

"Guga" impone la samba

La Lupe

Pepe Garza

(Programador y locutor de la Ke-Buena en Guadalajara):

"EL PÚBLICO LE RECONOCE SU TALENTO, PERO LOS MEDIOS, NO"

Repaso *rápido*

El presente del indicativo

Verbos regulares:

hablar: hablo, hablas, habla, hablamos, habláis, hablan
beber: bebo, bebes, bebe, bebemos, bebéis, beben
escribir: escribo, escribes, escribe, escribimos, escribís, escriben

Verbos con cambios en la raíz:

e - ie   querer: quiero, quieres, quiere, queremos, queréis, quieren
              pensar: pienso, piensas, piensa, pensamos, pensáis, piensan
              sentir: siento, sientes, siente, sentimos, sentís, sienten

e - i   pedir: pido, pides, pide, pedimos, pedís, piden

u - ue   jugar: juego, juegas, juega, jugamos, jugáis, juegan

o - ue   dormir: duermo, duermes, duerme, dormimos, dormís, duermen
              poder: puedo, puedes, puede, podemos, podéis, pueden
              volver: vuelvo, vuelves, vuelve, volvemos, volvéis, vuelven

Verbos con formas irregulares en la primera persona:

caber: **quepo**
caer(se): **(me)caigo**
conocer: **conozco**
convencer: **convenzo**

hacer: **hago**
ofrecer: **ofrezco**
parecer: **parezco**
poner: **pongo**

saber: **sé**
salir: **salgo**
traer: **traigo**

Verbos con cambios en la raíz y formas irregulares en la primera persona:

tener: **tengo**, tienes, tiene, tenemos, tenéis, tienen
decir: **digo**, dices, dice, decimos, decís, dicen
venir: **vengo**, vienes, viene, venimos, venís, vienen
torcer: **tuerzo**, tuerces, tuerce, torcemos, torcéis, tuercen

Verbos con más de una forma irregular:

ser: **soy, eres, es, somos, sois, son**
estar: **estoy, estás, está,** estamos, estáis, **están**
ir: **voy, vas, va, vamos, vais, van**
dar: **doy,** das, da, damos, dais, dan
oír: **oigo, oyes, oye,** oímos, oís, **oyen**
ver: **veo,** ves, ve, vemos, **veis,** van

Soy nueva en esta escuela.

4 Conozca a sus compañeros

Con su compañero(a), hablen de sí mismos. Háganse preguntas según las indicaciones.

ser nuevo(a) en la escuela
A: ¿Eres nuevo en la escuela?
B: Sí, (No, no) soy nuevo.

1. vivir cerca de la escuela
2. venir a la escuela en autobús
3. conocer a todos los profesores
4. tener muchas clases este año

5. traer el almuerzo a la escuela
6. hacer la tarea en la biblioteca
7. saber usar la computadora
8. salir mucho los fines de semana

5 ¿Qué hacen los fines de semana?

En el siguiente párrafo, Luisa habla de lo que hace los fines de semana. Use el presente del verbo apropiado para rellenar los espacios en blanco.

dormir	llamar	quedarse
hacer	pedir	salir
jugar	poder	volver

¡Los fines de semana me encantan! El sábado y el domingo (1) dormir hasta tarde. Generalmente (2) hasta las diez y media de la mañana. Casi todos los sábados por la tarde (3) al fútbol con un equipo. Luego, siempre (4) todos juntos, pero antes yo (5) a mis padres y les (6) permiso. Nunca (7) a casa más tarde de las ocho. Los domingos generalmente (8) en casa y (9) la tarea.

Me gusta dormir hasta tarde.

6 Encuesta

Copie la tabla *(table)* y pregúnteles a cinco compañeros si los fines de semana hacen estas actividades. Escriba *sí* o *no* en cada espacio en blanco. Después escriba seis oraciones sobre los resultados.

Luis: María, ¿duermes hasta las diez los fines de semana?
María: Sí.

	María	Esteban	Ana	Tomás	Eva
dormir hasta las diez	sí	no	no	sí	no
hacer deportes					
ir al cine					
salir con amigos					
ver películas					
patinar en el parque					
leer revistas					
jugar al béisbol					

Resultados: María y Tomás duermen hasta las diez.

IDIOMA

Los verbos que terminan en -cer, -cir

Most verbs ending in *-cer* and *-cir*, such as *conocer* (to know) and *conducir* (to drive) have a change in the *yo* form of the present tense: the *-c-* changes to *-zc-*. The other present tense forms of these verbs do not require this spelling change.

*Yo **conduzco** bien, pero mi primo conduce demasiado rápido.*	I **drive** well but my cousin drives too fast.
¿Conoces a mi amiga Patricia?	Do you know my friend Patricia?
*No, no la **conozco**.*	No, I **don't know** her.

The following are some other common verbs that follow this pattern.

¿A quién se parece Catalina?

aparecer	*to appear, to turn up*
desaparecer	*to disappear*
establecer	*to establish*
merecer	*to deserve*
nacer	*to be born*
obedecer	*to obey*
ofrecer	*to offer*
parecer	*to seem, to appear*
parecerse	*to look like, to resemble*
pertenecer	*to belong*
reconocer	*to recognize*
traducir	*to translate*

The verbs *vencer* (to conquer) and *convencer* (to convince) do not follow this pattern; the *yo* form of these verbs simply changes to *-z-* as in *venzo* and *convenzo*.

Más verbos que terminan en -cer, -cir

Algunos de los verbos de la lista son nuevos. Aquí tenemos más ejemplos:

Javier siempre aparece sin avisar.	*Javier always turns up without warning.*
Ana merece una A.	*Ana deserves an A.*
Mi perro nunca obedece.	*My dog never obeys.*
Lidia se parece mucho a su madre.	*Lydia resembles her mother a lot.*
Ellos pertenecen al club.	*They belong to the club.*
No vas a reconocer a Luisa.	*You won't recognize Luisa.*
Parece diez años más joven.	*She looks ten years younger.*

Me parezco muchísimo a mi mamá.

7 Preguntas y más preguntas

Con su compañero(a), túrnense *(take turns)* para hacerse preguntas según las indicaciones.

conocer a todos sus compañeros
A: ¿Conoce a todos sus compañeros?
B: Sí, (No, no) conozco a todos mis compañeros.

1. merecer una A en la clase de español
2. traducir cada palabra del español al inglés
3. ofrecerles ayuda a otros compañeros
4. obedecer siempre a sus profesores
5. convencer fácilmente a otros
6. pertenecer a un club
7. parecerse a sus hermanos
8. conducir a veces el coche de sus padres

Merecemos una A en esta clase.

8 Solicitud de trabajo

Imagínese que usted busca trabajo de verano en un hotel. Con su compañero(a), creen un diálogo. Su compañero(a) escribe un cuestionario basado en la solicitud de trabajo del hotel. Usted contesta las preguntas.

A: ¿Cuál es su nombre?
B: Me llamo Esteban.

Hotel Plaza

Solicitud de trabajo

Nombre: _____
Apellidos: _____
Dirección: _____
Ciudad: _____
Teléfono: _____
Educación: _____
Experiencia
    en hoteles: _____
    en restaurantes: _____
    en otros trabajos: _____
Idiomas: _____
Experiencia con computadoras: _____
Referencias: _____

IDIOMA

Usos del presente

Use the present tense in Spanish to do the following:

- to describe people's activities, abilities, and routines

*Lidia **trabaja** en la cafetería del club.*	Lidia **works** in the club's cafeteria.
*Samuel **juega** al tenis muy bien.*	Samuel **plays** tennis very well.
*Todos los días **me levanto** a la misma hora.*	**I get up** every day at the same time.

- to express actions that are happening as you speak

*Hoy **llueve** y **hace** mucho **frío**.*	Today **it's raining** and **it's** very **cold**.
*María, ¿qué **haces** ahí?*	María, what **are you doing** there?
*Papá **está** en la cocina.*	Dad **is** in the kitchen.

- to express immediate future actions

*¿Adónde **vas** mañana?*	Where **are you going** tomorrow?
*Ella **viene** esta noche.*	She **is coming** tonight.

- to ask whether to do something or not

*¿**Vamos** en coche?*	**Should we go** by car?
*¿**Abro** la ventana?*	**Should I open** the window?

- to invite someone to join you in some activity

*¿**Comemos** en casa?*	**Shall we eat** at home?/ Let's eat at home.
*¿**Vamos** al cine?*	**Shall we go** to the movies?/ Let's go to the movies.

Hoy llueve, pero no hace frío.

Lidia trabaja en una cafetería.

9 Acciones de todos los días

Haga oraciones completas, según las indicaciones. Luego diga si son ciertas o falsas, según su experiencia.

> mi gato/siempre dormir en mi cama
> Mi gato siempre duerme en mi cama.
> Falso. Mi gato nunca duerme en mi cama.

> yo/lavar los platos todos los días
> Yo lavo los platos todos los días. Cierto.

1. yo/levantarme temprano todos los días
2. mis padres/salir de casa antes que yo
3. mi amigo(a)/caminar conmigo a la escuela todos los días
4. mi profesor(a) de español/siempre darnos mucha tarea
5. mis compañeros y yo/nunca usar la computadora en clase
6. mi amigos/siempre buscarme a la salida de la escuela

10 Actividades del domingo

Imagine que hoy es domingo. Diga qué hacen las siguientes personas, según las indicaciones.

> Pepe/ir al parque
> Pepe va al parque.

1. Gabi/preparar el desayuno
2. Jorge y Daniel/jugar al fútbol
3. yo/escuchar un CD de salsa
4. Liliana y Tomás/hacer la tarea
5. Susana/venir del centro comercial
6. Guillermo/escribir una carta por correo electrónico

Conexión Cultural

Boda BUENO MORALES-GARCÍA CONCE Y POSSE

Los apellidos

En algunos países de habla hispana, las personas usan dos apellidos. El primer apellido viene del padre y el segundo de la madre. Por ejemplo, si los padres de José se llaman Ramón Pérez Díaz y Dolores Sereno Roque, su nombre completo es José Pérez Sereno. Las mujeres casadas conservan el apellido del padre y tienen la opción de agregar un *de,* seguido del apellido del marido. Así, la madre de José puede presentarse como Dolores Sereno *de* Pérez.

En situaciones informales se usan el nombre o el apodo y sólo el primer apellido. Si el primer apellido es muy común, como el del escritor español Federico García Lorca, se usan los dos o sólo el segundo.

Enlace GONZÁLEZ TOJO-GONZÁLEZ DEL OLMO

11 Actividades extracurriculares

Imagine que sus amigos lo/la invitan a hacer actividades que usted no sabe hacer bien. Con su compañero(a), creen diálogos según las indicaciones. Para decir que no pueden, contesten con la oración: *Lo siento, pero...* Luego, recomienden un anuncio apropiado para cada situación.

hablar inglés/no hablar inglés
A: ¿Hablamos inglés?
B: Lo siento, pero no hablo inglés.
A: Entonces te recomiendo el Instituto Universal de Idiomas.

1. ir en auto/no saber conducir
2. bailar un tango/no bailar muy bien
3. ir a la piscina/no saber nadar
4. mandar una carta por correo electrónico/no saber usar la computadora
5. hacer un poster/no dibujar bien

Conexión Cultural

Cascada La Coca en el Yunque.

El Yunque

El Yunque es un parque nacional de 28.000 acres que se encuentra en la parte alta de la Sierra de Luquillo, en el este de Puerto Rico. Tiene un clima extremo y es el lugar de toda la isla donde más llueve; puede llover hasta varias veces al día.

En El Yunque hay cientos de especies animales, y 26 de ellas sólo pueden encontrarse en esta selva tropical. Entre ellas está el coquí, una pequeñísima rana *(frog)* de árbol y el animal más popular de Puerto Rico. Algunas de las especies que viven en El Yunque están en peligro de extinción *(endangered)*. La vegetación en El Yunque también es muy especial. En el bosque se pueden encontrar muchos helechos *(ferns)* y palmeras. En este parque nacional también hay hermosas cascadas *(waterfalls)*, como La Coca y La Mina.

12 ¿Cuál es su nombre correcto?

Con su compañero(a), creen tres diálogos para las siguientes situaciones. Elijan uno y represéntenlo frente a la clase.

1. Una persona no encuentra el nombre de Tania Ríos Maldonado en la guía de teléfonos porque lo está buscando en la letra M. La otra persona le explica dónde debe buscarlo y por qué.
2. Una persona quiere comprar algo por teléfono con una tarjeta de crédito. El vendedor le pregunta el nombre, apellidos, el número de la tarjeta, y alguna otra información personal para comprobar la identidad del cliente.
3. Hubo un robo en un edificio y un policía viene a hablar con uno de los vecinos. Le pregunta su nombre y apellido, y se confunde varias veces.

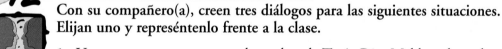

Autoevaluación. Compruebe lo que ha aprendido. Conteste las siguientes preguntas.
1. Escriba su nombre completo y su apodo. Explique qué es cada uno de ellos.
2. Diga si pertenece a algún club y qué hace ahí.
3. Haga una lista de cinco apodos en español. Diga cuál es su favorito.
4. Diga todo lo que hace en la clase de español (hablar, leer, escribir, a veces traducir) y explique por qué merece una A.
5. ¿Cuál es la capital de Puerto Rico? Diga dos oraciones que la describan.

¡La práctica hace al maestro!

A Comunicación

En parejas, creen un diálogo usando las expresiones de esta lección. Sigan las indicaciones. Cuando terminen, cambien de papel.

> A: *(Diga que es su primer día en la escuela y preséntese.)*
>
> B: *(Salude y preséntese. Si tiene un apodo, dígalo.)*
>
> A: *(Pregunte si pertenece a algún club de la escuela.)*
>
> B: *(Diga que sí y explique a cuál. Diga cuándo tienen la próxima reunión y pregúntele a la otra persona si quiere ir.)*
>
> A: *(Pregunte qué hacen allí.)*
>
> B: *(Explique lo que hacen.)*
>
> A: *(Diga si quiere ir o no y explique por qué. Despídase.)*

B Conexión con la tecnología

Busque un(a) amigo(a) con quien practicar español por Internet. Al igual que en inglés, existen muchos *chat rooms* en español. Uno de ellos es *http://www.ole.es/OleChat/*. Allí puede comunicarse con chicos y chicas hispanohablantes de todo el mundo.

A veces, antes de entrar en un *chat room* hay que registrarse. Generalmente, puede escoger el país donde quiere buscar un(a) amigo(a). También a veces hay que dar una pequeña descripción de uno(a) mismo(a). También le preguntarán otras cosas como su edad, si busca amigos o amigas, cuáles son sus hobbies y, a veces, su signo del zodíaco. Antes de entrar, haga dos listas: una de toda la información que cree que le van a pedir sobre usted, y la otra de lo que usted busca en un(a) amigo(a) por Internet.

Estefanía es secretaria.

Presentaciones
el apodo
la formalidad
Igualmente.
Me dicen...
Me llaman...

Expresiones y otras palabras
hacerse miembro
¡Qué se va a hacer!
rápido
se me hace tarde
tal vez
Te veo por ahí.

Lugares
el club
la salida

Verbos
aparecer
merecer
mudarse
obedecer
parecer
parecerse a
pertenecer
reconocer
tutearse

Oportunidades

Anuncios de trabajos bilingües

Hay todo un mundo de posibilidades para los jóvenes norteamericanos que hablan español. Si mira la sección de anuncios de cualquier periódico importante de los Estados Unidos, seguramente encontrará anuncios bilingües. En un mercado de trabajo competitivo como el actual, los idiomas son muy importantes. Muchas compañías no requieren idiomas, pero si usted habla un idioma extranjero tendrá ventaja sobre otros candidatos.

Para hacerse una idea *(get an idea)* de lo importante que es el mercado de trabajo bilingüe, visite la página Web del New York Times *(http://www.nytimes.com)* los domingos, y busque en la sección de empleos bajo *"Spanish"*. ¿Cuántos tipos de empleos encuentra?

se necesita
Secretaria Bilingüe

Requisitos:
- Excelente presentación.
- Edad de 22 a 35 años.
- Experiencia, seria, responsable, dinámica y con iniciativa.
- Título que la acredite.

Se Ofrece:
- Salario a convenir.
- Excelente ambiente laboral.
- Garantías sociales.

Interesados llamar para cita al teléfono: 286-0868 (traer currículum)

Lección 2

Contexto cultural
REPÚBLICA DOMINICANA

Amigos "por Internet"

Sonia, una muchacha que vive en San Antonio, Texas, acaba de conocer a Rafa en un chat room. Rafa vive en Santo Domingo, la capital de la República Dominicana.

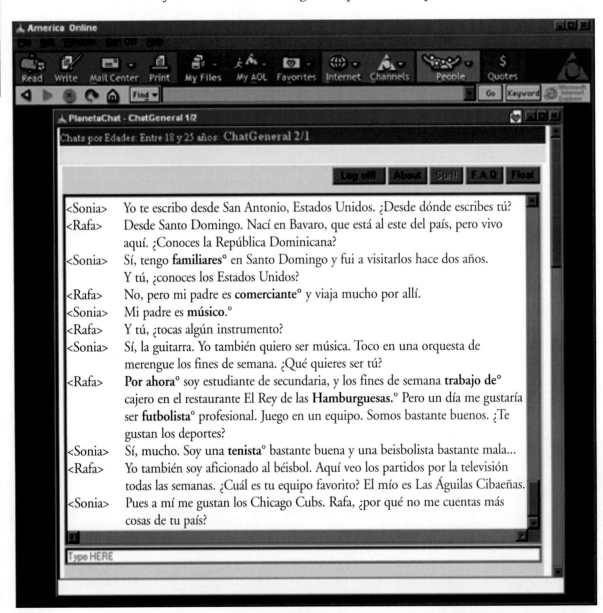

<Sonia> Yo te escribo desde San Antonio, Estados Unidos. ¿Desde dónde escribes tú?

<Rafa> Desde Santo Domingo. Nací en Bavaro, que está al este del país, pero vivo aquí. ¿Conoces la República Dominicana?

<Sonia> Sí, tengo **familiares°** en Santo Domingo y fui a visitarlos hace dos años. Y tú, ¿conoces los Estados Unidos?

<Rafa> No, pero mi padre es **comerciante°** y viaja mucho por allí.

<Sonia> Mi padre es **músico.°**

<Rafa> Y tú, ¿tocas algún instrumento?

<Sonia> Sí, la guitarra. Yo también quiero ser música. Toco en una orquesta de merengue los fines de semana. ¿Qué quieres ser tú?

<Rafa> **Por ahora°** soy estudiante de secundaria, y los fines de semana **trabajo de°** cajero en el restaurante El Rey de las **Hamburguesas.°** Pero un día me gustaría ser **futbolista°** profesional. Juego en un equipo. Somos bastante buenos. ¿Te gustan los deportes?

<Sonia> Sí, mucho. Soy una **tenista°** bastante buena y una beisbolista bastante mala...

<Rafa> Yo también soy aficionado al béisbol. Aquí veo los partidos por la televisión todas las semanas. ¿Cuál es tu equipo favorito? El mío es Las Águilas Cibaeñas.

<Sonia> Pues a mí me gustan los Chicago Cubs. Rafa, ¿por qué no me cuentas más cosas de tu país?

los familiares *relatives* **el comerciante** *businessperson* **el músico** *musician* **por ahora** *for now* **trabajo de** *work as a* **las hamburguesas** *hamburgers* **el futbolista** *soccer player* **la tenista** *tennis player*

¿Qué comprendió Ud.?

1. ¿Dónde vive Rafa?
2. ¿Conoce Sonia la República Dominicana?
3. ¿Quién viaja mucho por los Estados Unidos? ¿Por qué?
4. ¿Qué hace Rafa los fines de semana?
5. ¿Qué quiere ser Sonia?
6. ¿Qué deporte practica Rafa?

Charlando

1. ¿Tiene usted un(a) amigo(a) "por Internet"? ¿De dónde es?
2. ¿Cuál es su deporte favorito? ¿Por qué le gusta?
3. ¿Qué deportes practica usted? ¿Cuáles ve por televisión?
4. ¿Juega usted en algún equipo?
5. ¿Trabaja usted los fines de semana? ¿Dónde? ¿De qué trabaja?
6. ¿Qué quiere ser usted en el futuro?

Conexión Cultural

El béisbol dominicano

El béisbol es el deporte favorito en muchos países caribeños de habla hispana, principalmente la República Dominicana, Cuba y Puerto Rico. Muchos dominicanos aprenden a jugar a este deporte en los diamantes de béisbol y también en las calles. Beisbolistas talentosos, como Juan Marichal, Joaquín Andujar, José Rijo, Ramón Martínez y Sammy Sosa nacieron en la República Dominicana. Muchas estrellas del béisbol de los Estados Unidos juegan en la liga de invierno de la República Dominicana.

Aquí tienes algunas palabras en español relacionadas con el béisbol:

el jonrón	*home run*
el batazo	*hit*
ponchar	*to strike out*
el lanzador	*pitcher*
el receptor	*catcher*
la primera/	*first/*
segunda/	*second/*
tercera base	*third base*
el bate	*bat*
el guante	*glove*
la pelota	*ball*

Sammy Sosa se prepara para batear.

Algo más

Cognados vs. falsos amigos

Muchas palabras, como familia *(family),* tienen un origen común y son similares en español y en inglés. Estas palabras son cognados. Otras palabras parecen cognados pero no lo son y tienen significados *(meanings)* distintos. Son los "falsos amigos". Aquí tiene algunos ejemplos de estos falsos amigos:

actual	*present, current*	noticia	*news*
colegio	*school*	oración	*sentence*
contestar	*to answer*	parada	*stop*
dirección	*address*	pasar	*to spend time*
éxito	*success*	primo	*cousin*
firma	*signature*	regresar	*to come back*
idioma	*language*	saludar	*to greet*
largo	*long*	simpático	*nice*
lectura	*reading*	suceso	*incident, happening*

3 El juego de las preguntas

Dé una respuesta y su compañero(a) tiene que dar la pregunta. Intenten usar algunos falsos amigos de la lista de arriba. Sigan las indicaciones.

A: decirle "hola" a alguien
B: ¿Qué es "saludar"?
A: el lugar donde para el autobús
B: ¿Qué es una "parada"?

1. hija de su tío
2. una persona amable
3. lo contrario de "corto"
4. sinónimo de "frase"

5. el lugar donde vive alguien
6. inglés, español, alemán, etc.
7. sinónimo de "escuela"
8. lo contrario de "preguntar"

4 Adivine el trabajo

Con su compañero(a), adivinen qué trabajo es. Uno de ustedes piensa en un trabajo y el otro tiene que adivinar qué es.

A: ¿Dónde trabaja usted?
B: En casa, en teatros y en cafés.
A: ¿Qué usa para trabajar?
B: Un piano.
A: ¿Es usted músico?
B: Sí.

Lucía toca el violín.

Repaso *rápido*

Las palabras interrogativas

¿quién?	*who(m)?*	¿por qué?	*why?*
¿quiénes?	*who(m)?*	¿para qué?	*what for?*
¿qué?	*what?*	¿cómo?	*how?*
¿cuándo?	*when?*	¿cuánto(a)?	*how much?*
¿dónde?	*where?*	¿cuántos(as)?	*how many?*
¿adónde?	*(to) where?*	¿cuál?	*which (one)?*
¿de dónde?	*from where?*	¿cuáles?	*which (ones)?*

5 Busco amigos

Con su compañero(a), lean la página Web de Olechat. En una hoja de papel, escriban sus datos personales. Después escriban un párrafo sobre ustedes, explicando sus aficiones y qué tipo de amigo(a) buscan.

6 Una entrevista

Con su compañero(a), inventen cinco preguntas que les gustaría hacer a una persona famosa. Luego túrnense para contestar las preguntas como ustedes imaginan que esa persona las contestaría.

IDIOMA

¿Qué es? o ¿Cuál es?

The words *¿qué?* and *¿cuál?* both mean "what?" in English. Observe the following differences in usage of the two words.

Use *qué* to ask the definition of something, or about somebody's profession or nationality.

*¿**Qué** es esto?*	**What** is this?
*¿**Qué** es la física?*	**What** is physics?
*¿**Qué** es Raúl, comerciante o ingeniero?*	**What** is Raúl, a businessman or an engineer?
*¿**Qué** eres tú, dominicana o cubana?*	**What** are you, Dominican or Cuban?

Use *cuál* or *cuáles* to request specific information from among a number of possibilities. For instance, you might ask:

*¿**Cuál** es tu apellido?*	**What** is your last name?

It is like asking, "Of all the names that exist, which one is yours?" Here are other uses of *¿Cuál...?*

*Señora, ¿**cuál** es su teléfono?*	Ma'am, **what** is your phone number?
*¿**Cuál** es la capital de la República Dominicana?*	**What** is the capital of the Dominican Republic?

Cuál/cuáles also means "which" or "which one/ones." Use it when choosing between two or more persons or things.

*¿**Cuáles** son tus amigas?*	**Which ones** are your friends?
*¿**Cuál** de las chicas es cubana?*	**Which** girl is Cuban?

7 ¿Qué, cuál o cuáles?

Complete las preguntas con *qué, cuál* o *cuáles,* según corresponda.

1. ¿(1) actividades te gusta hacer?
2. ¿(2) son tus películas favoritas?
3. ¿(3) es la respuesta correcta?
4. ¿(4) es tu dirección?
5. ¿(5) estudias en la universidad?
6. ¿(6) es la distancia entre San Juan y Ponce?
7. ¿(7) tipo de ropa lleva Juliana?
8. ¿(8) son tus botas, las azules o las negras?

La familia de Carlos

Carlos tiene una familia muy grande. Aquí en el **retrato**° vemos a Carlos con su padre, una hermana y muchos tíos, tías y primos. El muchacho de barba, el **guitarrista**,° es su primo favorito. La enfermera es su hermana y es muy **cariñosa**.° El hombre alto es el padre de Carlos. Es **arquitecto**.° Uno de sus tíos, el hombre gordito, es **cartero**° y está casado con la señora que está a la izquierda del padre. Ella es **programadora**.° Es muy amable, pero es un poco **chismosa**.° El hombre bajito de la derecha es otro tío. Es **panadero**.° Aunque es una persona **tímida**,° a Carlos le gusta mucho hablar con él. Carlos quiere mucho a todos, pero especialmente a su tío más viejo que fue **atleta**.° ¡Qué familia!

el retrato *portrait* **el guitarrista** *guitarist* **cariñosa** *affectionate* **el arquitecto** *architect* **el cartero** *mail carrier* **la programadora** *programmer* **chismosa** *gossipy* **el panadero** *baker* **tímida** *shy* **el atleta** *athlete*

 ¿Qué comprendió Ud.?

1. ¿Cómo es la familia de Carlos?
2. ¿Qué es el primo favorito de Carlos?
3. ¿Cómo es la hermana de Carlos?
4. ¿Qué es el tío casado con la programadora?
5. ¿Cómo es su tía?
6. ¿Cómo es su tío, el panadero?
7. ¿Cuál es el padre de Carlos?
8. ¿Cuál es el atleta?

IDIOMA

El artículo indefinido y el verbo *ser*

To describe a person's occupation, use the verb *ser* without the indefinite article *(un, una)*.

*Mi padre **es** guitarrista.*	My father is a guitar player.
*La Sra. Sánchez **es** arquitecta.*	Mrs. Sánchez is an architect.
*Tú **eres** estudiante, ¿verdad?*	You're a student, right?

When using an adjective to describe someone regarding their profession or occupation, use the indefinite article. Compare the examples above with the ones that follow.

*Mi hermano **es un** guitarrista excelente.*	My brother is an excellent guitar player.
*La Sra. Sánchez **es una** arquitecta puertorriqueña.*	Mrs. Sánchez is a Puerto Rican architect.
*Tú **eres una** estudiante extranjera, ¿verdad?*	You're a foreign student, right?

Ramón es un guitarrista excelente.

Algo más

Los adjetivos con *-oso(a)*

Muchos adjetivos se forman añadiendo la terminación **-oso** o **-osa** al nombre. Aquí tiene algunos ejemplos:

nombre	adjetivo
la fama *(fame)*	famoso(a)
el nervio *(nerve)*	nervioso(a)
el orgullo *(pride)*	orgulloso(a)

Irene es una dentista muy simpática.

9 Más detalles, por favor

Identifique la ocupación de cada una de las siguientes personas. Luego, siga las indicaciones y dé un detalle.

Irene/dentista/simpática
Irene es dentista. Es una dentista simpática.

1. mi hermana/música/muy conocida
2. el señor y la señora Olivares/maestros/exigentes
3. yo/atleta/bastante bueno(a)
4. Juan José/cartero/antipático
5. mi primo y yo/cajeros/muy eficientes
6. tú/periodista/muy curioso(a)

10 ¿Quién es...?

En grupos, piensen en una persona famosa o en un personaje para cada uno de los siguientes adjetivos. ¿Están todos de acuerdo?

generoso(a): Teresa de Calcuta

1. antipático(a)   3. exigente   5. curioso(a)
2. mentiroso(a)   4. chismoso(a)   6. pesado(a)

11 ¿Qué dirían?

En parejas, lean las siguientes situaciones. ¿Qué dirían?

A: Usted se olvidó el almuerzo en su casa. Una compañera le da su sándwich. ¿Qué le dice usted?
B: ¡Qué amable eres!

1. Uno de sus amigos siempre le abre la puerta y lo/la deja pasar primero. ¿Qué le dice usted cuando le abre la puerta?
2. Están en el cine y su amigo trata de hablar con usted durante toda la película. Usted le pide que se calle, pero él sigue hablando. ¿Qué le dice después de la película?
3. Una compañera habla mal de los otros estudiantes. ¿Qué le dice usted?

Después, piensen en tres situaciones y pregúntenles a otra pareja lo que dirían.

Autoevaluación. Compruebe lo que ha aprendido. Conteste las siguientes preguntas.
1. Mencione a tres familiares suyos y diga cómo son y qué tipo de trabajo tienen.
2. Explique la diferencia entre ¿Qué es? y ¿Cuál es? Dé dos ejemplos para cada uno.
3. Explique lo que es un falso amigo y dé tres ejemplos.
4. ¿En qué estación es la liga de béisbol dominicana? ¿Sabe usted el nombre de tres beisbolistas dominicanos?

¡La práctica hace al maestro!

A Comunicación

En parejas, creen un diálogo. Usen el vocabulario de esta lección. Sigan las indicaciones. Cuando terminen, cambien de papel.

A: *(Pregúntele a su compañero(a) si quiere hacer algo después de la escuela.)*

B: *(Diga que no puede porque tiene que ayudar a un familiar en su trabajo. Diga qué familiar.)*

A: *(Pregunte qué trabajo tiene ese familiar.)*

B: *(Diga lo que hace y lo que tiene que hacer usted hoy.)*

A: *(Pregunte si le gusta hacerlo.)*

B: *(Conteste y diga por qué.)*

B Conexión con la tecnología

¿Qué tal su geografía? Con su compañero(a), busquen un mapa de la República Dominicana en Internet y contesten las siguientes preguntas sobre la República Dominicana.

1. ¿Cómo se llama la isla donde está la República Dominicana?
2. ¿Qué país está al oeste de la isla?
3. ¿A qué océano da la costa norte?
4. ¿Cómo se llama el lago más grande del país?

Escriban tres preguntas más y háganselas a otra pareja. Pueden usar las siguientes palabras: norte *(north)*, sur *(south)*, este *(east)*, oeste *(west)*, el río *(river)*, la montaña *(mountain)*.

Oficios

el/la arquitecto(a)
el/la cartero(a)
el/la comerciante
el/la guitarrista
el/la músico(a)
el/la panadero(a)
el/la programador(a)

Deportistas

el/la atleta
el/la beisbolista
el/la tenista

Descripciones

aburrido(a)
antipático(a)
cariñoso(a)
chismoso(a)
curioso(a)
egoísta
mentiroso(a)
pesado(a)
sociable
tímido(a)

Expresiones y otras palabras

el familiar
la hamburguesa
¡No seas pesado(a)!
por ahora
¡Qué aburrido(a)!
¡Qué antipático(a) es!
el retrato
trabajar de
¡Tú siempre
    tan amable!

GRAN FESTIVAL DEL MERENGUE
en el Malecón de Santo Domingo

¡Ven a bailar con nosotros y a disfrutar de la buena música!
Del 20 al 23 de agosto
Para más información sobre orquestas y artistas, o para comprar entradas consulta nuestra página de Internet.
http://merengueparty.com/

Conexión Cultural

El merengue

El merengue es un tipo de música dominicana que tiene raíces africanas y españolas. El ritmo del merengue es rápido y las letras son satíricas, divertidas y reflejan la realidad dominicana. En un conjunto de merengue hay casi siempre tres instrumentos: la tambora, que es un tambor pequeño; el melodeón, un instrumento similar a un acordeón *(accordion);* y el güiro, un instrumento metálico de percusión. Wilfredo Vargas es el representante más popular de la nueva generación de merengue. Ha vendido millones de discos en todo el mundo. El merengue se baila solo(a) o en parejas, moviendo las caderas *(hips)* de lado a lado y los pies.

Lección 3

¿Cómo es tu horario?

Felipe y Ángel, dos estudiantes de una escuela secundaria en Ponce, Puerto Rico hablan de sus horarios.

FELIPE:	Hola, Ángel. ¿Qué tal es tu horario este año?
ÁNGEL:	**¡Chévere!**° Tengo siete materias. Cuatro con Martita, mi novia.
FELIPE:	¿Qué clases crees que van a estar bien este año?
ÁNGEL:	¡Deportes, tiempo libre y cafetería!
FELIPE:	No, en serio.
ÁNGEL:	Creo que matemáticas, con la señora Martínez, va a estar bastante bien.
FELIPE:	¿Con la señora Martínez? Tito dice que es una profesora muy aburrida.
ÁNGEL:	No es aburrida, es un poco **estricta.**° Tito es un poco perezoso y no le gusta estudiar. Si eres **trabajador**° en la clase de la señora Martínez puedes aprender bastante.
FELIPE:	Veo que estás listo para las matemáticas este año...
ÁNGEL:	Sí, estoy **harto de**° tener problemas con las matemáticas. Tengo que **mejorar.**° Por suerte, Martita es muy lista y va a ayudarme con la tarea. Y tu horario, ¿cómo es?

FELIPE: ¡**Genial**°! Estoy muy **contento**.° El viernes es perfecto. Sólo tengo arte y **práctica**° de fútbol después del tiempo libre. **Jamás**° voy a llegar tarde los viernes y voy a ir a todas las prácticas. ¡Este año el campeonato es nuestro! ¡Estamos listos!

El horario de Felipe

Hora	Lunes	Martes	Miércoles	Jueves	Viernes
8:30	Literatura	Literatura	Literatura	Literatura	Arte
9:30	Matemáticas	Matemáticas	Matemáticas	Matemáticas	Arte
10:30	Tiempo libre	Tiempo libre	Tiempo libre	Tiempo libre	Tiempo libre
11:00	Inglés	Inglés	Inglés	Inglés	Práctica de fútbol
12:00	Historia	Historia	Historia	Historia	Práctica de fútbol
13:00	Química	Química	Química	Química	Práctica de fútbol

¡**Chévere**! *Great!* **estricta** *strict* **trabajador** *hardworking* **harto de** *tired of, sick of* **mejorar** *to improve, to get better* ¡**Genial**! *Great!* **contento** *happy, glad* **la práctica** *practice* **jamás** *never*

¿Qué comprendió Ud.?

1. ¿Por qué está contento Ángel con su horario?
2. ¿Qué clase cree Ángel que va a estar bien este año? ¿Por qué?
3. ¿Qué dice Tito de la señora Martínez?
4. ¿Y qué dice Ángel de Tito?
5. ¿Qué día de la semana prefiere Felipe este año? ¿Por qué?
6. ¿Qué materia tiene Felipe los lunes a las 8:30 A.M.? ¿Y los martes a las 11:00 A.M.? ¿Y los jueves a la 1:00 P.M.?

Charlando

1. ¿Cuáles son sus materias favoritas?
2. ¿Qué tal está su horario este año? ¿Qué le gustaría cambiar?
3. Imagine que puede inventar materias nuevas en su escuela. Use su imaginación e invente el horario perfecto.

Unas semanas más tarde Ángel habla con Claudia, una compañera bajita y delgadita, a la salida de la escuela.

CLAUDIA: Ángel, ayer no vine a clase de química. ¿Tienes los **apuntes?**°

ÁNGEL: Sí, aquí están.

CLAUDIA: ¡Qué **talentoso**° eres! ¿Puedes explicarme la lección de matemáticas de ayer?

ÁNGEL: ¿Tampoco fuiste a la clase de matemáticas?

CLAUDIA: Sí fui, pero estaba aburrida y no presté atención.

ÁNGEL: No sé, no sé...

CLAUDIA: Generalmente voy a clase todos los días y soy muy **estudiosa,**° pero últimamente estoy un poco **triste.**° Tengo problemas con mi novio y...

ÁNGEL: Está bien... Pero estoy harto de ir a clase por los demás.

CLAUDIA: Gracias, Angelito. Estoy muy **orgullosa de**° ti este año. El año pasado estabas harto de las matemáticas pero este año has mejorado mucho. ¡Eres el rey de las matemáticas!

los apuntes *notes* **talentoso** *talented* **estudiosa** *studious* **triste** *sad* **orgullosa de** *proud of*

Conexión Cultural

Una visita a Ponce

Ponce es una ciudad de Puerto Rico. Está situada al sur de la isla. Su arquitectura muestra una interesante mezcla *(mixture)* de los estilos neo-clásico, art deco y criollo. Más de 500 de los 1.000 edificios históricos han sido restaurados *(restored)*. El Museo de Arte de Ponce es el más grande del Caribe. Allí se pueden ver colecciones de arte europeo, caribeño y puertorriqueño. Otros lugares de interés son: el Parque de Bombas; la Casa Armstrong Poventud, que es el Centro de Información Turística; y el Museo de Música de Puerto Rico.

El Parque de Bombas y la catedral de Nuestra Señora de Guadalupe, Ponce.

3 **¿Qué comprendió Ud.?**

1. ¿Qué le pide Claudia a Ángel?
2. ¿Por qué necesita también ayuda con las matemáticas?
3. ¿Qué excusa da Claudia?
4. ¿En qué materia mejoró Ángel mucho? ¿Por qué cree usted que mejoró?

Algo más

Los diminutivos

En el mundo hispano es común usar el diminutivo de un nombre para indicar familiaridad o cariño. Por ejemplo si alguien se llama Ángela, su familia probablemente la llama Angelita, que equivale en inglés a *Angie*. El diminutivo en español generalmente se forma agregando **-ito** o **-ita** a la última consonante de un nombre o un adjetivo.

Marta→Mart**ita**   Tomás→Tomas**ito**

El diminutivo de un adjetivo también se usa para describir a alguien de una manera cariñosa.

José es un muchacho baj**ito**.
Roni es muy delga**dito**.
Marta, esa joven gor**dita**, estudia aquí.

En el lenguaje coloquial a veces se usa el diminutivo gordito(a) como palabra cariñosa, similar al inglés *sweetie* o *honey*.

IDIOMA

Ser y *estar*, seguidos de adjetivos

You have used *ser* with adjectives to indicate the inherent qualities of people and things.

Mis padres son muy trabajadores.	My parents **are very hardworking**.
Mi hermana mayor es estudiosa.	My older sister **is studious**.
El cielo es azul.	The sky **is blue**.

You have used *estar* with adjectives to indicate temporary conditions or states of people (how somebody feels physically or mentally) and things. Compare the following sentences with those from above.

Mi padre está contento con su jefe.	My father **is pleased** with his boss.
Mi hermana está triste porque su novio se muda muy lejos.	My sister **is sad** because her boyfriend is moving far away.
El cielo está gris. ¿Va a llover?	The sky **is gray**. Will it rain? (The sky is gray because at that time it is cloudy.)

Use *estar* with adjectives to express personal opinions; not everyone may agree with you.

Mmm... ¡este pastel está rico!	Yum... this cake **is delicious!** (It tastes delicious to me.)
¡Qué linda estás hoy, Eva!	How **pretty you are** today, Eva! (In my opinion, you look especially pretty today.)
¡La fiesta va a estar muy bien!	The party **is going to be great!**

El Paseo de la Princesa, San Juan.

La Playa de Luquillo, Puerto Rico.

4 ¡Qué fiesta tan divertida!

Complete las oraciones con una forma de *ser* o *estar* para describir la fiesta.

1. ¡Dios mío! Ana Bárbara tiene otro color de pelo! ¡Ahora (1) más rubia!
2. Mmm... las hamburguesas que trajeron Tomás y Anita (2) riquísimas. Pruébalas.
3. Lolita (3) muy guapa hoy con su vestido nuevo. (4) un vestido precioso.
4. No podemos nadar en el mar; el agua (5) demasiado fría.
5. José Luis y Margarita (6) muy simpáticos.
6. Irene no quiere bailar conmigo. Dice que no (7) muy buena bailarina. Tú, ¿qué crees?
7. ¿Viste los zapatos que lleva Daniel? ¡(8) amarillos!
8. Me gusta comer fresas porque (9) deliciosas, pero estas fresas (10) malas.

Hoy el agua está demasiado fría para bañarse.

Algo más

Más sobre *ser* y *estar*

Algunos adjetivos cambian de significado cuando se usan con **ser** o **estar**. Fíjese en los siguientes ejemplos:

Sara **es** lista.	*Sara is smart.*
Sara **está** lista.	*Sara is ready.*
Arturo **es** aburrido.	*Arturo is boring.*
Arturo **está** aburrido.	*Arturo is bored.*
Carlitos **es** muy vivo.	*Little Carlos is very clever/lively.*
El mosquito **está** vivo.	*The mosquito is alive.*
Rafa **es** orgulloso.	*Rafa is haughty/stuck up.*
Rafa **está** orgulloso de su trabajo.	*Rafa is proud of his work.*

Repaso *rápido*

Número y género de los adjetivos

Most adjectives have a singular masculine form ending in *-o* and a singular feminine form ending in *-a*. To make them plural add an *-s*.

Paco es simpático.	Paco is nice.
Maribel es estudiosa.	Maribel is studious.
Mis amigos son simpáticos.	My friends are nice.
Las chicas son estudiosas.	The girls are studious.

Some adjectives that end in *-a*, *-e* or a consonant have only one form for both masculine and feminine singular, and one form for both masculine and feminine plural. Plural forms of adjectives that end in *-e* and *-a* add *-s*. Plural forms of adjectives that end in a consonant add *-es*.

*Jorge no es **egoísta**.*	Jorge is not **selfish**.
*Mi hermana siempre está **triste**.*	My sister is always **sad**.
*Esos trajes son muy **elegantes**.*	Those suits are very **stylish**.
*La clase de arte es muy **popular**.*	The art class is very **popular**.
*Estos problemas de química son muy **difíciles**.*	These chemistry problems are very **difficult**.

Adjectives of nationality that end in a consonant add *-a* in the feminine form. The masculine plural form ends in *-es*.

Alberto es español,	Alberto is Spanish,
pero su prima no es española.	but his cousin is not Spanish.
Los padres de Juan son españoles.	Juan's parents are Spanish.

When there is more than one subject, the masculine form is used if at least one of the subjects is masculine.

Rebeca y Julián son muy estudiosos. Rebeca and Julián are very studious.

5 ¿Cuál es la pregunta?

Con su compañero(a), digan qué pregunta corresponde a estas respuestas. Si hay dos posibilidades pueden decir las dos.

talentosos
¿Cómo somos mi compañero y yo?
¿Cómo son los estudiantes de esta clase?

1. muy aburrido
2. bastante triste
3. contentos
4. orgulloso
5. estudiosa
6. amables

Rebeca es muy estudiosa.

6 Las cosas cambian

Complete las siguientes oraciones expresando la idea opuesta. Use el antónimo de cada adjetivo (un adjetivo con significado opuesto) y la forma apropiada del verbo *ser* o *estar*.

1. Hoy el agua de la playa está fría, pero normalmente...
2. Cristina es simpática pero hoy...
3. Generalmente, esta materia es fácil, pero este año...
4. Mi hermanito es alegre, pero esta semana...
5. Las calles de mi barrio son limpias, pero este mes...
6. La profesora generalmente es seria, pero hoy...

La Playa Tortuga en la Isla Culebra, Puerto Rico.

La señora Ramos es una profesora muy estricta.

7 Viernes por la tarde

Complete el párrafo con la forma correcta de *ser* o *estar*.

Nora (1) en clase de historia. (2) viernes por la tarde y aunque historia (3) su materia favorita, hoy (4) aburrida en clase. Es casi el fin de semana y ya (5) lista para irse a casa. Pasó una semana difícil y ahora (6) bastante cansada.

Autoevaluación. Compruebe lo que ha aprendido. Conteste las siguientes preguntas.

1. Describa su horario de este año. ¿Cuáles son sus materias favoritas? ¿Por qué?
2. Describa a un(a) profesor(a) y a dos compañeros de clase. Use adjetivos de esta lección.
3. ¿En qué parte de la isla de Puerto Rico está la ciudad de Ponce? ¿Qué tipo de arquitectura se puede ver en esta ciudad? Mencione dos lugares de interés que le gustaría visitar.
4. Dé dos diminutivos de nombres y dos diminutivos de adjetivos en español.
5. Explique la diferencia entre *Julia es aburrida* y *Julia está aburrida*.
6. Menciones dos ejemplos de adjetivos que cambian de significado cuando van con *ser* o *estar*.

¡La práctica hace al maestro!

A Comunicación

En parejas, creen un diálogo usando el vocabulario de esta lección. Sigan las indicaciones. Cuando terminen, cambien de papel.

A: *(Pregúntele a su compañero(a) qué tal es su horario.)*
B: *(Conteste. Explique por qué le gusta o no.)*
A: *(Diga cuál es su mejor/peor clase y por qué.)*
B: *(Pregunte cuál es el mejor profesor o la mejor profesora.)*
A: *(Conteste y diga por qué.)*
B: *(Diga si está de acuerdo y por qué.)*

B Conexión con la tecnología

Lea el siguiente párrafo sobre Chayanne. Después, escriba un párrafo similar sobre otra estrella caribeña famosa. Puede visitar las páginas Web de las estrellas.

Chayanne, una estrella para todos

Elmer Figueroa Arce, conocido como Chayanne, es un cantante y actor puertorriqueño que ha tenido mucho éxito en Latinoamérica, Europa y en el difícil mercado de los Estados Unidos. Nació en 1969 en Río Piedras, Puerto Rico. Su álbum de música romántica titulado *Provócame* (1992) lo hizo muy popular en el mercado latino de los Estados Unidos. Después de actuar en varias telenovelas mexicanas, Chayanne saltó al mundo del cine de Hollywood. Su papel principal en la película *Dance With Me*, con la cantante y actriz Vanessa Williams, recibió elogios *(praise)* de varios periódicos norteamericanos.

Descripciones

contento(a)
estricto(a)
estudioso(a)
harto(a)
orgulloso(a)
talentoso(a)
trabajador(a)
triste

Expresiones y otras palabras

los apuntes
¡Chévere!
¡Genial!
jamás
la práctica

Verbos

mejorar

Conexión Cultural

La cantante de salsa Celia Cruz.

Salsa para bailar

Es difícil que si has estado alguna vez en Nueva York, Puerto Rico o en alguna comunidad hispana de Estados Unidos, no hayas escuchado nunca salsa. La salsa es un estilo de música que nació en los barrios de inmigrantes caribeños de Nueva York. Hoy en día se ha extendido por todo el mundo, como uno de los ritmos más conocidos de la música latina.

La salsa se baila en pareja y se ha convertido en un baile tan popular que mucha gente toma clases para aprenderlo. Además es uno de los bailes obligatorios en los concursos de ballroom dancing. La música de salsa tiene un ritmo vivo *(lively)*, y generalmente es tocada por orquestas bastante grandes.

Uno de los grupos de salsa más famosos es El Gran Combo de Puerto Rico, que tiene 15 músicos. El Gran Combo ha grabado más de 60 álbumes. Otros intérpretes famosos de salsa son la cantante Celia Cruz, el timbalista Tito Puente, el cantante Oscar D'Leon, el trompetista Willie Colón, el compositor Rubén Blades, y el percusionista Ray Baretto.

Lección 4

Contexto cultural
CUBA

¿Vamos al cine?

José, Juana, Carlos y Anita quieren ir al cine esta tarde, pero no pueden decidir qué película quieren ver.

JUANA: ¡Cómo te gusta **fastidiar,**° José! Decídete ya. ¿Qué prefieres ver, una película **de ciencia ficción**° o una **de aventuras?**°

JOSÉ: A mí no me **disgustan**° las películas de ciencia ficción, pero prefiero las de aventuras. El periódico dice que *La máscara de El Zorro* es muy buena, pero prefiero una de ciencia ficción.

ANITA: Yo no quiero ir.

JUANA: A veces no te **entiendo,**° Anita. ¿No fue tu idea ir al cine?

ANITA: Sí, pero si la decisión es entre una película de ciencia ficción o una de aventuras, yo me quedo en casa.

CARLOS: Por mí está bien. José, **enciende**° el televisor. Va a empezar *Expediente X* y prefiero ver este programa a ir al cine con ustedes.

JUANA: No le hagas caso, José, y **apaga**° el televisor. ¿Por qué no escribimos el nombre de la película que queremos ver en una hojita de papel y elegimos una sin mirar?

CARLOS:	¡Qué buena idea!, pero decídanse rápido, porque no me gusta llegar tarde al cine.
JOSÉ:	Está bien. Yo, de aventuras.
CARLOS:	Yo, de ciencia ficción.
JUANA:	Yo, **de misterio.**°
ANITA:	Y yo, una película **cómica.**°

fastidiar *to tease, to mess around* **de ciencia ficción** *science fiction* **de aventuras** *action* **disgustan** *dislike* **entiendo** *understand* **enciende** *turn on* **apaga** *turn off* **de misterio** *mystery* **cómica** *comedy*

1 ¿Qué comprendió Ud.?

1. ¿Qué tipo de película quiere ir a ver Carlos?
2. ¿Quién quiere ir a ver una película de aventuras?
3. ¿Por qué dice Anita que no quiere ir al cine?
4. ¿Qué solución encuentran?

Conexión Cultural

Cuba

La República de Cuba es la isla más grande del Caribe. Su clima es subtropical. La mayoría de la gente de la isla son descendientes de españoles y africanos y la lengua oficial del país es el español.

Aunque en Cuba hay cultivos de café, arroz, trigo, frutas tropicales y tabaco, la economía del país depende casi exclusivamente de la producción de azúcar.

La capital de Cuba es La Habana, que es además el principal puerto de las Antillas. Aunque aún conserva mucho de su antigua arquitectura colonial, La Habana tiene una parte moderna, en donde se combinan anchas *(wide)* avenidas y enormes edificios públicos.

El Monumento a la Revolución en La Habana.

Vocabulario del cine

de dibujos animados	cartoons
de terror	horror
de vaqueros	western
drama	drama
musical	musical
policiaca	detective
romántica	romantic
actuar	to act
el documental	documentary
los subtítulos	subtitles
la versión original	original version

IDIOMA

Uso del pronombre después de una preposición

Prepositional pronouns are used after prepositions. Except for the *yo* form *(mí)* and the *tú* form *(ti),* they are generally identical to subject pronouns. The prepositions *entre* and *según* are exceptions to this rule. They are followed by *yo* and *tú.*

*Estos libros son **para ti.***	These books are **for you.**
***A mí** me gustan mucho los libros.*	I like books a lot.
***Entre tú** y **yo,** no me gustó el regalo.*	**Between you** and **me,** I didn't like the gift.

preposiciones
a
ante
bajo
con
contra
de
desde
en
entre
hacia
hasta
para
por
según
sin
sobre
tras

pronombres
mí
ti
usted
él
ella
nosotros(as)
vosotros(as)
ustedes
ellos
ellas

Estas flores son para ti.

The prepositional pronoun becomes *sí* if the subject of the sentence and the prepositional pronoun refer to the same person or object.

*Ella siempre compra cosas **para sí.***	She always buys things **for herself.**

The preposition *con* becomes *conmigo* when it is followed by *mí; con* becomes *contigo* when it is followed by *ti;* and it becomes *consigo* when followed by *sí.*

*¿Quieres ir **conmigo** al cine?*	Do you want to go to the movies **with me?**
*Sí, con mucho gusto voy **contigo.***	Yes, I'll gladly go **with you.**
*Arturo siempre lleva un libro **consigo.***	Arturo always takes a book **with him.**

Algo más

¿*Televisión* o *televisor*?

Hay una diferencia entre **televisor**, el aparato *(TV set)* y **televisión**, el medio *(medium)*. Sin embargo, televisión se usa en ambos contextos: Enciende el televisor/la televisión. A menudo acortamos las palabras y decimos **tele** en vez de televisión **moto** (motocicleta) y **foto** (fotografía).

2 ¿Quiénes?

Complete las siguientes oraciones con los pronombres correctos.

1. Susana es mi mejor amiga. No hay problemas entre (Susana)(1) y (yo)(2).
2. Pensé que era para (yo)(3), pero es para (Luis y Rosa)(4).
3. Toni está muy orgulloso de su hermana. Sólo habla de (su hermana)(5).
4. No conozco a Raúl personalmente y no tengo nada contra (Raúl)(6).
5. Por favor, vengan a la fiesta. No quiero ir sin (ustedes)(7).
6. Hablé con Felipe. Según (Felipe)(8) la fiesta es mañana.
7. No quiero ir de excursión con (Sonia y Eva)(9).
8. ¿A (tú)(10) te gustó la película de El Zorro? A (yo)(11) no.
9. Hay un edificio. Al lado de (el edificio)(12), está el correo.
10. ¿Que dónde está la estación? ¡Estás caminando hacia (la estación)(13)!

3 ¿Qué programa vemos?

Con su compañero(a), creen un diálogo. Decidan qué programa van a ver.

CANAL DIGITAL

CINE

ALUCINE (13)
19:50 100 años de terror: Monstruos creados por el hombre y científicos locos.
20:40 Historias para no dormir.
21:10 Bolsa de cadáveres.
22:45 Un par de zapatos del 32.

DOCUMENTALES

TRAVEL CHANNEL (21)
21:30 A lo largo y a lo ancho.
22:00 Caminos sin fronteras.
22:30 Recorrimos.
23:00 La cima del mundo.

OTROS CANALES

ELLA (12)
18:30 Mujeres: una historia real
19:30 En tu línea.
20:00 Ella de moda.
20:30 Ella...Consumo.

CULTURA (19)
21:30 La máquina de los sueños.
22:30 Descifrando el código .
23:30 Niños de Hollywood.

TELENOVELAS (26)
16:00 Agujetas de Color de Rosa.
19:00 Corazón salvaje.

TODO HUMOR (28)
21:00 Los ladrones van a la oficina.
21:30 Pepa y Pepe.

22:00 Hermanos de leche.

FÚTBOL MUNDIAL (41)
20:45 Resumen Argentina.
20:55 Real Madrid - Barcelona
22:50 Fiebre de fútbol.

CANAL + AZUL (3)
21:03 Teleserie.
21:28 Serie: Loca academia de policía.
22:12 Serie: Dawson crece.
22:57 Las noticias del guiñol.
23:04 Cine: El periódico.

CANAL + ROJO (4)
20:01 Cine: Nunca digas jamás.
21:39 Documental: Los oscars.
22:30 Cine: El prisionero de las montañas.

IDIOMA

Gustar

Spanish uses the verb *gustar* (to please, to be pleasing) to express liking someone or something. In the present tense the most commonly used forms are *gusta* and *gustan*. In the preterite tense, *gustó* and *gustaron* are most common.

Esa música **me gusta.**	I **like** that music.
	(Literally: That music is pleasing to me.)
Los gatos negros **no me gustan.**	I **don't like** black cats.
	(Literally: Black cats are not pleasing to me.)

Use the verb *gustar* with indirect object pronouns. With *gustar,* these pronouns tell who likes what.

los pronombres indirectos	
me gusta	*I like*
te gusta	*you like*
le gusta	*he/she/likes*
nos gusta	*we like*
os gusta	*you like*
les gusta	*they/you (Uds.) like*

Escucha este disco compacto. Te gustará.

Use *gusta/gustó* to refer to a singular noun and one or more infinitives.

Me gustó mucho la clase.	I **liked** the class a lot.
Te gusta nadar y correr, ¿verdad?	You **like** to swim and run, right?

Use *gustan/gustaron* before a plural noun.

¿Te gustaron esos programas?	**Did** you **like** those programs?

To clarify to whom you are referring or to add emphasis, add *a* plus a name or pronoun.

A los chicos les gusta la playa.	Kids **like** the beach.
A mí me gusta ir al cine pero	I **like** to go to the movies but
a ti te gusta más ver la tele.	you **like** watching TV more.

4 ¿Les gusta?

Escriba oraciones con el verbo *gustar*. Siga las indicaciones.

 yo/dibujos animados
A mí me gustan los dibujos animados.

1. tú/no/películas musicales
2. Rosa/telenovelas

3. ustedes/películas de vaqueros
4. Sara y Toni/no/ir al cine
5. nosotros/leer periódicos
6. mis padres/no/películas de terror

5 Sobre gustos...

Con su compañero(a), hablen de sus gustos y los de otras personas.
Sigan las indicaciones para hacer las preguntas.

tú/películas de vaqueros
A: ¿Te gustan las películas de vaqueros?
B: Sí, muchísimo. (No, no me gustan.)
A: ¿Le gusta la música clásica a tu amiga?
B: Sí, sí le gusta. (No, no le gusta.)

1. tu mejor amigo/las películas cómicas
2. tú y tus hermanos/películas de terror
3. tú y tu compañero/documentales en español
4. tus padres/música clásica
5. tú/las películas con subtítulos
6. el(la) profesor(a)/los estudiantes trabajadores

6 Más sobre gustos...

Con su compañero(a), hablen de sus gustos. Pueden
empezar con las indicaciones.

ver televisión/tipo de programas
A: ¿Te gusta ver la televisión?
B: Sí, mucho.
A: ¿Qué tipo de programas te gustan?
B: Me gustan los documentales.

1. actuar/cuál favorito
2. leer libros en español/cuál favorito
3. las revistas de música/cuáles
4. salir con amigos/qué hacer

7 ¿Qué nos gusta?

Hagan una pequeña encuesta en clase.
Decidan cuál es:

- la actividad más popular en clase de español
- la actividad más popular del fin de semana
- el tipo de película más popular
- el tipo de música más popular

Proverbios y dichos
¿Cuántas veces le han dado un regalo
que no le gustó? ¿Qué puede decir de su
mejor amigo(a) cuando se acaba de
comprar una camisa horrible?
Hay una expresión en español que lo
resume todo: "Sobre gustos no hay nada
escrito". *(There's nothing on paper about
likes and dislikes.)* Quiere decir que cada
persona tiene sus gustos, aunque a veces
nos sorprendan. Y también es una
manera sutil de decir ¡Qué horror!

IDIOMA

Otros verbos como *gustar*

Several verbs follow the pattern of *gustar* and are also used with indirect object pronouns. The following are the most common: *encantar* (to like very much, to love), *fascinar* (to be fascinated by), *interesar* (to find interesting), *importar* (to mind), *molestar* (to matter, to bother), *parecer* (to seem). Note their meanings.

Me encanta el helado.	**I love** ice cream.
A ella le fascinó esa novela.	**She was fascinated** by that novel.
A mí no me interesó.	It **didn't interest me.**
Eso a mí no me importa.	That **doesn't matter to me.** (I don't care about that.)
A ellos les molesta la música.	The music **bothers them.**
A mí las preguntas me parecen tontas.	The questions **seem** silly **to me.**

A Teresa le encanta el helado.

Para entender mejor: la idea principal

Al escuchar a alguien hablando en español, sobre todo en la televisión o en el cine, no intente entender todo lo que se dice. Es más importante entender la idea principal que le están comunicando. Si intenta entender palabra por palabra *(word by word)* es posible que al final no entienda el mensaje. Recuerde, si no entiende siempre puede decir:

¿Puede hablar más despacio, por favor?
¿Puede repetirlo, por favor?
No entiendo. ¿Puede decirlo con otras palabras?

8 ¿Qué le parece?

Con su compañero(a), expresen cómo reaccionarían frente a las siguientes situaciones usando uno de los siguientes verbos: *gustar, encantar, fascinar, molestar, interesar, importar, disgustar*. Después inventen sus propias situaciones.

1. Su profesora trae una película en español para ver en clase.
2. Un amigo le cuenta un secreto suyo a todos sus compañeros.
3. Una amiga insiste que tiene que ver una película romántica.
4. Su cantante favorito está en su ciudad.
5. Su mejor amiga no tiene tiempo para usted y le da excusas tontas.
6. Un compañero trae un pastel y refrescos a clase.

CONEXIONES

9 Cruzando fronteras

Adivine por qué son famosos estos personajes del Caribe. Después, con su compañero(a), busquen otros tres personajes famosos del Caribe.

1. José Martí
2. Sammy Sosa
3. Gabriel Cabrera Infante
4. Oscar de la Renta
5. Tito Puente

A. beisbolista dominicano
B. compositor y percusionista puertorriqueño
C. héroe de la independencia cubana
D. diseñador de modas dominicano
E. escritor cubano que vive en Inglaterra

Tito Puente
tocando la batería.

Conexión Cultural

El cine cubano

No fue hasta después de la revolución que el cine cubano empezó a tomar importancia en la cultura de la isla. En las últimas tres décadas, las películas hechas en Cuba han ayudado a promover *(promote)* las tradiciones del país.

Cuba tiene una larga tradición de documentales, y cuenta con verdaderos especialistas en el tema, como el productor Santiago Álvares.

Recientemente, películas cubanas han alcanzado éxito internacional. La más famosa de ellas es *Fresa y chocolate,* dirigida por el famoso director cubano Tomás Gutiérrez Alea. En esta película, Gutiérrez Alea refleja los problemas que la sociedad cubana sufre actualmente. *Fresa y chocolate* obtuvo muchos premios cinematográficos y fue nominada *(nominated)* al Oscar a la mejor película extranjera del año. La película tuvo tanto éxito que se convirtió en una obra de teatro, que se está representando en varios países de habla hispana.

Después de *Fresa y chocolate,* el director hizo otra película de tema cubano, *Guantanamera,* donde utilizó a uno de los protagonistas de su anterior film, el actor Jorge Perrugorría.

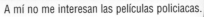

A mí no me interesan las películas policiacas.

10 ¿Qué películas les gustan?

Lea la sección de anuncios personales de este periódico y diga qué tipo de películas cree que le gusta a las personas que contestan cada anuncio.

 Yo contesto el anuncio de Sofía.
A mí me gustan las películas policiacas.

A mí me encantan las películas de misterio.

ANUNCIOS PERSONALES

Somos dos amigas simpáticas y jóvenes, de 15 y 17 años. Nos gusta leer historias románticas y ver las telenovelas. Buscamos gente que le guste las mismas cosas para ir al cine los fines de semana. Si te interesa, llama al 555-1234. Inma y Bea

Tengo 14 años. Me fascinan las historias emocionantes y los video juegos. Leo las revistas de Supermán y Tarzán. ¿Quieres venir al cine conmigo?
Llámame al 555-5678.
¡Lo vamos a pasar bien!Tomás

Divertido y encantador. Soy un abogado de 37 años. Mi pasatiempo favorito es escuchar música. Tengo un secreto: ¡canto en la ducha canciones de Elvis Presley! Busco a una chica de mi edad, para ir al cine.
Tel. 555-1235. Julio

¿Te encanta reír y pasarlo bien con los amigos? ¿Sabes contar chistes buenos? Si has contestado SÍ, llámanos al 555-2525.
Cómicos Inc.

El Club del misterio caribeño busca nuevos socios. Si le interesa Sherlock Holmes y otros personajes de novelas parecidas, llame al 555-5868. Tenemos lecturas, charlas y sus películas favoritas.
Club del misterio

Nos importa mucho la naturaleza. Caminamos y observamos los animales. Buscamos chicos que quieran ayudar a organizar el festival de cine "Realidades". ¿Te animas?
Club Natura

1. Yo contesto el anuncio del Club del misterio.
2. Elena contesta el anuncio de Julio.
3. Tú y yo contestamos el anuncio del Club Natura.
4. Tú contestas el anuncio de Cómicos Inc.
5. Luis y Roberto contestan el anuncio de Inma y Bea.
6. Carolina y tú contestan el anuncio de Tomás.

11 Reacciones

Con su compañero(a), hablen de cómo reaccionan ustedes a lo siguiente. Usen los verbos de la lista.

gustar	fascinar	interesar	encantar
disgustar	molestar	importar	parecer

 los subtítulos en películas
A: A mí los subtítulos me molestan, ¿y a ti?
B: A mí no me importan.

1. los documentales
2. la radio
3. los dibujos animados
4. las películas cómicas
5. el chocolate

6. las películas de terror
7. las hamburguesas
8. la velocidad
9. las computadoras
10. los museos

Me fascinan las películas de terror.

Me disgustan los dibujos animados.

12 Invitaciones

En grupos, hablen sobre los siguientes temas.

1. ¿Qué tipo de películas les gustan más? ¿Por qué?
2. ¿Les gusta ver películas en otros idiomas? ¿Por qué?
3. ¿Cuál es su película favorita?
4. ¿Qué tipo de programas les gusta ver en la televisión? ¿Telenovelas? ¿Comedias?
5. ¿Ven ustedes programas en español? ¿Por qué?
6. ¿Qué tipo de música les gusta? ¿Les gusta la música latina?

Autoevaluación. Compruebe lo que ha aprendido. Conteste las siguientes preguntas.
1. Nombre tres tipos de películas, diga cuál es su favorita y por qué.
2. Diga cuatro sinónimos del verbo *gustar*.
3. ¿Cuál es la forma correcta: *Ven con mi* o *Ven conmigo*?
4. Explique la diferencia entre *televisor* y *televisión*.

¡La práctica hace al maestro!

A Comunicación

En parejas, creen un diálogo usando las expresiones de esta lección. Sigan las indicaciones. Cuando hayan terminado, cambien de papel.

A: *(Pregunte qué va a hacer este fin de semana.)*
B: *(Diga que va a ir al cine. Pregunte si quiere ir con usted.)*
A: *(Diga que sí y pregunte qué tipo de película quiere ver.)*
B: *(Conteste. Sugiera una película.)*
A: *(Diga que prefiere otro tipo de película.)*
B: *(Sugiera una película que les guste a los dos.)*

B Conexión con la tecnología

Una de las mejores maneras de practicar el español es escuchar a nativos hablando. Si tiene imágenes delante suyo para ayudarle, es aún mejor. Es por eso que las películas y los programas de televisión pueden ser muy útiles en la clase de español.

Algunas películas en español pueden ser un poco difíciles de entender. Pero, si tiene alguna información sobre el tema y los personajes *(characters)*, esto puede ser una gran ayuda. No intente entender cada palabra de lo que dicen. Intente seguir la historia. Cuando escuche una palabra o expresión varias veces, escríbala en un hoja de papel. Trate de adivinar lo que significa por el contexto.

En grupos, creen un archivo *(file)* de todas las películas y programas de televisión que han visto en español. Incluyan:

- el título
- el tipo de película
- nombre de los actores y descripción de su personaje
- resumen de la historia

Tipos de películas

cómica
de aventuras
de ciencia ficción
de dibujos animados
de misterio
de terror
de vaqueros
el documental
el drama
musical
policiaca
romántica

Expresiones y otras palabras

los subtítulos
la versión original

Verbos

actuar
apagar
disgustar
encender
entender
fastidiar

Hola, nena.

Conexión *Cultural*

El doblaje

En algunos países de habla hispana, principalmente en España y México, el cine es casi siempre en español. Las películas hechas en otros idiomas, no se "oyen" con las voces originales de los actores, sino con las de un grupo de profesionales que hablan en su lugar.

El doblaje es una técnica que necesita mucha precisión. Unos actores especializados, que tienen delante suyo una traducción del guión, estudian el movimiento de los labios de los actores, para después coordinar sus diálogos, en español, con lo que se ve en la película. Normalmente, el mismo profesional dobla siempre a un actor específico. Es decir que el público va a oír a un actor, en español siempre con la misma voz (aunque no sea la suya original). Esta técnica también se utiliza para doblar series y películas para la televisión en todo el mundo.

a leer

Estrategia

Preparación

Antes de leer un poema, es interesante conocer al autor, ya que puede ayudarle a entenderlo. José Martí (1853-1895) fue un gran patriota y poeta cubano. Luchó toda su vida por la independencia de Cuba, una de las últimas colonias españolas en América. Al mismo tiempo que organizaba y dirigía el movimiento de liberación de Cuba, escribía para varios periódicos del mundo hispano. Como Simón Bolívar, Martí soñaba con tener una América libre y unida. Sus poemas más conocidos pertenecen al libro *Versos sencillos*.

Monumento a José Martí en La Habana, Cuba.

Estrategia: la rima y el ritmo

Lea los versos de José Martí. ¿Ve usted que en la primera estrofa *(stanza)* las palabras *palma* y *alma* riman? ¿Puede usted encontrar otro par de palabras que rimen en esa misma estrofa? Ahora, busque otras palabras que rimen en el resto del poema. Haga una lista de los pares de palabras que riman.

Es útil prestar atención al ritmo de los versos de un poema. Lea los versos de la primera estrofa varias veces para darse una idea del ritmo. Lea una vez más y esta vez dé una palmada cada vez que encuentre una sílaba acentuada.

Versos sencillos (selección)

José Martí

Yo soy un hombre sincero,
de donde crece la palma,
y antes de morirme quiero
echar mis versos del alma.°

Mi verso es de un verde claro
y de un carmín° encendido.
Mi verso es un ciervo herido°
que busca en el monte amparo.°

Todo es hermoso y constante.
Todo es música y razón.
Y todo, como el diamante,
antes que luz, fue carbón.

Con los pobres de la tierra
quiero yo mi suerte echar:°
el arroyo° de la sierra
me complace° más que el mar.

Cultivo una rosa blanca
en junio como en enero
para el amigo sincero
que me da su mano franca.

Y para el cruel que arranca°
el corazón con que vivo
cardo ni ortiga° cultivo:
cultivo una rosa blanca.

el alma *soul* **carmín** *red* **el ciervo herido** *wounded deer* **el amparo** *consolation,*
protection **mi suerte echar** *to case my fate* **el arroyo** *brook* **complace** *pleases* **arranca**
tears out **cardo ni ortiga** *neither thistle nor nettle*

A ¿Qué comprendió Ud.?

Indique si las afirmaciones son ciertas o falsas. Corrija las falsas.

1. El poeta es de un país tropical.
2. Quiere comunicarle sus ideas a sus lectores.
3. Busca la amistad y la justicia.
4. Se identifica con la gente rica y poderosa.
5. El poeta es un hombre vengativo.
6. La ambición del poeta es buscar amparo en el monte.
7. La rosa blanca simboliza la paz.

B Charlando

Martí quiso ver una América unida y libre de conflictos. Sus versos
reflejan los ideales de cooperación y compasión por los demás, aun
por los enemigos. Busque los versos que se refieren a este ideal.
¿Está usted de acuerdo con el poeta? Explique su propio punto de
vista.

Busque todas las palabras e imágenes en los versos que
simbolizan amistad y compasión. ¿Qué representan para usted?

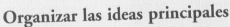

a escribir

Estrategia

Organizar las ideas principales

Escriba una descripción de alguien importante en su vida. Puede ser un(a) amigo(a), un familiar, un(a) maestro(a), un(a) vecino(a), etc. Para escribir algo, es importante que organice antes sus ideas principales.

Primero piense en la variedad de aspectos que son importantes al describir a una persona. Por ejemplo, sus preferencias, sus características físicas, etc. ¿Qué otros aspectos se le ocurren? El siguiente esquema, llamado *Árbol de ideas,* le ayudará a organizar los puntos principales. Cópielo en una hoja de papel. ¿Puede usted añadir dos o tres aspectos más?

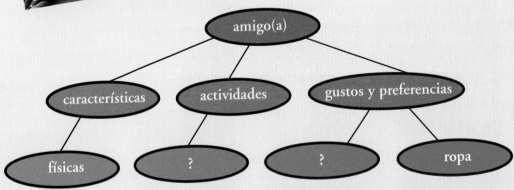

Rellene los espacios en blanco con sus ideas. Después, escriba un borrador *(rough draft).* ¿Están sus ideas bien desarrolladas y organizadas? Corrija todo lo que no esté claro o en el lugar adecuado.

repaso

Now that I have completed this chapter, I can...

✓ identify myself.

✓ ask for and give personal information.

✓ complete an application.

✓ talk about everyday activities.

✓ express likes and dislikes.

✓ describe people.

✓ ask for permission.

✓ give excuses.

I can also...

✓ guess some nicknames.

✓ differentiate a last name from a mother's maiden name.

✓ name some touristic sites of Puerto Rico.

✓ practice Spanish and make friends in chatrooms.

✓ talk about baseball and Dominican baseball players.

✓ name some professions.

✓ talk about *merengue*.

✓ use diminutives.

✓ talk about movies and TV programs.

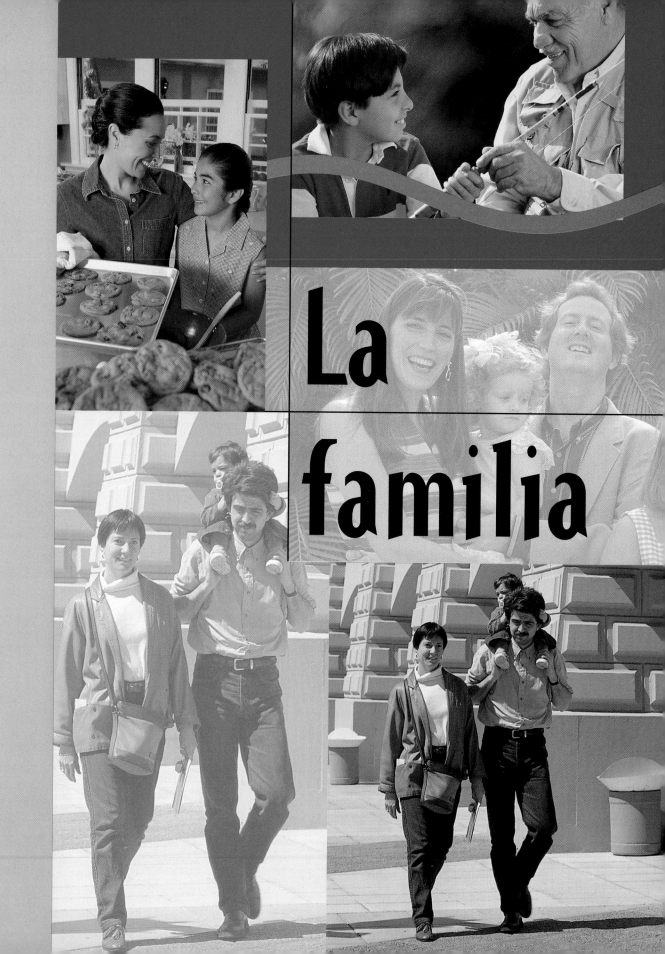

La
familia

SE VENDE apartamento de dos habitaciones y un baño. Ideal para estudiantes. Informes: 555-4000.

SE ALQUILA CASA en la playa. Sala, comedor, dos dormitorios, terraza y garaje. Informes: 555-2099.

In this chapter you will be able to:

- talk about everyday activities
- express emotions
- apologize and make excuses
- tell someone what to do
- make a request
- express negation or disagreement
- discuss family
- describe a household
- complain

53

Lección 5

La familia de Adela

Adela, una chica que vive en Buenos Aires, la capital de Argentina, le escribe a Antonio, un chico del Uruguay.

Buenos Aires, Argentina 15 de agosto

Querido Antonio:

Te escribo para enviarte este retrato de mi familia. Aquí estamos todos. ¿**Adivinas**° cuál soy yo? Soy la del centro. Tengo el pelo **rizado**° y los ojos **marrones.**° Tengo un hermano y dos hermanas **gemelas.**° Ellas tienen el pelo **castaño**° y **lacio.**° El hombre de la **barba**° es mi hermano Felipe, el mayor. Es abogado y parece muy serio, pero siempre está haciendo bromas. Ahora no vive en casa. No tengo ningún hermano menor. Mi papá es el hombre **calvo.**° La chica pelirroja es mi prima Gabi. Ella y yo somos muy amigas. **Detrás de**° ella, está mi mamá. Mi papá y mi tía Elisa, la mamá de Gabi, no ven nada, así que tienen que usar **lentes.**° Tía Elisa es mi **madrina.**° El hombre de **bigote**° es el **padrastro**° de Gabi. Es el segundo **esposo**° de tía Elisa. Su primer esposo murió hace muchos años, yo no lo recuerdo. No lo vi nunca. Bueno, pues ahí nos tienes a todos. Vas a enviarme una foto de tu familia también, ¿no? Este año no puedo ir a Uruguay, pero quizás el año que viene.

Contesta pronto.

Saludos de

Adela

---

adivinas *guess* **rizado** *curly* **marrones** *brown* **las gemelas** *twins* **castaño** *brown*
lacio *straight (hair)* **la barba** *beard* **calvo** *bald* **detrás de** *behind* **los lentes** *glasses*
la madrina *godmother* **el bigote** *mustache* **el padrastro** *stepfather* **el esposo** *husband*

Tres generaciones en una fotografía.

1. ¿Cómo es Adela?
2. ¿Cómo son sus hermanas?
3. ¿Quién es el hombre de la barba?
4. ¿Quién es el hombre calvo?
5. ¿Quién es Gabi? ¿Cómo es ella?
6. ¿Por qué usa lentes la tía Elisa?
7. ¿Quién es el hombre de bigote?
8. ¿Por qué no recuerda Adela al primer esposo de la tía Elisa?

PARAti

Más parientes

el cuñado	brother-in-law
la cuñada	sister-in-law
la esposa	wife
el esposo	husband
la madrastra	stepmother
la madrina	godmother
la nuera	daughter-in-law
el padrastro	stepfather
el padrino	godfather
la suegra	mother-in-law
el suegro	father-in-law
el yerno	son-in-law

Conexión Cultural

Los padrinos

En Latinoamérica y España, al hablar de los parientes, la gente se refiere también a los abuelos, tíos, primos y padrinos. El padrino y la madrina de un niño o niña son los responsables de cuidarlo en caso de que los padres no puedan hacerlo. Generalmente los padrinos son parientes o amigos muy íntimos, escogidos por los padres del niño o niña, que es el ahijado o la ahijada.

Mi abuela es también mi madrina.

Algo más

Relaciones personales

Las relaciones entre personas a menudo se expresan con el verbo **ser** + relación + **de**.

¿Eres prima de Andrea?	*Are you Andrea's cousin?*
Soy hermana de Pablo.	*I am Pablo's sister.*

2 ¿Qué pariente es?

Con su compañero(a), lean cada descripción para adivinar el pariente. Después, cada uno(a) debe inventar tres descripciones.

A: Es la esposa de tu padre, pero no es tu madre.
B: Es mi madrastra.

1. Es el esposo de tu hermana.
2. Es la hermana de tu esposo(a).
3. Es la madre de tu esposo(a).
4. Es la mujer que está casada con tu hijo.

Repaso rápido

Palabras afirmativas y negativas

The following are common affirmative words with their negative counterparts.

something	**nothing**
*¿Quieres comer **algo**?*	*No, gracias, no quiero comer **nada**.*
someone, anyone	**no one, nobody**
*¿Hay **alguien** en casa?*	*No, no hay **nadie**.*
some, any	**none, not any**
*¿Tienes **algún** libro nuevo?*	*No, no tengo **ninguno**.*
always	**never**
*¿Ana **siempre** llega tarde?*	*No, **nunca** llega tarde.*
also, too	**neither, either**
*¿Viene tu cuñado **también**?*	*No, y **tampoco** viene mi cuñada.*
still	**not anymore, no longer**
*¿**Todavía** vives en Córdoba?*	*No, **ya no**. Ahora vivo en Buenos Aires.*
already	**not yet**
*¿**Ya** hablaste con tu padrino?*	*No, **todavía** no.*

3 Más descripciones

Haga una lista de personas de su escuela que tengan las siguientes características: *pelo rizado, pelo castaño, pelo lacio, calvo, barba, lentes, bigote.* Luego compare su lista con la de otro(a) compañero(a).

El profesor de inglés tiene el pelo castaño y lacio.
No hay nadie con bigote.

David es pelirrojo.

Rubén tiene bigote.

IDIOMA

Expresiones negativas: un poco más

Negative words may precede the verb. However, when they follow the verb you must use *no* before the verb.

Nadie está listo. *No está listo nadie.*	**No one** is ready.
*Ella **nunca** llega tarde.* *Ella no llega tarde **nunca**.*	She's **never** late.

Alguno and *ninguno* become shortened to *algún* and *ningún* when they precede a masculine singular noun.

*¿Tienes **algún** primo guapo?*	Do you have **any** good-looking cousins?
*No, no tengo **ningún** primo guapo.*	No, I don't have **any** good-looking cousins.

Ninguno(a) is used only in the singular form.

*¿Conoces **algunas** canciones argentinas?*	Do you know **any** Argentine songs?
*No, no conozco **ninguna** canción argentina.*	No, I don't know **any** Argentine songs.

Constructions with *ni... ni* (neither... nor) require plural verb forms.

*Ni mi padre **ni** mi tío **llevan** lentes.*	**Neither** my father **nor** my uncle **wear** glasses.

4 Dime si...

Con su compañero(a), sigan las indicaciones para crear oraciones con expresiones negativas. La respuesta tiene que empezar siempre con *no*.

A: Dime si conoces a algunos de mis parientes.
B: No, no conozco a ninguno de tus parientes.

Dime si...

1. quieres comer algo después de clase
2. vas con alguien a la escuela
3. tu hermano y tu hermana son pelirrojos
4. ya tienes sobrinos
5. todavía duermes con un animal de peluche
6. te gusta algún programa de televisión
7. siempre estás de buen humor
8. tienes algún pariente argentino
9. tu padrino y tu madrina hablan otro idioma

5 ¡Excusas para todo!

Hoy su compañero(a) tiene excusas para todo. Juntos, creen un diálogo. Sigan las indicaciones y contesten las preguntas con las expresiones negativas que han aprendido. Después, cambien de papel.

pasar un lápiz/no ver lápiz
A: ¿Me puedes pasar un lápiz?
B: Lo siento, no veo ningún lápiz.

1. ayudar hoy/no tener momento libre
2. explicar problemas de matemáticas/no entender los problemas
3. prestar una pluma/no tener pluma
4. dar una revista/no tener revista
5. dar un refresco/no quedar refrescos
6. presentar a uno de tus amigos uruguayos/no tener amigos uruguayos

Proverbios y dichos
Entre los miembros de una familia siempre hay parecidos *(similarities)* físicos o de personalidad. La expresión "De tal palo, tal astilla" se usa para comparar a un chico o chica, con su padre, madre u otro familiar mayor que él o ella. Puede usarse de forma positiva o de forma negativa. Corresponde, más o menos, a la expresión en inglés *like father, like son.*

Repaso *rápido*

Los números

Numbers ending in *uno* that are followed by nouns drop the *-o* before masculine nouns. They change to *una* before feminine nouns.

un nieto	→	treinta y **un** nietos
una sobrina	→	veinti**una** sobrinas

Ordinal numbers (the Spanish equivalent of first, second, third, etc.) generally precede nouns. *Primero* and *tercero* drop the *-o* before masculine nouns.

la **primera** esposa	→	el **primer** esposo
la **segunda** hermana	→	el **segundo** hermano
la **tercera** canción	→	el **tercer** concierto

Algo *más*

Las fechas

En los países de habla hispana, la fecha se indica a veces de una manera diferente. Se empieza con el día, seguido del mes y del año, y los números se separan por puntos. Los años no se dicen como en inglés ("19"-"99"), sino que se leen como los números. Por ejemplo: 1999 se dice **mil novecientos noventa y nueve.**

| 4.7.1776 | → | el cuatro de julio de mil setecientos setenta y seis |

Fíjese que el nombre del mes se escribe con minúscula. Al decir las fechas, se usa el artículo antes del día aunque no esté escrito.

| 12.10.87 | → | el doce de octubre de mil novecientos ochenta y siete |

Para referirse al primer día del mes, en muchos países se usa el número ordinal.

| 1.° de enero | → | el **primero** de enero |

Pero:

| 2 de enero | → | el dos de enero |

6 Lea en voz alta

En parejas, sigan las indicaciones. Uno(a) de ustedes tiene que leer las siguientes respuestas en voz alta. La otra persona tiene que hacer preguntas apropiadas.

A: Es el 555-4039.
B: ¿Cuál es tu número de teléfono?

1. Son las 12:44 de la tarde.
2. Cuesta 9.527 pesos.
3. Hay 570 páginas.
4. El 4 de julio de 1776.
5. La avenida 8, número 278.

6. Tiene 10 capítulos.
7. En el 3.er piso.
8. Generalmente tiene 365 días.
9. Es el 1-800-555-4269.
10. Hay 31 estudiantes.

7 ¿Qué número es?

Con su compañero(a), háganse preguntas en las que las contestaciones sean números de estos dos anuncios.

A: ¿En qué página está el horóscopo?
B: En la página 98.

AUDIENCIAS				
LOS MÁS VISTOS (DEL 26 DE OCT. AL 01 DE NOV.)				
Cadena	Programa	Espectadores	Share*	Emisión
Tele 5	Médico de familia	7.592.310	43,2%	27/10/98
TVE 1	Cine: La jungla de cristal	6.096.855	43,6%	01/11/98
Tele 5	Cine 5: Causa justa	5.406.645	37,0%	30/10/98
TVE 1	Cine: La saga del…	4.524.710	29,1%	26/10/98
TVE 1	Telediario 2	4.448.020	29,1%	26/10/98
Tele 5	Periodistas	4.294.640	25,6%	26/10/98
TVE 1	Telediario fin de semana 2	4.179.605	30,6%	01/11/96
TVE 1	A las once en casa	4.179.605	25,2%	26/10/98
Antena 3	Manos a la obra	4.141.260	24,9%	20/10/98
TVE 1	Telediario fin de semana 1	3.987.880	27,2%	29/10/98

Algo más

Unos(as) y algunos(as)

Unos(as) *(a few)* y **algunos(as)** *(some)* son sinónimos.

Tengo **algunos** primos chilenos y **unas** primas argentinas.

*I have **some** Chilean cousins and **a few** Argentine cousins.*

Muchas veces, a la palabra **unos(as)** se añade **cuantos(as)** pero sin acento.

Quiero llamar a **unas cuantas** amigas.

*I want to call **a few** girlfriends.*

8 Una familia ocupada

Dani y su tía hablan de lo que van a hacer por la tarde. Con su compañero(a), completen el diálogo con expresiones negativas.

Tía: ¿Pasa algo en casa, Dani?
Dani: No, tía, no pasa (1).
Tía: Entonces, ¿por qué estás tan serio? ¿Tienes algún problema?
Dani: No, no tengo (2) problema.
Tía: ¿Te ayudo con la tarea?
Dani: No, gracias, tía. En mi escuela casi (3) tenemos tarea.
Tía: ¡Que suerte tienes! Entonces ¿tú y tu hermano quieren venir conmigo al cine esta tarde?
Dani: Lo siento tía, pero (4) de nosotros puede ir. Tenemos práctica de fútbol.
Tía: No importa, creo que Luisa y Mercedes, las gemelas, van a querer ir.
Dani: Te equivocas tía, (5) Luisa (6) Mercedes van a poder ir; las dos tienen clase de piano.
Tía: ¡Ay, que familia tan ocupada!

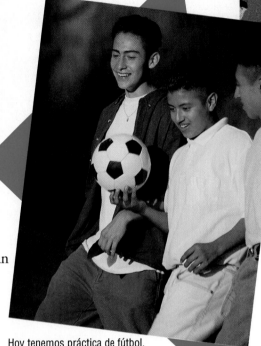

Hoy tenemos práctica de fútbol.

9 Sus fechas especiales

Con su compañero(a), hablen de cinco fechas que son especiales para ustedes. Digan la fecha y después intenten adivinar por qué es especial.

A: Para mí, una fecha importante es el 13 de diciembre de 1985.
B: ¿Es tu cumpleaños?
A: Sí.

Autoevaluación. Compruebe lo que ha aprendido. Conteste las siguientes preguntas.
1. Mencione a tres miembros de su familia y describa cómo son físicamente.
2. ¿Qué significa ser el padrino o la madrina de un niño?
3. Diga quiénes serían las siguientes personas en relación a usted: *suegra, nuera, padrastro, cuñada.*
4. Nombre cinco expresiones negativas que ha aprendido en esta lección y dé un ejemplo para cada una.
5. ¿Cuál es correcto: *tercer piso* o *tercero piso*? ¿Por qué?
6. Diga las siguientes fechas en voz alta: *11.3.1996; 19.7.1988; 1.12.2000.*

¡La práctica hace al maestro!

A Comunicación

En parejas, creen un diálogo. Usen el vocabulario de esta lección. Sigan las indicaciones. Cuando hayan terminado, cambien de papel.

A: *(Pregúntele a su compañero(a) si tiene hermanos.)*
B: *(Conteste que sí y diga algo de cada uno.)*
A: *(Pregunte si se parece a alguno de ellos.)*
B: *(Conteste y diga en qué se parecen y por qué.)*
A: *(Pregunte a quién de su familia se parece más y por qué.)*
B: *(Conteste. Pregunte lo mismo.)*
A: *(Conteste.)*

B Conexión con la tecnología

Haga un póster de un árbol genealógico de su familia o de una familia que conozca. Siga las siguientes indicaciones.

1. Saque fotografías de los miembros de la familia. Si es posible, incluya a los abuelos, tíos y primos.

2. Busque también fotografías o información de los antepasados *(ancestors)*.

3. Averigüe algo de cada persona, como sus gustos, su personalidad, sus sueños, etc. Puede preguntar a los parientes o ver videos de familia. Escriba dos oraciones para cada persona.

4. Pegue las fotografías en el póster. Asegúrese de que estén en el lugar correcto. Escriba el nombre de cada persona y las dos oraciones.

5. Muestre su árbol genealógico a la clase.

Es una foto del abuelo cuando era pequeño.

Parientes
- la cuñada
- el cuñado
- la esposa
- el esposo
- la madrastra
- la madrina
- el padrastro
- el padrino
- la suegra
- el suegro
- la nuera
- el yerno

Descripciones físicas
- la barba
- el bigote
- calvo(a)
- castaño(a)
- lacio(a)
- marrón
- rizado(a)

Expresiones y otras palabras
- adivinar
- detrás de
- las gemelas
- los lentes

La Casa Rosada en la Plaza de Mayo, Buenos Aires.

Conexión *Cultural*

Argentina

Argentina es el octavo país más grande del mundo. Su geografía es muy variada. Dentro de sus límites, hay regiones muy distintas, con climas tropicales en el norte y temperaturas polares en el sur del país. Encontramos desde las grandes llanuras de Patagonia, donde están las pampas, hasta glaciares (como el Perito Moreno), picos altísimos (como el Aconcagua), y la selva tropical, donde están las cataratas del Iguazú, en la frontera con Brasil.

La industria más importante de Argentina es el ganado, que se cría *(is raised)* principalmente en la zona central y en las pampas, al sur. No sorprende por lo tanto que los platos típicos incluyan asados *(barbecues)*, parrilladas *(grilled meat)* y bifes *(steaks)*.

La población argentina es de origen inmigrante. Mucha gente de países europeos llegó a Argentina para trabajar en el campo y en las minas. Especialmente hay muchísimas familias de ascendencia italiana y española, pero también hay irlandeses, franceses, ingleses, polacos y portugueses.

Lección 6

Y a mí, ¿cuándo me toca?°

*¡Pobre Tomás! Tomás es un chico chileno de quince años que tiene tres hermanas mayores. Imagínese cómo son las mañanas en casa de Tomás, cuando todos tienen que **prepararse**° para ir a la escuela.*

TOMÁS: Paloma, ¿todavía estás ahí?
PALOMA: Un momento, **ahora mismo**° salgo.
TOMÁS: **¡Eso mismo**° dijiste hace diez minutos! ¿Qué **te falta**?°
PALOMA: ¡Tengo que **secarme**° el pelo!
TOMÁS: ¿Cuánto tiempo necesitas?
PALOMA: No **te enojes**,° Tomás. Me seco el pelo, me maquillo y ya estoy.
TOMÁS: ¿Tienes que maquillarte también?
PALOMA: Acabo en cinco minutos.
TOMÁS: No sé para qué me levanto tan temprano...

Tomás va a su cuarto a buscar la ropa que va a ponerse. A los pocos minutos se oye la voz de su hermana Paloma.

PALOMA: Tomás, ya estoy lista. ¡El baño está libre!
TOMÁS: ¡Por fin! *(Pero la puerta del baño está cerrada.)* Pero, ¿quién está ahí ahora?
LUZ: Soy yo, pero salgo enseguida. Hoy estoy un poco **nerviosa**,° porque tengo una cita esta noche y casi me olvido de peinarme. Pero ya estoy lista.
SOFÍA: Hermanito, ¿puedo entrar un momento antes que tú? Tengo que ponerme los **lentes de contacto**.°
TOMÁS: ¿Cuándo me toca a mí?
SOFÍA: Sólo un segundo...
TOMÁS: ¡Está bien...!

*Media hora más tarde, Tomás ve que sus hermanas se van. Va al baño y, ¡qué **desorden!**°*

TOMÁS: *(**Furioso**° y hablando **consigo mismo.**)*° ¡Otra vez voy a llegar tarde! ¡Son casi las ocho y aquí no puedo encontrar nada! Mejor me lavo la cara en la cocina y me voy.

me toca *it's my turn* **prepararse** *to get ready* **ahora mismo** *right now* **eso mismo** *precisely that* **te falta** *is left (for you to do)* **secarme** *to dry* **te enojes** *(you) get angry* **nerviosa** *nervous* **los lentes de contacto** *contact lenses* **el desorden** *mess* **furioso** *furious* **consigo mismo** *to himself*

el esmalte de uñas

el espejo

el jabón

el cepillo de dientes

el champú

la pasta de dientes

el lápiz de labios

la toalla

el peine

 ¿Qué comprendió Ud.?

1. ¿Qué tiene que hacer Paloma antes de salir del baño?
2. ¿Qué le pide Sofía a su hermano?
3. ¿Qué se le olvidó hacer a Luz porque estaba nerviosa?
4. ¿Dónde se lava la cara Tomás?

Conexión *Cultural*

Isabel Allende

Isabel Allende es una escritora chilena que pertenece a una familia de escritores, médicos y políticos. Su tío, Salvador Allende, fue presidente de Chile entre los años 1970 y 1973. Su prima, que también se llama Isabel Allende, es senadora por el Partido Socialista de Chile.

La primera novela de Isabel Allende, *La casa de los espíritus* (1982), trata de tres generaciones de una familia chilena muy parecida a la suya. Esta novela la hizo famosa en todo el mundo. Otros de sus libros son *Eva Luna* (1987), una colección de cuentos; *El plan infinito* (1991), que tiene lugar en los Estados Unidos; y *Paula*, una narración autobiográfica escrita durante la enfermedad y el último año de vida de su hija.

Repaso *rápido*

Construcciones reflexivas

A reflexive construction is one in which the action refers back to the subject of the sentence.

Él lava el carro.   He is washing the car.
Él se lava.   He **is washing himself.**

Reflexive constructions require the use of reflexive pronouns: *me, te, se, nos, os.*

yo **me** acuesto	nosotros **nos** acostamos
tú **te** acuestas	vosotros **os** acostais
él, ella, usted **se** acuesta	ellos **se** acuestan

When you use reflexive pronouns with infinitives, you may attach the pronoun to the infinitive or place it before the conjugated verb.

*Tengo que ir**me** pronto.*   **Me** *tengo que ir pronto.*
*Debes vestir**te** para la fiesta.*   **Te** *debes vestir para la fiesta.*

2 ¿Puedes darme?

Con su compañero(a), creen un diálogo. Usted está preparándose para salir y su amigo(a) no deja de pedirle que le dé cosas. Sigan el modelo y las indicaciones.

PARA ti

Verbos reflexivos
Muchos de los verbos que describen acciones de asearse y prepararse para salir son verbos reflexivos.

bañarse	to bathe
cepillarse los dientes	to brush one's teeth
despertarse	to wake up
lavarse las manos	to wash one's hands
levantarse	to get up
peinarse	to comb one's hair
pintarse los labios	to put on lipstick
pintarse las uñas	to polish one's nails
prepararse	to get ready
secarse el pelo	to dry one's hair

bañarse

A: ¿Vas a bañarte?
B: Sí, por favor, ¿puedes darme el jabón?
(Sí, por favor, ¿me puedes dar el jabón?)

1. lavarse el pelo   2. secarse el pelo   3. vestirse   4. cepillarse los dientes   5. peinarse

Algo más

Me falta un botón

Mismo(a) para dar énfasis

Ya conoce la expresión **ahí mismo** (*right there*). La palabra **mismo** se puede añadir para dar énfasis a un lugar **aquí mismo** (*right here*).

Eso **mismo**.	*Precisely **that**.*
Ella **misma** lo hace.	*She does it **herself**.*
Ahora **mismo**.	***Right now**.*
Ella **misma** lo hace.	*She does it **herself**.*

Los verbos *tocar* y *faltar*

Tocar (*to be someone's turn*) y **faltar** (*to need or to be missing*) son dos verbos que cuando son reflexivos siguen la construcción de **gustar**.

Me toca (a mí).	*It is my turn.*
Te falta un botón.	*You are missing a button.*
Le toca limpiar a él.	*It is his turn to clean.*
Nos faltan dos minutos para terminar.	*We need two minutes to finish.*

Cuando no son reflexivos, **tocar** significa *to touch* o *to play a musical instrument* y **faltar** significa *to be absent*.

3 ¿Qué hacen?

Rellene los espacios con la forma correcta del verbo entre paréntesis.

1. Julio (levantarse) (1) temprano todos los días.
2. Yo tengo prisa y (irse) (2) ahora mismo.
3. ¿Ustedes nunca (pintarse) (3) las uñas?
4. Yo siempre (dormirse) (4) en clase de matemáticas.
5. Teresa y Dolores sólo (maquillarse) (5) los fines de semana.
6. Mis hermanos (bañarse) (6) todas las noches.
7. Nosotras nunca (secarse) (7) el pelo con secador.
8. ¿A qué hora (acostarse) (8) tú los sábados?
9. No sé cómo lo hace pero Aurora siempre (prepararse) (9) en cinco minutos.
10. Nosotros a veces (enojarse) (10) por cosas sin importancia.

Verónica se pinta los labios antes de salir.

4 Cruzando fronteras

Le toca pagar a usted. Tiene $20 (dólares americanos). ¿Tiene suficiente dinero para comprar estas cosas? Si no es así, ¿cuánto dinero le falta? Fíjese en los precios de los productos en pesos chilenos y en la tabla del cambio de la moneda y calcule el precio en dólares.

$1 (dólar americano)	=	$490 (pesos chilenos)

$980

$5.880

$367,5

$3.920

$4.900

5 ¿Qué necesitan?

Imagine que usted está de viaje con un grupo de amigos. Al llegar a su destino se dan cuenta *(you realize)* de que se olvidaron varias cosas en casa. Siga las indicaciones y diga qué objeto de la lista necesita cada persona.

Lucía/secarse
Lucía necesita una toalla para secarse.

1. tú/cepillarse los dientes
2. Silvia/secarse el pelo
3. nosotras/peinarse
4. ustedes/lavarse el pelo
5. usted/pintarse los labios
6. yo/pintarse las uñas

champú
un lápiz de labios
un cepillo de dientes
esmalte de uñas
una toalla
un peine

IDIOMA

Otras construcciones reflexivas

Some reflexive verbs are the equivalent of the English "to become" or "to get," and are often used to express emotion. Some examples are *enojarse* (to get mad), *aburrirse* (to get bored), *enfermarse* (to get sick).

*Ella **se enojó** conmigo.*	She **got mad** at me.
*Nos **aburrimos** cuando llueve.*	We **get bored** when it rains.
*Mi hermano **se enfermó** anoche.*	My brother **got sick** last night.

When the reflexive verb *ponerse* is followed by an adjective, this expression can be the equivalent of the English "to become."

*Papá **se puso furioso** cuando vio el coche.*	Dad **became furious** when he saw the car.
*Teo **se pone nervioso** antes de hablar con Rosa.*	Teo **becomes nervous** before talking to Rosa.

6 ¿Cuándo…?

Termine las siguientes oraciones.

 Me aburro cuando mis amigos no quieren salir los sábados.

1. Mi mejor amigo(a) se enoja conmigo cuando…
2. Me pongo nervioso(a) cuando…
3. El profesor se pone furioso cuando…
4. Mis hermanos y yo nos aburrimos cuando…

A veces me aburro en clase.

Nos divertimos mucho cuando salimos juntos.

IDIOMA

Cambios de significado en las construcciones reflexivas y las acciones recíprocas

Observe how the use of a reflexive pronoun changes the meaning of some verbs.

ir	**Voy** a estudiar.	*I'm going to study.*
irse	**Me voy.** Chao.	*I'm leaving. Bye.*
levantar	**Levanta** la mano, por favor.	*Raise your hand, please.*
levantarse	**Levántate,** que es tarde.	*Get up; it's late.*
parecer	El examen **parece** fácil.	*The exam seems easy.*
parecerse	**Me parezco** a mi hermana.	*I look like (resemble) my sister.*
dormir	No **dormí** bien anoche.	*I didn't sleep well last night.*
dormirse	**Me dormí** viendo la tele.	*I fell asleep watching TV.*

Certain verbs, when used reflexively in the plural, indicate what two people do to or for each other. These are called reciprocal actions.

*Mario y su novia **se hablan** todas las noches.*
*Tú y yo **nos conocemos** desde la primaria.*

Mario and his girlfriend **talk to each other** every night.
You and I **have known each other** since elementary school.

PARAti

Más verbos reflexivos
Aquí tiene algunos verbos que pueden ser reflexivos. Algunos ya los conoce.

abrazarse	to hug each other
ayudarse	to help each other
besarse	to kiss each other
escribirse	to write to each other
llamarse por teléfono	to call each other on the phone
odiarse	to hate each other
pelearse	to fight with each other
quererse	to love each other
saludarse	to greet each other

Paula y Alfonso se quieren mucho.

7 ¿Es necesario?

Complete las siguientes oraciones usando el presente de los verbos entre paréntesis. Agregue los pronombres reflexivos sólo cuando sean necesarios.

1. A: Yo (ir) (1) a ver a Paco que está en el hospital. ¿Lo conoces?
   B: No, pero conozco a su hermano Juan. Dicen que (parecer) (2) mucho a él.
2. A: Tú (parecer) (3) cansada. ¿No (dormir) (4) bien?
   B: No, y cuando no (dormir) (5) bien por la noche siempre (dormir) (6) en clase.
3. A: ¿A qué hora (ir) (7) Elena de casa por las mañanas?
   B: Elena siempre (ir) (8) temprano. ¿Por qué?
   A: Mañana tengo que (levantar) (9) temprano.
4. A: No (encontrar) (10) la pelota.
   B: Si (levantar) (11) el sofá, yo miro si la pelota está debajo.

No dormí bien anoche.

8 ¿Qué hacen?

Complete las siguientes oraciones que expresan acciones recíprocas.

1. Generalmente los chicos (saludarse) (1) dándose la mano. Las chicas (besarse) (2) o (abrazarse) (3).
2. Juan y Rosa (quererse) (4) mucho y nunca (pelearse) (5).
3. Mis vecinos (odiarse) (6). Nunca (ayudarse) (7) y por supuesto no (saludarse) (8).
4. Ana se mudó a Argentina el año pasado y ahora ella y Verónica (escribirse) (9) dos veces al mes. A veces también (llamarse) (10) por teléfono.
5. ¿(pelearse) (11) mucho tus hermanos?
6. Mi mejor amigo y yo (quererse) (12) mucho, pero (pelearse) (13) bastante. A veces no (saludarse) (14) en la calle.
7. ¿Por qué (llamarse) (15) ustedes todos los días después de la escuela si ya hablaron allí?

Luisa y yo nos llamamos todos los días.

El diario de Sonia

*Muchos jóvenes llevan un **diario**.° Aquí tienes dos páginas del diario de Sonia.*

Valparaíso, 24 de septiembre

Querido diario:

Hoy mi hermano pequeño Gustavo trajo un gatito a casa. Mamá se puso muy nerviosa al ver el gatito. Yo misma me puse un poco nerviosa, porque papá se enoja cuando traemos animales de la calle. Pero esta vez no hubo problemas. Papá dijo que si Gustavo lo cuida bien, el gatito se puede quedar. ¡Qué bien! El gatito es marrón. Se parece mucho a un gatito que tuvimos que se llamaba Tigre. Tigre y nuestro perro Rey se odiaban, pero por ahora no hay problemas con este gatito. ¡El gatito todavía no tiene nombre!

Hoy me enojé un poco con Arturo, mi amigo por correspondencia. Generalmente nos escribimos dos veces al mes y hace casi mes y medio que él no escribe. Yo no pienso escribirle: ¡Le toca escribir a él!

Nunca me peleo con Paula en serio, pero hoy me enojé mucho con ella. Siempre nos llamamos por teléfono después de la escuela y nos ayudamos con la tarea. Nunca tenemos problemas. Pero últimamente ella siempre me pide ayuda a mí y, si yo le pido algo, no me ayuda. La idea es ayudarnos las dos.

Hoy perdí uno de mis lentes de contacto. ¡Me puse furiosa!

Tengo que irme. Voy a salir con Tere, Ana y Javier y tengo que prepararme.

el diario *diary*

9 ¿Qué comprendió Ud.?

1. ¿Por qué se pusieron nerviosas Sonia y su mamá?
2. ¿Con qué frecuencia se escriben Arturo y Sonia?
3. ¿Por qué se enojó Sonia con Paula?
4. ¿Cómo reaccionó Sonia al perder un lente de contacto?

10 Charlando

1. ¿Tiene usted un diario? ¿Por qué?
2. ¿Tiene usted amigos por correspondencia? Si es así, ¿con qué frecuencia se escriben?
3. ¿Con qué frecuencia se llaman por teléfono usted y su mejor amigo(a)?
4. ¿Se ayudan usted y sus amigos con la tarea?

11 Descripciones en el baño

Lea las siguientes pistas *(clues)* y diga a qué cosa se refiere cada descripción.

1. Lo usa para cepillarse los dientes.
2. Lo necesita si quiere peinarse.
3. Es el jabón que se usa para lavarse el pelo.
4. Lo que necesita para secarse el cuerpo después de una ducha.
5. Se usa para secarse el pelo después de lavarlo.
6. Necesita uno si quiere pintarse los labios.
7. Para ver si está usted bien peinado(a), tiene que mirarse en uno.
8. Las chicas lo usan para pintarse las uñas.

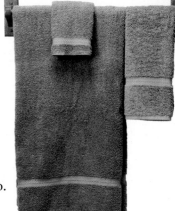

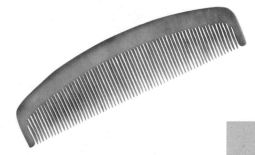

Autoevaluación. Compruebe lo que ha aprendido. Conteste las siguientes preguntas.
1. Conjugue un verbo reflexivo en presente. Ejemplo: *levantarse*.
2. Diga cinco cosas que hace en la mañana cuando se prepara para salir.
3. Diga una oración usando el verbo *faltar* en forma reflexiva.
4. ¿A quién de su familia se parece usted? ¿En qué se parece?
5. ¿Cómo se pone usted cuando recibe una sorpresa?
6. ¿Por qué es famosa la familia Allende? Mencione dos libros de Isabel Allende.

¡La práctica hace al maestro!

 A Comunicación

En parejas, creen un diálogo usando el vocabulario de esta lección. Sigan las indicaciones. Después, cambien de papel.

A: *(Dígale que tiene que prepararse para salir.)*
B: *(Pregunte qué le falta por hacer.)*
A: *(Diga dos cosas que le faltan por hacer.)*
B: *(Pregunte cuánto tiempo necesita.)*
A: *(Diga cuánto tiempo necesita.)*
B: *(Pregunte si necesita algo de la tienda.)*
A: *(Pida tres cosas que le faltan y que necesita para prepararse.)*

 **B Conexión con la tecnología**

Con su compañero(a), vayan de compras por Internet. Vayan a un buscador *(search engine)* en español y busquen una página Web de Argentina, Chile o Uruguay en la que se puedan comprar cosas, si es posible productos para la casa o el baño. Fíjense en los precios. Hagan una lista de los productos que encontraron. Después escriban un párrafo comparando los productos de la lista con los productos americanos. ¿Son más baratos? ¿Tienen las mismas marcas *(brands)*? Si no encuentran una página Web pueden ver un canal de televisión latino y fijarse en los anuncios.

Objetos del baño
- el cepillo de dientes
- el champú
- el esmalte de uñas
- el espejo
- el jabón
- el lápiz de labios
- la pasta de dientes
- el peine
- el secador
- la toalla

Expresiones y otras palabras
- ahora mismo
- consigo mismo
- el desorden
- el diario
- eso mismo

- furioso(a)
- los lentes de contacto
- nervioso(a)

Verbos
- abrazarse
- enojarse
- faltar (algo)
- odiarse
- pelearse
- pintarse los labios
- pintarse las uñas
- prepararse
- secarse
- tocar (el turno)

Aprende Español en Chile

Chile

Oportunidades

Programas de intercambio cultural

Aprender idiomas abre las puertas a nuevas oportunidades. Es útil en los estudios y en la vida profesional. Una de las maneras más divertidas y eficientes de aprender español es con un programa de intercambio cultural.

En un programa de intercambio cultural de español, el estudiante viaja, generalmente durante el verano, a un país de habla hispana y pasa uno o dos meses allí. Además de aprender español, el estudiante tiene oportunidad de conocer otra cultura. El estudiante puede vivir en una residencia, con otros estudiantes extranjeros, o puede quedarse con una familia.

Es una buena idea ir al consulado del país que se quiere visitar. Ellos pueden proporcionarle información sobre las oficinas de programas de intercambio, y los requisitos para ir a ese país.

ARGENTINA

Taltal
Chañaral
Caldera · Copiapó
Huasco
La Lerena · Vallemar
Coquimba
Tongay · Andacollo
Las Vilos · Portillo
Viña del Mar · Pichicdangui
Valparaíso · El Quisco
Cartagena · Maipo · Puente Alto
San Antonio
Constitución · Mellipilla
Telchuano · Rancagua
Cloncepción · Chillán · Talca
Los Angeles · Lago Laja
Temuco · Lago Colico
· Lago Villarica
· Lago Calafquen
· Lago Panguipulli
Valdivia · Lago Rinihue
Osorno · Lago Pirehueico
Puerto Varas · Lago Ranco
Puerto Montt · Lago Puyehue
Castro · Lago Rupango
· Lago Todos los Santos
· Lago Llanquihug

CHILE

Puerto Natales
Punta Arenas · TIERRA DEL FUEGO

CABO DE HORNOS

Lección 7

Una familia numerosa°

Los padres de Marta, una muchacha argentina de dieciséis años, están de vacaciones. Ella se ha quedado en casa con sus hermanos. En total son ocho hermanos. Marta es la menor y le encanta tener muchos hermanos, porque siempre hay alguien para hacer las cosas por ella. Laura, la hermana mayor, acaba de llegar de la tienda con muchas bolsas.

LAURA: ¿Me puede ayudar alguien a llevar estas bolsas a la cocina? ¡Luisa!

MARTA: Luisa está en el baño. Se está duchando.

LAURA: ¿Me ayudas tú?

MARTA: Lo siento, no puedo. Estoy muy ocupada. Pregúntale a Miguel.

LAURA: Miguel está en el garaje. Está lavando el coche.

MARTA: ¿Y Tania? ¿Qué está haciendo?

LAURA: Está **regando**° las plantas en el jardín.

MARTA: ¿Regando las plantas? Seguro que las está "regando" desde la hamaca al sol... ¿Y Julio? ¿Está en el **gimnasio**° otra vez?

LAURA: No, está corriendo en el parque.

MARTA: ¿Y María?

LAURA: María está **pintando**° la cerca y Carlos está **sacando**° al perro ¡Ah! ¡Y papá y mamá están de vacaciones! Además de muchas preguntas, ¿qué estás haciendo tú, Marta?

MARTA: ¿Yo? Pues... Estoy viendo mi programa de televisión favorito.

LAURA: *(Un poco enojada.)* Es la peor excusa de todas. Marta, ayúdame con estas bolsas ahora mismo. ¡Ah! Y la ropa de la **lavadora**° está lista para la **secadora**.°

MARTA: Está bien. No quiero **pelear**...° ¿Dónde están mis siete hermanos cuando los necesito?

numerosa *large (family)* **regando** *watering* **el gimnasio** *gym* **pintando** *painting* **sacando** *taking out* **la lavadora** *washer* **la secadora** *dryer* **pelear** *to fight*

 ¿Qué comprendió Ud.?

Diga si las siguientes oraciones son ciertas o falsas. Si son falsas, corríjalas.

1. Marta tiene ocho hermanos.
2. Marta está hablando con Laura, su hermana menor.
3. Miguel está lavando el coche en el jardín.
4. Carlos no está en casa. Está sacando al perro.
5. Tania está corriendo en el parque.
6. Marta está viendo la televisión.

Conexión *Cultural*

Los deportes en Argentina

El deporte más importante en Argentina es el fútbol *(soccer)*. La selección argentina ha ganado dos veces la Copa Mundial. Muchos de los jugadores de fútbol más famosos del mundo son argentinos. Algunos de ellos juegan en equipos de otros países. El más conocido es Diego Armando Maradona. Maradona jugó en Argentina y, luego, en las ligas de España e Italia, antes de retirarse.

La tenista Gabriela Sabatini.

Argentina también ha tenido una gran tradición de tenistas, como Guillermo Vilas y Gabriela Sabatini, ambos retirados hoy en día. Estos deportistas han sido la inspiración para los jugadores jóvenes que compiten actualmente en el circuito profesional. Aunque menos conocidos internacionalmente, de este país han salido también grandes jugadores de polo.

Este país tiene además un deporte que no se practica en ningún otro lugar del mundo. Se llama pato, porque así se llama la pelota de cuero con asas *(handles)* con la que se juega. Es una especie de polo, con cuatro jugadores montados a caballo que intentan atrapar *(grab)* la pelota con la mano y marcar un gol *(score a goal)*.

Usos del gerundio y la construcción progresiva

The present participle (called *gerundio* in Spanish) ends in *-ando* for *-ar* verbs and *-iendo* for both *-er* and *-ir* verbs. Verbs that have a stem change in the preterite tense also have the same change in the present participle. Often, the Spanish *gerundio* is the English equivalent of the *-ing* ending on verbs.

caminar	→	caminando
correr	→	corriendo
salir	→	saliendo
decir (dijo)	→	diciendo
dormir (durmió)	→	durmiendo
pedir (pidió)	→	pidiendo

Verbs that have two vowels next to each other in the infinitive have a spelling change to *-y-*.

leer	→	leyendo
oír	→	oyendo
traer	→	trayendo
caer	→	cayendo

In Spanish you use an infinitive, not a *gerundio,* when the verb is the subject of the sentence.

Bailar *es divertido.*   **Dancing** is fun.

In addition to the simple present tense, when you talk about actions that are taking place as you speak, you may use a present participle with a form of the verb *estar.* This is called the present progressive tense.

Él está hablando en español.   He **is talking** in Spanish.

Ella está esperando.   She **is waiting.**

You may either attach object pronouns to the present participle or place them before the conjugated verb.

Ella me está esperando.   She **is waiting**
Ella está esperándome.   **for me.**

Note that you must add an accent mark in the last example.

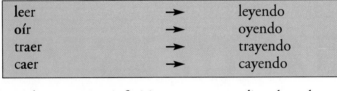

Lupe está esperando a Marta.

2 ¿Qué están haciendo?

Siga las indicaciones y diga lo que están haciendo y dónde.

yo/hablar por teléfono en mi cuarto
Yo estoy hablando por teléfono en mi cuarto.

1. el abuelo/oír la radio en su cuarto
2. las gemelas/pelearse delante del televisor
3. la abuela/servir refrescos en la sala
4. los invitados/comer y beber en la sala
5. Inés/dormir en el dormitorio
6. mi hermanito/pedir helado a mi mamá en la cocina
7. mi padre/meter la ropa en la secadora
8. ustedes/esperarme en la entrada

Raquel está hablando
por teléfono.

3 ¡Excusas y más excusas!

Con su compañero(a), creen varios diálogos según las indicaciones. Usted está aburrido(a) y llama a su compañero(a) cada diez minutos para ver si quiere hacer algo. Su compañero(a) siempre le da una excusa. Cuando se acabe la lista, inventen más. Después, cambien de papel.

¿ir al cine?/estudiar para un examen
A: ¿Vamos al cine?
B: No puedo. Estoy estudiando para un examen.

1. ¿jugar fútbol?/terminar la tarea
2. ¿jugar con la computadora en mi casa? /escribir una carta
3. ¿ir al parque?/regar las plantas en el jardín
4. ¿correr por el parque?/leer un libro muy interesante
5. ¿ir al gimnasio?/oír la radio
6. ¿nadar en la piscina?/prepararse para sacar al perro
7. ¿comer algo?/bañar al perro
8. ¿ir a bailar?/cuidar a mis
   hermanos pequeños

IDIOMA

El uso impersonal de *se*

Se also has an impersonal use, equivalent in English to "people do... , you do... , one does... ."

*En Argentina **se cena** a las diez u once de la noche.*	In Argentina **people eat** supper at ten or eleven at night.
*Argentina **se escribe** sin hache.*	**You write** *Argentina* without an "h."
*También **se comen** muchas verduras.*	**People** also **eat** a lot of vegetables.

Note in the last example that if the subject of the sentence is plural *(muchas verduras),* the verb must be plural as well. This usage of *se* is also commonly used in giving instructions and in signs.

*Se **vende** carro.*	Car for sale.
*Se **habla** español.*	Spanish spoken here.
*No **se aceptan** cheques.*	Checks not accepted.
*No **se permite** fumar.*	Smoking is forbidden.

SE PROHIBE FUMAR

SE NECESITA personal
para manualidades, fábrica
pequeña de ropa. 55
avenida B.
_____
SE OFRECE contadora para
trabajar media jornada.
Informes: 555-5500.

Más partes de la casa

la alacena	cupboard or small room for food
el ático	attic
el baño	bathroom
la cocina	kitchen
el comedor	dining room
el dormitorio	bedroom
el garaje	garage
el jardín	garden
el pasillo	corridor
la sala	living room
el sótano	basement
el suelo	floor
la terrraza	terrace

4 ¿Qué se hace?

Con su compañero(a), hablen de lo que se hace en cada habitación de una casa.

A: ¿Qué se hace en el dormitorio?
B: Se duerme.

Estrategia

Para entender mejor adivinar por el contexto:

Aunque, en cada país de habla hispana se habla de manera diferente, no es necesario aprender todas las variaciones de una palabra para poder comunicarse. Generalmente se puede adivinar el significado por el contexto. Lea lo siguiente: "A los pibes de mi escuela les gusta jugar al fútbol. Las chicas prefieren el baloncesto." ¿Puede adivinar lo que significa *pibes*? Por el contexto puede deducir que significa "chicos."

Adivine el significado de la palabra que se usa en Argentina en las siguientes oraciones:

No me gusta *laburar* tantas horas, pero tengo que hacerlo para ganar dinero.
Cuando hace frío me pongo la *campera* azul.
Me gustan los *panchos* con mucha mostaza y cebolla.

Otras variaciones del español de Argentina son el uso de la exclamación *che,* con la que empiezan y terminan muchas oraciones, y el voseo. Los argentinos no se dirigen a las personas usando el "tú," ellos dicen *vos*. Fíjese que el verbo cambia cuando se usa el *vos*.

Tú no puedes bailar toda la noche. Che,
vos no podés bailar toda la noche.

Ché. ¿ querés un pancho?

Algo más

Un edificio de palabras

En español, para referirse a los diferentes niveles de un edificio, la palabra más común es **piso**. Se dice **primer piso, segundo piso,** o **tercer piso**. La **planta baja** es el piso que está al nivel de la calle. **Planta alta** se usa para hablar de casas o edificios de dos pisos.

En España, la palabra **piso** también se usa para decir apartamento: "Quiero comprar un **piso** en el centro de Sevilla". En los países de América Latina el **piso** es también el **suelo** *(floor):* "No te sientes en el **piso**; usa una silla".

Se busca casa

*La familia Ríos está **creciendo**.° Pronto el abuelo va a mudarse con ellos y tienen que comprar una casa más grande. El señor y la señora Ríos, sus hijos Trini y Miguel y el abuelo hablan de la casa en la que les gustaría vivir.*

El señor Ríos
Yo prefiero una casa cerca de la playa, así se puede ir caminando a la playa. Manejo casi dos horas todos los días para ir a trabajar y no me gusta manejar los fines de semana. También necesito un garaje grande. Para mí un garaje no es sólo para guardar el coche. Estoy aprendiendo a pintar cuadros y en un garaje grande se puede guardar todo lo que necesito.

La señora Ríos
A mí me gusta una casa cómoda, con una cocina grande y un comedor con espacio para toda la familia. Me gustan las casas sin muchos pasillos y con mucha luz. También es bueno tener un sótano para guardar las bicicletas y otras cosas, y para la lavadora y secadora.

Trini
Tengo que compartir la habitación con mi hermano de once años y siempre estamos peleándonos. Así que ¡yo quiero mi propia habitación! Me gustaría tener una con baño, y si tiene una terraza, mejor.

Miguel
Me encanta el deporte. Me gustaría tener una habitación grande para poner mi propio gimnasio. La casa tiene que tener garaje o sótano para guardar mi bicicleta. Me estoy **entrenando**° para una carrera de bicicletas y tengo que cuidarla.

El abuelo

¿Por qué no alquilamos una casa con tres baños por lo menos? No me gustaría tener que esperar horas hasta que acaben todos. Me gustaría tener un jardín. Me gusta regar las plantas y cuidarlas. Si tenemos un jardín no tenemos que sacar al perro tanto, pero necesitamos una reja porque sino el perro se escapa.

creciendo *growing* **entrenando** *training*

¿Qué comprendió Ud.?

1. ¿Por qué necesita la familia Ríos una casa más grande?
2. ¿Por qué necesita el señor Ríos un garaje grande?
3. ¿Qué le gusta a la señora Ríos?
4. ¿Por qué quiere Trini una habitación para ella sola?
5. ¿Qué dice Miguel que tiene que tener la casa? ¿Por qué?
6. ¿Qué dos cosas quiere el abuelo? ¿Por qué?

Se busca casa

Con su compañero(a), lean los anuncios del periódico y decidan cuál de las siguientes casas es la más apropiada para la familia Ríos. Tengan en cuenta las opiniones de todos.

a.

Se vende casa en la playa. Cuatro dormitorios (dos pequeños) y dos baños. Cocina y comedor en la primera planta. Amplio sótano.

b.

Se vende casa en la playa con grandes ventanales. Tres baños, cinco dormitorios. Cocina y comedor grandes. Con garaje, sótano, terraza, desván y jardín.

c.

Se alquila casa en el centro de la ciudad con cinco habitaciones, tres baños, cocina y comedor grandes. Tiene patio y terraza, en la segunda planta.

7   ¿Qué se vende?

Con su compañero(a), sigan las indicaciones y creen una oración para cada ilustración. Usen el *se* impersonal.

 aceptar
Se aceptan cheques.

1. alquilar   5. necesitar

2. vender   6. pintar

3. vender   7. alquilar

4. hablar   8. vender

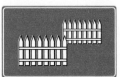

8   ¿Dónde va a vivir?

Con su compañero(a), decidan en qué casa irían a vivir en las siguientes situaciones:

• vive usted solo(a)
• tiene usted un(a) esposo(a) y dos hijos
• usted y su compañero(a) viven juntos

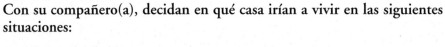

Se alquila apartamento de 2 dormitorios. Ideal para dos estudiantes. Con teléfono y cocina privada. Informes: 555-3000.

Alquilo apartamento de 1 dormitorio. Muy buena ubicación. Con balcón y cocina completa. Informes: 555-2000.

APARTAMENTO Se alquila apartamento en el centro. Ideal para una familia: 3 dormitorios, 2 baños, cocina y garaje. Informes al 555-5555.

Conexión Cultural

El almuerzo dominical

Sea asado, parrilla de mariscos o comida sencilla, el almuerzo *(lunch)* del domingo o dominical es el mejor momento para reunir a toda la familia sudamericana.

En Argentina, Chile y Uruguay el almuerzo de los domingos sirve para juntar a padres e hijos, nietos y abuelos e incluso tías y tíos, primos y sobrinos. Empezando por la mañana y siguiendo hasta la tarde o la noche, familias enteras en estos países usan el último día de la semana para descansar, conversar con sus familiares y comer platos deliciosos. Las familias que viven en ciudades de la costa como Valparaíso o Punta del Este prefieren un almuerzo de pescado fresco, sacado del mar esa misma mañana.

Coman lo que coman, las familias de estos países saben cuál es el mejor lugar para reunir a su gente: alrededor de una mesa, con mucha comida.

En Argentina se toma mate.

 CONEXIONES

9 Cruzando fronteras

Termine de escribir este párrafo usando la lista de costumbres argentinas. Use el *se* impersonal para describir cada costumbre.

 ¡Qué sorpresa me llevé en Buenos Aires! Nunca había visitado un país con tantas costumbres propias. Por ejemplo, en Argentina se toma mate.

1. hablar de "vos"
2. asar carne a la parrilla
3. jugar al pato
4. vender artesanías en el mercado de San Telmo
5. comer panchos
6. esquiar en Bariloche
7. bailar tango hasta el amanecer
8. publicar muchos libros

Bailando tango en Buenos Aires.

Autoevaluación. Compruebe lo que ha aprendido. Conteste las siguientes preguntas.

1. ¿Cuál es el gerundio de los siguientes verbos: *escribir, caer, dormir, decir, oír, leer?*
2. Diga cinco lugares de una casa y diga una actividad que se hace en cada uno.
3. ¿Cómo se llama la máquina *(machine)* donde se lava la ropa? ¿Y donde se seca?
4. ¿Cómo se llama el lugar donde se levantan pesas y se hace aerobics?
5. Explique lo que es *la planta baja* de una casa.

¡La práctica hace al maestro!

A Comunicación

En parejas, creen un diálogo usando las expresiones de esta lección. Sigan las indicaciones. Cuando hayan terminado, cambien de papel.

A: *(Pregunte a qué hora se come en su casa.)*
B: *(Conteste. Pregunte lo mismo.)*
A: *(Conteste. Pregunte qué se hace generalmente por la noche.)*
B: *(Conteste. Pregunte cómo organizan las tareas de la casa.)*
A: *(Conteste.)*

B Conexión con la tecnología

¿Qué estación es ahora en Argentina? ¿La misma que en Estados Unidos? ¿Cómo es el clima allí? ¿Quiere saber qué tiempo hace ahora mismo? Si quiere ver el pronóstico del tiempo (¡en español!) en cualquier ciudad del mundo, visite: *http://eltiempo.terra.es/*. También puede buscar otras páginas Web que muestren el tiempo con un buscador *(search engine)*. Haga una búsqueda *(search)* con las palabras "pronóstico" o "tiempo". Con su compañero(a), sigan las indicaciones.

- Averigüen qué tiempo hace ahora mismo en Buenos Aires, Montevideo y Santiago de Chile.
- Busquen una ciudad en la que está lloviendo hoy.
- Busquen una ciudad en la que hace calor.
- Comprueben si el pronóstico de su ciudad o región es correcto.

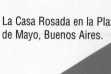

La Casa Rosada en la Plaza de Mayo, Buenos Aires.

En la casa
- la alacena
- la lavadora
- el pasillo
- la secadora
- el suelo
- la terrraza

Verbos
- crecer
- entrenar
- pelear
- pintar
- regar
- sacar

Expresiones y otras palabras
- el gimnasio
- numeroso(a)

Conexión *Cultural*

Buenos Aires

Buenos Aires, capital de Argentina, es la segunda concentración urbana más importante de América del Sur. Buenos Aires tiene más de 11 millones de porteños *(people who live in Buenos Aires)*. La ciudad se fundó en 1536, y en 1860 se consolidó como capital. Entre los edificios más notables se destacan el palacio del Congreso Nacional, el teatro Colón y los museos de Bellas Artes, de Artes Decorativas y el Histórico Nacional. La migración constante de personas de diferentes países europeos a la Argentina ha producido una gran variedad de tradiciones culturales.

El Obelisco y la
Plaza de Mayo, Buenos Aires.

Lección 8

Prefiero estar sola...

*La vida en familia tiene sus ventajas y **desventajas**°
en todo el mundo. Carolina y Susana, dos chicas de
Uruguay son hermanas gemelas, pero son muy
diferentes. Para Susana, compartir el cuarto con
Carolina es algo imposible y decide pedir consejo.*

Querida amiga **confidencial:**°
    Yo quiero mucho a mi hermana, pero no
puedo compartir con ella el cuarto. Como yo
soy una persona estudiosa y **organizada,**° me
gusta tener mi parte **ordenada**° y limpia. Un día
me gustaría ser escritora y me gusta estar en
silencio y escribir. Pero ella quiere ser cantante y
está siempre cantando. Es muy **creativa**°
talentosa, pero estoy harta de eschucharla. Y eso
no es todo. A ella no le gusta **limpiar.**° Siempre
tira° la ropa por el suelo o la cómoda está llena
con sus cosas. Por supuesto, ni limpia, ni **barre.**°
Todo a su alrededor es un desastre. Y además,
nunca me **devuelve**° la ropa que le presto.
También habla con sus amigas por teléfono
delante de mi escritorio y no puedo estudiar. Así
es todos los días. ¿Qué puedo hacer?

                                   Desesperada°

Querida Desesperada:

Aprender a compartir la vida con alguien es muy difícil. Pero puedes cambiar algunas cosas para mejorarlo.

Para dividir el cuarto en dos secciones, pon unas plantas en el suelo o **cuélgalas°** del techo. También puedes colocar un **estante°** o una **cortina°** entre las dos camas. Dile a tu hermana, que cada una puede **decorar°** su parte como quiera.

Pinta tus paredes y tu parte del ropero, por dentro y por fuera, con tu color preferido. Pero no olvides que es mejor estar de acuerdo para elegir los colores. Ella podrá pintar su parte con el color que quiera. Compra **perchas°** de plástico de tu color preferido para colgar la ropa. Préstale ropa sólo si ella te devuelve la que tú le prestaste antes.

Comparte con ella lo menos posible. Compra tu lámpara y tu **despertador.°** Busca un **cordón°** más largo para el teléfono para que no tenga que llamar desde tu escritorio.

Otra cosa que puedes hacer, es poner el teléfono lejos de ti, por ejemplo, en el pasillo.

Si quieres escribir, ve a la biblioteca. Si ella quiere cantar, ¡puede cantar en la ducha!

¡Buena suerte!
Tu amiga confidencial

las desventajas *disadvantages* **confidencial** *confidential* **organizada** *organized* **ordenada** *tidy* **creativa** *creative* **limpiar** *to clean* **tira** *throws* **barre** *sweeps* **devuelve** *returns* **desesperada** *desperate* **cuélgalas** *hang them* **el estante** *bookcase* **la cortina** *curtain* **decorar** *to decorate* **los perchas** *hangers* **el despertador** *alarm clock* **el cordón** *cord*

 ## ¿Qué comprendió Ud.?

Diga si las siguientes oraciones son ciertas o falsas. Corrija las oraciones falsas.

1. Susana tiene su propio cuarto.
2. Susana se enoja porque su hermana tira todo por el suelo.
3. A Carolina no le gusta la ropa de Susana.
4. Uno de los consejos es poner un estante o una cortina en el medio del cuarto.
5. Susana tiene su propio ropero.
6. Susana es muy organizada.
7. Uno de los consejos es pintar las paredes del color que le gusta a Carolina.
8. Uno de los consejos es comprar otro teléfono.

IDIOMA

Los mandatos informales afirmativos

Use informal commands to tell people you address with *tú* to do something. These commands have the same form as the *él* or *ella* form of verbs in the present tense.

***Piensa** en tu futuro, Juan.*	**Think** of your future, Juan.
***Sigue** mis consejos.*	**Follow** my advice.

The following common verbs have irregular *tú* commands.

ser	→	sé	Sé bueno con el perro.
hacer	→	haz	**Haz** tu cama ahora mismo.
ir	→	ve	**Ve** al mercado esta tarde.
poner	→	pon	**Pon** tu ropa sucia en la lavadora.
venir	→	ven	**Ven** a mi casa esta noche.
salir	→	sal	**Sal** a jugar.
decir	→	di	**Di** la verdad.
tener	→	ten	**Ten** cuidado.

Direct and indirect object pronouns as well as reflexive pronouns are attached to affirmative *tú* commands.

***Dime** la verdad.*	**Tell me** the truth.
***Invítalos** a tu fiesta.*	**Invite them** to your party.
***Levántate** temprano.*	**Get up** early.

Notice that commands and pronouns that have three syllables or more take an accent mark, as in the last two examples.

Explícamelo, por favor.

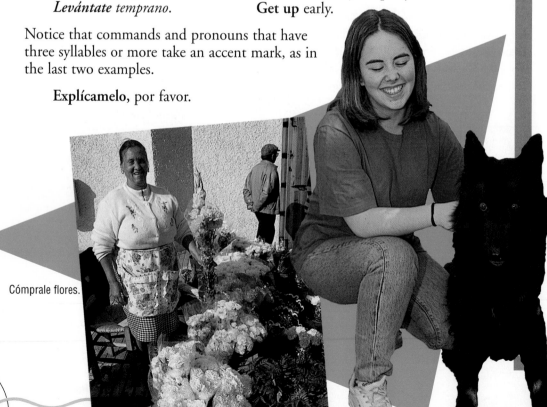

Cómprale flores.

2 ¿Qué puedo hacer por mis padres?

Con su compañero(a), creen un diálogo. Uno(a) de ustedes quiere pedirle permiso a sus padres para ir a una fiesta el sábado. Decidan qué pueden hacer para mantenerlos contentos esta semana. Sigan el modelo.

lavar la ropa
A: ¿Lavo la ropa?
B: Sí, lávala.

1. poner la ropa en la secadora
2. lavar los platos todos los días
3. sacar al perro todas las noches
4. limpiar la casa

5. barrer el suelo de toda la casa
6. hacer la cama todos los días
7. colgar la ropa en las perchas
8. cocinar para todos

3 El consejo del día

Imagine que tiene un programa de radio que se llama *El consejo del día*. Con su compañero(a), inventen los títulos de los programas.

¡Hoy piensa en tres cosas que te hacen feliz!
¡Hoy sal de tu casa y camina!

4 Buscamos

Lea el anuncio de una revista para jóvenes y conteste las siguientes preguntas.

¡TE ANDAMOS
B U S C A N D O !

¿ESCRIBES, HACES FOTOGRAFÍA?

Enséñanos lo que te late y puedes hacer. Luce tu talento con nosotros y mándanos copias de tus cuentos, crónicas, experiencias, rollos (verbales y fotográficos), ilustraciones y/o composiciones. Y si haces algo creativo pero distinto a todo esto, ¡no hay pez!, también mándanoslo, ¡PERO YA!

TU FOTO AQUÍ

¿DISEÑAS, DIBUJAS?

¿QUÉ PARA QUÉ LO QUEREMOS?
Para que tú hagas con nosotros la revista que tú quieres.
¿CÓMO? Publicando los mejores trabajos y las mejores propuestas en ERES.
¿ADÓNDE? Envía tus trabajos, y si puedes incluye una foto reciente tuya; dirige todo esto a esta dirección:

"Eres Me Busca"
Apartado postal 5-733 ó 5-750
06500, México, D.F.

1. ¿Para qué es el anuncio?
2. ¿Qué tipo de persona se busca? Escriba cuatro palabras que la describen.
3. Si contesta el anuncio, ¿qué tiene que mandar?
4. ¿Contestaría usted este anuncio? ¿Por qué?

Algo más

Para expresar obligación

En español hay varias maneras de expresar la obligación de hacer algo. **Hay que** *(must)* y **tener que** *(have to)* indican necesidad. **Hay que** es una forma impersonal, es decir, no especifica quién tiene que hacerlo. **Deber** *(should)* indica obligación para un sujeto específico.

> **Hay que** pasar la aspiradora.
> ¿Quién **tiene que** hacerlo?
> Tú **debes** hacerlo, pero si tú no lo haces, lo **tengo que** hacer yo.

CONEXIONES

5 Cruzando fronteras

Use la siguiente información sobre el Uruguay para contestar las preguntas. Después busque más datos sobre el país y su gente.

Población total	3.284.841
Población de Montevideo	1.430.000
Población urbana	89%
Extensión del país	68.037 millas²

1. ¿Cuántas personas hay en el Uruguay por milla cuadrada?
2. ¿Qué porcentaje *(percentage)* de la población vive en la ciudad de Montevideo?
3. ¿Qué extensión tiene el país en kilómetros?

Ve a patinar a la Rampla Gran Bretaña, en Montevideo.

El puerto de Montevideo.

IDIOMA

Más sobre verbos y pronombres

Indirect and direct object pronouns as well as reflexive pronouns precede conjugated verbs, that is, verbs with personal endings.

Sé su nombre, pero siempre **lo** *olvido.*	I know his name, but I always forget **it.**
Les *escribo mañana.*	I'll write **to you** tomorrow.

However, in affirmative command forms, pronouns are attached to the commands.

*Haz**lo** ahora mismo.*	Do **it** right now.
*Hábla**me**.*	Talk **to me.**

In negative command forms, pronouns precede the verb.

No **lo** *hagas.*	Don't do **it.**
No **me** *hables.*	Don't talk **to me.**

When used with present participles and infinitives, pronouns may either precede the conjugated verb or be attached to the participle or infinitive.

La *voy a invitar.*	I'm going to invite **her.**
*Voy a invitar**la**.*	

6 Hay tanto que hacer

Imaginen que usted y su compañero(a) han pasado toda la semana solos en casa y no limpiaron la casa. Sus padres vuelven por la noche y tienen muchas cosas por hacer. Decidan quién va a hacer qué. Sigan el modelo.

cortar el césped	planchar la ropa
barrer el patio	lavar y secar los platos
poner la ropa en la lavadora	pasar la aspiradora
poner la ropa en la secadora	sacar la basura
lavar las cortinas	

A: Hay que cortar el césped. ¿Lo corto yo?
B: Sí, córtalo tú. (No, tú plancha la ropa.)

IDIOMA

Adverbios y preposiciones de lugar

To answer the question *¿Dónde?* (Where?), you can use an adverb of place.

cerca	*close*	aquí	*here*	allí/ahí	*over here*
allá	*there*	acá	*over there*		

Other adverbs of place are more specific:

cerca de	*near, close to*	lejos de	*far from*
debajo de	*below, under*	encima de	*on top of*
al lado de	*next to*	alrededor de	*around*
dentro de	*inside*	fuera de	*outside*
delante de	*before, in front of*	a la derecha de	*to the right of*
atrás/detrás de	*behind*	a la izquierda de	*to the left of*
enfrente de	*across, facing*		

Some prepositions indicate a place in relation to something else.

desde	*from*	hasta	*to*
entre	*between*	hacia	*towards*

*Viajé **desde** Buenos Aires hasta Alaska.*
*Montevideo está **entre** Colonia y Punta del Este.*
*Mañana salimos **hacia** Montevideo.*

7 ¿Dónde están?

Complete las oraciones con las palabras de la lista. Cada palabra se usa sólo una vez.

cerca de	entre	enfrente de
debajo de	dentro de	detrás

1. Mi casa está (1) la escuela. Está a cinco minutos.
2. Tania se sienta (2) Ana y Sergio, en el medio de los dos.
3. Rosa vive (3) un parque. Desde su habitación se ven los árboles.
4. No encontraba mi libro y me di cuenta de que estaba (4) la silla.
5. No hay nadie en el jardín. Están todos (5) la casa.
6. El jardín está (6) de la casa.

La Casa Puebla en Punta del Este.

CONEXIONES

8 Cruzando fronteras

Use el mapa para completar las siguientes oraciones.

Montevideo, la capital, está en la costa sur de Uruguay.

El Cotopaxi está en Ecuador, que está entre Colombia y Perú.

 Paraguay está __entre__ Argentina y Brasil.

1. Uruguay está (1) Colombia.
2. Venezuela está (2) Brasil.
3. Chile está (3) Argentina.
4. Perú está (4) Ecuador.
5. Bolivia está (5) Argentina.

Autoevaluación. Compruebe lo que ha aprendido. Conteste las siguientes preguntas.

1. Escriba los mandatos informales afirmativos (tú) de los siguientes verbos: *ser, ir, salir, decir.*
2. Diga qué hay delante de su casa, detrás de su escuela y al lado del supermercado.
3. Nombre dos construcciones que ha aprendido en esta lección que expresan obligación.

¡La práctica hace al maestro!

A Comunicación

En parejas, creen un diálogo usando las expresiones de esta lección.
Sigan las indicaciones. Cuando hayan terminado, cambien de papel.

A: *(Dígale a su compañero(a) que usted tiene que compartir su cuarto con su hermano(a) y que no le gusta. Explique por qué.)*

B: *(Diga que usted también tiene ese problema. Pregunte qué puede hacer.)*

A: *(Dé dos consejos para compartir el cuarto según su experiencia.)*

B: *(Dé las gracias. Diga que lo intentará.)*

B Conexión con la tecnología

Use Internet o enciclopedias para averiguar quiénes son dos de los siguientes uruguayos famosos.

Cristina Peri Rossi
Mario Benedetti
José Enrique Rodó
Eduardo Galeano
José Artigas
J. Zorrilla de San Martín
Joaquín Torres-García

Descripciones
creativo(a)
desesperado(a)
ordenado(a)
organizado(a)

Cosas de tu cuarto
el cordón
la cortina
el despertador
el estante
la percha

Verbos
barrer
colgar

decorar
devolver
limpiar
pasar la aspiradora
planchar
tirar

Expresiones y otras palabras
confidencial
la desventaja

Los deportes acuáticos son muy populares en Punta del Este.

Conexión Cultural

Uruguay, el país de los ríos

La República Oriental del Uruguay toma su nombre de la ubicación de su territorio al este del río Uruguay. El país limita por el norte y el noroeste con Brasil, por el oeste con Argentina a través del río Uruguay y por el este con el océano Atlántico. La capital de Uruguay, Montevideo, se levanta sobre la bahía del Río de la Plata, lo que da a la ciudad uno de sus principales atractivos: su puerto natural.

a leer

Estrategia

Preparación

¿Quién en el mundo hispano no conoce a Mafalda? El dibujante argentino, Quino, creó este personaje en 1964 y desde entonces Mafalda ha adquirido fama internacional. Hoy en día millones de hispanohablantes leen las historias de Mafalda todos los días.

Mafalda es una niña precoz *(precocious)*. A veces ve la realidad del mundo con más claridad que los mayores. Mafalda vive en Buenos Aires, Argentina, con su mamá, su papá y su hermanito Guille. Mafalda tiene una amiga que se llama Susanita. Son polos opuestos *(poles apart):* Mafalda es filosófica y altruista *(altruistic);* Susanita es materialista y egoísta.

Estrategia: reconocer diferencias regionales del idioma

La gente de Texas y la gente de Inglaterra habla inglés, ¿verdad? Pero con diferencias, naturalmente. En Argentina y en otros países de Latinoamérica, se habla español, pero también con pequeñas diferencias. Lea las tres tiras cómicas. ¿Puede encontrar palabras que le parezcan diferentes?

Empareje los argentinismos de la izquierda con sus equivalentes.

1.	venís	a.	buenos días
2.	buen día	b.	anda
3.	tomá	c.	fíjate
4.	andá	d.	toma
5.	fijate	e.	vienes

Mafalda
Quino

1.

2.

3.

 ## ¿Qué comprendió Ud.?

Indique si las siguientes oraciones son ciertas o falsas, según las tres tiras cómicas. Si una oración es cierta, indique a cuál de las tiras (1, 2, 3) se refiere.

1. Susanita es una chica generosa y bondadosa.
2. Mafalda invita a entrar al apartamento a un vendedor.
3. Mafalda tiene que ir de compras.
4. La mamá de Mafalda se enoja con Mafalda por comportarse mal con el vendedor.
5. "Fideología" es el estudio del gobierno de Cuba.
6. La mamá de Mafalda le da instrucciones específicas.

 ## Charlando

1. ¿Qué piensa usted del proverbio que lee Susanita? ¿Lo pone en práctica en su vida diaria? ¿Piensa que sería útil hacerlo?
2. ¿Quién es el "jefe" de su familia? ¿O es que su familia es más bien "una cooperativa"? Explique qué es una cooperativa. En su opinión, ¿cómo debe ser la familia ideal?
3. Mafalda comenta con sarcasmo *(sarcasm)* que le acaban de dar una beca para el estudio de la fideología. Diga de cuál de los siguientes "cursos" puede usted ser profesor(a): bicicletología, ropalogía, automovología, computadorología, musicología, deportología, hamburguesología, noviología.

a escribir

Estrategia

Organizar las ideas con un diagrama

Compare usted sus intereses y actividades, aficiones y su vida diaria con los de un amigo o familiar. Para hacerlo, organice sus pensamientos usando un diagrama Venn.

1. Dibuje dos círculos que se superponen, como los que se dan a continuación.

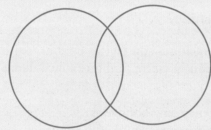

2. Arriba del círculo a la izquierda escriba su nombre. Arriba del círculo a la derecha, escriba el nombre de la persona con quien usted va a compararse.
3. Vaya usted pensando en las cosas que usted y la otra persona tienen en común (intereses, actividades, aficiones, etc.). Escriba esas cosas en el área que pertenece a los dos círculos.
4. Ahora, vaya pensando en las diferencias que existen entre usted y la otra persona. Escriba esas cosas en los círculos correspondientes.
5. Ahora está usted listo(a) para escribir su composición. Para conectar sus ideas, use palabras como las siguientes: *también, además, por ejemplo, por eso, por lo tanto, pero, sin embargo, no obstante.*
6. Escriba dos o tres párrafos. Cuando haya terminado su borrador, vuelva a leerlo para asegurarse de que sus ideas tengan sentido y que las oraciones estén bien relacionadas unas con otras.

repaso

Now that I have completed this chapter, I can...

✓ talk about my family.

✓ describe a household and name different areas of a house.

✓ talk about everyday activities and house chores.

✓ describe my personal grooming habits.

✓ express emotions.

✓ apologize and make excuses.

✓ tell someone what to do.

✓ make a request.

✓ express negation or disagreement.

✓ complain.

✓ seek and give advice.

I can also...

✓ explain what *padrinos* are.

✓ say dates and numbers.

✓ calculate the exchange rate for a Latin American currency.

✓ compare American and Latin American products on the Web.

✓ find cultural exchange programs with Latin America.

✓ guess the meaning of idiomatic expressions in Argentina.

✓ talk about the weather in Latin America.

✓ talk about sights in Buenos Aires.

✓ talk about the population and people of Uruguay.

✓ name some books by Chilean writer Isabel Allende.

✓ talk about the geography and population of three Latin American countries.

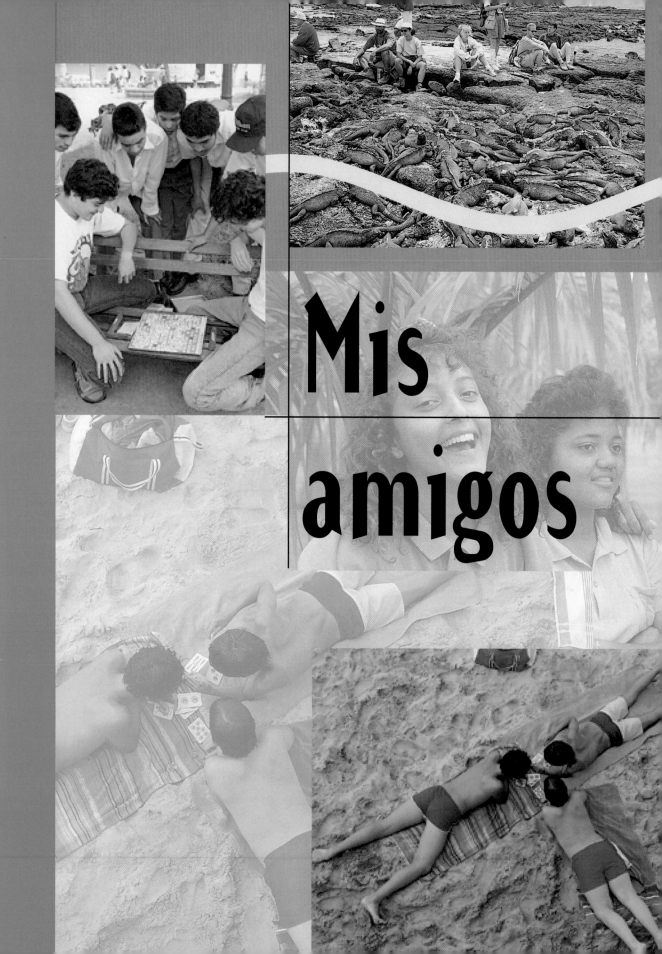

Mis
amigos

CAPÍTULO 3

CAVEGUÍAS
PÁGINAS AMARILLAS

Tarjetas Telefónicas

In this chapter you will be able to:
describe your personality and that of
your friends
talk about personal relationships
give recommendations and advice
place a phone call
leave messages in an answering machine
express events in the past
describe places and things

103

Lección 9

Contexto cultural
VENEZUELA

Nuestros amigos

La tarea de esta semana en una escuela de Caracas, Venezuela, fue escribir una **composición**° *sobre los amigos. ¿Qué te parece importante en un amigo?*

Mis amigos y yo
Una composición de Natalia Ortega

Me llamo Natalia Ortega y quiero escribirles sobre mis amigos. Mis mejores amigos son Ramón y Julieta. Vamos juntos a la escuela, pero también nos vemos después de clase y salimos los fines de semana. Mis amigos me ayudan en los momentos difíciles. Son muy **comprensivos.**° Ramón y yo nos llamamos por teléfono los días que no podemos vernos. Es simpático y **considerado.**° Julieta es mi vecina y nos vemos todos los días. Es un poco chismosa a veces, pero no me importa. Los tres **nos llevamos muy bien.**° ¡Me siento muy **afortunada**° de tenerlos como amigos!

Mi amigo Julián
Por Carlos Acosta

Mi mejor amigo no sabe qué tipo de ropa me gusta, ni de qué color es mi pelo, ni cómo es Mafalda, mi heroína preferida de historietas cómicas. No es porque no le interese, sino porque Julián es **ciego.**° Cuando lo conocí siempre me ponía un poco nervioso cuando hablaba con él. Luego **me di cuenta de**° que teníamos mucho **en común.**° A los dos nos gustan los animales y nos gusta contar chistes. En poco tiempo nos hicimos muy amigos. Aunque a veces también tenemos **opiniones**° diferentes, nos llevamos muy bien. Julián está lleno de sorpresas. Es **increíble**° lo talentoso que es con la música, y todas las cosas que me ha enseñado. Nunca me aburro con él.

La amistad
Por Ana Herrero

Mi mejor amiga es Juana, mi hermana mayor. Siempre nos contamos todos los **secretos**° y sé que puedo **confiar**° en ella. Cuando está con sus amigas que son todas mayores, nunca **me ignora.**° Es muy considerada. Ella también tuvo mi edad una vez y sabe cómo me siento. Me da muchos consejos. A veces nos peleamos. Es normal, ¡somos hermanas!, pero luego siempre **nos reconciliamos**° y nos reímos juntas de lo que pasó.

la composición *composition* **comprensivos** *understanding* **considerado** *considerate* **nos llevamos muy bien** *we get along very well* **afortunada** *lucky* **ciego** *blind* **me di cuenta de** *I realized* **en común** *in common* **las opiniones** *opinions* **increíble** *incredible* **los secretos** *secrets* **confiar** *to trust* **me ignora** *ignores me* **nos reconciliamos** *we make up, reconcile*

1 ¿Qué comprendió Ud.?

1. ¿Cuál es la relación entre Ramón, Julieta y Natalia?
2. ¿Cómo son los amigos de Natalia en los momentos difíciles?
3. ¿Cómo describe Carlos a su amigo?
4. ¿Por qué se hicieron amigos Carlos y Julián?
5. ¿Qué relación tiene Ana con Juana?
6. ¿Por qué dice Ana que su hermana es muy considerada?

2 Charlando

1. ¿Qué es lo más importante para usted en un(a) amigo(a)?
2. ¿Qué cree que es mejor, tener muchos amigos lejanos o pocos amigos, pero íntimos? ¿Por qué?
3. ¿Cómo reaccionan sus amigos en los momentos difíciles?

Conexión Cultural

(Arriba) La playa Medina, Venezuela.
(Abajo) El Capitolio Nacional, Caracas.

La Venecia americana

Venezuela es un país situado en el norte de América del Sur, frente a las cálidas aguas del mar Caribe. Aunque Cristóbal Colón fue el primer europeo que llegó a las tierras que hoy son Venezuela, fue Américo Vespucio quien le dio el nombre que significa "pequeña Venecia". Dicen que le dio este nombre cuando vio que las casas de los indígenas a orillas del lago Maracaibo estaban construidas sobre pilotes *(piles)*, como las casas de Venecia, en Italia.

En Venezuela, no existió una gran civilización. En la costa caribeña vivían los indígenas aruacos, que poco a poco, fueron conquistados por los caribes. Los europeos empezaron a llegar a Venezuela, atraídos *(attracted)* por los rumores de que había muchas perlas y metales preciosos, y de que El Dorado (un mítico lugar donde todo era de oro) estaba allí.

Venezuela está en una zona tropical, pero su clima cambia mucho por la variada geografía del país (hay selvas, montañas altas, playas y desierto). Una de las regiones más atractivas es la Gran Sabana, una gran pradera *(prairie)* de 500.000 kilómetros cuadrados, con enormes mesetas de arenisca *(sandstone mesas)*, llamadas *tepuis*. En La Gran Sabana viven los indios pemón. En su lengua, *tepui* quiere decir montaña. El *tepui* más grande y más simétrico es el Roraima.

Algo más

Adjetivos para describir el carácter de las personas

aburrido(a)	*boring*	exigente	*demanding*
amable	*friendly*	orgulloso(a)	*proud*
cariñoso(a)	*affectionate*	sincero(a)	*sincere*
chismoso(a)	*gossipy*	tonto(a)	*foolish*

3 ¿Qué busca en un(a) amigo(a)?

Con su compañero(a), digan si las siguientes oraciones son ciertas o falsas para ustedes. Un(a) amigo(a) es alguien que...

- nunca me dice mentiras.
- me da regalos.
- si discutimos me perdona.
- no es perezoso(a).
- es sincero(a) conmigo.
- es cariñoso(a).
- no es egoísta.
- no es tímido(a).
- confía en mí y yo en él(ella).
- tiene mucho en común conmigo.
- me respeta aunque a veces tenemos opiniones diferentes.

Las relaciones

Estas expresiones también ayudan a expresar sentimientos y a describir relaciones con los amigos.

decir mentiras	*to tell lies*
decir la verdad	*to tell the truth*
perdonar	*to forgive*
respetarse	*to respect each other*

4 ¿Cómo se lleva con su mejor amigo(a)?

Con su compañero(a), háganse preguntas sobre su mejor amigo(a) y rellenen la tabla.

	nunca	a veces	siempre
Discutimos por cosas pequeñas.			
Le digo mentiras.			
Nos peleamos y dejamos de hablar.			
Lo/La perdono.			
Nos abrazamos.			
Le cuento secretos.			
Nos reímos juntos.			
Nos contamos chismes.			
Nos llevamos bien.			

Repaso *rápido*

Los complementos

Pronouns are words that replace nouns to avoid unnecessary repetition. For example, there is no need to repeat the word *café* in the second sentence of the following pair. What pronoun replaces it?

> *Mi tío toma mucho café.*   My uncle drinks a lot of coffee.
> *Lo toma en el desayuno,*   He drinks it for breakfast, lunch,
> *el almuerzo y la cena.*   and dinner.

Pronouns can refer to people or things; direct object pronouns (*me, te, lo, la, nos, os, los, las*) answer the questions "what" or "whom." Locate the direct object pronoun in the second sentence. What word does it replace?

> *Pienso invitar a Anita a la fiesta.*   I plan to invite Anita to the party.
> *La voy a llamar ahora mismo.*   I am going to call her right now.

Indirect object pronouns (*me, te, le, nos, os, les*) answer the question "to whom" or "for whom." Locate the indirect object pronoun in the second sentence. What word does it replace?

> *A Anita le gustan las flores. Le*   Anita likes flowers. I am
> *voy a comprar rosas para su*   going to buy her roses
> *cumpleaños.*   for her birthday.

Lo escribí para
no olvidarlo.

 5 **¿Lo puede hacer?**

Escriba cada oración usando un pronombre en vez del nombre.

 Guillermo y Gonzalo trajeron los libros.
Ellos los trajeron.

1. Rosa adivina la respuesta.
2. José escribe a sus amigos.
3. Susana y Carolina decoran la ventana.
4. Yo perdono a Andrés.
5. Ramón no invita a Pedro a su fiesta.
6. Obedezco a mi maestra.
7. Enrique guarda bien los secretos.
8. Samuel abraza a su hermano.
9. Mi papá entrena a los niños.
10. Rita respeta a sus abuelos.

IDIOMA

Más sobre los complementos directos e indirectos

Sometimes we use both an indirect object pronoun and a direct object pronoun in a sentence. Find the object pronouns in these sentences.

Juan me contó un secreto.	Juan told me a secret.
Me lo contó anoche en la fiesta.	He told it (to me) at the party last night.

Notice that the indirect object pronoun (*me* = to whom?) came before the direct object pronoun (*lo* = what?).

The indirect object pronouns *le* and *les* become *se* when followed by the direct object pronouns *lo, la, los, las.*

*Juan también **le** contó el secreto **a Luis.***	Juan also told the secret to Luis.
Se lo contó esta mañana en la escuela.	He told it (to him) at school this morning.

The indirect object pronouns *le, les* and *se* can refer to many people (to him, to her, to them, to you); therefore, it is often necessary to provide additional information (*a* + name) to avoid confusion.

*Le pido favores **a mi amigo Raúl**, pero **le** hago favores **a mi amiga Sarita.***	I ask my friend Raúl for favors, but I do favors for my friend Sarita.

Direct and indirect object pronouns can precede conjugated verbs. They may also be attached to infinitives and present participles.

***La** estoy buscando, pero no **la** encuentro.*	I'm looking for her but I can't find her.
*Estoy buscándo**la**, pero no **la** encuentro.*	
***La** voy a llamar más tarde.*	I'm going to call her later.
*Voy a llamar**la** más tarde.*	

In affirmative commands you attach object pronouns to the command form of the verb. Note that if the command form is three syllables or longer it requires an accent mark.

Invítalos a la fiesta.	**Invite them** to the party.
Diles la verdad.	**Tell them** the truth.
¡Ignóralos! *Están hablando de ti.*	**Ignore them!** They are talking about you.

Luis le contó un secreto a Ana.

6 Una cita inolvidable

Raúl quiere salir con Rosita. Complete los comentarios de él con pronombres de la lista. Indique la posición correcta de cada pronombre. En muchos casos, tiene usted dos opciones.

lo   las   me   me lo   se lo

1. Estoy llamando a Rosita y a Ana. (1) Voy a invitar (2) al cine.
2. Ella me dice que sí. (3) (4) dice con mucho entusiasmo.
3. (5) Voy a buscar (6) a las siete.
4. Ahora (7) estoy preparando (8) para salir.
5. Ay, ¡qué sucio está el coche! (9) Debo lavar (10).
6. ¡Qué bonita está Rosita! (11) (12) voy a decir (13).

7 Más información

Vuelva a escribir las oraciones añadiendo la información entre paréntesis. Sustituya las palabras en cursiva con los pronombres correspondientes.

Le lavo *el coche a mi vecina.* (todos los sábados)
Se lo lavo todos los sábados.

1. Le cuento *secretos a mi mejor amiga.* (cuando estamos solas)
2. Les doy *mis opiniones a mis padres.* (cuando sé que me están escuchando)
3. Le regalo *chocolates y flores a mi novia.* (el día de San Valentín)
4. Les presto *dinero a mis amigos.* (si prometen pagarme pronto)
5. Le pido *la bicicleta a mi primo.* (cuando él no la usa)
6. Les mando *correo electrónico a mis tíos.* (porque viven lejos)

8 ¡Ayúdenme todos!

En la fiesta de cumpleaños de Alicia todas sus amigas quieren ayudarla. Con su compañero(a), creen diálogos según el modelo.

Alicia, ¿te preparo la ensalada?
Sí por favor, prepáramela.

1. ¿Te barro la cocina?
2. ¿Te compro las bebidas?
3. ¿Le presto la mesa a tu madre?
4. ¿Les llevo unos refrescos a tus padres?
5. ¿Le muestro el regalo a tu hermana?
6. ¿Le doy unas flores a tu abuela?

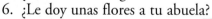

Estrategía

Para aprender vocabulario: clasificar palabras nuevas

Cuando aprenda palabras nuevas, póngalas en categorías; eso le ayudará a memorizarlas más fácilmente. Trate de aprender las palabras en su contexto. Por ejemplo, si tuviera que aprender el siguiente grupo de palabras, ¿en qué categorías las pondría?

afortunado	simpático	patinar
almacén	banco	egoísta
iglesia	sincero	correr

Las siguientes categorías son las más probables: edificios (iglesia, banco, almacén); adjetivos para describir a las personas (afortunado, simpático, sincero, egoísta); actividades/deportes (patinar, correr).

CONEXIONES

9 Cruzando fronteras

Lea este párrafo sobre Venezuela y diga si las oraciones son ciertas o falsas. Si son falsas, corríjalas.

La principal fuente de riqueza de Venezuela son las exportaciones de petróleo. Sin embargo la actividad económica en la que participa la mayoría de la población es la ganadería *(cattle raising)*, ya que casi todo el territorio es llano y tiene muchos ríos. El río más grande es el Orinoco. Los rodeos y las ferias de ganado son conocidos en casi todo el país. Los jóvenes demuestran sus destrezas montando a caballo y domando *(taming)* potros *(wild horses)* y toros salvajes. Entre las comidas típicas están las arepas, que son tortillas de maíz rellenas con carne, queso o mariscos; y las empanadas de cazón, que son pequeños pasteles hechos con carne de tiburón *(shark)*.

Los jóvenes doman potros salvajes.

1. La ganadería es la principal fuente de riqueza de Venezuela.
2. Casi todo el territorio de Venezuela es llano.
3. El Orinoco es el lago más grande de Venezuela.
4. En los rodeos y ferias de ganado se doman potros y toros salvajes.
5. Las arepas son tortillas de maíz rellenas con carne, queso o mariscos.
6. Un plato típico venezolano se hace con carne de tiburón.

Algo más

Los acentos tienen lógica

Cuando la palabra lleva el énfasis en la última sílaba, lleva la tilde *(accent mark)* sobre esta sílaba cuando termina en una vocal (**a, e, i, o, u**), en **n** o en **s**.

| papá | allí | ha**bló** | me**lón** | in**glés** |

Atención. Las palabras que acaban en **-ción** llevan siempre tilde: esta**ción**, nata**ción**.

Cuando la palabra lleva el énfasis en la penúltima *(next-to-last)* sílaba, lleva la tilde sobre esta sílaba cuando termina en cualquier letra que no sea una vocal, **n** o **s**.

| lápiz | azúcar | fácil | árbol |

Cuando la palabra lleva el énfasis en la antepenúltima *(third-from-the-last)* sílaba o en la cuarta sílaba del final, siempre lleva la tilde sobre esta sílaba.

| América | te**léfono** | **número** | **página** |
| dámelo | ábremela | **préstamela** | escríbeselos |

A veces la tilde sirve para separar un diptongo en dos sílabas.

| día | ecología | frío | maíz | panadería |

A veces la tilde sirve para distinguir entre dos palabras idénticas que tienen significados diferentes.

| ésta *(this one)* | **que** *(that)* | sí *(yes)* | sólo *(only)* | aun *(still)* |
| esta *(this)* | **qué** *(what)* | si *(if)* | solo *(alone)* | aún *(even)* |

Los monosílabos, es decir, palabras de una sílaba, no llevan tilde, excepto para diferenciarlos de otros monsílabos.

| fue | dio | tos | te/té |

10 ¿Necesitan tilde?

Añada una tilde si es necesaria.

1. Palabras con el énfasis en la última sílaba.

| cancion | comun | andar | arenal |
| civil | edad | freir | quiza |

2. Palabras con el énfasis en la penúltima sílaba.

| breve | deporte | egoista | lapiz |
| mano | secreto | util | venta |

3. Palabras con el énfasis en la antepenúltima sílaba.

| telefono | maquina | publico | periodico |
| parpado | logico | comodo | atletico |

Proverbios y dichos

El proverbio "Se recoge lo que se siembra" *(literally: You harvest what you sow)* dice que debemos tratar a la gente que nos rodea como queremos que ellos nos traten a nosotros. Si somos amables y ayudamos a los demás, el día que lo necesitemos, los amigos nos ayudarán. Hay que "sembrar" simpatía y amistad, para "recoger" después lo mismo.

11 ¿Se lo dice?

¿Confía en su mejor amigo(a)? Con su compañero(a), lean las siguientes situaciones y digan cuándo dirían lo que verdaderamente piensan.

Su mejor amiga acaba de comprar un lápiz de labios nuevo. Usted piensa que el color es horrible y ella le pregunta qué le parece.
Le digo que me gusta.

1. Su amigo(a) se pelea con alguien y dice que nunca más va a hablar con esa persona. Usted piensa que su amigo no tiene razón.
2. Su amigo(a) le pide un favor y usted piensa que él/ella nunca le hace favores a usted. No quiere hacerlo.
3. Le dicen que unos compañeros cuentan chismes sobre su amigo(a).
4. Su amigo(a) no es considerado con los animales. En una encuesta dice que le gustan mucho los animales.
5. Usted le cuenta un problema a su amigo(a) y él/ella no le presta atención. Usted piensa que la/lo está ignorando.
6. Su amigo(a) le lee a usted un texto que escribió para la clase de literatura y le pregunta qué piensa. Usted piensa que es muy aburrido.

Conexión Cultural

El Salto del Ángel

Uno de los lugares más increíbles de Venezuela es el Salto del Ángel en la Gran Sabana. Es la caída de agua *(waterfall)* más alta del mundo, con 979 metros de altura. El Salto del Ángel se llama así en honor a Jimmy Angel, el aviador de Missouri que lo descubrió en 1936.

El Salto del Ángel cae del monte Auyan-tepui.

12 ¿Cuándo …?

Con su compañero(a), hablen de situaciones en las que ocurre lo siguiente.

A: ¿Cuándo le cuenta usted un secreto a alguien?
B: Cuando confío en esa persona y necesito contarle el secreto a alguien.

¿Cuándo...?
- discute con alguien
- se siente muy afortunado(a)
- perdona a alguien

- piensa que alguien lo/la ignora
- dice usted una pequeña mentira
- se reconcilia con alguien

13 ¿Es usted comprensivo(a)?

En grupos de cuatro, digan si perdonarían a su amigo(a) en estas situaciones. Inventen tres situaciones más en las que no lo/la perdonarían.

Su amigo(a)...	sí	no
les cuenta su secreto a otros		
le dice una mentira		
le pide una cita a la chica o el chico que le gusta a usted		
se lleva bien con alguien que le hizo algo malo a usted		
dice algo malo sobre su hermano		
se olvida de comprarle un regalo de cumpleaños		
es antipático(a) con su familia		
es muy chismoso(a) y a veces dice cosas de usted		
está desesperado(a) un día y copia su tarea		
lo/la ignora delante de otros chicos		
dice que su opinión sobre algo no tiene sentido		
no lo/la llama durante las vacaciones		

Autoevaluación. Compruebe lo que ha aprendido. Conteste las siguientes preguntas.
1. Diga una oración usando el pronombre directo *los.* Diga a qué se refiere.
2. ¿A qué dos preguntas responden los pronombres directos? ¿Y los indirectos?
3. ¿Cuándo llevan tilde las palabras con acento en la última sílaba? Dé dos ejemplos.
4. ¿Cuándo llevan tilde las palabras con acento en la penúltima sílaba? Dé dos ejemplos.
5. ¿Qué es el Salto del Ángel? ¿Dónde está?
6. ¿Qué son los *tepuis?*

¡La práctica hace al maestro!

A Comunicación

Una de las cosas más difíciles de hacer en un idioma que no es el suyo es pelear y expresar sus sentimientos. Con su compañero(a), piensen en una situación en la que ustedes se pelean. Pueden usar una de las ideas que les damos o inventar una nueva. Después hagan una lista de las palabras clave que van a necesitar. Escriban un pequeño diálogo. Finalmente, representen el diálogo ante la clase.

- Uno(a) de ustedes llega a una cita muy tarde.
- Uno(a) de ustedes rompe la bicicleta del (de la) otro(a).
- Uno(a) de ustedes no hizo su parte de la tarea para un informe que tienen que hacer juntos(as).

B Conexión con la tecnología

En Venezuela se hacen muchas telenovelas que después se venden por todo el mundo. Con su compañero(a), miren un episodio de alguna de estas telenovelas en un canal hispano. Después, busquen ejemplos de dos personajes que:

- se pelean
- se llevan bien
- se llevan mal

- se reconcilian
- se besan

Describan lo que ocurre.

Las relaciones con amigos
- contar secretos
- decir la verdad
- decir mentiras
- llevarse bien/mal
- tener en común

Descripciones
- afortunado(a)
- ciego(a)
- comprensivo(a)
- considerado(a)
- increíble
- sincero(a)

Verbos
- confiar
- darse cuenta de
- ignorar
- perdonar
- reconciliarse
- respertarse

Expresiones y otras palabras
- la composición
- la opinión
- el secreto

Oportunidades

Dime cómo eres y te diré... ¡tu profesión!

Es importante conocerse a uno mismo antes de elegir la carrera que se quiere estudiar o el trabajo al que le gustaría dedicarse. Es muy posible que en el futuro usted use su español en su trabajo. Tiene muchas posibilidades: profesor(a), traductor(a), recepcionista, reportero(a), relaciones públicas, entre muchos otros.

Es importante buscar el trabajo que más le guste y que se adapte a su personalidad. Por ejemplo, si usted es una persona puntual, organizada y le gusta la responsabilidad, pero a la vez es considerado(a) con los demás, podrá buscar un empleo de gerente. Si es simpático(a) y le gusta estar en contacto con otras personas, tal vez podría estudiar relaciones públicas. Una persona tranquila, a la que le gusta estar en casa, es perfecta para ser escritor(a) o editor(a). En cambio alguien curioso, con ganas de viajar, conocer mundo y contar sus experiencias puede ser reportero(a).

Si no está seguro(a) de lo que quiere hacer, haga una lista de cuatro palabras que describen su personalidad. Dé su lista a un(a) amigo(a) (no diga que lo/la describen a usted) y pídale que le diga qué tipo de trabajo cree que podría hacer esa persona. Una opinión objetiva puede ayudarle con su decisión.

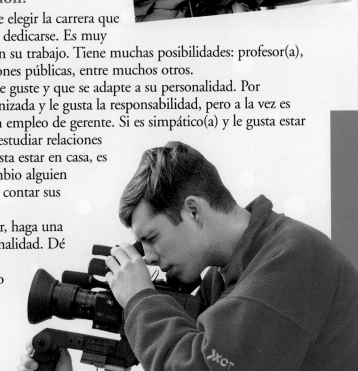

Lección 10

¡Un mal día!

*Es la hora del **almuerzo**° y Pablo espera a Ana en la cafetería de la escuela. Pablo la ha estado esperando mucho tiempo y ya ha pedido un café. Por fin, bastante tarde, llega Ana.*

PABLO: Ana, ¡por fin!

ANA: Ay, ¡cuánto me alegro de verte! ¿Has esperado mucho?

PABLO: Un poquito... Pero, ¿qué te pasa? ¿Has **llorado**?°

ANA: Sí, ¡hoy no es mi día! No he hecho la tarea, ni he estudiado para el **examen**° de mañana, ni he...

PABLO: Vamos, vamos..., cuéntame qué te pasa.

ANA: Mira, para empezar, he tenido problemas con mi padre. No me deja ir a casa de Pilar este fin de semana. Y ahora, Pilar se ha enojado conmigo porque teníamos planes. Nunca he visto nada igual. Luego, esta mañana he **perdido**° el dinero para el almuerzo. Para terminar, he discutido con mi amiga Elena de una manera terrible, ¡y por nada! Y yo, ¡sólo quiero vivir en paz! *(Ana levanta los brazos y **sin querer**° **tira**° el café de Pablo.)*

PABLO: ¡Cuidado!

ANA: ¡Y ahora te he **cubierto**° de café! Lo siento, Pablo. Lo siento muchísimo. Hoy no es mi día...

PABLO: No te preocupes. Oye, ¿por qué no vamos a almorzar? ¡Te invito a comer unas empanadas!

ANA: ¡Cuánto te lo **agradezco!**°

PABLO: **¡No faltaba más!**° Esta mañana he encontrado cinco mil pesos y creo que ahora ya sé de quién eran.

ANA: ¿En serio? ¿Has encontrado mi dinero?

PABLO: Sí, yo en cambio he tenido un día genial... He visto a Luisa y me ha invitado a su fiesta, luego he recibido una A en literatura, y después...

el almuerzo *lunch* **llorado** *cried* **el examen** *exam* **perdido** *lost* **sin querer** *accidentally*
tira *drops* **cubierto** *covered* **agradezco** *thank* **¡No faltaba más!** *The least I could do!*

1 ¿Qué comprendió Ud.?

1. ¿Quién ha llegado primero a la cafetería?
2. ¿Qué no ha hecho Ana?
3. ¿Qué le ha pasado a Ana con su padre?
4. ¿Adónde no puede ir este fin de semana?
5. ¿Por qué se ha enojado Pilar?
6. ¿Por qué está Ana sin dinero?
7. ¿Qué ha hecho Ana sin querer?
8. ¿Qué le ha pasado a Pablo esta mañana?

2 Charlando

1. ¿Ha tenido algún día malo últimamente? ¿Qué le pasó?
2. ¿Qué cosas buenas le han pasado esta semana? ¿Y qué cosas malas? Diga dos buenas y dos malas.
3. ¿Se enoja frecuentemente con sus amigos? ¿Se ha enojado con alguno de ellos esta semana? ¿Por qué?
4. Si tiene un problema, ¿a quién se lo cuenta primero?

Bogotá, Colombia.

Conexión Cultural

Empanadas de todo

Una de las comidas típicas de toda Latinoamérica son las empanadas. En Colombia se hacen con harina de maíz y se fríen en aceite vegetal. Se pueden comer para el almuerzo, la merienda o la cena. En la Costa Atlántica las empanadas se rellenan de huevo. En la zona andina se rellenan con una mezcla *(mixture)* de arroz, carne y papa. En la zona del Cauca, en el sur del país, se rellenan con pipián que es un tipo de mantequilla de cacahuetes *(peanuts)*. En Bogotá las hacen rellenas con queso y también de pollo. Para darles más sabor se les echa un poco de ají.

IDIOMA

El participio pasivo y el pretérito perfecto

The past participle is an adjective formed from a verb. For *-ar* verbs, the past participle ends in *-ado (hablado, terminado)*; for *-er* and *-ir* verbs, the past participle ends in *-ido (querido, pedido)*. There are some irregular past participles.

abrir	→	abierto	*opened*
cubrir	→	cubierto	*covered*
decir	→	dicho	*said, told*
escribir	→	escrito	*written*
hacer	→	hecho	*made, done*
morir	→	muerto	*dead*
poner	→	puesto	*put, placed*
romper	→	roto	*broken*
ver	→	visto	*seen*
volver	→	vuelto	*returned*

Compound forms of verbs maintain the same irregularities as the original verb.

descubrir	→	descubierto	*discovered*
devolver	→	devuelto	*returned*
posponer	→	pospuesto	*postponed*

As with all adjectives, past participles agree with the noun they describe in gender (masculine, feminine) and number (singular, plural).

El examen escrito es difícil.	The written exam is hard.
Aquí están las llaves perdidas.	Here are the lost keys.

The past participle is used frequently with the verb *haber* to describe what you have or have not done. To form this present perfect use a conjugated form of *haber* + past participle.

haber			participio pasivo
he	hemos		llorado
has	habéis	+	tenido
ha	han		discutido

Ana ha llorado mucho.	Ana **has cried** a lot.
Todos hemos tenido días malos.	Everybody **has had** bad days.

Note: When the past participle is used to form the present perfect tense, it is only used in its masculine singular *(-o)* form.

Direct object, indirect object, and reflexive pronouns precede the form of *haber*.

Mi mamá nos ha preparado unas empanadas.	My mom has made some empanadas for us.
Nos las ha servido en el patio.	She has served them to us on the patio.

3 En la cafetería

Mire el dibujo y complete la descripción de la cafetería de la escuela usando el participio pasivo del verbo apropiado.

poner   encender   cubrir
sentarse   tirar   abrir
escribir   romper   cerrar

 En la cafetería de la escuela las mesas están <u>cubiertas</u> con manteles.

1. Todos los estudiantes están <u>(1)</u>.
2. El menú está <u>(2)</u> en la pizarra.
3. Las empanadas ya están <u>(3)</u> en las mesas.
4. Hay una silla <u>(4)</u> .
5. Algunos libros están <u>(5)</u> en el piso.
6. Las ventanas están <u>(6)</u> porque hace calor.
7. La radio está <u>(7)</u>.

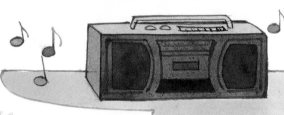

4 ¿Lo ha hecho?

 Con su compañero(a), háganse preguntas usando el pretérito perfecto. Contesten con muchos detalles.

 viajar a Colombia
A: ¿Has viajado a Colombia alguna vez?
B: Sí, he viajado a Cali. ¿Y tú?
A: No, nunca he viajado a Colombia.

1. tirar algo sin querer
2. conocer a alguien de Colombia
3. perder algo muy importante
4. leer un libro en español
5. olvidarse de hacer la tarea
6. ver una película en español
7. escribir un poema
8. romper algo valioso

Hombre de Ticuna tocando la flauta.

5 Y usted, ¿ha visto algo?

 Pregúntele a su compañero(a) qué ha hecho recientemente. Usen las expresiones: *esta mañana, esta semana, últimamente* y *ayer por la tarde.*

A: ¿Has visto alguna película buena esta semana?
B: Sí, he visto *El Zorro.* Y tú, ¿has visto alguna?
A: No, no he visto ninguna.

Cómo llevarse bien con todos

Gloria y Jaime han ido a la biblioteca a sacar un video sobre cómo tener mejores relaciones con los padres.

Marta y su familia

Al escuchar la palabra *comunicarse,* ¿qué es lo primero que piensa? Casi todos pensamos en *hablar.* ¡Ése es el problema! Poca gente cree que escuchar también es muy importante. A veces, sin querer, **hacemos daño°** a las personas que más queremos. En el siguiente diálogo, va a ver lo que puede ocurrir cuando no nos escuchamos unos a otros.

MARTA: ¿Por qué no me dejas pasar el fin de semana en casa de Elisa?
MADRE: Bueno, yo he hablado muy pocas veces con esa chica.
MARTA: ¡Mamá! ¡Piensas que todavía soy una niña!
MADRE: Y tampoco he conocido a su mamá.
MARTA: ¡Yo ya tengo diecisiete años!
MADRE: En realidad, no conozco a nadie de su familia...
MARTA: ¡Lo que pasa es que ustedes me quieren todo el tiempo en casa!
MADRE: Ya hemos hablado de eso varias veces.
MARTA: ¡No **admiten°** que ya no soy una niña!
MADRE: Martita querida, no me has escuchado.
MARTA: ¡Tú tampoco me has escuchado a mííí...!
MADRE: Por favor mi hijita, cálmate.
MARTA: No quiero calmarme. Me voy a mi cuarto.

Como puede ver, Marta no ha escuchado a su madre. ¡Y la madre tampoco ha escuchado a Marta! Todo es más fácil si, unos días antes, Marta le dice a su mamá: "Quiero presentarte a la mamá de Elisa". Y también es más fácil si la mamá le dice a Marta que a ella le gustaría conocer más a sus amigos y a sus familias.

Después de discutir con alguien, hay que preguntarse lo siguiente: "¿He discutido para ganar o para **aclarar**° algo y buscar una solución a algún problema?" A veces, puede ganar y sin embargo, no conseguir lo que quiere.

hacemos daño *hurt* **admiten** *accept* **aclarar** *to clarify*

CÓMO MEJORAR LAS RELACIONES CON LOS PADRES

Ganador del premio "Familia" como mejor video

Guía completa con personajes e historias que le ayudarán a encontrar las respuestas a todas sus preguntas.

6 ¿Qué comprendió Ud.?

1. ¿Qué quiere hacer Marta?
2. ¿A quién no conoce la madre de Marta?
3. ¿Por qué dice Marta que su madre no la deja ir a casa de Elisa?
4. ¿Por qué no la deja ir la madre?
5. ¿De qué han hablado ya varias veces Marta y su madre?
6. ¿Qué consigue Marta al final?

7 Los conflictos personales

Aquí tiene unas sugerencias para resolver conflictos personales. Con su compañero(a), pongan estas sugerencias en orden de importancia. Luego comparen sus respuestas con la clase.

1. Escucha lo que la otra persona te dice.
2. Discute para aclarar algo y llegar a una solución.
3. No dejes pasar muchos días después de un conflicto.
4. Trata de mantenerte calmo(a) durante una discusión.
5. Si sabes que has hecho un error, admite que la culpa es tuya.
6. No digas cosas que no piensas.
7. Intenta ser comprensivo(a) y ponte en el lugar de la otra persona.
8. Respeta las opiniones de la otra persona.

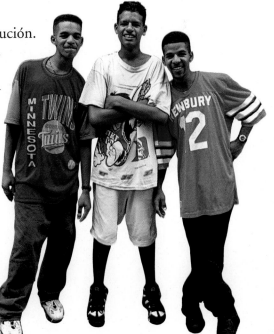

8 ¿Que podemos hacer?

En grupos de tres, preparen una lista de seis cosas que uno puede hacer para llevarse bien con otras personas. Luego comparen su lista con la de otro grupo.

IDIOMA

Los usos de la preposición *a*

The preposition *a* has five main uses:

- to express motion or destination

*¿Por qué no vamos **a la piscina**?*	Why don't we go to the swimming pool?
*Cuando llegamos **a la escuela**, empezó a llover.*	When we arrived at the school, it began to rain.

- to express location or proximity in certain circumstances

*Mi casa está **a dos cuadras de aquí**.*	My house is two blocks from here.
*¿La ves? Está **a la derecha**.*	Do you see it? It's on the right.

- to express the direct object, when the direct object is a person (personal *a*)

*Veo el coche de la maestra pero no veo **a la maestra**.*	I see the teacher's car but I don't see the teacher.
*No conozco **a nadie** aquí.*	I don't know anyone here.

- to introduce rates and proportions

*¿**A cuánto** están las manzanas hoy?*	How much are the apples today?
*El policía me detuvo porque iba **a 100 kilómetros por hora**.*	The officer stopped me because I was going 100 kilometers an hour.

- to introduce an infinitive after certain common verbs, such as *ir a, venir a, aprender a, empezar a,* and *comenzar a.*

*Voy **a** llamarte después.*	I'll call you later.
*Mi prima **viene a** visitarme.*	My cousin is coming to visit.
*Ella **ha aprendido a** hablar inglés.*	She has learned to speak English.
***Empieza/Comienza a** llover.*	It's beginning to rain.

Hoy voy a llamar a Susana.

9 Dialoguitos

Complete los siguientes diálogos con la preposición *a* en los espacios sólo cuando sea necesario. Luego, lea los diálogos en voz alta con su compañero(a).

1. A: ¿Quieres venir (1) la casa de (2) Luis con nosotros? Vamos (3) ver una película.
   B: Lo siento, no puedo (4). Tengo que ir (5) clase. Estoy aprendiendo (6) dibujar.

2. A: Tania, hace tiempo que no veo (7) Carlos. ¿Sabes (8) dónde está?
   B: Esta mañana he visto (9) su prima y me ha dicho que se ha mudado (10) otra ciudad.

3. A: ¿Conoces (11) la hermana de Andrés?
   B: No, no (12) la conozco, pero dicen que se parece mucho (13) él.

4. A: ¡Ay no! Ha empezado (14) llover y tengo que ir (15) casa en bicicleta.
   B: ¿Por qué no llamas (16) tu madre? Tiene coche, ¿no?
   A: Sí, pero no puede (17) manejar por ahora. Iba (18) más de 70 millas por hora y un policía (19) la vió y...

10 Y usted, ¿qué ha hecho últimamente?

Conteste las siguientes preguntas, según su experiencia, usando la preposición *a*.

A: ¿Ha aprendido algo difícil últimamente?
B: Sí, he aprendido a nadar.

1. ¿Ha visto a alguien famoso? ¿A quién?
2. ¿Adónde va generalmente después de la escuela? ¿Qué hace allí?
3. ¿Ha esperado a alguien más de una hora alguna vez? ¿A quién?
4. ¿Ha visto alguna vez a alguien hacer algo peligroso? ¿Qué?
5. ¿A cuántas millas de su casa está el centro comercial más cercano? ¿Ha ido allí esta semana?
6. ¿Hay un cine cerca de su casa? ¿A cuántas cuadras está? ¿Ha visto alguna película allí? ¿Cuál?

Algo más

Verbos para recordar

Recordar y **acordarse** son dos verbos que significan lo mismo *(to remember)*. Son parecidos pero no iguales. **Acordarse** es un verbo reflexivo y está precedido por los pronombres **me, te, se, nos** y **os**. **Recordar** no es reflexivo. Al verbo **acordarse** lo sigue la preposición **de**. Cuando **recordar** va seguido por una persona lleva la preposición **a**.

No **me acuerdo de** mi abuelo.
No **recuerdo a** mi abuelo.   *I don't **remember** my grandfather.*

Nunca **me acuerdo de** hacer la tarea.
Nunca **recuerdo** hacer la tarea.   *I never **remember** to do homework.*

11 ¿Qué tal es su memoria?

Hable con su compañero(a) de los recuerdos de cuando era niño(a). Después rellene la tabla con dos o tres ejemplos en cada categoría.

1. Si sus abuelos no viven, ¿los recuerda?
2. ¿Recuerda a sus bisabuelos?
3. ¿Recuerda a su primer(a) profesor(a) de español?
4. ¿Recuerda a su primer mejor amigo o amiga?
5. ¿Recuerda el nombre de su primer perro, gato u otro tipo de mascota?
6. Si conoce a sus vecinos, ¿recuerda sus nombres?
7. ¿Recuerda usted el cumpleaños de su mejor amigo(a)?

Recuerdo:	Recuerdo a:	No recuerdo:	No recuerdo a:

12 Vacaciones de verano

Con su compañero(a), creen un diálogo. Háganse preguntas sobre cosas que han hecho este año. Asegúrense de que usan los verbos *recordar* y *acordarse de*.

A: ¿Te acuerdas de qué películas has visto este año?

B. Sí, recuerdo algunas, como *El Zorro*. (No, no las recuerdo).

13 ¿Qué ha hecho?

Haga una encuesta a su(s) compañero(s). Pregúntele(s) si alguna vez ha(n) hecho las siguientes cosas.

¿Alguna vez has...?	Sí, una vez.	Varias veces.	No, nunca.
tirar café en la ropa de alguien			
decir una mentira a tu mejor amigo(a)			
perder algo importante			
escribir un informe			
llorar durante una película			
romper algo valioso			
volver muy tarde a casa			
hacer daño a una persona sin querer			
ir a la playa y perder algo			
comunicarse por correo electrónico con tus amigos			
escribirle una tarjeta a alguien para agradecer algo			
olvidarse de un examen			

Autoevaluación. Compruebe lo que ha aprendido. Conteste las siguientes preguntas.
1. ¿Cuál es el participio pasado de los siguientes verbos: *escribir, romper, caminar, ir, salir, comer* y *cantar*?
2. ¿Cuál de los siguientes verbos es reflexivo: *recordar* o *acordarse*?
3. Explique tres usos de la preposición *a* y dé un ejemplo de cada uno.
4. ¿Le gusta más escuchar a sus amigos o hablar de sus problemas?
5. ¿Qué son las empanadas?

¡La práctica hace al maestro!

A Comunicación

En parejas creen un diálogo usando expresiones de esta lección. Sigan las indicaciones. Cuando hayan terminado, cambien de papel.

A: *(Pregunte si se ha enojado con sus padres últimamente.)*
B: *(Conteste. Pregunte lo mismo.)*
A: *(Conteste. Pregunte cuáles son las razones más frecuentes por las que se han disgustado.)*
B: *(Conteste. Pregunte qué le gustaría hacer para no tener problemas con sus padres y hermanos.)*
A: *(Conteste.)*

B Conexión con la tecnología

En grupos de cuatro, imaginen que están en un programa de televisión sobre las relaciones entre personas. Uno de ustedes es el/la presentador(a) y los otros tres, los participantes. Escriban un diálogo en el que los participantes cuentan sus problemas. El/La presentador(a) y los otros participantes tienen que darle consejos. Ensayen la escena y grábenla en video. Después miren el video juntos.

El Morro, Santa Marta.

Verbos
aclarar
admitir
agradecer
cubrir
hacer daño
llorar
perder
tirar

Expresiones y otras palabras
el almuerzo
el examen
¡No faltaba más!
sin querer

Villa de Leyva,
un pueblo en la zona
montañosa de
Colombia.

Conexión *Cultural*

Colombia

Colombia es un país con paisajes muy variados, con costas en el océano Atlántico y en el océano Pacífico. Está formado por cinco grandes regiones geográficas. La región de la costa atlántica tiene playas en el mar Caribe. La región montañosa está atravesada por las tres ramas de la cordillera de los Andes, donde vive la mayoría de la población. La costa del Pacífico es una de las zonas más lluviosas del mundo, donde aún existen bosques nativos. La región de los llanos orientales es rica en petróleo. La región de la selva amazónica está aislada del resto del país y allí viven muchos grupos indígenas.

Bogotá, Colombia.

Lección 11

Quito: una ciudad maravillosa

Hoy es nueve de noviembre. Eva y Miguel tienen que preparar juntos un informe sobre la antigua ciudad de Quito, para el lunes diecinueve de noviembre. Acaban de darse cuenta de que sólo les quedan diez días. Están decidiendo cuándo reunirse.

EVA: Para mí, mañana no es un buen día. Este fin de semana voy a estar muy ocupada. ¿Qué te parece el lunes?

MIGUEL: ¡No seas mala! El lunes es mi cumpleaños.

EVA: Bueno, no sé... Sólo lo **sugerí**° porque no tenemos mucho tiempo.

MIGUEL: Nos podemos reunir la semana que viene. ¿Qué tal el martes?

EVA: **¡Ni hablar!**° ¡Es martes trece!

MIGUEL: No me digas que crees en esas **tonterías**° de mala suerte y **amuletos.**° Son sólo **supersticiones.**°

EVA: No digas que son tonterías o vas a tener mala suerte. ¿Por qué no nos reunimos el miércoles 14?

MIGUEL: Está bien. ¿A qué hora?

EVA: A las seis en la biblioteca. ¿Y sobre qué escribimos? ¿Sobre la **arquitectura**°...?

MIGUEL: O podemos dibujar un mapa del área geográfica que ocupa la ciudad vieja...

EVA: No busques problemas, Miguel. Eso me parece muy difícil y sólo vamos a tener cinco días. ¡Estamos desesperados!

MIGUEL: Sí, es verdad, pero no te pongas nerviosa. Hay tiempo. Este fin de semana voy a ir a la biblioteca y voy a empezar a buscar libros.

EVA:	Es una buena idea. Pero no vayas a la biblioteca de la calle Mayor. Ve a la biblioteca de la Avenida Solares. Allí tienen computadoras y puedes entrar en Internet.
MIGUEL:	¿Qué te parece un **proyecto**° sobre las catedrales **coloniales?**°
EVA:	¡Genial! ¡Ése es un gran tema!
MIGUEL:	Dame el lápiz que voy a escribirlo, para no olvidarlo.
EVA:	Toma. No llegues tarde el miércoles. Siempre te tengo que esperar.
MIGUEL:	¿A mí? Yo soy muy **puntual.**° Y tú... ¡no te olvides de la cita!

sugerí *suggested* **¡Ni hablar!** *No way!* **las tonterías** *foolish things* **los amuletos** *amulets*
las supersticiones *superstitions* **la arquitectura** *architecture* **el proyecto** *project* **coloniales** *colonial*
puntual *punctual*

1 ¿Qué comprendió Ud.?

1. ¿Cuándo tienen que entregar el informe Eva y Miguel?
2. ¿Por qué no pueden reunirse el martes?
3. ¿Dónde y cuándo se van a reunir?
4. ¿Qué sugiere Eva cuando Miguel le dice que va a ir a la biblioteca?
5. ¿Qué escribe Miguel al final?

2 Charlando

1. ¿Cómo prefiere escribir un informe, solo(a) o con un(a) compañero(a)?
2. Generalmente, ¿es usted puntual cuando tiene una cita? ¿Se ha olvidado alguna vez de una cita? ¿Qué pasó?
3. ¿Qué opina usted de las supersticiones? ¿Cree que hay cosas que traen mala suerte? Dé un ejemplo.

Conexión *Cultural*

Las supersticiones

Muchas supersticiones de los países hispanos son diferentes de las de los Estados Unidos. Por ejemplo, ¿sabía usted que el día de mala suerte es el martes 13, y no el viernes 13? Otras supersticiones conocidas en Latinoamérica y España son: "Si un gato negro pasa frente a usted, va a recibir una mala noticia." "Si le barren los pies, se casará con un viudo."

También se considera una superstición creer en amuletos. Los amuletos son objetos que se usan como protección contra la mala suerte. Algunos, como los dientes de animales, se pueden usar como collares; otros, como las plantas de sábila *(aloe)* se ponen detrás de las puertas de las casas o en las ventanas.

IDIOMA

La posición del adjetivo y su significado

The following common adjectives have two meanings, depending on whether they precede or follow the noun. Observe the following differences.

*Es una **familia pobre**.*	It's a poor family. (in poverty)
*¡**Pobre chica**! Su novio es muy mentiroso.*	The poor girl! (unfortunate) Her boyfriend is a real liar.
*Es una **señora vieja**.*	She is an old woman. (elderly)
*Es un **viejo amigo** mío.*	He is an old friend of mine. (longtime)
*Estas **ruinas** son muy **antiguas**.*	These ruins are ancient. (very old)
*Mi **antiguo jefe** murió.*	My old boss died. (former)
*La casa es **nueva**.*	The house is new. (brand new)
*Necesito una **nueva pluma**.*	I need a new pen. (another one)
*Es una **gran ciudad**.*	It is a great city.
*Es una **ciudad grande**.*	It is a large city.
*Es un **buen profesor**.*	He is a good teacher. (talented)
*Es un **profesor bueno**.*	He is a kind teacher.
*Es el **único mapa** de Quito que tenemos.*	It's the only map of Quito we have.
*Es un **mapa único**.*	It is a unique map.
*Es un **estilo diferente**.*	It is a different style.
*Hay **diferentes estilos**.*	There are various styles.

 3 ## ¡Qué viejo amigo!

Escoja la oración que complemente el significado de la primera.

1. Mi abuela tiene *amigas viejas.*
   A. Se conocen desde que eran niñas.
   B. Todas tienen más de 65 años.
2. *¡Pobre hombre!*
   A. No tiene dinero.
   B. Tiene problemas.
3. Todavía quiero a mi *antiguo novio.*
   A. Es un hombre mayor.
   B. Ahora tengo otro novio.
4. Miguel es un *jugador grande.*
   A. Ha ganado muchos campeonatos.
   B. Es muy alto.
5. Tenemos una *escuela única.*
   A. Es muy especial y diferente.
   B. No hay más escuelas en la ciudad.

4 Cruzando fronteras

Las islas Galápagos son el hogar de animales muy especiales. Para describirlos mejor, decida si el adjetivo entre paréntesis debe ir antes o después del nombre.

Nombres de animales

el albatros	*albatross*
el flamenco	*flamingo*
la foca	*seal*
la iguana	*iguana*
el león marino	*sea lion*
pesan	*(they) weigh*
poner huevos	*to lay eggs*

 Las Galápagos son ___ islas ___ en el mundo. (únicas)

Las Galápagos son islas únicas en el mundo.

1. ¡(1) pingüinos (2)! Tuvieron que adaptarse al clima tropical. (pobres)
2. Las (3) iguanas (4) amarillas y verdes son ahora negras. (antiguas)
3. Las tortugas Galápagos pesan 280 kilos cuando terminan de crecer. Son (5) animales (6). (grandes)
4. Los (7) leones marinos (8) pasan todo el día acostados en la playa. (buenos)
5. Los albatros dómines viven ocho meses en la isla Española, se van cuatro meses al sur y regresan a poner sus (9) huevos (10). (nuevos)

Conexión Cultural

Las islas Galápagos

Las islas Galápagos están situadas a 1.000 kilómetros al oeste de la costa de Ecuador, país al que pertenecen como una de sus 21 provincias. Estas islas, en realidad, son los picos de una cadena *(chain)* de montañas volcánicas y fueron descubiertas por los españoles en 1535.

En el archipiélago de las Galápagos hay fauna y flora únicas en el mundo. Hay una gran variedad de animales tropicales y también polares *(from the South Pole)* que se han adaptado al clima de las islas. Además de peces, hay flamencos, albatros dómines, focas, leones marinos, tortugas Galápagos, pingüinos e iguanas. Charles Darwin fue quien hizo famosas las islas, tras su visita en 1835. Gracias al estudio de sus aves marinas, el científico pudo formular la famosa teoría de la evolución de las especies.

Hoy en día las islas Galápagos son un parque nacional. La gran cantidad de turistas que atrae el archipiélago, para contemplar de cerca su gran variedad de animales, puso en peligro *(endangered)* a muchas de las especies. Para protegerlas, el gobierno ecuatoriano ha limitado el número de visitantes por año.

El piquero patiazul es una especie que vive en las islas Galápagos.

Dos iguanas marinas en la Isla Española.

IDIOMA

Los mandatos negativos informales

To tell someone whom you address as *tú* not to do something, use a negative informal command. To form the negative command, take the *yo* form of the verb and remove the *-o*. Add *-es* to *-ar* verbs; add *-as* to *-er* and *-ir* verbs.

olvid*ar*	No olvid**es** nuestra cita.	*Don't forget our date.*
com*er*	No com**as** en la biblioteca.	*Don't eat in the library.*
escrib*ir*	No escrib**as** con lápiz.	*Don't write in pencil.*

Stem-changing verbs and verbs that have irregular *yo* forms also follow this pattern.

jug*ar*	No juegu**es** con las iguanas.	*Don't play with the iguanas.*
hac*er*	No hag**as** el informe todavía.	*Don't do the report yet.*
dec*ir*	No dig**as** tonterías.	*Don't say foolish things.*

Verbs ending in *-gar, -car, -zar,* and *-ger* have a spelling change to preserve the consonant sound of the infinitive.

-gar: llegar	No lle**gues** tarde.	*Don't arrive late.*
-car: buscar	No bus**ques** más información.	*Don't look for more information.*
-zar: empezar	No empie**ces** el trabajo ahora.	*Don't start the work now.*
-ger: escoger	No esco**jas** ese tema.	*Don't choose that topic.*

No juegues con las iguanas.

5 ¡No lo hagas!

Hoy llega un profesor nuevo de español que tiene fama de ser muy estricto. Túrnese con su compañero(a) para decir lo que no deben hacer en clase.

 hablar en inglés
No hables en inglés.

1. llegar tarde
2. comer en clase
3. dormir en clase
4. hablar sin pedir permiso
5. poner la mochila en el suelo
6. pedir la tarea a otro estudiante
7. escribir la tarea con lápiz
8. fastidiar a otros estudiantes

6 Dime lo que haces

En grupos de cuatro, piensen en tres consejos para cada situación. Después, compárenlos con los consejos de otros grupos.

¿Qué hago si...?	Alberto	Claudia	Jorge
quiero tener muchos amigos	No busques problemas.	Escucha a tus amigos.	No...
voy de vacaciones a Ecuador			
no quiero tener problemas con mis padres			
he perdido las llaves de casa			
perdí mi amuleto			
no he hecho la tarea			

IDIOMA

Los mandatos negativos irregulares *(tú)*

The following verbs have irregular negative *tú* commands.

ir	→	No **vayas** al cine. Quédate conmigo. *Don't go to the movies. Stay with me.*
ser	→	No **seas** tan pesimista. *Don't be so pessimistic.*
dar	→	No me **des** los apuntes ahora. Dámelos mañana. *Don't give me the notes now. Give them to me tomorrow.*
estar	→	Estate contenta. No **estés** triste. *Be happy. Don't be sad.*

Note that you cannot attach object pronouns and reflexive pronouns to the *no* in negative *tú* commands. These pronouns must be placed between *no* and the command. Remember that if you use two object pronouns together the indirect object pronoun comes first.

Vete ahora.	Leave now.	*Dáselo a Eva.*	Give it to Eva.
No te vayas.	Don't leave.	*No se lo des.*	Don't give it to her.

7 ¡Dígalo bien claro!

Complete las oraciones con un mandato negativo.

1. Ve a la biblioteca. No (1) al gimnasio.
2. Sé generoso. No (2) egoísta.
3. Vete con tus amigos. No (3) solo.
4. Acuéstate temprano. No (4) tarde.
5. Dáselo al profesor. No (5) a mí.
6. Estate tranquilo. No (6) nervioso.

8 Buenos consejos

Déle consejos a un estudiante nuevo para las siguientes situaciones.

 en clase/no estar nervioso
En clase, no estés nervioso.

1. en clase/no decir que entiende todo si no lo entiende
2. en una fiesta/no ir a un rincón
3. en la cafetería/no dar tu almuerzo a otros
4. en la biblioteca/no ser chistoso
5. en el laboratorio/no tener miedo del profesor

Estrategia

Para leer mejor: mira los títulos y las fotos

Antes de leer el texto de un folleto en español intenten usar toda la información que les pueda ayudar a entender el contenido. Esta información no es sólo el texto escrito, sino que también incluye las fotografías o dibujos, los títulos, el estilo de las letras, el diseño, etc.

- Primero, miren las fotos. ¿Qué tipo de folleto es éste? ¿Es un folleto en el que se venden cosas? ¿Un folleto de propaganda? ¿Un folleto informativo?

- Fíjense en el diseño. ¿Es formal o informal? ¿Creen que es para adultos, jóvenes o niños? ¿Hay muchas fotografías? ¿Es muy largo el texto?

- Lean los títulos y subtítulos. ¿Los entienden todos? Si no es así, busquen las palabras en el diccionario. Finalmente, escriban una oración sobre el tema y escriban cuatro o cinco palabras clave (key words) que crean que van a encontrar en el texto.

Ahora ya están listos para leer los folletos.

ASOCIACIÓN PRESERVACIONISTA DE FLORA Y FAUNA SILVESTRE ®

PROTEGE A LOS ANIMALES EN PELIGRO DE EXTINCIÓN

No compres:
lápiz de labios
productos probados en animales

No comas:
carne

No te pongas:
abrigos de piel
pieles de animales

Escribe a miembros del gobierno y protesta por las injusticias contra los animales.

No lo dejes para mañana, ¡empieza hoy!

9 Mis amigos los animales

Con su compañero(a), lean el folleto y hagan una lista de cosas que deben y no deben hacer para ayudar a los animales. Después, piensen en cuatro cosas más que pueden hacer.

No compres lápiz de labios
Compra sólo:
No uses: Usa:
No comas: Come:
No te pongas: Ponte:
Escribe:

Autoevaluación. Compruebe lo que ha aprendido. Conteste las siguientes preguntas.
1. Explique la diferencia entre *viejo amigo* y *amigo viejo*.
2. Dé otro ejemplo de un adjetivo que tenga dos significados, según el lugar donde esté.
3. Explique la posición de los pronombres en las oraciones *Dáselo a Gabi* y *No se lo des a Jorge*.
4. Diga a su compañero(a) tres cosas que no debe hacer si quiere aprender español.
5. Diga dos cosas que ha aprendido sobre las islas Galápagos.

¡La práctica hace al maestro!

A Comunicación

Con su compañero(a), imagínense que es martes 13. Pretendan que su compañero(a) es supersticioso(a) y usted no lo es. Usted quiere salir y hacer cosas y hace muchas sugerencias. Su compañero(a) dice que no puede y explica por qué. Su compañero(a) le da consejos sobre las cosas que usted no debe hacer.

B Conexión con la tecnología

Con su compañero(a), escriban un informe sobre un aspecto de Ecuador. Pueden utilizar cualquiera de los siguientes temas: el contraste de las tres regiones geográficas del país, la vida en las islas Galápagos, el turismo en el Mercado de Otávalo, la importancia del puerto de Guayaquil, la vida en la zona de los volcanes. Sigan los pasos que les mostramos aquí:

Primero, decidan sobre qué quieren escribir. Para ello, pueden ir a una biblioteca. Busquen libros o entren en Internet. Aquí pueden buscar un tema en general o algo específico. Si no saben sobre qué escribir entren en un buscador *(search engine)* y hagan una búsqueda *(search)* para "Ecuador". Como es mucha la información que encontrarán, hagan una selección.

Luego, con todos los datos que tengan, separen las oraciones y palabras más importantes. En base a éstas, escriban el informe. Pueden incluir ilustraciones para acompañar al texto. También pueden agregar las fuentes de información que usaron.

Una vez terminado el informe, revisen la gramática y la ortografía, y asegúrense de que toda la información que incluyeron es correcta. Presenten el informe a la clase.

Un sábado en el mercado de Otávalo.

El volcán Cotopaxi, Quito.

Animales

el albatros
el flamenco
la foca
la iguana
el león marino

Verbos

pesar
poner huevos
sugerir

Expresiones y otras palabras

el amuleto
la arquitectura
colonial
¡Ni hablar!
el proyecto
puntual
la superstición
la tontería

Conexión Cultural

Ecuador

Ecuador es un país pequeño, tiene sólo 105.037 millas cuadradas y 10 millones de habitantes. La geografía es muy quebrada *(uneven)* y las comunicaciones son difíciles. Tiene 55 volcanes distribuidos en todo el territorio, entre ellos el Cotopaxi, que es el volcán activo más alto del mundo.

La catedral de la Inmaculada en Cuenca, Ecuador.

Contexto cultural
COLOMBIA

En el teléfono

Suena el teléfono. Laura, que estaba durmiéndose sobre los libros, contesta.

LAURA: ¿Aló? Dígame...

MARÍA: Hola, soy María. Te llamé antes, pero el teléfono estaba ocupado.

LAURA: Lo siento. Estaba hablando con mi prima. ¿Pasa algo?

MARÍA: ¡Claro que no! Te estaba llamando porque tenía algo que contarte. Ayer estaba paseando, cuando vi pasar a Toni con Rosa.

LAURA: ¿Toni, el novio de Alicia?

MARÍA: Sí. Y eso no es todo. ¡Creo que iban **de la mano**!° No se lo digas a nadie.

LAURA: Por supuesto que no. *(ruido)*°

MARÍA: ¿Qué es ese ruido?

LAURA: Es el **teléfono inalámbrico.**° *(ruido)* **No funciona**° bien.

*Enseguida, Laura llama a Pablo. No está, pero Laura le **deja un recado**° en el* **contestador automático.**°

LAURA: Hola Pablo, soy Laura. *(ruido)* ¿Oíste las últimas noticias? *(ruido)* Rosa y el novio de *(ruido)* Alicia estaban paseando juntos ayer, ¡de la mano! No se lo digas a nadie, *(ruido)* sobre todo a Alicia. Y no se lo *(ruido)* digas a María, que es muy chismosa. *(ruido)*

*Cinco minutos más tarde, Pablo escucha el recado desde una **cabina telefónica**.° No entiende muy bien el recado de Laura, porque hay mucho ruido. **Deposita**° una moneda y marca el número de Laura, pero está ocupado. Entonces, llama a Alicia.*

ALICIA: ¿Qué? ¿Que Rosa está saliendo con el novio de María?

PABLO: Sí, ayer los vieron y estaban paseando juntos de la mano. Los vio Laura. ¡Parece que se estaban besando!

ALICIA: Me parece muy mal. ¡Pobre María! Ahora mismo la llamo.

*En cuanto **cuelga**° el teléfono, Alicia llama a María.*

MARÍA: Oigo...

ALICIA: Soy yo, Alicia. Estaba hablando con Pablo cuando, sin darse cuenta, me dijo que tu novio está saliendo con Rosa.

MARÍA: ¿Estás segura de que estaba hablando de mi novio, Alicia?

ALICIA: Sí, segurísima. Ayer mismo los vio Laura. Estaban paseando de la mano, ¡y se estaban besando!

MARÍA: Pero Alicia... yo no tengo novio. Por cierto, ¿por qué no le preguntas a *tu* novio qué estaba haciendo ayer?

de la mano *holding hands* **el ruido** *noise* **el teléfono inalámbrico** *cordless phone* **no funciona** *it does not work* **deja un recado** *leaves a message* **el contestador automático** *answering machine* **la cabina telefónica** *telephone booth* **deposita** *deposits* **cuelga** *hangs up*

1 ¿Qué comprendió Ud.?

1. ¿Qué estaba haciendo Laura cuando la llamó María?
2. ¿Qué le dice María a Laura sobre el novio de Alicia?
3. ¿Por qué se oye un ruido?
4. ¿Qué hace Laura después de hablar con María?
5. ¿Qué le dice Pablo a Alicia que no es verdad? ¿En qué se equivoca?
6. ¿Qué hace Alicia en cuanto cuelga el teléfono?
7. ¿Qué le sugiere María a Alicia? ¿Por qué?

2 Charlando

1. ¿Cuánto tiempo pasa usted hablando por teléfono al día?
2. Cuando le contesta un contestador automático, ¿deja un recado o cuelga el teléfono? ¿Por qué?
3. ¿Creen sus padres que habla usted demasiado por teléfono? ¿Qué cree usted?
4. En el diálogo, se usan tres maneras de contestar el teléfono. ¿Cuáles son?

Algo más

El contestador automático

Aquí tiene algunos ejemplos de mensajes para el contestador automático:

"Éste es el 555-1313. Por favor deje un mensaje después de la señal."

"No estoy en casa en este momento. Déjame un mensaje después de la señal."

3 Mi mensaje

Escriba un mensaje para grabar *(record)* en su contestador automático. Use su imaginación, pero no se olvide de dar la información necesaria. Después, lea su mensaje a la clase y voten por el más original.

4 Deja un recado

Con su compañero(a), creen seis diálogos. Uno(a) contesta el teléfono como si fuera el contestador automático y el(la) otro(a) deja recados. Después, cambien de papel.

A: Éste es el 555-0278. No estoy en casa. Deja un mensaje.
B: Soy Daniel. Por favor, llámame esta noche.

5 ¿Qué tipo de teléfono prefiere?

Con su compañero(a), miren los anuncios. Digan qué teléfono prefieren y por qué.

CON UN TOQUE ESPECIAL

Promoción

PHILIPS SPARK
Peso: 169 gr.
Dimensiones: 13.9X5.6X2.3 cm.
Autonomía: 120 minutos en conversación y 80 horas en espera.
Su toque: Sólo hay que pulsar una tecla y decir en voz alta el nombre de la persona a la que llamamos y el teléfono se encarga de buscar el número y marcarlo.

ALCATEL ONE TOUCH EASY
Peso: 180 gr.
Dimensiones: 13.3X5.46X2.95 cm.
Autonomía: 300 minutos en conversación y 120 horas en espera.
Su toque: Su diseño es moderno y alegre. Si se agota la batería puede seguir operando con pilas.

PARA ti

Al teléfono
Aquí tiene más vocabulario sobre el teléfono.

hacer una llamada	*to make a call*
la compañía telefónica	*telephone company*
la llamada local	*local call*
la llamada de larga distancia	*long distance call*
la llamada de cobro revertido	*collect call*
el teléfono celular	*cellular phone*
Marcó el número equivocado.	*You dialed the wrong number.*
No contesta nadie.	*Nobody answers (the phone).*
¿Cuál es el código del país?	*What is the country code?*
La línea está ocupada.	*The line is busy.*

IDIOMA

El progresivo en el pretérito imperfecto

Use the imperfect progressive tense to speak about past actions that lasted for an extended time. Form this tense with the imperfect of the verb *estar* and the *-ando* or *-iendo* form of the verb (the present participle).

el préterito imperfecto	
estaba	
estabas	hablando
estaba	
estábamos	comiendo
estabais	
estaban	viviendo

Estaba hablando con Teo. — I was talking to Teo.
Estábamos usando el teléfono inalámbrico. — We were using the cordless phone.

When you want to use direct or indirect object pronouns or reflexive pronouns, you have two options: place the pronouns before the forms of *estar* or attach them to the *-ando* and *-iendo* forms. Remember that sometimes you will have to write accent marks when you attach pronouns to present participles.

Él te estaba buscando. — He was looking for you.
Estaba buscándote.
Me estaba bañando. — I was taking a bath.
Estaba bañándome.

When an event in the past interrupts another ongoing action, use the imperfect progressive for the ongoing action.

Me estaba duchando, cuando sonó el teléfono. — I was taking a shower when the phone rang.

Estábamos hablando cuando nos llamó la maestra.

 Y entonces, ¿qué pasó?

Use el progresivo en el pasado para decir lo que cada persona estaba haciendo en ese momento.

1. Yo (buscar) <u>(1)</u> una cabina telefónica cuando te vi.
2. Te (escribir) <u>(2)</u> cuando recibí tu carta.
3. Alicia (pintar) <u>(3)</u> un cuadro cuando sonó el teléfono.
4. Nosotras todavía (esperar) <u>(4)</u> a Silvia cuando empezó a llover.
5. Estela (hacer) <u>(5)</u> mucho ruido cuando la llamé.
6. Ustedes (hablar) <u>(6)</u> cuando se cortó la comunicación.

Los conozco bien

¿Conoce usted bien la rutina de sus amigos y familiares? Diga qué cree que estaban haciendo estas personas a las horas indicadas.

 su mejor amiga/el jueves al mediodía
Probablemente estaba almorzando en la cafetería de la escuela.

1. su mejor amigo/el domingo a las ocho de la mañana
2. sus amigos/el sábado a las diez de la noche
3. su mamá/el lunes a las dos de la tarde
4. su papá/el martes a las cuatro de la tarde
5. su compañero(a) de español/ayer a las tres de la tarde

¿Cuál es tu excusa?

Llamaron por teléfono y nadie contestó. Cada persona estaba haciendo algo diferente. Diga lo que estaba haciendo cada persona.

El hombre de barba estaba hablando por teléfono celular.

1.   2.   3.

4.    5.

Toda la semana

 Un amigo lo/la llamó varias veces para salir. Usted no contestó el teléfono, ya que sabía que era él. Ahora están hablando por teléfono. Invente excusas por no haber contestado el teléfono.

 el sábado por la noche/ver una película
A: Te llamé el sábado por la noche, ¿qué estabas haciendo?
B: Estaba viendo una película en el cine.

1. el domingo por la mañana/desayunar con los abuelos
2. el lunes por la noche/leer en la biblioteca
3. el martes al mediodía/comprar libros
4. el miércoles muy temprano/bañarse
5. el jueves por la tarde/jugar béisbol

10 A investigar

En grupos de cinco, imaginen que uno de ustedes es un(a) detective
que está investigando varios robos en la escuela. Túrnense para
averiguar dónde estaba cada persona y qué estaba haciendo.

a las ocho y media de la mañana
A: ¿Qué estaba haciendo a las ocho y media de la mañana?
B: Estaba desayunando en casa.

1. el martes entre las diez y once de la mañana
2. el jueves después del almuerzo
3. el miércoles a las cinco de la tarde
4. el lunes entre las tres y las cuatro de
   la tarde
5. hoy antes de venir a la escuela

11 ¿Qué estaba haciendo?

¿Recuerda qué estaba haciendo cuando pasaron estas cosas?

las Olimpiadas de 1996
A: ¿Qué estaba haciendo durante las Olimpiadas de 1996?
B: Estaba pasando las vacaciones en California.

¿Qué estaba haciendo...?
• la última vez que lo/la llamó su mejor amigo(a)
• la última vez que recibió una buena noticia
• la última vez que lo/la llamaron por teléfono
• cuando murió Selena
• durante el último desfile del cuatro de julio

Autoevaluación. Compruebe lo que ha aprendido. Conteste las siguientes preguntas.
1. ¿Qué hay que hacer para hablar desde un teléfono de una cabina telefónica?
2. ¿A quién llama cuando su teléfono no funciona?
3. ¿Cómo se forma el progresivo en el imperfecto?
4. ¿Quién paga por una llamada de cobro revertido?
5. ¿Qué estaba haciendo usted antes de empezar esta actividad?
6. Cuando una persona no tiene en su casa servicio telefónico, ¿adónde tiene que ir
   para hacer una llamada telefónica?

¡La práctica hace al maestro!

A Comunicación

En grupos de tres, creen un diálogo usando las expresiones de esta lección. Sigan las indicaciones. Cuando terminen, cambien de papel.

A: *(Marque un número y pregunte por Ana.)*
B: *(Diga que cree que tiene el número equivocado.)*
A: *(Pregunte qué numero es.)*
B: *(Diga el número.)*
A: *(Discúlpese y despídase.)*
A: *(Vuelva a marcar el número.)*
C: *(Conteste el teléfono.)*
A: *(Pregunte por Ana.)*
C: *(Diga que no está y pregunte si quiere dejar un recado.)*
A: *(Diga que sí, y déjelo.)*
C: *(Repita el recado para comprobarlo.)*
A: *(Dé las gracias y despídase.)*

B Conexión con la tecnología

Mantenerse en contacto con sus amigos y familiares es importante. Muchas compañías de llamadas de larga distancia ofrecen servicios de información en español. Haga una lista de preguntas y llame para averiguar los precios de las llamadas a algunos países de habla hispana.

- precio por minuto de una llamada a Ecuador y el código del país
- precio por minuto de una llamada a Venezuela y el código del país
- ¿Necesito usar la operadora?
- precio de llamada de cobro revertido
- ¿Tiene planes con precios especiales *(special plans)*?

Vocabulario del teléfono

la cabina telefónica
el código del país
la compañía telefónica
el contestador automático
la llamada de cobro revertido
la llamada de larga distancia
la llamada local
el teléfono celular
el teléfono inalámbrico

Expresiones y otras palabras

de la mano
No contesta nadie.
el número equivocado
el ruido

Verbos

colgar
dejar un recado
depositar
funcionar
hacer una llamada

Conexión Cultural

El servicio telefónico en Colombia

El servicio telefónico de Colombia está manejado por el estado. Las tarifas son fijas y aunque hay discado directo nacional e internacional desde las casas y los negocios, muchas personas van a las oficinas de la compañía para hacer las llamadas de larga distancia. En las oficinas hay cabinas con teléfonos que no necesitan servicio de la operadora. Después de hacer una llamada, uno pasa a una ventanilla *(teller window)* y allí paga por la llamada. También hay teléfonos públicos para hacer llamadas nacionales e internacionales que funcionan con monedas.

Cartagena, Colombia.

a leer

Estrategia

Preparación

El escritor colombiano Gabriel García Márquez (1928–) se crió con sus abuelos que le contaban toda clase de cuentos y leyendas. Gracias a estas narraciones, García Márquez decidió ser periodista y empezó a escribir cuentos y novelas. En 1967, García Márquez adquirió fama internacional cuando publicó la novela *Cien años de soledad,* considerada una de las mejores del siglo XX. En 1982 ganó el Premio Nobel de Literatura. El estilo literario de García Márquez se conoce como "realismo mágico" *(magic realism),* porque se mezclan la realidad y la fantasía.

Estrategia: entender el simbolismo

El cuento que aparece a continuación puede leerse en un sentido literal —los hechos son exactamente lo que parecen— y simbólicamente *(symbolically)* —ciertas cosas y acciones representan en realidad algo más. Un ejemplo de algo simbólico sería la oración "Aquí nos paga veinte muertos", que dice el dentista antes de sacarle el diente al alcalde. Con ella, el autor quiere reflejar el enojo *(anger)* que siente el doctor contra el alcalde por todo el mal que le está haciendo al pueblo.

Lea el cuento dos veces, una vez para comprender el significado literal, y una segunda vez para comprenderlo a un nivel simbólico.

Un día de éstos

Gabriel García Márquez

El lunes amaneció tibio y sin lluvia. Don Aurelio Escovar, dentista sin título y buen madrugador, abrió su gabinete° a las seis. Sacó de la vidriera una dentadura postiza° montada aún en el molde de yeso° y puso sobre la mesa un puñado de instrumentos que ordenó de mayor a menor, como en una exposición. Llevaba una camisa a rayas, sin cuello, cerrada arriba con un botón dorado, y los pantalones sostenidos con cargadores elásticos. Era rígido, enjuto, con una mirada que raras veces correspondía a la situación, como la mirada de los sordos.°

Cuando tuvo las cosas dispuestas sobre la mesa, rodó la fresa° hacia el sillón de resortes y se sentó a pulir° la dentadura postiza. Parecía no pensar en lo que hacía, pero trabajaba con obstinación, pedaleando en la fresa incluso cuando no se servía de ella.

Después de las ocho hizo una pausa para mirar el cielo por la ventana y vio dos gallinazos° pensativos que se secaban al sol en el caballete de la casa vecina. Siguió trabajando con la idea de que antes del almuerzo volvería a llover. La voz destemplada de su hijo de once años lo sacó de su abstracción.

—Papá.

—Qué.

—Dice el alcalde° que si le sacas una muela.°

—Dile que no estoy aquí.

Estaba puliendo un diente de oro. Lo retiró a la distancia del brazo y lo examinó con los ojos a medio cerrar. En la salita de espera volvió a gritar su hijo.

—Dice que sí estás porque te está oyendo.

El dentista siguió examinando el diente. Sólo cuando lo puso en la mesa con los trabajos terminados, dijo:

—Mejor.

Volvió a operar la fresa. De una cajita de cartón donde guardaba las cosas por hacer, sacó un puente de varias piezas y empezó a pulir el oro.

—Papá.

—Qué.

Aún no había cambiado de expresión.

—Dice que si no le sacas la muela te pega un tiro.°

Sin apresurarse, con un movimiento extremadamente tranquilo, dejó de pedalear en la fresa, la retiró del sillón y abrió por completo la gaveta° inferior de la mesa. Allí estaba el revólver.

—Bueno —dijo—. Dile que venga a pegármelo.

Hizo girar el sillón hasta quedar de frente a la puerta, la mano apoyada en el borde de la gaveta. El alcalde apareció en el umbral. Se había afeitado la mejilla° izquierda, pero en la otra, hinchada° y dolorida, tenía una barba de

cinco días. El dentista vio en sus ojos marchitos muchas noches de
desesperación. Cerró la gaveta con la punta de los dedos y dijo suavemente:

—Siéntese.

—Buenos días —dijo el alcalde.

—Buenos —dijo el dentista.

Mientras hervían los instrumentos, el alcalde apoyó el cráneo en el cabezal
de la silla y se sintió mejor. Respiraba un olor glacial. Era un gabinete pobre:
una vieja silla de madera, la fresa de pedal, y una vidriera con pomos de loza.
Frente a la silla, una ventana con un cancel de tela hasta la altura de un
hombre. Cuando sintió que el dentista se acercaba, afirmó los talones° y abrió
la boca. Don Aurelio Escovar le movió la muela dañada, ajustó la mandíbula°
con una cautelosa presión de los dedos.

—Tiene que ser sin anestesia —dijo.

—¿Por qué?

—Porque tiene un absceso.

El alcalde lo miró en los ojos.

—Está bien —dijo, y trató de sonreír. El dentista no le correspondió.
Llevó a la mesa de trabajo la cacerola con los instrumentos hervidos y los sacó
del agua con unas pinzas frías, todavía sin apresurarse. Después rodó la
escupidera° con la punta del zapato y fue a lavarse las manos en el aguamanil.
Hizo todo sin mirar al alcalde. Pero el alcalde no lo perdió de vista.

Era una cordal° inferior. El dentista abrió las piernas y apretó la muela con
el gatillo° caliente. El alcalde se aferró a las barras
de la silla, descargó toda su fuerza en los pies
y sintió un vacío helado en los riñones,°
pero no soltó un suspiro.° El dentista sólo
movió la muñeca. Sin rencor, más bien
con una amarga ternura,° dijo:

—Aquí nos paga veinte muertos,
teniente.

El alcalde sintió un crujido de
huesos° en la mandíbula y sus ojos se
llenaron de lágrimas. Pero no suspiró
hasta que no sintió salir la muela.
Entonces la vio a través de las lágrimas. Le
pareció tan extraña a su dolor que no
pudo entender la tortura de sus cinco
noches anteriores. Inclinado sobre la
escupidera, sudoroso,° jadeante, se
desabotonó la guerrera y buscó a tientas
el pañuelo en el bolsillo del pantalón. El
dentista le dio un trapo° limpio.

—Séquese las lágrimas —dijo.

El alcalde lo hizo. Estaba temblando. Mientras el dentista se lavaba las manos, vio el cielo raso desfondado y una telaraña polvorienta° con huevos de araña e insectos muertos. El dentista regresó secándose las manos.

—Acuéstese —dijo— y haga buches° de agua de sal.— El alcalde se puso de pie, se despidió con un displicente saludo militar y se dirigió a la puerta estirando las piernas, sin abotonarse la guerrera.

—Me pasa la cuenta —dijo.

—¿A usted o al municipio?

El alcalde lo miró. Cerró la puerta, y dijo, a través de la red metálica:

—Es la misma vaina.°

el gabinete *office* **postiza** *false* **el yeso** *plaster* **sordos** *deaf* **la fresa** *drill* **pulir** *to polish* **gallinazos** *buzzards* **el alcalde** *mayor* **la muela** *molar* **te pega un tiro** *will shoot you* **la gaveta** *drawer* **la mejilla** *cheek* **hinchada** *swollen* **afirmó los talones** *dug in his heels* **la mandíbula** *jaw* **la escupidera** *spittoon* **el cordal** *wisdom tooth* **el gatillo** *forceps* **un vacío helado en los riñones** *a cold emptiness in his kidneys* **el suspiro** *sigh* **la amarga ternura** *bitter tenderness* **el crujido de los huesos** *a crunching of bones* **sudoroso** *sweaty* **el trapo** *cloth* **la telaraña polvorienta** *dusty spiderweb* **haga buches** *gargle* **Es la misma vaina.** *It's one and the same thing.*

 ¿Qué comprendió Ud.?

Indique si las siguientes oraciones son ciertas o falsas. Si una oración es falsa, corríjala.

1. El alcalde siente mucho dolor.
2. El dentista parece ser un hombre bastante desordenado.
3. El dentista guarda un revólver en su gabinete porque vive en un vecindario peligroso.
4. El alcalde y el dentista son buenos amigos.
5. El dentista le dijo la verdad al alcalde con respecto a la necesidad de no usar anestesia.

 Charlando

Conteste las siguientes preguntas. Comparta sus respuestas con la clase. ¿Sus compañeros están de acuerdo con usted?

1. ¿Estuvo bien o mal lo que hizo el dentista? ¿Por qué?
2. ¿Cree usted en el proverbio "Ojo por ojo, diente por diente" o cree que uno debe perdonar al enemigo? Explique.

a escribir

Estrategia

Presentar dos puntos de vista

Escriba una composición sobre un tema que presente dos (o más) puntos de vista *(points of view)*. Puede ser algo que ha ocurrido (u ocurre) en su escuela, en su familia, en su ciudad o estado. También puede ser un acontecimiento nacional o internacional. Presente diferentes puntos de vista de una manera imparcial *(neutral)*. Al presentar los puntos de vista, use expresiones de contraste como las siguientes.

sin embargo	*however*
en cambio	*on the other hand*
aunque	*although*
a pesar de que	*in spite of*
no obstante	*nevertheless*
a diferencia de	*unlike*
mientras	*while*
por una parte... por otra parte	*on one hand... on the other hand*

repaso

Now that I have completed this chapter, I can...

✓ describe a friend's personality

✓ talk about personal relationships

✓ talk about feelings

✓ talk about past experiences

✓ talk about personal conflicts and how to solve them

✓ talk about things I remember

✓ describe places and things

✓ give recommendations and advice

✓ talk about things that were going on in the past

✓ have phone conversations

✓ leave messages on an answering machine

I can also...

✓ talk about the geography and economy of Venezuela, Ecuador, and Colombia

✓ talk about typical foods in Venezuela and Colombia

✓ identify places of interest in Quito

✓ talk about the Galapagos Islands

✓ talk about bilingual job opportunities

✓ talk about superstitions

✓ talk about the telephone service in Colombia

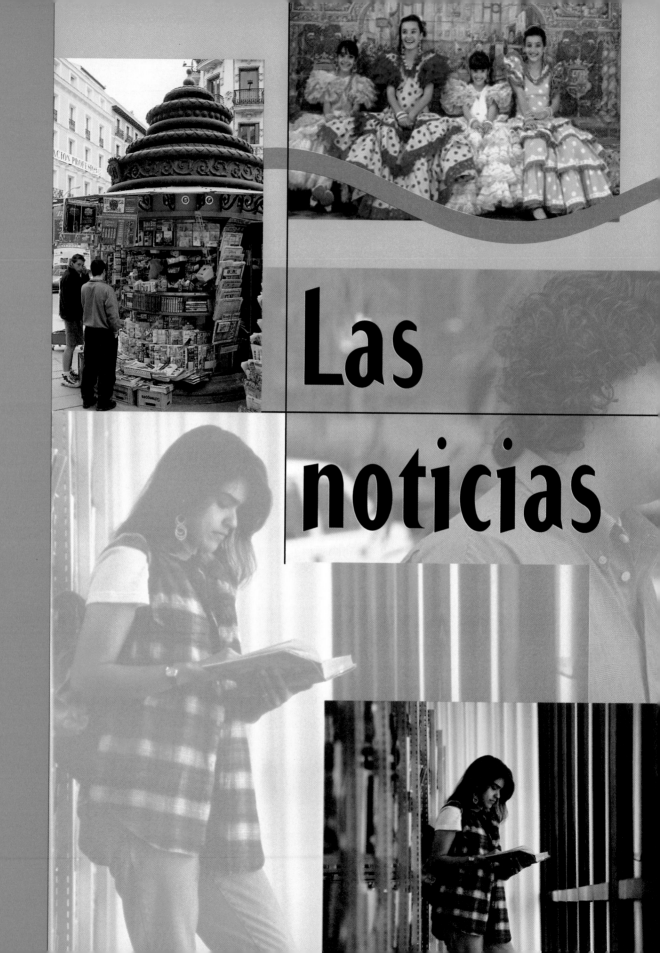

Las noticias

CAPÍTULO

4

In this chapter you will be able to:

- comment on news and events in the media
- recall and talk about events in the past
- react to events or feelings
- talk about newspapers and magazines

Lección 13

Contexto cultural
ESPAÑA

Premio en el periódico

Como todos los domingos, Clara y Javier, dos hermanos de Barcelona, leen el periódico.

CLARA: Javi, ¿**te enteraste de**° que el viernes hubo un **incendio**° cerca de aquí?

JAVIER: Sí, leí la **noticia**° en el periódico hace dos días. Los **bomberos**° sólo pudieron **salvar**° a ocho de las diez personas que había dentro.

CLARA: Yo no me enteré. Aquí dice que un perro salvó a dos personas y que se ha convertido en el héroe de la ciudad.

JAVIER: Clara, pásame la sección de **noticias internacionales,**° por favor. Mira, aquí dice que descubrieron al **asesino**° del guitarrista del grupo *Solistas.* El **juez**° lo va a mandar 30 años a la **cárcel.**°

CLARA: ¿Murió el guitarrista de *Solistas?*

JAVIER: Sí, hace dos semanas. Clara, nunca te enteras de nada.

CLARA: A mí no me gusta leer las secciones con noticias tristes, prefiero leer las **historietas cómicas.**° Son más divertidas.

JAVIER: Mira, aquí dice que anteayer hubo otro **terremoto**° en Japón. Los reporteros **entrevistaron**° a las **víctimas.**° Por suerte no hubo muchos muertos. ¿Me puedes pasar la sección de los anuncios clasificados? Siempre hay cosas interesantes.

CLARA: Oye Javi, tú participaste en el **concurso**° de **crucigramas**° del periódico, ¿no?

JAVIER: Sí, fue muy emocionante. Eso me recuerda que no **averigüé**° los resultados.

CLARA: ¡Qué divertido! Aquí dice que ganó un estudiante de Barcelona que se llama igual que tú, Javier Herrero.

JAVIER: Déjame ver. ¡Soy yo! ¡Gané el concurso!

CLARA: También dice que los resultados aparecieron en el periódico hace tres días. ¿Y dices que yo nunca me entero de nada?

te enteraste de *did you find out about* **el incendio** *fire* **la noticia** *news* **los bomberos** *firefighters* **salvar** *to save* **las noticias internacionales** *international news* **el asesino** *murderer* **el juez** *judge* **la cárcel** *jail* **las historietas cómicas** *comic strips* **el terremoto** *earthquake* **entrevistaron** *(they) interviewed* **las víctimas** *victims* **el concurso** *competition* **los crucigramas** *crossword puzzles* **averigüé** *(I) found out*

1 ¿Qué comprendió Ud.?

1. ¿Qué pasó cerca de la casa de Clara y Javier el viernes?
2. ¿Quién no se enteró de lo qué pasó?
3. ¿Qué pasó hace dos semanas?
4. ¿Qué sección del periódico prefiere Clara? ¿Por qué?
5. ¿Qué pasó anteayer?
6. ¿Quién ganó el concurso de crucigramas?

2 Charlando

1. ¿Con qué frecuencia lee usted el periódico?
2. ¿Qué periódico lee? ¿Ha leído alguna vez un periódico en español?
3. ¿Qué parte del periódico lee primero? ¿Por qué?
4. ¿Cómo sigue usted las noticias, por los periódicos, la televisión, Internet o la radio? ¿Por qué?

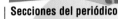

Secciones del periódico

el artículo	article
la economía y las finanzas	business
el editorial	editorial page
los empleos	help wanted
el horóscopo	horoscope
las noticias nacionales	national news
el pronóstico del tiempo	weather forecast
el suplemento dominical	Sunday supplement

Noticias

el accidente	accident
el robo	theft
el ladrón	thief
matar	to kill
robar	to steal

Conexión Cultural

La prensa española

Los periódicos más importantes de España son *El País, El Mundo del siglo XXI, ABC, La Vanguardia* y *El Periódico.* Todos ellos tienen una dirección de Internet. Estos periódicos son de información general. Sin embargo, el periódico español con más tirada, es decir, que produce más ejemplares *(copies)* al día, es *Marca,* un periódico de información deportiva. Los periódicos deportivos son muy populares en España. Además de *Marca,* también son muy populares *As* y *El mundo deportivo.*

Algo
más

El tiempo pasa

El uso del pretérito se limita a eventos específicos ocurridos en el pasado, por eso va acompañado de expresiones de tiempo.

anoche	*last night*	el año pasado	*last year*
anteanoche	*night before last*	el mes pasado	*last month*
anteayer	*the day before yesterday*	el otro día	*the other day*
		entonces	*then*
antes	*before*	la semana pasada	*last week*
ayer	*yesterday*	los viernes	*on Fridays*
de repente	*suddenly*	por la mañana	*in the morning*
desde que	*since*	por la noche	*at night*
después	*afterwards*	por la tarde	*in the afernoon*
después de que	*after*		

Repaso
rápido

El pretérito

You have used the preterite tense to talk about past activities and events. Review how the preterite of regular verbs is formed.

-*ar* verbs		-*er* and -*ir* verbs			
hablar		**correr**		**escribir**	
hablé	hablamos	corrí	corrimos	escribí	escribimos
hablaste	hablasteis	corriste	corristeis	escribiste	escribisteis
habló	hablaron	corrió	corrieron	escribió	escribieron

Verbs that end in -*car,* -*gar,* and -*zar* will have a spelling change in the *yo* form of the preterite.

$c \rightarrow qu$	$g \rightarrow gu$	$z \rightarrow c$
sacar → saqué	pagar → pagué	empezar → empecé
tocar → toqué	llegar → llegué	cruzar → crucé

3 ¿Qué hicieron?

Con su compañero(a), digan lo que hicieron las siguientes personas.

> tú el domingo por la tarde/escribir una carta
> **A:** ¿Qué hiciste el domingo por la tarde?
> **B:** Escribí una carta.

1. tus padres el fin de semana/visitar a los abuelos
2. tu hermano ayer por la noche/sacar al perro
3. Pablo hace dos días/ver un incendio
4. tu padre ayer por la tarde/terminar el crucigrama
5. tú ayer a las diez de la noche/empezar la tarea
6. ustedes esta mañana/entrevistar a un juez famoso

4 Por todas partes

Diga qué hicieron estas personas ayer en los lugares indicados. Escoja la actividad que corresponda.

> tú/en la calle (comprar un periódico, cocinar)
> Tú compraste un periódico.

1. el ladrón/en el banco (bailar, robar dinero)
2. el héroe/en el parque (salvar a un niño, descansar)
3. la reportera/en la calle (cantar, entrevistar al policía)
4. nosotros/en la biblioteca (escribir un informe, planchar)
5. los bomberos/en el incendio (ducharse, apagar el fuego)
6. tú/en la sala (mirar las noticias en la tele, sacar al perro)

Conexión Cultural

España, un país de contrastes

A pesar de sus pequeñas dimensiones, si las comparamos con las de los Estados Unidos, España es un país lleno de contrastes. No sólo en su geografía, sino también en su cultura. En gran parte, es debido a la riqueza de su historia.

El nombre de España tiene su origen en el romano *Hispania,* que significa "tierra de conejos", porque al parecer los romanos encontraron allí muchos conejos. Antes de la colonización romana, España tuvo influencias celtas *(Celtic),* fenicias *(Phoenician),* cartaginesas *(Carthaginian)* y griegas *(Greek).* Después de los romanos, pasaron por la Península Ibérica los visigodos y los árabes, que se quedaron durante más de siete siglos. Cada uno de estos pueblos dejó un legado.

La cultura de cada región es también muy distinta. En España hay cuatro idiomas oficiales. Además del español, que se habla en todo el país, se habla el vasco (o euskera) en el País Vasco y Navarra, al noreste; gallego en Galicia, al noroeste; y catalán en Cataluña, al este.

La Alhambra, Granada.

IDIOMA

Verbos irregulares en el pretérito

There are several groups of irregular verbs in the preterite. Verbs ending in *-ir* that have a *e* → *ie* or *e* → *i* stem change in the present tense will also have a stem change in the preterite. These verbs change from *e* → *i* only in the third person singular *(él, ella, Ud.)* and plural *(ellos, ellas, Uds.)* forms.

sentirse *(to feel)*	
me sentí	nos sentimos
te sentiste	os sentisteis
se sintió	se sintieron

¡Nos divertimos mucho!

Some other verbs like *sentirse: pedir, reírse, divertirse, vestirse, conseguir, preferir,* and *repetir.*

The verbs *dormir* and *morir* function in a similar fashion. The *-o-* changes to *-u-* in the third person singular and plural forms.

dormir *(to sleep)*	
dormí	dormimos
dormiste	dormisteis
durmió	durmieron

Verbs that have two vowels next to each other will have a spelling change *-y-* in the third person singular and plural forms.

leer *(to read)*	
leí	leímos
leíste	leísteis
leyó	leyeron

Some other verbs like *leer: oír, caerse, construir.*

The verbs *dar, ser,* and *ir* are irregular in the preterite. *Ser* and *ir* have the same forms in the preterite. *Ver (vi, viste, vio...)* is conjugated like *dar (di, diste, dio...).*

dar *(to give)*	
di	dimos
diste	disteis
dio	dieron

ser/ir *(to be/to go)*	
fui	fuimos
fuiste	fuisteis
fue	fueron

The following verbs share the same endings in the preterite and have special preterite stems: *estar (estuve, -iste, -o, -imos, -isteis, -ieron), poder (pude), poner (puse), saber (supe), decir (dije), hacer (hice, hizo*), venir (vine), traer (trajo), querer (quise), tener (tuve).* *Note the spelling changes.

Carlota compró el periódico.

5 ¿Qué hicieron?

Cree oraciones usando el pretérito según las indicaciones.

mis amigos y yo/ir al cine la semana pasada
Mis amigos y yo fuimos al cine la semana pasada.

1. mi hermano/leer el periódico el domingo pasado
2. el ladrón/dormir en la cárcel anoche
3. los reporteros/decir que hubo un robo en el banco ayer
4. nosotros/ver un incendio el otro día
5. ¿ustedes/enterarse del terremoto de ayer?
6. yo/hacer la tarea ayer
7. Tomás/ponerse nervioso antes de la entrevista
8. Alberto y Tere/poder terminar el crucigrama juntos

6 Una encuesta

En grupos de tres hagan una encuesta para averiguar cuántas personas hicieron alguna vez las cosas de la lista. Túrnense para hacer las preguntas.

ver un incendio o un accidente
A: ¿Vieron alguna vez un incendio o un accidente?
B: Sí, una vez vi un incendio terrible.
C: No, nunca vi un incendio o un accidente.
A: Sí, dos veces.

	A	B	C
1. leer un periódico o revista en español	sí	sí	no
2. ver un programa en español en la televisión			
3. oír las noticias en español por la radio			
4. visitar una página Web en español			
5. hacer un crucigrama en español			
6. escribir cartas en español por correo electrónico			
7. buscar trabajo en un periódico en español			
8. seguir el horóscopo			

7 ¿Y ustedes?

Con su compañero(a), háganse las siguientes preguntas.

1. ¿A qué hora llegaste anoche a tu casa?
2. ¿A qué hora te dormiste ayer?
3. ¿Con qué película te reíste mucho?
4. ¿Qué trajiste hoy para comer en la escuela?
5. ¿Cuál es el último libro que leíste?

IDIOMA

Expresiones de tiempo con *hace*

To talk about how long something has been going on, use *hace* followed by *que* and the present tense of the verb.

*¿Cuánto tiempo **hace que** trabajas?*   How long have you been working?
Hace cuatro años **que** *trabajo.*   I've been working for four years.

To talk about how long ago an event occurred, use *hace* followed by an expression of time plus *que* and the preterite tense of the verb.

*¿Cuánto tiempo **hace que** llegaron los bomberos?*   How long ago did the firefighters arrive?
*Llegaron **hace dos horas.***   They arrived two hours ago.

8 ¡Hace tanto tiempo!

Pregúntele a su compañero(a) cuándo fue la última vez que hizo o que ocurrió lo siguiente. Después inventen más preguntas.

tú/ver un incendio
A: ¿Cuándo fue la última vez que viste un incendio?
B: Hace dos años. Hubo un incendio cerca de casa.

1. tú/leer una historieta cómica de Mafalda
2. haber un terremoto
3. tú/encontrar algo interesante en los anuncios clasificados
4. tú/leer un artículo sobre un robo
5. tú/hacer un crucigrama
6. tus amigos y tú/ver una película de misterio

9 ¿Quién habla?

Diga a cuál de los siguientes personajes se refiere cada oración: *Antonio Banderas, un juez, un ladrón, Gabriel García Márquez, una reportera, Sammy Sosa, un perro,* o *un bombero.*

Hace muchos años que juego al béisbol. ➔ Sammy Sosa

1. Hace tres años que robé un banco.
2. Hace tres meses que salvé a un niño de un incendio.
3. Hace más de diez años que soy actor de cine.
4. Hace una semana que entrevisté al presidente de Estados Unidos.
5. Hace más de treinta años que escribí *Cien años de soledad.*
6. Hace dos horas que mi dueño no me saca al parque.
7. Hace dos días que mandé a un asesino a la cárcel.

10 Gente

Lea la noticia de la revista *Gente* y complete las siguientes oraciones, de acuerdo con la lectura. Use el pretérito de los verbos *cantar, ser, pedir, tener* y *conseguir*.

1. Antonio Banderas (1) el papel de *El fantasma de la ópera.*
2. El otro candidato para el papel (2) John Travolta.
3. Andrew Lloyd Webber le (3) a Banderas que cantara en su fiesta de cumpleaños.
4. Banderas (4) que cantar *El fantasma de la ópera.*
5. Banderas (5) en el Royal Albert Hall delante de 5.000 personas.

11 Reportero por un día

Imagínese que usted fue reportero(a) por un día la semana pasada. Pasaron muchas cosas increíbles y tuvo un día emocionante. Escriba un párrafo sobre ese día, empezando por desde que llegó a la oficina. Incluya las siguientes actividades: *encender la computadora, leer la sección de noticias del periódico, entrevistar a alguien, enterarse de algo, escribir un artículo sobre algo.*

12 Noticias de esta semana

Haga una lista de las noticias más importantes de un periódico reciente. Después elija una noticia y escriba un párrafo en español explicando lo que pasó. Indique el periódico y la sección en que la encontró, y por qué eligió esa noticia y no otra.

De Zorro a Fantasma

CANDY RODÓ

Finalmente se han confirmado los rumores y Antonio Banderas será el protagonista de "El fantasma de la ópera", en la versión cinematográfica de Andrew Lloyd Webber. El español ha desbancado así al que era el gran candidato para el papel, John Travolta. El intérprete de "Grease" era, por su experiencia como cantante, el máximo favorito a hacerse con el deformado personaje. Sin embargo, el actor malagueño no era un novato, pues interpretó al Che en la versión para el cine del musical "Evita", otra obra de Lloyd Webber.

Sin que fuentes cercanas al compositor lo hayan confirmado, se dice que Lloyd Webber se decantaba por Antonio Banderas como candidato para interpretar el personaje central de su obra. Y es por esta razón que el músico le pidió que cantara "El fantasma de la ópera" en la fiesta de su 50 cumpleaños. "Fue un poco intimidante." dice Banderas "En primer lugar yo tenía la gripe. En segundo lugar, nunca había cantado en público. Siempre lo había hecho para películas, en un estudio, cosa muy distinta a hacerlo con un micrófono delante de 5.000 personas en el Royal Albert Hall y con una orquesta completa. Pero, al parecer, no lo hice tan mal."

Autoevaluación. Compruebe lo que ha aprendido. Conteste las siguientes preguntas.
1. Mencione tres secciones de un periódico.
2. ¿Qué sección del periódico es la más divertida?
3. Diga tres expresiones de tiempo que se usen en pretérito.
4. Conjugue los verbos *hablar, barrer* y *bailar* en pretérito.
5. Conjugue los verbos *estar, poder* y *querer* en pretérito.
6. Conjugue los verbos *dar* e *ir* en pretérito.
7. Explique el cambio que ocurre en el pretérito de los verbos *sentir* y *dormir.*

¡La práctica hace al maestro!

A Comunicación

Imagine que usted y su compañero(a) se van a encontrar en una esquina y cuando usted llega ha sucedido un desastre. Creen un diálogo sobre lo que pasó y lo que él/ella vio.

B Conexión con la tecnología

En grupos, elijan una página Web de noticias en español. Puede ser la página Web de un periódico o de una revista. Si es posible, cada grupo debe elegir una página diferente.

¿Qué pasó?

Luego hagan una ficha *(index card)* para cada página Web. Incluyan:

- la dirección y una pequeña descripción de la página
- una lista de las secciones que encontraron (internacional, nacional, economía, etc.)
- por qué (no) recomendarían esta página a otros estudiantes de español (es útil, el lenguaje es fácil o demasiado difícil, etc.)
- otro tipo de información que crean que será útil para sus compañeros

Después, en clase, creen un archivo con las fichas de todos los grupos.

Vocabulario del periódico

el artículo
el crucigrama
la economía y las finanzas
el editorial
los empleos
la historieta cómica
el horóscopo
la noticia
las noticias internacionales
las noticias nacionales
el pronóstico del tiempo
el suplemento dominical

En las noticias

el accidente
el/la asesino(a)
el/la bombero
la cárcel
el concurso
el incendio
el/la juez
el ladrón/la ladrona
el robo
el terremoto
la víctima

Verbos

averiguar
enterarse de
entrevistar
matar
robar
salvar

Un ejemplo de la arquitectura de Gaudí en la entrada del Parque Güell.

Conexión Cultural

Un paseo por Barcelona

Barcelona, la capital de Cataluña, es un puerto importante de España. Por él, llegaron influencias fenicias, griegas, romanas y, desde entonces, por su historia y por sus tradiciones, Barcelona se ha convertido en una de las ciudades europeas más cosmopolitas.

Un paseo por la ciudad ofrece al turista un hermoso escenario de arquitectura, amplias avenidas, calles pintorescas *(picturesque)* y también importantes monumentos. Uno de los lugares más visitados es la Sagrada Familia, una catedral diseñada por el famoso arquitecto catalán Antoni Gaudí, que también tiene otros edificios importantes en la ciudad, y un original parque, el Parque Güell.

La Sagrada Familia, Barcelona.

Lección 14

Periodista por un día

*Sonia y Alberto, dos chicos de San Sebastián, una ciudad del País Vasco, tienen que preparar una entrevista para la **emisora de radio**° de la escuela. Primero tienen que **ponerse de acuerdo sobre**° a quién entrevistar.*

SONIA: A mí me gustaría entrevistar a Leticia, la **ex-alumna**° de la clase de **ballet**° que hace unos años ganó una **beca**° en una escuela de Madrid.

ALBERTO: Sí, me acuerdo de ella. Bailaba para el grupo de baile de la escuela.

SONIA: Fue la primera **alumna**° de esta escuela que, después de su **graduación,**° empezó a trabajar como **bailarina**° **profesional**° en una compañía de ballet clásico. Trabajó muy duro para llegar allí. Practicaba todos los días.

ALBERTO: Oye, Sonia. La semana que viene es el **festival**° de cine. ¿Y si entrevistamos a alguien famoso?

SONIA: No sé... Mi primo José Luis trabajaba de periodista y no era fácil. Siempre contaba cómo tenía que esperar horas y horas a que apareciera una estrella de cine o alguna persona famosa, y luego cómo los seguía y a veces no conseguía nada.

ALBERTO: Podemos ir a las **ruedas de prensa.**°

SONIA: Sólo puedes ir a las ruedas de prensa si te invitan.

ALBERTO: Tal vez sí. ¿Te acuerdas de Arancha? Ella trabajaba en el María Cristina, el hotel donde se hacen las ruedas de prensa. Tenía varios amigos en la recepción. Seguro que conoce a alguien que todavía trabaja allí y nos deja pasar por la puerta de atrás.

SONIA: A mí me parece **inútil**° intentarlo.

ALBERTO: ¿No tienes **ambiciones?**° Si no tienes **sentido de la aventura**° no vas a conseguir ser periodista.

SONIA: Tienes razón... Tenemos que **grabar**° la entrevista... ¿Tienes una grabadora?

ALBERTO: Sí. Entonces, ¿a quién entrevistamos?

la emisora de radio *radio station* **ponerse de acuerdo sobre** *to reach an agreement on* **la ex-alumna** *former student* **el ballet** *ballet* **la beca** *scholarship* **la alumna** *student* **la graduación** *graduation* **la bailarina** *dancer, ballerina* **profesional** *professional* **el festival** *festival* **las ruedas de prensa** *press conferences* **inútil** *useless* **las ambiciones** *ambitions* **el sentido de aventura** *sense of adventure* **grabar** *to record*

1 ¿Qué comprendió Ud.?

1. ¿Qué tienen que hacer Sonia y Alberto?
2. ¿Por qué es difícil entrevistar a gente famosa?
3. ¿Qué es una rueda de prensa?
4. ¿Qué le pasaba a José Luis durante el festival?
5. ¿Cómo cree Alberto que pueden entrar en una rueda de prensa?
6. ¿Para qué necesitan una grabadora?

2 Charlando

1. ¿Alguna vez ha participado usted en un programa de radio?
2. ¿Conoce a alguien que trabaja para una emisora de radio?
3. ¿Sabía que antes de las telenovelas, había radionovelas? ¿Puede describir cómo eran? Si no, ¿cómo cree que eran?
4. ¿Cuál es su emisora de radio favorita? ¿Por qué?
5. ¿Qué cree que es más fácil, entrevistar a alguien o ser entrevistado? ¿Por qué?

Conexión *Cultural*

El actor Antonio Banderas en el Festival de San Sebastián.

El Festival de Cine de San Sebastián

Cada año, en septiembre, se celebra el Festival de Cine de San Sebastián. Junto a los festivales de Cannes, Venecia y Berlín, el de San Sebastián es uno de los festivales de cine más prestigiosos de Europa. La mejor película del festival de San Sebastián se lleva la Concha de Oro. El premio tiene este nombre porque la playa de la bahía de la ciudad tiene forma de concha y también se llama así. Además de dar premio a la mejor película, el festival también reparte premios *(awards)* al mejor director, al mejor actor y a la mejor actriz, entre otros.

IDIOMA

El imperfecto

You have used the imperfect tense to talk about actions in the past. To form the imperfect, remove the *-ar, -er-,* or *-ir* ending of the infinitive form and add the endings listed below.

hablar	
hablaba	hablábamos
hablabas	hablabais
hablaba	hablaban

vender	
vendía	vendíamos
vendías	vendíais
vendía	vendían

vivir	
vivía	vivíamos
vivías	vivíais
vivía	vivían

There are three irregular verbs in the imperfect.

ir	
iba	íbamos
ibas	ibais
iba	iban

ser	
era	éramos
eras	erais
era	eran

ver	
veía	veíamos
veías	veíais
veía	veían

The imperfect has many uses when one is talking about the past. Use the imperfect to describe ongoing, habitual, or repetitive past actions and routines.

*Cuando **tenía cinco años**, me gustaba bailar ballet.*

When **I was five, I liked to** dance ballet.

*Mi mamá **trabajaba** en una emisora de radio.*

My mom **used to work for** a radio station.

Use the imperfect to set the scene and describe the background to a narration in the past.

***Había** mucha gente en la rueda de prensa.*

There were a lot of people at the press conference.

Use the imperfect to describe moods, feelings, intentions, or thoughts when talking about the past.

***Me parecía inútil** tratar de entrevistar a alguien famoso.*

It seemed useless to me to try to interview someone famous.

Cuando era pequeña hacía ballet.

3 No era fácil, pero le encantaba

José Luis, un chico de Sevilla, trabajaba de periodista hace unos años. No era fácil, pero le encantaba. Escriba lo que hacía y ponga las oraciones en la columna apropiada.

| Le encantaba porque... | No era fácil porque... |
| escribía sobre muchas cosas. | a veces iba a ruedas de prensa en inglés. |

1. trabajar muchas horas
2. conocer a mucha gente famosa
3. compartir el trabajo con fotógrafos
4. aprender muchas cosas todos los días
5. ir a estrenos de películas y ver a las estrellas
6. tener que ponerse de acuerdo con el jefe
7. esperar muchas horas a gente famosa
8. buscar información en Internet y no ser bueno con computadoras

Más expresiones de tiempo
Estas expresiones de tiempo a menudo se usan con el imperfecto.

a veces	at times
a menudo	often
de vez en cuando	from time to time
siempre	always
en aquella época	in that time
por aquel entonces	by then, at the time
nunca	never
todos los días/meses	every day/month
antes	before
cada año/semana	every year/week

4 Memorias

Pedro le está mostrando su álbum de fotos a su amigo. Complete el párrafo con el pretérito imperfecto para saber qué hacía Pedro a los 10 años.

Como ves en esta foto del zoológico me (gustar) (1) los animales y les (dar) (2) de comer siempre que me (dejar) (3). Mi hermano y yo (correr) (4) tras las palomas. Mi abuela nos (llevar) (5) al cine una vez al mes y (comprar) (6) chocolates para comer durante la película. A veces todos (dormir) (7) hasta tarde los domingos por la mañana y luego mis padres (jugar) (8) con nosotros en el parque. Lo más divertido (ser) (9) cuando (venir) (10) el circo a la ciudad. Nos (reír) (11) mucho con aquellos payasos que se (caer) (12) tanto. Y tú, ¿qué (hacer) (13) a esa edad?

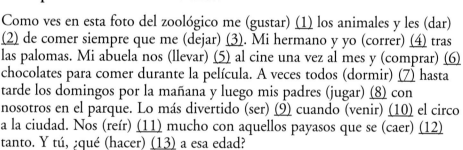

5 Las noticias de hace muchos años

Con su compañero(a), escriban una oración para cada una de las épocas siguientes. Mencionen: *los periódicos, las revistas, la radio, la televisión, Internet, la televisión vía satélite,* etc. Después elijan una época y lean sus oraciones a la clase.

Hace 60 años:
No había televisión. La gente leía los periódicos para enterarse de las noticias.

Hace 40 años:
La radio era más importante. Había pocos programas de televisión.

Hace 20 años:
No había Internet.

6 Imágenes del pasado

Piense en las actividades que hacían sus familiares y vecinos cuando usted era niño. Exprese las actividades en imperfecto.

su abuelo
Mi abuelo siempre escuchaba la radio en la cocina.

1. su tía(o)
2. usted y sus amigos(as)
3. su hermano(a)
4. su mamá/papá
5. sus vecinos(as)
6. su maestro(a)

Mis abuelos escuchaban la radio después de cenar.

La vida de un periodista

Aquí tiene tres artículos sobre los periodistas en el festival de cine de San Sebastián de 1998.

LA NOTICIA

C1
Jueves, 3 de diciembre

ACTUALIDAD

En vivo y en directo

Depende del invitado en cuestión, pero a veces asistir a una rueda de prensa, como la de Antonio Banderas y cía., o la que ofreció Bertolucci puede ser toda una odisea por la multitud que reúnen. Por eso, muchos periodistas prefieren aprovechar el circuito cerrado de televisión en el pasillo del María Cristina para informarse.

Foto va...

Ser una estrella implica someterse a sesiones fotográficas. Algunos se dejan retratar con facilidad, a otros les cuesta más. Y no es de extrañar teniendo en cuenta el número de fotógrafos y cámaras de televisión que disparan sus cámaras para obtener la imagen más bonita. Carretes y carretes de fotografías para mostrar lo que sucede en el Festival.

Oficina "in situ"

Cualquier rincón es bueno para trabajar. Y no es para menos, porque cientos de periodistas trabajan todos los días en los pasillos del María Cristina. Los informadores, ante la urgencia informativa, aprovechan los sitios más inhóspitos para enviar sus crónicas y fotografías.

7 ¿Cierto o falso?

Diga si las siguientes oraciones son ciertas o falsas, según los artículos sobre los periodistas en el festival de cine.

1. En el festival, cada periodista tenía su propia oficina.
2. Algunos periodistas preferían no ir a las ruedas de prensa.
3. Los periodistas nunca trabajaban con computadoras.
4. En la rueda de prensa de Antonio Banderas había muy pocas personas.
5. Los fotógrafos nunca tomaban más de diez fotografías.

8 La vida era diferente

Imagine que tiene 80 años y que les cuenta a sus nietos cómo era su vida a los diecisiete años. Con su compañero(a), escriban oraciones sobre las cosas que creen que no existirán o que serán diferentes dentro de 60 años. Pueden usar las ideas del recuadro.

Cuando tenía 17 años no había coches que volaban. Había muchos problemas de tráfico.

mandar faxes	no existir la televisión en tres dimensiones
no viajar a la luna	escuchar la radio
ver películas de video	los aviones ser lentos

Conexión Cultural

Un museo del siglo XXI

En octubre de 1997 se inauguró en Bilbao, en el País Vasco (al norte de España), el Museo Guggenheim, que en muy poco tiempo se ha convertido en uno de los centros de arte más importantes de España y uno de los lugares más visitados por los turistas.

El Guggenheim de Bilbao está diseñado por el arquitecto Frank Gehry. De lejos, parece un moderno barco de plata. De cerca, son olas de acero y cristal. Su moderna construcción contrasta con su entorno *(surroundings)*, entre los edificios del viejo Bilbao, de ladrillo *(brick)* gris.

El contraste sigue también en su interior. En el Guggenheim de Bilbao, que muestra una importante colección de obras de arte contemporáneo, se puede ver desde una acuarela *(watercolor)* de Vasily Kandinsky hasta una escultura de 180 toneladas de Richard Serra.

El museo Guggenheim de Bilbao.

Arquitectos y artistas de todo el mundo coinciden *(agree)* en que, hoy por hoy, el Guggenheim de Bilbao es un ejemplo de lo que serán los museos en el siglo XXI.

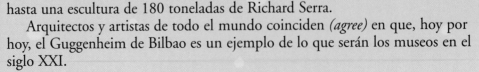

El cantante Plácido Domingo.

9 Cruzando fronteras

De España han salido muchos famosos músicos. Paco de Lucía es uno de los guitarristas más conocidos del mundo. Nació en Andalucía y su especialidad es la guitarra flamenca. En piano, Tete Montoliu es uno de los mejores músicos de jazz. Este pianista catalán es ciego de nacimiento, pero muchos dicen que eso sólo lo ayuda a sentir más la música. Pau Casals se considera, hasta hoy, el mejor violoncelista de la historia. Aunque ya ha fallecido, su legado sigue vivo en su casa-museo de San Salvador (Tarragona, España). Muchos de los más prestigiosos cantantes de ópera son también españoles, como la catalana Monserrat Caballé y dos de los conocidísimos "tres tenores", Plácido Domingo y Josep Carreras.

¿Cierto o falso?

1. Paco de Lucía no toca el piano.
2. Monserrat Caballé se dedica a la ópera.
3. Tete Montoliu es guitarrista de jazz.
4. Carreras y Domingo son cantantes.
5. Pau Casals tiene un museo en España.

10 ¿Cómo eras?

Con su compañero(a), háganse preguntas sobre su vida a los doce años. Sigan las indicaciones y después inventen más preguntas.

Cuando tenías doce años:

1. ¿Cómo eras? ¿A quién te parecías?
2. ¿Dónde vivías? ¿Con quién?
3. ¿Quién era tu mejor amigo o amiga? ¿Cómo era?
4. ¿Tenías algún animal en casa? ¿Cómo se llamaba? ¿Cómo era?
5. ¿Escribías un diario? ¿Escribías todos los días?
6. ¿Qué te gustaba hacer? ¿Qué querías ser cuando fueras mayor?

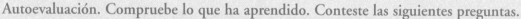

Autoevaluación. Compruebe lo que ha aprendido. Conteste las siguientes preguntas.

1. Mencione tres usos del imperfecto y dé un ejemplo de cada uno.
2. ¿Cómo se forma el imperfecto de los verbos que terminan en -ar? ¿Y el imperfecto de los verbos que terminan en -er e -ir? Dé dos ejemplos de verbos irregulares.
3. ¿Qué actividades hacía el año pasado después de la escuela?
4. ¿Cree que la ausencia de noticias son buenas noticias?
5. ¿Qué premio se lleva la mejor película del festival de San Sebastián?
6. Mencione tres cantantes de ópera españoles.
7. ¿Le gustaría más trabajar en un periódico, una emisora de radio o un canal de televisión? ¿Por qué?

¡La práctica hace al maestro!

 **Comunicación**

Con su compañero(a), imaginen que tienen que hacerle una entrevista a una persona famosa. Primero, elijan a quién quieren entrevistar. Después, hagan una lista de las preguntas que quieren hacerle y las respuestas que creen que esa persona les daría. Finalmente, representen la entrevista delante de la clase.

 **Conexión con la tecnología**

Busquen una película sobre el baile y la música en España. Puede ser *Carmen* o *El amor brujo*. Luego escriban sobre lo siguiente:

- el título o nombre de la película
- el director
- los actores principales
- el tema principal
- la escena que más les gustó
- por qué les gustó (por qué no)

Señales de San Sebastián en español y vasco.

Verbos

grabar
ponerse de acuerdo sobre

Otras palabras

la ambición
el ballet
el bailarín/la bailarina
el festival
inútil
por aquel entonces
profesional

En la escuela

el/la alumno(a)
la beca
el/la ex-alumno(a)
la graduación

Expresiones del periodismo

la emisora de radio
la rueda de prensa
el sentido de aventura

Conexión *Cultural*

San Sebastián

San Sebastián es una ciudad del País Vasco, al norte de España. Está rodeada de montañas y tiene tres playas. Dos de ellas están en la Bahía de la Concha, que se llama así por su forma. En el centro de la bahía está la isla Santa Clara.

Como en el resto del País Vasco, en San Sebastián, se habla el vasco o euskera. El vasco es uno de los idiomas más antiguos del mundo. A diferencia de los demás idiomas que se hablan en Europa, el vasco no es un idioma indoeuropeo y no tiene relación con el latín o las lenguas germanas. Se ha mantenido intacto durante siglos ya que el País Vasco está rodeado de montañas y no recibió casi influencia de otras civilizaciones que invadieron la península.

Hoy en día, el País Vasco es una autonomía. Esto quiere decir que, aunque pertenece a España, tiene un gobierno propio que controla algunos aspectos, como la educación y la policía.

El ayuntamiento de San Sebastián.

Lección 15

Resumen de noticias

*Luis y Carlos son dos chicos de Málaga que tienen que hacer un resumen de las dos noticias más importantes de la semana. Van a casa de Luis para ver juntos el **noticiero**° de la noche en el canal TVE1.*

LUIS: ¿Viste qué valiente es ese reportero? Mira qué tranquilo está en medio de un incendio así.

CARLOS: Yo voy a **apuntar**° lo de la **tormenta**° en la costa de Puerto Rico y la historia del hombre que salvó a ocho personas.

LUIS: A mí lo que me parece importante es la **huelga**° de los trabajadores de la cárcel. Mi padre, que antes trabajaba en una cárcel, dice que puede traer muchos problemas.

CARLOS: Tal vez, pero creo que deberíamos buscar **asuntos**° más interesantes para todos. Por ejemplo, el terremoto en México o el **choque**° de trenes de Andalucía. Hacía mucho tiempo que no había un accidente tan serio.

LUIS: Sí, claro, pero no hay que ser tan **sensacionalista**.° Además, para mí las noticias más importantes son las que me pueden **afectar**° a mí. Por ejemplo esta mañana hubo una **explosión**° cerca de aquí. Explotó un camión que transportaba **ácido**.° Las calles están llenas de ácido.

CARLOS: Ese accidente sí me interesó, pero no creo que sea la noticia más importante.

LUIS: ¿Por qué no decidimos primero qué es para nosotros una noticia importante?

CARLOS: Hay varios tipos de noticias. Podemos elegir una noticia importante porque nos afecta, y otra porque afecta a muchas personas.

LUIS: Tienes razón. A ver, ¿qué te parece si ponemos la noticia del accidente del camión y la **guerra°** en África?

CARLOS: Está bien. Entonces ya tenemos el resumen acabado. Vamos a cambiar de canal para ver los resultados del último partido de fútbol.

el noticiero *news* **apuntar** *to write down* **la tormenta** *storm* **la huelga** *strike* **los asuntos** *subjects*
el choque *crash* **sensacionalista** *sensationalistic* **afectar** *to affect* **la explosión** *explosion*
el ácido *acid* **la guerra** *war*

1 ¿Qué comprendió Ud.?

1. ¿Por qué tienen que ver la televisión Luis y Carlos?
2. ¿Quién parecía estar tranquilo en medio del incendio?
3. ¿Qué noticia podría ser sensacionalista?
4. ¿Por qué cree Luis que la noticia de la explosión es la más importante?
5. ¿Qué dos noticias deciden incluir al final? ¿Por qué?

Tipos de programas
En la televisión hay muchos tipos de programas. A continuación tiene una lista de los más comunes.

el documental	*documentary*
el programa informativo	*news program*
el programa deportivo	*sports program*
el programa de entrevistas	*interviews/talk show*
el concurso	*contest/quiz show*
la telenovela	*soap opera*
los programas de dibujos animados	*cartoon*
el programa musical	*musical*

Conexión Cultural

La televisión en España

En España hay cuatro canales de televisión gratuitos *(free):* Televisión Española 1 (TVE-1), Televisión Española 2 (La 2), Antena 3 y Telecinco. Además, las regiones autonómicas tienen uno o dos canales más, que sólo se pueden ver en esas zonas. Por ejemplo, en el País Vasco está Euskal Telebista; en Cataluña, TV3 y Canal 33; y en Andalucía, Canal Sur. En general, se pueden ver unos cinco o seis canales.

Cada vez más, los españoles prefieren suscribirse a la televisión por cable, Canal +, o comprarse una antena parabólica y suscribirse a los canales por satélite como Vía Digital. Así pueden ver canales de otros países.

Para leer mejor: prepararse para leer un texto

Antes de leer un texto que pueda tener algunas dificultades, intente prepararse lo mejor posible. Primero, lea el texto superficialmente *(glance through the text)* para saber de qué se trata. Si hay palabras nuevas, trate de reconocer los cognados o use el contexto para predecir su significado. Antes de leer los artículos de la programación de televisión, fíjese en los siguientes aspectos:

- En España no se usa el sistema *a.m.* y *p.m.* para presentar las horas. Fíjese en qué sistema se usa.
- Fíjese en qué tipo de letra se usa para presentar el nombre de los programas.

¿Qué hay en la tele?

Con su compañero(a), lean la programación de hoy de TVE-1 y las recomendaciones. Digan si las siguientes oraciones son ciertas o falsas. Si son falsas, corríjanlas. Usen las siguientes preguntas y luego inventen otras.

1. El programa *Corazón, Corazón* es a las dos de la tarde.
2. Sólo hay un noticiero a las tres de la tarde.
3. El partido de fútbol es a las dos de la tarde.
4. John Glenn es el protagonista de la película *Un madrileño en la NASA.*
5. Pedro Duque es el primer español que irá al espacio.
6. *Son latinos* es un programa que se presenta todos los días a las 0:30 en Antena 3.

TVE-1
7:30 ¡Sábado fiesta!
10:15 Peque Prix. Colegio Virgen de Navaserrada (Ávila) y colegio San Mateo (Salamanca).
12:10 Musical sí.
13:45 Cartelera.
14:30 Corazón corazón. Entrevista a Fran Rivera.
15:00 Telediario 1.
15:30 El tiempo.
15:35 Sesión de tarde. Película "Protocolo" (Dual, todos los públicos).
17:35 Cine de barrio. Película "Pepa Doncel" (Todos los públicos).
21:00 Telediario 2.
21:25 El tiempo.
21:30 Informe semanal.
23:00 Risas y estrellas.
2:25 Noticias.
2:30 Cine de madrugada. Película "Jugando con la muerte".

20:55 / La 2 y autonómicas

Fútbol: Atletic de Bilbao-Valencia
El Atletic de Bilbao recibe en San Mamés al Valencia en la sexta jornada del Campeonato Nacional de Liga. El partido será ofrecido en directo por La 2 y los canales autonómicos.

20:30 / Canal +

Un madrileño en la NASA
Pedro Duque, el primer español en viajar al espacio, es el protagonista del documental Abierto en Canal. Este programa recoge la preparación junto a sus compañeros de la misión STS95, en la que viajó también John Glenn, el primer astronauta que orbitó la tierra.

0:30 / Antena 3

Especial "Son latinos"
Antena 3 emite el especial musical Son latinos, una gala que se celebró el pasado mes de agosto en la playa de Las Vistas (Tenerife) y que reunió a un destacado grupo de intérpretes de la musica actual en español. Intervienen, entre otros, el cantautor canario Pedro Guerra, Andrés Calamaro, Amparo Sandino, Fito Páez y Luis Pastor.

IDIOMA

Contraste entre el pretérito y el imperfecto

You have used both the imperfect and the preterite tenses to talk about the past.
The following is a summary of the differences between the two tenses.

Use the imperfect...

- to talk about habitual past actions and extended routines.

  *Cuando era niña, **me gustaban** los dibujos animados.* — When I was a little girl, **I used to like** cartoons.

- to talk about moods, feelings, desires, and intentions.

  Estaba aburrida. — I **was** bored.
  Quería ir al cine. — I **wanted** to go to the movies.
  Tenía ganas de llamarte. — I **felt** like calling you.

- to set the scene or provide background information.

  Era una noche oscura. — It **was** a dark night.
  *No **había** luna.* — There **was** no moon.
  *Hacía bastante **frío** y nevaba.* — It **was** very **cold** and it was **snowing**.

Use the preterite...

- to talk about isolated (not habitual) past actions. Whereas the imperfect is used to refer to a period of time, the preterite refers to a point in time.

  *El sábado pasado **fuimos** a una fiesta. **Llegamos** temprano y **salimos** tarde. Todos **nos divertimos** muchísimo.* — Last Saturday we **went** to a party. We **arrived** early and **left** late. We all **had** a lot of fun.

- to indicate that one action occurred (preterite) while another was in progress (imperfect). It is common to use both the preterite and imperfect in the same sentence.

  Veía el noticiero cuando llamaste. — I **was watching** the news when you **called**.
  *Apuntaba lo de la tormenta cuando **anunciaron** la explosión.* — I **was writing** about the storm when they **announced** the explosion.

Era un día soleado y me senté afuera.

Ayer fuimos a ver *Esfera*.

 ¿Cuándo?

Amalia nació en España, pero cuando tenía 13 años su familia se mudó a Estados Unidos. Amalia ahora tiene 19 años. Acaba de regresar de España donde visitó a sus abuelos. Lea sus comentarios y diga si se refieren *(a)* a su niñez en España, o *(b)* a su reciente visita a España.

1. ¡Qué bonitos recuerdos tengo! Me encantaba visitar a la tía Paca. Siempre me preparaba pescaditos fritos. Mmm... ¡eran tan ricos!
2. Llegué a Sevilla el domingo 13 de abril. Recogí la maleta y fui a buscar un taxi.
3. Una noche fuimos a visitar a la tía Paca. ¡Qué emoción sentí al verla! ¡Y qué sorpresa! Nos sirvió sus famosos pescaditos fritos.
4. El domingo la abuela y yo asistimos a misa. Cuando salíamos, nos encontramos con Juan Gabriel, mi antiguo novio... ¡con su esposa y su hijito!
5. Mi familia y yo íbamos a misa a la iglesia del Carmen. Después, salíamos a un café cercano para comer una merienda.
6. Todos los veranos mis tíos me llevaban a su casita que está en la playa. Me encantaba nadar y jugar con las olas.

 Una mañana tranquila...

Cambie al pasado los verbos de la siguiente historia. Use el pretérito o el imperfecto, según corresponda.

(1) *Es* sábado por la mañana y la calle (2) *está* casi vacía. El lunes (3) *es* fiesta y mucha gente (4) *va* a pasar los tres días fuera de la ciudad. En el banco, sólo (5) *hay* dos personas trabajando y una cliente. De repente, un coche se (6) *para* delante de la puerta. Un hombre alto (7) *baja* del coche. (8) *Lleva* una maleta grande en la mano. El hombre (9) *entra* en el banco. Uno de los trabajadores le (10) *pregunta* si (11) *quiere* depositar dinero. Entonces, el hombre de la maleta (12) *saca* un arma del bolsillo y (13) *grita* "¡Manos arriba!". El hombre de la maleta no (14) *es* un cliente. (15) *¡Es* un ladrón y (16) *viene* al banco a robar!

Recuerdos de un accidente

Complete las siguientes oraciones con el imperfecto o el pretérito del verbo entre paréntesis, según corresponda.

1. Una vez, de niña, yo (ver) (1) un accidente horrible.
2. Mi abuela (estar) (2) cocinando, cuando de pronto, se (oír) (3) una explosión.
3. Un coche (chocar) (4) con un camión en la esquina de la casa.
4. Enseguida (llegar) (5) las ambulancias.
5. Cuando nosotros (vivir) (6) con la abuela, ¡siempre (pasar) (7) cosas!

IDIOMA

Los pronombres relativos

A relative pronoun is a word that links, or relates, two parts of a sentence. Notice in the following example how the first two sentences are combined into one by use of the relative pronoun *que* (that, which, who, whom).

Miras una telenovela.	You're watching a soap opera.
Es mi favorita.	It's my favorite.
*La telenovela **que** miras es mi favorita.*	The soap opera **that** you're watching is my favorite.

The pronoun *que* can refer back to both people and things.

*El carro **que** vi explotar transportaba ácido.*	The car (**that**) I saw exploding carried acid.
*El reportero **que** vi en el incendio es valiente.*	The reporter (**whom**) I saw in the fire is brave.

Sometimes you use prepositions *(a, con)* in sentences with relative pronouns. After a preposition, use *que* to refer to a thing or several things; use *quien* (who, whom, whoever, whomever) to refer to one person and *quienes* to refer to more than one person. Notice that *que*, after a preposition, is often used with a definite or neutral article *(lo)*.

*Ése no es el muchacho **a quien** viste en el accidente.*	That is not the boy (**whom**) you saw in the accident.
*¿Son éstos los jóvenes **con quienes** estudiaste?*	Are these the young people (**whom**) you studied with?
*Ésta es la esquina **en la que** hubo el accidente.*	This is the corner **where** the accident happened.
*Él no entendió **lo que** le explicaron.*	He did not understand **what** they explained to him.

The relative pronouns *cuyo, cuya, cuyos, cuyas* correspond to the English word "whose," and agree in number and gender with the word they precede.

*El estudiante **cuyos** padres están allí se llama Tomás.*	The student **whose** parents are over there is called Tomás.
*La vecina **cuya** gatita desapareció está muy triste.*	The neighbor **whose** kitten disappeared is very sad.

Éste es el policía que vio el accidente.

6 ¡Buen viaje!

Complete el siguiente correo electrónico usando *que, quien, cuyo* y *la que.*

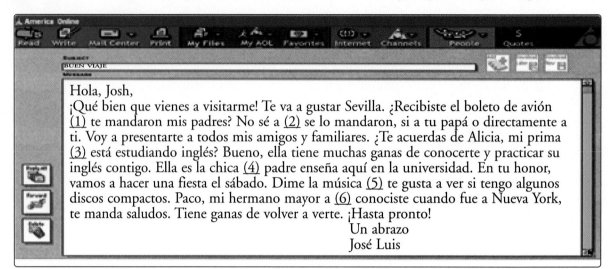

Hola, Josh,

¡Qué bien que vienes a visitarme! Te va a gustar Sevilla. ¿Recibiste el boleto de avión (1) te mandaron mis padres? No sé a (2) se lo mandaron, si a tu papá o directamente a ti. Voy a presentarte a todos mis amigos y familiares. ¿Te acuerdas de Alicia, mi prima (3) está estudiando inglés? Bueno, ella tiene muchas ganas de conocerte y practicar su inglés contigo. Ella es la chica (4) padre enseña aquí en la universidad. En tu honor, vamos a hacer una fiesta el sábado. Dime la música (5) te gusta a ver si tengo algunos discos compactos. Paco, mi hermano mayor a (6) conociste cuando fue a Nueva York, te manda saludos. Tiene ganas de volver a verte. ¡Hasta pronto!

Un abrazo
José Luis

7 Últimas noticias

Complete los siguientes titulares *(headlines)* con el pronombre relativo apropiado.

1. La huelga en (1) participaron los bomberos terminó ayer por la noche.
2. El accidente (2) ocurrió ayer en la carretera principal afectó a miles de personas.
3. La familia Pérez, (3) perro desapareció el lunes pasado, acaba de encontrarlo en la casa de un vecino.
4. Nadie entendió (4) dijo el reportero de TVE-1 sobre la explosión de anoche.
5. "No fui yo (5) robó el banco, fue mi hermano gemelo", le dijo Juan Manosligeras al juez.

Algo más

Para describir una reacción

Aquí tiene una lista de verbos que expresan sentimientos positivos y negativos.

Uso con un pronombre reflexivo		Uso con un complemento indirecto	
Me reí.	*I laughed.*	No le hizo caso.	*He did not pay attention to him.*
Se pusieron tristes.	*They became sad.*		
Se enojó.	*He got angry.*	Me encantó.	*I loved it.*

8 ¡Me reí mucho!

Pregúntele a su compañero(a) qué sintió en las siguientes situaciones. Use los verbos: *llorar, reírse, enojarse, alegrarse, enfadarse, molestarse, ponerse triste.*

> Una amiga no te invitó a una fiesta.
> Me enojé mucho.

1. Te contaron un chiste muy bueno.
2. Tu mejor amigo estuvo enfermo.
3. Conociste a una persona fantástica.
4. Te dieron una noticia terrible.
5. Saliste de un examen del que te sentías nervioso(a).
6. Durante un examen un compañero te hizo preguntas.
7. Tuviste que esperar veinte minutos a una amiga.
8. Viste una película dramática que acabó mal.

Sevilla, España.

Conexión Cultural

La España del sur

Andalucía es la comunidad autonómica situada al sur de España, entre la frontera sur de Portugal y el mar Mediterráneo. Tiene ocho provincias: Cádiz, Jaén, Málaga, Sevilla, Granada, Almería, Córdoba y Huelva.

Su nombre viene del árabe Al-Andalus y su arquitectura refleja elementos de la herencia *(heritage)* que los árabes dejaron durante sus 800 años de presencia en España. En esa época, el Al-Andalus era una de las regiones más avanzadas del mundo. Los gobernantes árabes vivían en lujosos palacios (como la Alhambra de Granada) y rezaban en bellas mezquitas *(mosques),* como la de Córdoba, que todavía hoy pueden admirarse.

También la cultura andaluza se benefició *(benefited)* de la influencia árabe. En Andalucía nació el flamenco, que tiene influencias árabes, gitanas *(gypsy)* y judías. La cerámica tradicional y los azulejos *(tiles)* son herencia directa de los árabes.

De Andalucía han salido nombres famosos de la cultura mundial, como el pintor Pablo Picasso, el compositor Manuel de Falla, y los escritores Antonio Machado y Federico García Lorca.

En la Plaza de España, en Sevilla, hay mosaicos de azulejos que representan varias zonas de España.

IDIOMA

Más sobre el pretérito y el imperfecto

A few verbs change meaning depending on whether they are used in the imperfect or preterite.

	imperfecto	pretérito
conocer	La **conocía** bien. *I knew her well.*	La **conocí** en la fiesta. *I met her at the party.*
poder	**Podía** nadar en la piscina solo. *I was able to swim alone in the pool.*	**Pude** terminar el examen. *I was able to (managed to) finish the exam.*
saber	¿**Sabías** bailar? *Did you know how to dance?*	¿**Supiste** la respuesta? *Did you find out the answer?*
querer	**Quería** llamarte. *I wanted to call you.*	**Quise** llamarte. *I tried to call you.*
no querer	**No querían** ir. *They didn't want to go.*	**No quisieron** responderme. *They refused to answer me.*

9 Cuando era pequeño

Llene los espacios con el pretérito o el imperfecto del verbo entre paréntesis.

1. **A:** ¿(saber) (1) nadar con sólo dos años? Yo (aprender) (2) a los seis.
   B: Como mis hermanos (no querer) (3) ir a la piscina, mi mamá (poder) (4) enseñarme a mí todo el tiempo.

2. **A:** ¿(ver) (5) el noticiero ayer? ¿(saber) (6) quién ganó el concurso?
   B: No, no (poder) (7) verlo. (querer) (8) cambiar de canal, pero mi papá (querer) (9) ver un partido de tenis.

3. **A:** No (poder) (10) pintar todo mi cuarto el sábado. Cuando (ir) (11) a la tienda a comprar más pintura, el empleado no (querer) (12) abrir la puerta, porque ya era la hora de cerrar.

4. **A:** ¿Conoces a Arturo Ruiz?
   B: Cuando era pequeño (conocer) (13) a la familia Ruiz muy bien, pero hace muchos años que no los veo. Yo (ser) (14) amiga de Ana, la pequeña. A las dos nos encantaba el helado.
   A: Ayer yo (conocer) (15) a Arturo. Es muy simpático.

10 Cruzando fronteras

La influencia árabe en Andalucía

Los árabes estuvieron en Andalucía 800 años. Durante ese tiempo dejaron su influencia en muchos aspectos de la vida cotidiana. Los árabes estaban acostumbrados a vivir en tierras áridas y eran expertos agricultores, porque sabían cómo aprovechar *(take advantage of)* el agua. Ellos instalaron avanzados sistemas de riego *(irrigation),* muchos de los cuales utilizamos todavía hoy en día.

Complete las oraciones con el pretérito o el imperfecto del verbo entre paréntesis.

1. Antes de ir a España, los árabes (vivir) <u>(1)</u> en tierras áridas.
2. Ellos (saber) <u>(2)</u> muchas cosas sobre agricultura.
3. España (estar) <u>(3)</u> invadida por los árabes 800 años.
4. Los árabes (ayudar) <u>(4)</u> a mejorar los sistemas de riego.

El Patio de los Leones, en la Alhambra, Granada.

11 No, no me importó

Con su compañero(a) hablen de lo siguiente.

1. una noticia que los afectó mucho
2. una noticia que no les importó
3. una noticia que los alegró
4. una situación que los puso nerviosos
5. un libro que les encantó
6. una noticia que los enojó
7. un programa de televisión divertido
8. una película que los puso tristes

Autoevaluación. Compruebe lo que ha aprendido. Conteste las siguientes preguntas.

1. ¿En qué tipo de programas de televisión puede ver las noticias?
2. Explique la diferencia de significado del verbo *saber* en el pretérito y en el imperfecto.
3. Termine la oración: *Sonó el teléfono, cuando...*
4. Describa a dos de sus maestros usando pronombres relativos.
5. ¿Cómo se siente cuando ve noticias sensacionalistas?
6. ¿Dónde está Andalucía? ¿Qué influencia tiene? ¿En qué se refleja hoy esta influencia?

¡La práctica hace al maestro!

 **Comunicación**

En parejas, creen un diálogo usando el vocabulario de esta lección. Sigan las indicaciones. Cuando hayan terminado, cambien de papel.

A: *(Pregúntele a su compañero(a) qué noticiero le gusta más y por qué.)*

B: *(Conteste y pregunte lo mismo.)*

A: *(Conteste y pregunte si lo vio ayer y qué parte del noticiero le gustó más.)*

B: *(Conteste y pregunte si a él/ella también le gusta esa parte del noticiero.)*

A: *(Conteste y pregunte qué estaba haciendo cuando oyó alguna noticia importante y si buscó un televisor para ver lo que estaba pasando.)*

B: *(Conteste. Pregunte si a él/ella le gusta oír, leer o ver las noticias.)*

 Conexión con la tecnología

Las noticias se pueden leer, oír y ver. Los medios de comunicación *(media)* tratan de mantener informada a la gente de lo que sucede en la ciudad, el país y el mundo. Sin embargo, cada medio da más importancia a unas noticias que a otras. Seleccione una noticia reciente o de esta misma semana y compare cómo se presentan las noticias en diferentes medios, como la radio, la televisión, Internet y el periódico. Preste atención al tipo de lenguaje que se usa, a cuanto espacio o tiempo se le da a la noticia y si lleva fotografías o imágenes en vivo.

Verbos
    afectar
    apuntar

En las noticias
    el ácido
    el choque
    la explosión
    la guerra
    la huelga
    la tormenta

Tipos de programas
    el concurso
    el noticiero
    el programa deportivo
    el programa informativo
    el programa musical

Expresiones y otras palabras
    el asunto
    sensacionalista

Oportunidades

Las ventajas de ser periodista

Si te gusta la aventura, hacer cosas distintas cada día y viajar, ¿has pensado en ser periodista? El periodismo es una profesión que permite bastante flexibilidad y muchas oportunidades de viajar para informar de sucesos que están ocurriendo en otros países.

Lo bueno del periodismo es que puedes especializarte en el tema que más te gusta: si prefieres el riesgo *(risk)* y la aventura, puedes ser reportero y viajar a países en guerra, para informar en vivo. Si te gusta la política, te puedes especializar en este campo *(field)*. En deporte, cultura, cine, etc. sucede lo mismo. Tú eliges de qué quieres informar.

En periodismo es muy útil conocer otro idioma y hablarlo bien. Así puedes entrevistar a personajes extranjeros sin necesidad de tener un intérprete. También puedes viajar y hacer tu trabajo más fácilmente si hablas el idioma del país al que vas. Ser bilingüe es útil para poder leer la prensa extranjera o ver los canales de televisión internacionales y documentarte *(research)* sobre un tema del que vas a informar.

Lección 16

¿Qué había pasado?

Susana y su amigo Emilio iban a encontrarse el sábado por la tarde. Emilio la esperó durante dos horas, pero Susana no apareció. Al día siguiente, Susana se encontró con Emilio.

EMILIO: Hola, Susana. ¿Dónde estuviste ayer? Te esperé más de dos horas.

SUSANA: ¡No lo vas a creer! Fui **testigo**° de un accidente. ¡Fue horrible!

EMILIO: ¿Qué pasó?

SUSANA: Un autobús chocó con un coche. Yo lo vi todo, porque estaba comprando el periódico en el quiosco.

EMILIO: ¿Viste el accidente de la calle Mayor? Mi madre me contó que había escuchado la noticia en la radio.

SUSANA: Sí, lo vi todo. Tuve que hablar con un policía.

EMILIO: ¿Qué te dijo?

SUSANA: Me dijo que tenía que explicarle lo que había visto.

EMILIO: ¿Y tú qué le contaste?

SUSANA: Le dije que había visto cómo el autobús se había pasado la señal de parar y había chocado con el coche.

EMILIO: ¿Hubo alguna víctima?

SUSANA: Una **ambulancia°** se llevó al chofer del coche al hospital, porque estaba **herido,°** pero una vecina me dijo que no había sido nada **grave.°**

EMILIO: ¿Tuviste que ir a la **comisaría°** a declarar?

SUSANA: No, pero el policía me dijo que yo había sido de mucha ayuda y que **a lo mejor°** me llamarían para ir a **juicio.°**

EMILIO: ¡Qué emocionante! ¿Podría ir yo también?

el/la testigo *witness* **la ambulancia** *ambulance* **herido** *hurt* **grave** *serious* **la comisaría** *police precinct* **a lo mejor** *perhaps* **el juicio** *trial*

¿Qué comprendió Ud.?

1. ¿Por qué no pudo ir Susana a la cita con Emilio?
2. ¿Qué estaba haciendo Susana cuando sucedió el accidente?
3. ¿Se había enterado Emilio del accidente? ¿Cómo?
4. ¿Qué le pasó al chofer del coche?
5. ¿Tuvo que ir Susana a la comisaría?

Charlando

1. ¿Ha sido usted testigo de un accidente alguna vez?
2. ¿Conoce a alguien que haya tenido un accidente? ¿Qué pasó?
3. ¿Alguna vez ha estado en un juicio?

Las noticias de hoy

Lea estas noticias breves. Escriba un titular *(headline)* adecuado para cada una y clasifíquelas en la sección correspondiente del periódico.

1. Un coche chocó contra un edificio de la Calle Mayor, ayer por la mañana. No hubo víctimas pero...
2. Carmelo Gómez gana las elecciones para Alcalde. Gómez, del Partido Azul, consiguió el 56% de los votos y...
3. El Club de Fútbol Alegría ganó el campeonato nacional. Los jugadores y el entrenador estaban muy contentos después del partido...
4. Eduardo García estrena su nueva película, protagonizada por Meg Ryan y Antonio Banderas. El director fue al estreno en el Teatro Gabón, de Madrid, con...

Sucesos	
Espectáculos	
Política	
Deportes	

IDIOMA

El pretérito pluscuamperfecto

The pluperfect tense (also called past perfect) is formed by combining the imperfect form of *haber* and the past participle of the main verb.

pretérito pluscuamperfecto	
había llegado	habíamos llegado
habías llegado	habíais llegado
había llegado	habían llegado

You use the pluperfect tense to talk about two or more past actions. If one of the actions occurred before the other, use the pluperfect to describe the first action. Don't forget that some past participles are irregular. Review those verbs on page 118.

*Ya **había comprado** el periódico*
*cuando **ocurrió** el accidente.*
*La ambulancia ya **había llegado***
*cuando **empezó** a llover.*

I had already bought the newspaper
when the accident happened.
The ambulance had already arrived
when it began to rain.

Estrategia

Para entender mejor: usar lo que ya sabe

Use lo que ya sabe para facilitar la comprensión. Antes de leer un texto o escuchar una narración o conversación, usted debe informarse de su contenido para poder anticipar la información que probablemente va a presentarse. Probablemente ya sabe algo sobre lo que va a leer o escuchar, use esos conocimientos para ayudarle a entender mejor. Por ejemplo, digamos que se trata de escuchar un pronóstico metereológico en la televisión. ¿Qué información normalmente se incluye en ese tipo de transmisión? Seguramente, usted dirá la temperatura actual, la temperatura máxima para el día siguiente y la posibilidad de lluvia o nieve. ¿Lo ve? ¡Usted ya sabe mucho!

¡Qué mala suerte!

Todo le salió mal hoy. Diga qué le ha pasado usando el pluscuamperfecto de los verbos entre paréntesis.

1. Usted fue a visitar a su amigo pero él ya (salir) (1) con otros.
2. Rosa quería ir a ver una película de misterios con Tere y Miguel pero ellos ya (ver) (2) la película dos veces.
3. Hoy me han invitado a una fiesta estupenda pero ya (hacer) (3) planes para ir a un partido de béisbol.
4. Ricardo fue a la tienda de videos pero cuando llegó ya (cerrar) (4).
5. Encendió el televisor para ver las noticias pero ya (terminar) (5).
6. Iba a ponerse sus zapatos nuevos pero cuando por fin los encontró ¡vio que el perro los (romper) (6)!

¡Tantas actividades!

Hable con su compañero(a) sobre las cosas que han hecho últimamente. En cada caso pregunten si había hecho la actividad antes.

la semana pasada/ser testigo de un accidente
A: La semana pasada fui testigo de un accidente.
B: ¿Habías sido testigo antes?
A: Sí, había sido testigo el año pasado. (No, fue la primera vez.)

1. hace dos meses/ver un incendio
2. hace cuatro años/estar en un terremoto
3. anoche/ver un juicio en televisión
4. el otro día/leer una revista en español
5. hace dos meses/ir a una comisaría
6. el año pasado/subir a una ambulancia

 IDIOMA

El diálogo indirecto

To report in the past what someone says or said to you or asks you, use the imperfect tense of the verb.

"Tengo un coche nuevo".	I have a new car.
Miguel me dijo que tenía un coche nuevo.	Miguel told me he had a new car.
"¿La conoces?"	Do you know her?
Me preguntó si la conocía.	He asked me if I knew her.

Other verbs of reporting are: *asegurar* (to assure), *añadir* (to add), *contestar* (to answer), *repetir* (to repeat), *insistir en* (to insist on), *gritar* (to shout).

6 ¿Qué dijo?

Imagine que usted y su compañero(a) van a ir de vacaciones a España. Habló usted con amigos que estuvieron allí. Siga el modelo y cuéntele a su compañero(a) lo que dijeron.

Alicia: En Madrid hace calor en verano.
Alicia dijo que en Madrid hacía calor en verano.

1. Anabel: Madrid es interesante porque tiene muchos museos.
2. Beto: El Museo del Prado tiene obras de Picasso y Goya.
3. Pili: En el centro de Madrid hay un parque que se llama El Retiro.
4. Manuel y Sole: La ciudad que más nos gusta es Toledo.
5. Ester: ¡Tienen que comprar una guía!

7 ¿Qué planes tiene?

Tiene usted un amigo por Internet en España. Le ha mandado este mensaje y usted le cuenta a otro amigo lo que le dice en el mensaje. Use verbos como *decir, preguntar, contestar* y *añadir*.

Darío dijo que hacía varios días que no sabía nada de mí.

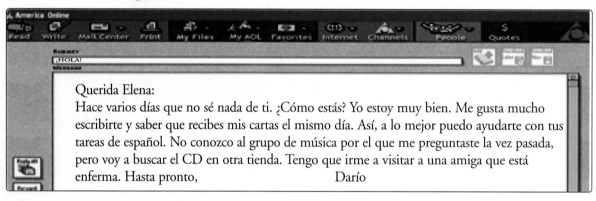

Querida Elena:

Hace varios días que no sé nada de ti. ¿Cómo estás? Yo estoy muy bien. Me gusta mucho escribirte y saber que recibes mis cartas el mismo día. Así, a lo mejor puedo ayudarte con tus tareas de español. No conozco al grupo de música por el que me preguntaste la vez pasada, pero voy a buscar el CD en otra tienda. Tengo que irme a visitar a una amiga que está enferma. Hasta pronto,   Darío

8 Por teléfono

Usted escucha una conversación telefónica entre su mamá y una vecina. No oye lo que dice la vecina, pero puede adivinarlo por las respuestas de su mamá. Diga lo que seguramente dijo la vecina antes de cada oración.

Mamá: "Hola, Irene. ¿Cómo estás? (1) ¡Qué bien, cuánto me alegro!"
1. La vecina probablemente dijo que estaba muy bien.

(2) Estamos bien, gracias. (3) Hace tres años que vivimos en esta casa. (4) Sí, todos los vecinos son muy simpáticos. (5) El supermercado que tiene los mejores precios está en la calle Miranda. (6) No, no conozco a un buen abogado. (7) Sí, le recomiendo nuestra dentista. Es la Sra. Hernández. (8) Sí, es el 555-9813. (9) ¡Qué amable es! Nos encantaría ir a su casa a cenar. (10) Sí, el domingo a las siete es perfecto. Gracias. Hasta luego.

9 Sucesos

Lea las siguientes noticias y conteste las preguntas.

LA NOTICIA

SUCESOS

B1

Jueves, 3 de diciembre

Un reportero entrevista al ladrón "El Rápido"

Por Felipe Garzón

Un reportero del Canal 8 entrevistó en la cárcel al ladrón del robo del Banco Nacional, Antonio Giménez "el Rápido". En la entrevista, el ladrón explicó cómo planeó el robo del banco, y cuánto dinero consiguió. Pero "el Rápido" no quiso decir dónde estaba escondido el dinero. El reportero, Felipe Garzón, no pudo averiguar nada más.

Explosión en la fábrica de ácido

Por René Ríos

La fábrica de ácido de la Calle Siete explotó ayer cuando un camión de gasolina chocó contra una de sus paredes. El conductor del camión quedó herido grave y una ambulancia lo llevó al Hospital de la Cruz Roja. Afortunadamente, no hubo más víctimas, porque el accidente fue por la noche y la fábrica estaba cerrada.

---

1. ¿Quién es "el Rápido"?
2. ¿Quién entrevistó al ladrón?
3. ¿Qué no pudo averiguar el reportero?
4. ¿Dónde hubo una explosión?
5. ¿Por qué no hubo más víctimas?
6. ¿Qué le pasó al conductor del camión?

Autoevaluación. Compruebe lo que ha aprendido. Conteste las siguientes preguntas.

1. ¿Qué es un testigo?
2. Dé un sinónimo de *a lo mejor*?
3 ¿Cómo se forma el pluscuamperfecto?
4. *"Ha sido un accidente muy grave."* Diga qué dijo el testigo. Use su imaginación.
5. Lea la siguiente oración: *Cuando llegué a la parada, el autobús ya se había marchado.* ¿Cuántas acciones se describen? ¿Qué tiempo verbal (*tense*) se usa para la acción que ocurrió primero?
6. Mencione cuatro verbos que se usan para el diálogo indirecto.

¡La práctica hace al maestro!

A Comunicación

Con su compañero(a), creen un diálogo. Uno(a) de ustedes fue testigo de un accidente o de un incendio. El(La) otro(a) estudiante es un(a) periodista y tiene que preguntarle qué pasó. Acuérdese de preguntar:

- el lugar exacto donde ocurrió
- a qué hora ocurrió
- si hubo víctimas y cuántas
- exactamente qué pasó

B Conexión con la tecnología

¿Tiene algo que decir sobre temas como los derechos humanos *(human rights)*, la paz y la justicia *(justice)*? ¿Le gustaría que sus opiniones viajaran por todo el mundo?

En grupos, visiten la página Web de Unicef *(http://www.unicef. org/voy/es)*. Allí encontrarán cartas de jóvenes de todo el mundo. Hagan una lista de lo que opinaron tres chicos de un país de habla hispana. Escriban un párrafo para cada chico o chica y preséntenlos a la clase.

Alberto, de Barcelona, dice que los juegos Olímpicos le parecen muy importantes porque unen a los países de todo el mundo. Dice que en los Juegos todos se olvidan de la guerra y se reunen en paz.

La Plaza Mayor, Madrid.

En las noticias

la ambulancia
la comisaría
las elecciones
el estreno
el juicio

Gente de las noticias

el/la entrenador(a)
el/la testigo

Expresiones y otras palabras

a lo mejor
grave
herido(a)
protagonizado(a) por

Conexión *Cultural*

Un paseo por la capital de España

Madrid, en el centro de la Península Ibérica, es la capital de España desde 1561, cuando el rey Felipe II trasladó *(moved)* la corte española de Toledo a la entonces pequeña "Villa de Madrid". Desde esos días, la ciudad creció hasta convertirse en uno de los centros principales de la política y la cultura europea. Madrid, la capital más alta de Europa, situada a 2.188 pies sobre el nivel del mar, en la meseta *(plateau)* ibérica, hoy cuenta con más de cinco millones de habitantes.

Uno de los mayores atractivos que ofrece la ciudad a sus visitantes es la alta calidad de sus museos. El más importante es el Museo del Prado, considerado uno de los más prestigiosos del mundo. Entre las miles de obras de arte que guarda, en El Prado pueden verse muchos de los cuadros de Goya y Velázquez.

Un museo más nuevo es el Museo Thyssen Bornemisza, que era una de las colecciones privadas de arte más grandes del mundo, pero que ahora puede ser admirada por todos los que pasan por Madrid. También es bastante nueva la Fundación Reina Sofía, donde puede verse el famoso *Guernica* de Picasso, además de otras importantes obras de arte moderno internacional.

La entrada al Museo del Prado, Madrid.

a leer

Estrategia

Preparación

Cristóbal Colón, en su viaje en busca de una nueva ruta para llegar al Oriente, encontró tierras hasta entonces desconocidas para los europeos. Las cartas que envió a los Reyes Católicos (Fernando e Isabel) describiendo aquellas tierras y su gente son un documento único.

Se cree que Colón nació en Génova, Italia, alrededor del año 1440. Se casó y se estableció en

Imagen de los Reyes Católicos en azulejos de cerámica, Granada.

Lisboa, Portugal, y trabajó con su hermano haciendo mapas. Como desde muy joven le fascinaban las historias de su abuelo que era gobernador *(military commander)* de una isla portuguesa en el Atlántico, los viajes de Marco Polo y las leyendas sobre tierras desconocidas y exóticas, se convirtió pronto en marinero *(sailor)*. Cuando la invasión otomana *(Ottoman)* cerró el paso de los europeos hacia el oriente, Colón propuso tomar una ruta hacia el occidente para llegar a la India, pues estaba convencido de que la tierra era redonda y no plana. Como no tenía dinero para pagar él mismo el viaje, le pidió tres barcos al rey de Portugal, pero le fueron negados. Después, fue a España a pedir ayuda a los reyes Fernando e Isabel. Al principio no tuvo éxito, pero siguió insistiendo. Finalmente, Isabel decidió vender sus joyas y hacer posible el viaje. El resto es historia.

Estrategia: usar lo conocido para facilitar la lectura

Seguramente sabe muchas cosas sobre Cristóbal Colón y sus viajes a lo que hoy es la región del Caribe. En la siguiente lectura va a encontrar muchos detalles que quizá no sabía. Use la información que ya sabe para entender la información nueva. Por ejemplo, probablemente ya sabe que la gente que Colón encontró en las islas del Caribe era muy distinta a los españoles. Use esos conocimientos para entender ciertos detalles de la lectura.

Diario de viaje (fragmentos): Cristóbal Colón

Viernes 12 de octubre de 1492

Yo, para obtener mucha amistad —porque conocí que era gente que mejor se convertiría con amor a nuestra santa fe° que por fuerza— les di a algunos de ellos unos bonetes colorados° y unas cuentas de vidrio,° que se ponían al cuello, y otras cosas muchas de poco valor, que les daban mucho placer; y quedaron tanto nuestros que era una maravilla. Después venían a las barcas, donde nosotros estábamos, nadando, y nos traían papagayos° e hilo° de algodón en ovillos,° y lanzas° y otras cosas muchas, y nos las cambiaban por otras cosas que nosotros les dábamos, como cuentecillas° y cascabeles.° En fin, todo lo tomaban, y daban de aquello que tenían, de buena voluntad. Me pareció que era gente muy pobre de todo. Ellos andaban todos desnudos y también las mujeres, que no vi más de una, muy buena moza.° Todos los que yo vi eran jóvenes, que ninguno vi de más de treinta años, muy bien hechos, de muy hermosos y lindos cuerpos y muy buenas caras; los cabellos, gruesos° casi como colas de caballo,° y cortos; traen los cabellos por encima de las cejas, menos unos cuantos detrás, que traen largos y jamás cortan. Ellos no traen armas ni las conocen, porque les mostré espadas° y las tomaban y se cortaban, con ignorancia. No tienen ningún hierro.° Sus lanzas son sin hierro, y algunas de ellas tienen en la punta un diente de pez, y otras de otras cosas. Ellos todos son de buen estatura, de buenos gestos,° y bien hechos. Ellos deben ser buenos servidores y de buen ingenio,° pues veo que muy pronto dicen todo lo que yo les decía.

Domingo 14 de octubre de 1492

Vi luego dos o tres poblaciones y la gente; venían todos a la playa llamándonos y dando gracias a Dios. Unos nos traían agua; otros, otras cosas de comer; otros, cuando veían que yo no iba a tierra, se echaban al mar nadando y venían. Y entendíamos que nos preguntaban si veníamos del cielo. Vinieron muchos y muchas mujeres, cada uno con algo, dando gracias a Dios.

Domingo 28 de octubre de 1492

Colón llegó a una costa que exploró durante seis semanas. Pensando que era un continente, y que había llegado a la India, llamó "indios" a los habitantes. Era en realidad la isla de Cuba. Colón escribió en su diario que ésa era la tierra más hermosa que ojos humanos habían visto.

Todo el río rodeado de árboles verdes y llenos de gracia, diferentes de los nuestros, cubiertos de flores y otros de frutos; aves muchas y pajaritos que cantaban con gran dulzura,° la hierba grande como en Andalucía por abril y mayo...

Lunes 24 de diciembre

Crean Vuestras Altezas° que en el mundo todo no puede haber mejor gente ni más mansa°... Todos de muy singularísimo buen trato, amorosos y de habla dulce...

(Fragmentos del Diario de viaje de Cristóbal Colón, *adaptado de* Historia de las Indias, *de Bartolomé de Las Casas, misionero e historiador español que llegó a América en 1502.)*

la santa fe *Catholic religion* **los bonetes colorados** *red caps* **las cuentas de vidrio** *glass beads* **los papagayos** *parrots* **el hilo** *thread* **los ovillos** *spools* **las lanzas** *spears* **las cuentecillas** *beads* **los cascabeles** *little bells* **la buena moza** *good looking girl* **gruesos** *thick* **las colas de caballo** *pony tails* **las espadas** *swords* **el hierro** *iron/metal* **los gestos** *gestures* **el ingenio** *intelligence* **la dulzura** *sweetness* **Vuestras Altezas** *your majesties/your highnesses* **mansa** *peaceful*

A ¿Qué comprendió Ud.?

A. Indique la fecha de la carta que contenga la siguiente información. En algunos casos puede indicar más de una carta.

1. el paisaje
2. la descripción física de los indígenas
3. la capacidad atlética de los indígenas
4. los regalos que se intercambiaban los europeos y los indígenas
5. la personalidad de los indígenas
6. las armas

B. Indique si las siguientes oraciones son ciertas o falsas según la lectura. Corrija las oraciones falsas.

1. Los indígenas eran gente amable y hospitalaria.
2. Colón llamó a la gente "indios" porque vivían en la India.
3. Los indígenas nadaban muy bien.
4. Los españoles y los indios se intercambiaban armas.
5. Los indígenas llevaban mucha ropa.
6. Los indígenas tenían el pelo corto y rizado.
7. Sus lanzas eran más fuertes que las de los españoles.
8. A Colón le gustó mucho la belleza del paisaje.
9. Colón trató mal a los indígenas.

B Charlando

1. Con un(a) compañero(a), imaginen qué le pasó a Colón desde que tuvo la idea de buscar una nueva ruta para el Oriente hasta que, diez años después, escribió este diario.

2. En tiempos de Colón, la mayoría de la gente pensaba que el mundo era plano, no redondo. ¿Qué información científica anterior usó Colón para pensar que el mundo era redondo?

3. Las características físicas de los españoles y de los indígenas eran muy distintas, así como también las cosas que usaban. Haga una investigación para describir con detalles las cosas de los indígenas que más sorprendieron a Colón y sus marineros.

a escribir

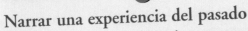
Narrar una experiencia del pasado

Cuando Colón llegó al continente americano en 1492, encontró un mundo desconocido para él. ¿Tuvo usted una experiencia o aventura en la que vió algo desconocido, fascinante o asombroso? Ahora tiene la oportunidad de escribir dos párrafos sobre esa experiencia.

Para hablar del pasado, usted ha aprendido a usar el tiempo imperfecto y el pretérito. Repase los tiempos y úselos en su composición. Incluya todos los detalles que pueda en su composición, y no se olvide de incluir lo siguiente usando el tiempo correcto.

- ¿Cuándo ocurrió?
- ¿Qué encontró usted?
- ¿Quiénes estaban con usted?
- ¿Cómo era el lugar, la cosa, el evento?
- ¿Qué cosas hizo allí?
- ¿Qué cosas o personas había allí?
- ¿Aprendió algo importante de esa experiencia?

Al escribir sobre el pasado, es útil usar expresiones de tiempo para poner los hechos en orden. Use palabras como las siguientes en su composición para ayudar al lector a seguir la secuencia de su narración.

primero
luego
entonces
después
antes de
después de
mientras
entretanto
por último (finalmente)

repaso

Now that I have completed this chapter, I can...
- ✓ recall and talk about events in the past
- ✓ comment on news and events in the media
- ✓ prepare a group survey
- ✓ write short articles in a newspaper style
- ✓ talk about my childhood
- ✓ make comments about movies
- ✓ react to events or feelings
- ✓ report about what other people said
- ✓ classify news in corresponding sections

I can also...
- ✓ talk about newspapers and magazines in Spain
- ✓ talk about Spain's various regions and languages
- ✓ identify important monuments in Barcelona
- ✓ talk about the San Sebastian Film Festival
- ✓ talk about famous Spanish musicians
- ✓ talk about television in Spain
- ✓ identify the Arabic influence in Spanish culture
- ✓ analyze advantages and disadvantages of being a journalist
- ✓ use the Internet to give my opinion on human-rights issues
- ✓ identify places of interest in Madrid

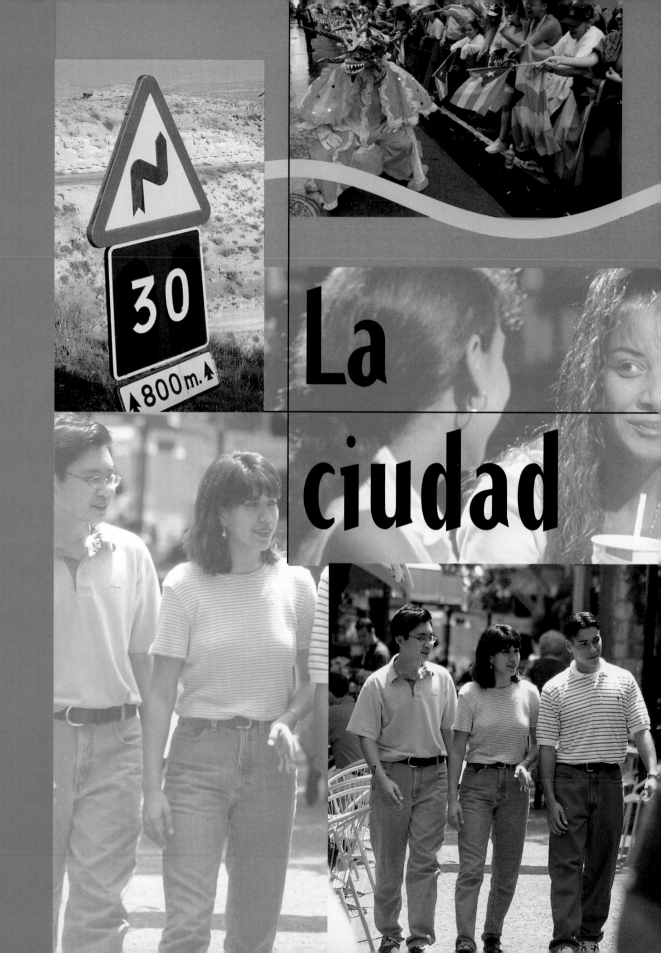

La ciudad

5

In this chapter you will be able to:
ask for and give directions
give advice about driving in the city
offer opinions and make recommendations
make wishes and state preferences
make generalizations
seek and provide postal information

100 m.

¡Cuidado con ese coche!

Antonio está un poco nervioso. Hoy toma su primera clase de manejar en Los Ángeles. Está en una parte de la ciudad que no conoce bien. Don Luis, el instructor, no tiene mucha **paciencia**° y Antonio tiene miedo de **hacer errores**.° Su tío le ha prometido regalarle un coche si pasa el examen para obtener la **licencia de conducir**.° ¡Antonio no quiere perder esta oportunidad!

DON LUIS: ¡Fíjese en ese taxi! ¡**Acelere**° ahora!

TAXISTA: ¡Eh! ¿No ve por dónde va? ¡Tenga más cuidado, joven!

ANTONIO: ¿Qué le pasa a ese hombre?

DON LUIS: Que usted se acercó mucho. No se acerque tanto.

ANTONIO: Es que no lo vi.

DON LUIS: Mire por el **espejo retrovisor**° a cada rato para saber lo que los otros **conductores**° van a hacer...

ANTONIO: El taxista todavía está ahí, don Luis. ¿Qué hago?

DON LUIS: **Disminuya**° la velocidad y déjelo pasar.

Antonio, nervioso, se confunde y **pisa**° el **acelerador**° en vez del **freno**.°

DON LUIS: ¡Cuidado! Es peligroso acelerar de repente. ¿Se fijó en el taxi que nos pasó? El policía lo paró y ahora le está poniendo una **multa**° por **exceso de velocidad**.°

ANTONIO: ¡Huy! Casi me toca a mí.

DON LUIS:	Tiene suerte. Ahora vamos a **doblar**° a la derecha en la esquina donde está el **semáforo.**°
ANTONIO:	¿A la izquierda, don Luis? ¿A la izquierda?
DON LUIS:	¡No! A la derecha. ¡Que doble a la derecha le digo!
ANTONIO:	Pero el semáforo está en rojo. ¿Qué hago?
DON LUIS:	Pare y espere hasta que cambie.

Antonio se pone otra vez nervioso. Mira por todas partes como queriendo escapar. Don Luis no le hace caso y sigue hablando.

DON LUIS:	Ahora doble y siga por esta calle. Vamos a practicar el **estacionamiento.**° Ahí, en frente de esa **gasolinera**° hay espacio. Mire por el espejo y ponga **la marcha atrás.**° Ahora **dé vueltas**° al volante y vaya para atrás despacio.
ANTONIO:	Creo que estoy un poco lejos de la acera.
DON LUIS:	A ver, abra la puerta. No, para ser la primera vez está muy bien. Acuérdese que para estacionar bien se necesita practicar mucho. Bueno Antonio, vamos a regresar ya. Hoy ha hecho grandes progresos. Hasta la próxima semana, entonces. *(Antonio sonríe muy contento.)*

Algunas señales de tráfico

calle de doble vía	*two way street*
calle de una sola vía	*one way street*
ceda el paso	*yield*
estacionamiento	*parking*
glorieta	*traffic circle*
pare	*stop*
prohibido doblar a la izquierda	*no left turn*

Más consejos para manejar

Abróchese el cinturón de seguridad.	*Fasten your seat belt.*
Ajuste el espejo retrovisor.	*Adjust your rearview mirror.*
Encienda los faros.	*Turn on the (car) lights.*
Revise las llantas.	*Check the tires.*
Limpie el parabrisas.	*Clean the windshield.*
Llene el tanque vacío con gasolina.	*Fill the empty tank with gas.*
Obedezca las reglas de tránsito.	*Obey traffic rules.*
¡Y no olvide su licencia de conducir!	*And don't forget your driver's license!*

la paciencia *patience* hacer errores *to make mistakes* la licencia de conducir *driver's license* acelere *speed up* el espejo retrovisor *rear-view mirror* los conductores *drivers* disminuya *decrease* pisa *steps on* el acelerador *the gas pedal* el freno *the brake pedal* la multa *fine* el exceso de velocidad *speeding* doblar *to turn* el semáforo *traffic light* el estacionamiento *parking* la gasolinera *gas station* la marcha atrás *reverse gear* dé vueltas *turn (around)*

1 ¿Qué comprendió Ud.?

1. ¿Por qué está Antonio nervioso?
2. ¿Por qué necesita Antonio mirar por el espejo retrovisor?
3. ¿Qué error comete Antonio cuando deja pasar al taxista?
4. ¿Por qué paró el policía al taxista? ¿Qué le puso?
5. ¿Van a doblar a la izquierda?
6. ¿Cuándo pone Antonio la marcha atrás?

2 Charlando

1. ¿Está usted aprendiendo a manejar? ¿Con quién?
2. Si usted ya sabe manejar, ¿dónde aprendió?
3. ¿Ha tenido algún accidente? ¿Qué pasó?
4. ¿Le han puesto una multa alguna vez?
5. ¿Por qué es bueno tener coche?

IDIOMA

El mandato formal

To tell a person you address as *usted* what to do, use a formal *(Ud.)* command. To form the formal command, take the *yo* form of the present tense and drop the final *-o*. For *-ar* verbs, add the letter *-e*; for *-er* and *-ir* verbs, add the letter *-a*. The same rule applies to stem- and spelling-changing verbs. To make a plural *(Uds.)* command add *n* to the *Ud.* form.

(parar) **Pare** *en la esquina,*	**Stop** at the corner.
(encender) **Enciendan** *los faros.*	**Turn on** the car lights.
(poner) **Ponga** *más gasolina en el tanque.*	**Put** more gas in the tank.

Affirmative and negative formal commands are the same. Simply add *no* to make a command negative.

*No **acelere**, por favor.*	**Don't speed up**, please.
*No **cruce** en rojo.*	**Don't cross** when the signal is red.

Five common verbs have irregular formal commands:

ser	→ sea *(be)*		ir	→ vaya *(go)*
saber	→ sepa *(know)*		dar	→ dé *(give)*
estar	→ esté *(be)*			

*Vaya despacio y **tenga** cuidado.*	**Go** slowly and **be** careful.

Object and reflexive pronouns are attached to the end of formal affirmative commands. They come before negative commands.

***Abróchese** el cinturón.*	**Fasten** your seat belt.
*No me **ponga** una multa.*	**Don't give** me a fine.

3 ¡Tenga cuidado, señora!

La señora Pérez está aprendiendo a manejar. Su instructora le da instrucciones. ¿Qué le dice?

 abrocharse el cinturón de seguridad
Abróchese el cinturón de seguridad.

1. no olvidar la licencia de conducir
2. obedecer las señales de tráfico
3. ajustar el espejo retrovisor
4. no ir rápido
5. no cruzar en rojo
6. reducir la velocidad cuando llueve
7. no estar nerviosa
8. ser siempre prudente

4 Señales de tránsito

Identifique cada señal de tránsito. Escoja de la lista.

1.   2.   3.   4.   5.   6.

a. glorieta
b. calle de doble vía
c. prohibido doblar a la izquierda

d. estacionamiento
e. calle de una sola vía
f. ceda el paso

5 ¿Qué hace en estas situaciones?

Con su compañero(a), escojan el mandato de la columna B que resuelva cada situación de la columna A.

 Quiere saber lo que los otros conductores van a hacer.
Mire el espejo retrovisor.

A

1. Es de noche.
2. El tanque está vacío.
3. Necesita estar seguro(a) en su asiento.
4. El semáforo está en rojo.
5. Quiere estacionar el coche.
6. Acelera demasiado.
7. El parabrisas está sucio.
8. Hay una señal de tráfico en la esquina.

B

a. Limpie el parabrisas.
b. Obedezca la señal de tráfico.
c. Encienda los faros.
d. Abróchese el cinturón de seguridad.
e. Pare.
f. Disminuya la velocidad.
g. Ponga la marcha atrás.
h. Compre gasolina en una gasolinera.

6 Consejos a una tía

La tía de Aurora acaba de recibir su licencia de conducir. Aurora le escribe una carta con muchos consejos. Complete la carta usando el mandato formal de los verbos del recuadro *(box)*.

mandar (a mí)	ir
escribir (a mí)	seguir
abrocharse	tener
cuidarse	manejar

Querida tía Julia:

Mi madre me dijo que ya tiene usted licencia de conducir. Por favor (1) con mucho cuidado, porque hay muchos accidentes. No (2) muy rápido, pero tampoco (3) demasiado despacio. (4) siempre el cinturón de seguridad. Es muy importante. (5) siempre mis consejos. Bueno, (6) pronto y (7) una foto de su coche nuevo. (8) mucho.

Un beso,

Aurora

IDIOMA

El mandato con *nosotros*

To suggest that you and others do something together, use command forms with *nosotros*. To form these commands, add *-mos* to the *usted* command form. The *nosotros* commands are equivalent in meaning to *Vamos a...* (Let's...).

Doblemos aquí.	Let's **turn** here.
Encendamos los faros.	Let's **turn on** the lights.
Sigamos las instrucciones.	Let's **follow** the directions.

As with *usted* commands, object and reflexive pronouns are attached to affirmative *nosotros* commands and precede negative commands.

Ayudémoslos a empujar el coche.	Let's **help them** push the car.
No le pidamos dinero.	Let's **not ask him** for any money.

Note that reflexive verbs with pronouns attached to affirmative *nosotros* commands drop the final consonant(s): *olvidemos* + *nos* = *olvidémonos*.

Acerquémonos a la acera.	Let's **get close** to the sidewalk.
Enterémonos del precio.	Let's **find out** the price.

7 ¿Qué debemos hacer?

Usted y su compañero(a) están manejando en Los Ángeles y tienen algunos problemas. Con su compañero(a), decidan cómo van a resolverlos. Usen el mandato con nosotros. En cada caso ofrezcan dos opciones.

 No pueden encontrar el restaurante que buscan.
A: Preguntemos a ese policía.
B: No, mejor busquemos la calle en el mapa de la ciudad.

Miremos el mapa.

1. Hay un coche que quiere pasarlos.
2. Es de noche y no pueden ver bien.
3. El tanque de gasolina está casi vacío.
4. Hay un letrero que dice "alto".
5. No hay un lugar para estacionar el coche.
6. Hay una señal que dice "Prohibido doblar a la iquierda".
7. El freno no funciona bien.
8. No pueden ver bien por el espejo retrovisor.

IDIOMA

El mandato indirecto

To express what you want someone to do, you use the *Ud./Uds.* command form preceded by *que*. This form is used when the third party you are talking about is not present. Here are some examples of indirect commands.

Que doble él primero.	**Let him turn** first.
Que no vengan tarde.	**Don't let them come** late.
Que tenga paciencia.	**Let him be patient.**

8 ¡Que se porten bien!

Sus padres no están en casa y usted está encargado(a) de cuidar a sus hermanos; pero hay muchos problemas. Cuando su mamá llama por teléfono, usted le explica la situación. Escriba los mandatos indirectos que le da su mamá para cada situación.

Cristina no come bien.
¡Que coma bien!

1. Luisito cruza la calle solo.
2. Ana y Mari juegan en la avenida.
3. Pedrito no quiere ir a la escuela.
4. Susana y Marta vuelven muy tarde por la noche.
5. Javier conduce el coche de papá sin permiso.
6. Olivia y Luisito no limpian su cuarto.

9 Que todo sea perfecto

En grupos de tres o cuatro escriban una lista de seis situaciones perfectas para el día de mañana.

Que el profesor no nos dé mucha tarea.

Que paren aquí.

Autoevaluación. Compruebe lo que ha aprendido. Conteste las siguientes preguntas.

1. Diga tres consejos para alguien que está aprendiendo a manejar.
2. Un vecino suyo conduce como un loco. Déle tres consejos que empiecen con *No...* (Use mandatos con *usted.*)
3. Su hermana va a visitar a su amigo que está enfermo en casa, pero usted no puede ir. ¿Qué mensaje le da a su hermana para su amigo?
4. ¿Qué verbos tienen mandatos formales irregulares? Dé un ejemplo de cada uno.
5. Exprese un deseo usando el mandato indirecto. Empiece con *Que...*
6. ¿Qué quiere decir que una calle es de una sola vía?

¡La práctica hace al maestro!

A Comunicación

Con su compañero(a), creen un diálogo dando y pidiendo consejos basados en el póster. Usen los mandatos formales.

A: Estoy cansado(a).
B: No conduzca hoy. Yo lo llevo.

Dirección General de Tráfico
Recomendaciones para jóvenes conductores
¿ACABA DE SACARSE LA LICENCIA DE CONDUCIR?
¡ENHORABUENA!

RESPETE LOS LÍMITES DE VELOCIDAD

Dirección Gral. de Tráfico
Ministerio del Interior

PERO RECUERDE:

- Conducir siempre con precaución.
- Revisar su vehículo: frenos, luces, gasolina, etc.
- Obedecer las instrucciones de los agentes de tránsito.
- Respetar las señales de tráfico.
- Respetar a los peatones.

- Llevar siempre el cinturón de seguridad abrochado.
- No conducir si se han tomado medicamentos.
- No conducir con sueño o cansancio.
- Respetar las velocidades máximas.
- Ser prudente.

CONDUCIR NO ES UN JUEGO

B Conexión con la tecnología

En grupo, busquen información en una página Web sobre licencias de conducir especiales (para taxistas, conductores de autobuses públicos, limusinas, etc). Después escriban un informe sobre qué es necesario para sacar cada licencia.

Verbos para conducir
- acelerar
- ajustar
- dar vueltas
- disminuir
- doblar
- pisar

Las señales
- ceda el paso
- doble vía
- la glorieta
- pare
- prohibido doblar a
- el semáforo
- una sola vía

En el coche
- el acelerador
- el/la conductora(a)

- el espejo retrovisor
- el faro
- el freno
- la llanta
- la marcha atrás
- el tanque

A la hora de conducir
- el estacionamiento
- el exceso de velocidad
- la gasolinera
- la licencia de conducir
- la multa
- la regla de tránsito

Expresiones y otras palabras
- hacer un error
- llenar
- la paciencia
- vacío(a)

Andy García es cubanoamericano.

Camerón Díaz es de origen cubano.

Conexión *Cultural*

Los hispanos en los Estados Unidos

Hoy en día hay más de 26 millones de personas de origen hispano que viven en los Estados Unidos. Más del 60% son de origen mexicano. Después de los mexicanos, el segundo grupo más grande es el de los puertorriqueños, con más del 12%.

California, Texas y Nueva York, en este orden, son los estados con más hispanos. En California vive el 35% de los hispanos de los Estados Unidos.

Para informar a todos estos ciudadanos, el país cuenta con más de 125 periódicos en español, 51 canales de televisión y más de 75 emisoras de radio. Además de éstos, cada año aparecen nuevos medios locales en español.

Lección 18

Pero, ¿dónde estamos?

*Diego es un chico mexicano que vive y estudia en San Antonio, Texas. Compró un coche de segunda mano, pero Diego lo cuida como si fuera nuevo. Hoy es el primer día que lo maneja y ha decidido llevar a su novia, Lupe (que también es mexicana), a un teatro nuevo en un pueblo cercano. Pero parece que están **perdidos**...°*

LUPE: ¿Por qué no paramos y le preguntamos a alguien?
DIEGO: Me parece ridículo. Tenemos que estar cerca. El pueblo no es muy
           grande y el teatro no debe estar muy lejos...
LUPE: No seas **terco**° y para. Si no, vamos a llegar tarde.
DIEGO: Déjame mirar el **plano**° otra vez...
LUPE: Diego, para el coche, que le voy a preguntar a aquel policía.
DIEGO: Está bien. Pregúntale **dónde queda**° la calle Soledad.

Lupe cruza la calle y va a pedirle información al policía de tránsito.

LUPE: Por favor, ¿podría explicarme cómo se llega a la calle Soledad desde aquí?
POLICÍA: Por supuesto. Siga derecho por la calle Álamo. Después del semáforo, dé
           la vuelta a la glorieta y doble a la izquierda. La segunda **bocacalle**° es la
           calle Soledad. Tenga cuidado de no meterse en la primera calle, porque
           es un **callejón sin salida**° y no tiene acera.
LUPE: Gracias. Muy amable.

Lupe cruza la calle de regreso al coche, repitiendo la explicación del policía, para no olvidarla.

DIEGO: ¿Y bien?

LUPE: Dice que sigas derecho por la calle Álamo hasta llegar al semáforo. Luego es necesario que des la vuelta a la glorieta y dobles a la izquierda. La segunda bocacalle es la calle Soledad. ¡Pero dice que tengamos cuidado porque la primera calle es un callejón sin salida!

DIEGO: No te preocupes. Esta vez, no me volveré a perder.

LUPE: A ver si es verdad. No quiero llegar tarde al teatro.

perdidos *lost* **terco** *stubborn* **el plano** *map* **dónde queda** *where is* **la bocacalle** *intersection* **el callejón sin salida** *dead end street*

1 ¿Qué comprendió Ud.?

1. ¿Qué buscan Diego y Lupe?
2. ¿Qué prefiere hacer Diego antes de preguntarle a alguien?
3. ¿Qué propone Lupe cuando se da cuenta de que están perdidos?
4. ¿Qué le pregunta Lupe al policía?
5. ¿Dónde tienen que dar la vuelta?
6. ¿Por qué deben tener cuidado?

Conexión Cultural

Ciudades texanas

Por su historia y por su proximidad a México, Texas es uno de los estados con más influencia hispana de todo Estados Unidos. Muchas ciudades, calles y monumentos en Texas tienen nombres en español.

Austin es la capital del estado. Fue fundada en 1839 y creció muy rápidamente. Por Austin pasa el río Colorado, que quiere decir "río rojo". Hoy en día, Austin es uno de los centros principales de producción de computadoras.

San Antonio es otra de las ciudades importantes de Texas. Tiene este nombre en honor de un santo *(saint)* católico. En el Paseo del Río *(river walk)* hay muchas tiendas y cafés al aire libre. Además de las famosas misiones, en San Antonio se pueden visitar también el parque Hemisferia *(hemisphere)*, donde está la Torre de las Américas *(Tower of the Americas)*, con una vista panorámica de toda la ciudad, y la Plaza del Mercado *(market square)*, donde hay muchas tiendas de artesanías y restaurantes típicos.

El Paseo del Río en San Antonio.

Repaso *rápido*

Pedir y *preguntar*

Preguntar and *pedir* both mean "to ask" in English. However, in Spanish they have separate uses, and they are not interchangeable.

Preguntar means "to ask" as in to ask a question, to ask for information. *Pedir* means "to ask for (something), to request (something)." Compare the uses of *pedir* and *preguntar* in the following examples.

Le **pregunté** a Teo cómo se llega a su casa y le **pedí** un plano.	I **asked** Teo how to get to his home and I **asked** him for a map.

Pedir has the additional meaning of "to order" in a restaurant.

Mmm... voy a **pedir tacos**.	Mmm... I'm going **to order tacos**.

2 ¿Qué pide? ¿Qué pregunta?

Complete las siguientes oraciones con la forma correcta del presente de *pedir* o *preguntar*.

1. Sergio me (1) qué edificio hay enfrente de mi casa.
2. El policía nos (2) a dónde vamos.
3. Yo le (3) ayuda al policía.
4. Antes de llegar a clase, mi compañero y yo (4) tacos en la taquería.
5. Carolina les (5) un plano de la ciudad.
6. Ustedes le (6) a un señor si hay un restaurante a una cuadra del teatro.
7. Mi novia me (7) por qué llegué tarde a la cita.

Está a una cuadra de aquí.

PARA ti

Más instrucciones

a una cuadra (de)	one block from
al lado (de)	next (to), next door (to)
antes de llegar a	before getting to
enfrente (de)	in front (of), across from
en la esquina (de)	on the corner (of)
siga derecho por	keep on straight on

Para preguntar cómo llegar a algún sitio o dónde está algún lugar, use las siguientes expresiones:

¿Cómo se llega a...?	How do you get to...?
¿Cómo voy a...?	How can I go to...?
¿Donde queda...?	Where is...?
¿Dónde se encuentra?	Where is...?
¿Cuál es el camino para llegar a...?	What's the way to get to...?
¿Dónde está la oficina de turismo?	Where is the tourist office?

Es importante que usen el cinturón de seguridad.

IDIOMA

El subjuntivo: formas

You will recall that the subjunctive mood is often required in Spanish. Some of the most common uses are to indicate someone's will, (ranging from wishing to prohibiting, see page 215), to express probability or uncertainty (see page 222), to advise and make suggestions (see page 233), to express doubt or denial about events that have not yet occurred (see page 260), to report or repeat a command in the present, and after a relative pronoun (see page 324). Most sentences that use the subjunctive follow the following pattern: There are two parts connected by the word *que*. Each part has a different subject and the second part is in the subjunctive mood.

Quiero que manejes con cuidado.   I want you to drive carefully.
Es mejor que pares aquí.   It's better that you stop here.

The subjunctive is formed like formal commands (*Ud.*); take the *yo* form of the present tense, remove the *-o* and add *-e, -es, -e, -emos, -éis,* and *-en* to *-ar* verbs. Add *-a, -as, -a, -amos, -áis,* and *-an* to *-er* and *-ir* verbs.

preguntar	comer	escribir
pregunte	coma	escriba
preguntes	comas	escribas
pregunte	coma	escriba
preguntemos	comamos	escribamos
preguntéis	comáis	escribáis
pregunten	coman	escriban

The same rule applies to stem-changing verbs (*e→ie, o→ue, e→i*).

Es importante que **pidas** *ayuda.*   It's important that you ask for help.
Quiero que **tú vuelvas** *temprano.*   I want you to come back soon.

Verbs that have spelling changes (*-car, -gar, -zar*) in the *Ud.* command form and verbs that have irregular *yo* forms (*-go, -zc, -j*) maintain these changes in the subjunctive.

Quiero que lo **busques.**   I want you to look for him.
El instructor quiere que **pongas**   The instructor wants you to put
la marcha atrás.   the gear in reverse.

PARAti

Expresiones impersonales
Uno de los usos del subjuntivo es después de las siguientes expresiones impersonales:
Es importante que...   *It is important that...*
Es mejor que...   *It is better that...*
Es necesario que...   *It is necessary that...*

El policía le ordena que pare.

3 En la ciudad...

Complete las oraciones con el subjuntivo del verbo apropiado entre paréntesis.

 El policía me dice que ___ a la derecha. (preguntar/doblar)
El policía me dice que doble a la derecha.

1. Busco el baño. El mesero me dice que (1) derecho. (comer/seguir)
2. Busco la casa de mi amiga nueva. Mi compañero me dice que (2) a la derecha. (doblar/patinar).
3. No conocemos la ciudad. El agente de turismo nos dice que (3) en taxi al museo. (quedar/viajar)
4. Otro turista nos dice que (4) el autobús porque es más barato. (conducir/tomar)
5. Mi compañero sugiere que yo (5) un plano de la ciudad. (comprar/perder)
6. No encuentro un plano de la ciudad. Es mejor que (6) uno en la oficina de turismo. (preguntar/pedir)

4 De turistas por la ciudad

Complete las siguientes oraciones con el subjuntivo del verbo entre paréntesis.

1. Es importante que ustedes (llevar) (1) el plano de la ciudad.
2. El guía quiere que yo (comunicarse) (2) con la oficina de turismo.
3. Los recepcionistas nos dicen que (beber) (3) mucha agua.
4. Es bueno que todos nosotros (visitar) (4) los mismos lugares.
5. Si te pierdes, es mejor que (hablar) (5) con un policía.

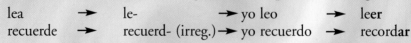

Para entender mejor: identificar los verbos

Cuando vea un verbo en subjuntivo que no entienda, recuerde que tiene que fijarse en la raíz *(stem)* del verbo. Añada las terminaciones del presente y vea si puede identificar el verbo. Recuerde que algunos verbos pueden ser irregulares.

| lea | → | le- | → yo leo | → | leer |
| recuerde | → | recuerd- (irreg.)→ | yo recuerdo | → | recordar |

Si todavía no sabe qué verbo es después de identificar su raíz, añada -ar, -er o -ir y busque su significado en el diccionario.

señale → señal- → señalar *(to point)*

IDIOMA

Verbos irregulares en el subjuntivo

There are five verbs that have irregular forms in the subjunctive. You will recall that these are the same forms as the formal command *(Ud./Uds.)* of these verbs.

saber
sepa
sepas
sepa
sepamos
sepáis
sepan

haber/hay
haya
hayas
haya
hayamos
hayáis
hayan

estar
esté
estés
esté
estemos
estéis
estén

dar
dé
des
dé
demos
deis
den

ir
vaya
vayas
vaya
vayamos
vayáis
vayan

ser
sea
seas
sea
seamos
seáis
sean

Más sobre el subjuntivo

These are some of the verbs that signal the use of the subjunctive.

desear *(to wish)*	necesitar *(to need)*	recomendar *(to recommend)*
querer *(to want)*	decir *(to tell)*	mandar *(to order)*
esperar *(to hope)*	insistir en *(to insist)*	exigir *(to demand)*
pedir *(to ask)*	sugerir *(to suggest)*	ordenar *(to order)*

*El policía quiere que usted **pare** en la esquina.*	The police officer wants you **to stop** at the corner.

Note that there are two parts connected by the word *que* in the preceding sentence. Each part has a different subject: *el policía/usted.* The verb *quiere* in the first part is in the indicative mood. The verb *pare* in the second part is in the subjunctive mood and it is introduced by *que*. Most sentences that use the subjunctive will follow this two-part pattern.

*Insistimos en que **sepas** las reglas.*	We insist **you know** the rules.
*Te recomiendo que **vayas** temprano.*	I recommend that **you go** early.

When the two verbs refer to the same subject, the form of the second verb is either the infinitive or the indicative.

*Roberto promete **volver** temprano.*	Roberto promises **to return** early.
*Roberto promete que (él) **va a volver** temprano.*	Roberto promises that **he's going to** return early.

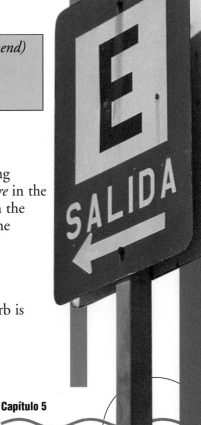

Capítulo 5

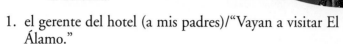

5 ¿Qué les dicen?

Usted y su familia están de visita en San Antonio. Diga qué dicen las siguientes personas.

 el policía (a ti)/"Doble a la derecha."
El policía te dice que dobles a la derecha.

1. el gerente del hotel (a mis padres)/"Vayan a visitar El Álamo."
2. mi hermano (a mí)/"Dame un plano de la ciudad."
3. nosotros (a él)/"Sé bueno."
4. Cristina (a ustedes)/"Estén listos para la excursión a las misiones."
5. mamá (a nosotros)/"Sepan la historia de la ciudad."
6. yo (a mi hermana menor)/"Esté en el hotel a las siete."

6 ¿Qué quieren todos?

Usted y su familia siguen explorando San Antonio. Diga qué quieren cada uno que hagan todos, según las indicaciones.

 Mamá quiere que nosotros... (ir al hotel)
Mamá quiere que nosotros vayamos al hotel.

1. Papá insiste en que mi hermana... (no manejar)
2. Yo le pido a mi hermanito que no... (ser pesado)
3. Mi hermana sugiere que nosotros... (dar una vuelta por el *Hemisfair*)
4. Mis tíos sugieren que tú... (buscar un plano de la ciudad)
5. Mi abuela pide que mi papá... (obedecer la reglas de tráfico)
6. Mamá exige que los niños... (acostarse temprano)
7. Mis padres esperan que no... (haber mucho tráfico)
8. Yo deseo que toda la familia... (divertirse mucho)

7 ¿Qué sugiere?

Con su compañero(a), creen un diálogo sobre consejos que se dan en las siguientes situaciones. Cuando acaben, cambien de papel.

 no saber dónde está la calle Villita/comprar un plano
A: No sé dónde está la calle Villita.
B: Te sugiero que compres un plano.

1. necesitar llenar el tanque/ir a una gasolinera
2. querer llegar a la glorieta/doblar a la izquierda
3. estar perdido/buscar a un policía
4. haber mucho tráfico/seguir por otra carretera
5. ir muy despacio/no acelerar
6. estar cansado(a)/estacionar en la esquina
7. haber mucho tráfico y hotel estar cerca/caminar

Algo más

Vueltas y más vueltas

En español hay muchas expresiones que
utilizan la palabra **vuelta**. **Dar (la) vuelta**, quiere decir *to flip something over* (da la
vuelta a la tortilla), *to go around* (da la vuelta a la esquina) o *to return* (da la vuelta
y vuelve a casa). La expresión **estar de vuelta** significa *to be back* (ya estoy de
vuelta), mientras que **dar vueltas** equivale a *to turn* o *to move in a circular motion*
(mi madre le da vueltas a la sopa). **Dar una vuelta** es *to go for a walk* o *for a ride*
(vamos a dar una vuelta por el parque). Y no olvide que **un viaje de ida y vuelta**
significa *round trip*.

8 En el coche

Indique si las siguientes oraciones son ciertas o falsas para usted. Luego,
cambie las oraciones a preguntas y hágaselas a su compañero(a).

Siempre insisto en que los pasajeros en mi coche se pongan
el cinturón de seguridad. (Cierto)
¿Y tú? ¿Siempre insistes en que los pasajeros se pongan
el cinturón de seguridad?

1. Cuando uso el coche de mi mamá/papá,
siempre me pide que llene el tanque con gasolina.
2. Mis padres nunca me dejan su coche para dar una vuelta.
3. Si hace buen tiempo prefiero caminar o ir en bibicleta antes
de ir en coche.
4. A veces llevo a mis amigos a la escuela en coche y les pido
que me ayuden a comprar gasolina.
5. A veces es mejor ir en autobús que en coche, porque es
más rápido o más barato.
6. De vez en cuando mis padres me piden que lave el coche.
7. Mis padres no permiten que vaya en coche al centro de la
ciudad.

Autoevaluación. Compruebe lo que ha aprendido. Conteste las siguientes preguntas.
1. Complete la oración: *Cuando me pierdo __ ayuda a un policía.*
2. Su hermana no tiene un plano de la ciudad. ¿Qué le aconseja usted?
3. Para que el coche funcione, es necesario que __ el tanque con gasolina.
4. Si quiere usted que su amigo vea una película, le recomienda que...
5. ¿Qué le prohiben hacer a usted sus padres?

¡La práctica hace al maestro!

A Comunicación

En parejas, creen un diálogo entre un(a) turista y un(a) policía, usando las expresiones de esta lección. El/la turista se ha perdido y el/la policía le da instrucciones de cómo ir a su hotel.

B Conexión con la tecnología

En Internet hay muchísimas páginas Web que contienen datos y mapas de casi todas las ciudades del mundo. En grupos, busquen el mapa de alguna ciudad de Texas (Austin, Laredo, El Paso, San Antonio, etc.). Después hagan una lista de los lugares de interés de la ciudad y márquenlos en el mapa. Escriban un párrafo describiendo un recorrido por los lugares escogidos con instrucciones de cómo ir de un lugar a otro.

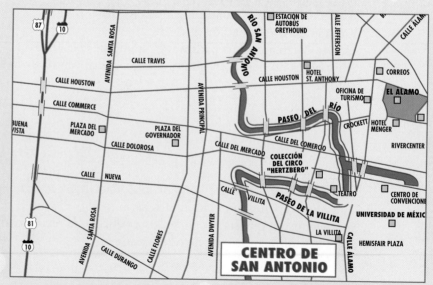

CENTRO DE SAN ANTONIO

En la ciudad
la bocacalle
el callejón sin salida
la oficina de turismo
el plano

Expresiones de lugar
a una cuadra (de)
al lado (de)
antes de llegar a
¿Cuál es el camino para
   llegar a...?
¿Dónde queda...?

¿Dónde se encuentra...?
en la esquina (de)
enfrente (de)
Siga derecho por...

**Expresiones y otras
palabras**
Es necesario que...
Es importante que...
Es mejor que...
perdido(a)
terco(a)

Conexión *Cultural*

Las misiones de San Antonio

San Antonio es la única ciudad de los Estados Unidos que
tiene cinco misiones. Los misioneros españoles fundaron las
misiones en el siglo XVIII para enseñar religión y cultura a
los habitantes de la zona.

Las misiones de San Antonio están situadas a lo largo
(along) del río, y pueden visitarse siguiendo el camino que se
llama *Missions Trail,* el Camino de las Misiones. La más antigua de
las misiones de San Antonio es El Álamo, que originalmente se llamaba la
Misión de San Antonio Valero. Esta misión forma *The Alamo State National
Park.* Las otras cuatro misiones, San Juan Capistrano, San Francisco de la
Espada, Concepción y San José, están dentro de lo que hoy es el *Missions
National Historical Park.*

De las comunidades que formaban estas cinco misiones nació la ciudad de San
Antonio, que hoy en día es una de las 10 ciudades más grandes de los Estados
Unidos. Cada año, en agosto, se celebra la Semana de las Misiones, para conmemorar
la fundación de estas edificaciones y su importancia en la historia de Texas.

(Arriba) La Misión
de San Antonio de
Valero.

(Abajo) La Misión de
San Juan Capistrano.

Lección 19

De visita en Nueva York

Raúl, un chico puertorriqueño, está visitando a sus primos David, Bárbara y Luz, que viven en Nueva York. Todos están muy contentos y llenos de planes. El único problema es que Bárbara y Luz **desean**° *tanto complacerle, que Raúl se empieza a poner nervioso.*

RAÚL: ¡Qué bueno! ¡Ya estoy en Nueva York!

BÁRBARA: Sí, primero podemos ir a la Estatua de la Libertad.

RAÚL: No, vayamos mejor al Museo Metropolitano.

DAVID: Bueno, es importante que Raúl descanse un poco.

RAÚL: Pues sí, estoy muy cansado y...

BÁRBARA: Vamos a llevarte a las **Torres Gemelas**° y...

LUZ: ¡Es una lástima que se quede en casa! ¡Subamos al Empire State! Pero vámonos pronto, porque así luego podemos...

DAVID: Por favor Luz, deja hablar a Bárbara.

LUZ: Bueno, no te enojes. ¡Oh, qué cámara tan bonita, Raúl!

RAÚL: Sí, aunque no tengo película.

BÁRBARA: Entonces, vayamos a comprar una. La abuela quiere que saquemos muchas fotos para mandárselas.

DAVID: ¡La abuela! ¡Ella quiere que la llames por teléfono en cuanto llegues!

BÁRBARA: ¡Llámala ahora mismo! Que no se enoje...

Raúl llama a su abuela, pero no está y deja un mensaje.

LUZ: Toma, Raúl. La **cartelera de espectáculos**° del periódico. Escoge una película o una **obra de teatro**° o una **exposición**° o lo que quieras ver y... pero, ¿por qué estás tan **callado?**° ¿Te pasa algo?

RAÚL: Sí, lo cierto es que tengo sueño. ¿Puedo dormir una siesta?

DAVID: ¡Claro que sí! Ven conmigo que te enseño tu cuarto.

RAÚL: Hasta luego, chicas. Lo siento, pero estoy **agotado.**°

BÁRBARA: No importa. Es necesario que duermas. Por la tarde quiero que conozcas a mis amigas. Son **encantadoras.**° A lo mejor, alguna te gusta...

LUZ: ¡Bárbara! Yo quiero que venga a mi clase de arte. ¡Y te lo dije! Y luego podemos hacer un **crucero turístico**° alrededor de Manhattan. ¿Te gustaría **navegar**° por el río Hudson?

DAVID: Chicas, **¡ya basta!**° Les **prohíbo**° que discutan más. Vamos Raúl, no les hagas caso. Siempre son así.

RAÚL: Ya lo veo. Bueno, luego nos vemos.

LUZ: ¡Que descanses!

BÁRBARA: ¡Hasta luego!

Bárbara y Luz se van.

DAVID: ¡Por fin! Pensé que no se iban a ir nunca.

RAÚL: ¿Y cómo les digo que voy a ir contigo a **patinar**° y a ver los **rascacielos?**°

DAVID: Es mejor que no te preocupes. Vamos a salir por la puerta de atrás.

desean *(they) wish* **las Torres Gemelas** *Twin Towers (in the World Trade Center, New York)* **la cartelera de espectáculos** *entertainment section* **la obra de teatro** *theater play* **la exposición** *(art) exhibit* **callado** *quiet* **agotado** *exhausted* **encantadoras** *charming* **el crucero turístico** *sightseeing cruise* **navegar** *to sail* **ya basta** *enough is enough* **prohíbo** *(I) forbid* **patinar** *to skate* **los rascacielos** *skyscrapers*

1 ¿Qué comprendió Ud.?

1. ¿De dónde es Raúl? ¿A quién visita? ¿Dónde?
2. ¿Adónde quiere ir Luz? ¿Y Bárbara?
3. ¿Qué quiere la abuela?
4. ¿Por qué quiere Bárbara que Raúl conozca a sus amigas?
5. ¿Adónde va a ir Raúl? ¿Con quién?
6. ¿Qué van a decirle a las chicas?

2 Charlando

1. ¿Qué le aconseja usted a una persona que está de visita donde usted vive?
2. ¿Y qué no le aconseja?
3. Si usted no vive en Nueva York, ¿qué lugares de esa ciudad desea visitar?
4. ¿Ha estado alguna vez en una situación similar a la de Raúl? ¿Qué pasó?

El desfile del Día de la República Dominicana en Nueva York.

IDIOMA

Más expresiones impersonales y el subjuntivo

You have used the subjunctive after verbs such as *pedir, querer, mandar, insistir, decir,* and *sugerir* to get others to carry out your wishes.

*No **quiero** que **navegues** tan rápido.*   I don't **want** you **to sail** so fast.

You also use the subjunctive after impersonal expressions that indicate opinions about actions and events. Impersonal expressions use the verb *es* + adjective + *que*. The following are some common examples.

es bueno que	*it's good that*	es mejor que	*it's better that*
es malo que	*it's bad that*	es increíble que	*it's incredible that*
es importante que	*it's important*	es inútil que	*it's useless that*
es necesario que	*it's necessary*	es una lástima que	*it's a pity that*

*Es **importante** que vayas a alguna exposición.*   It's **important that** you go to an art exhibit.

*Es **necesario** que leas la cartelera antes de elegir la obra de teatro.*   It's **necessary** for you to read the entertainment section before choosing the play.

You do not use the subjunctive after the impersonal expressions *es verdad que, es cierto que,* and *es evidente que* because those expressions confirm information and certainty; they do not express subjective opinions.

*Es **malo** que Jaime maneje tan rápido, pero **es verdad que** nunca ha tenido un accidente.*   It's **bad** for Jaime to drive so fast, but **it's true that** he has never had an accident.

*Es **evidente** que debe tener más cuidado.*   It's **obvious** he should be more careful.

However, negations of the above expressions do require the subjunctive, as the negative form conveys uncertainty.

*No **es verdad que** Jaime no tenga su licencia para manejar.*   It's **not true that Jaime** doesn't have a driver's license.

Es mejor que tomes un taxi para cruzar el puente de Brooklyn.

3 Es necesario...

Con su compañero(a), creen un diálogo sobre un muchacho que está visitando su ciudad. Usen las expresiones de la caja. Cuando terminen, cambien de papel.

Es mejor	Es bueno	Es difícil
Es importante	Es malo	Es una lástima

A: Todavía no tengo un plano de la ciudad.
B: Es necesario que compres uno.

1. Me gustaría conseguir entradas para la obra que estrenaron ayer.
2. Cuando camino mucho, nunca tomo agua ni jugos de frutas.
3. Me quedo hasta el lunes y la obra que quiero ver empieza el martes.
4. Quiero visitar un centro comercial.
5. Me gustaría ir al parque, pero no sé dónde está.
6. Voy a ir a una exposición. ¡Me encanta el arte!

4 ¿Es evidente o no?

¿Qué piensan Raúl y sus primos? Complete las oraciones con el subjuntivo o el indicativo del verbo entre paréntesis.

1. Es evidente que Luz (pensar) (1) que Raúl es escantador.
2. No es bueno que los chicos (ir) (2) a ver los rascacielos sin ti.
3. Es verdad que Raúl (ser) (3) muy divertido.
4. Es increíble que Luz y Bárbara (hacer) (4) un crucero.
5. Es cierto que la abuela (querer) (5) hablar con Raúl.
6. Es imposible que Raúl (ver) (6) todos los lugares de interés en un día.

5 ¿Qué me aconsejas?

Reaccione a lo que le dicen estos jóvenes en las siguientes situaciones. Use las expresiones impersonales indicadas, seguidas de verbos en el subjuntivo, para darles su opinión y algunos buenos consejos.

Ana quiere ir a una fiesta en vez de hacer la tarea. (es mejor)
Es mejor que haga la tarea (que no vaya a la fiesta).

1. La mamá de Sarita le prohíbe que salga durante la semana. Sin embargo, Sarita me dice que hoy se va a escapar para ir a navegar. (es mejor)
2. Pablo todavía no tiene su licencia de conducir pero piensa manejar el coche de la familia para llevar a su primo a ver los rascacielos. (es malo)
3. Víctor está agotado después de los exámenes, pero prometió a su novia que la va a llevar a una exposición de arte. (es bueno)
4. Las compañeras de Silvia la han invitado a ir al centro comercial pero ella tiene que cuidar a su hermanito de cuatro años. (es importante)
5. Umberto quiere ir a ver una obra de teatro muy popular la semana próxima, pero todavía no tiene entradas. (es necesario)

IDIOMA

Otros usos de *lo, lo que* y *lo* + *adjetivo*

You use *lo* and a masculine, singular adjective to express a general idea. Observe the following examples.

Lo bueno es que manejas con cuidado.	**The good thing** is that you drive safely.
Lo mejor de la película fue el final.	**The best part** of the film was the end.
Lo peor fue la dirección.	**The worst part** was the directing.

Lo can also form part of an impersonal expression followed by the subjunctive.

lo + adjetivo + ser + que + subjuntivo

Lo importante es que vayas a Nueva York.	**The important thing** is that you go to New York.
Lo peor es que pierdas las entradas.	**The worst thing** is that you lose your tickets.

You may also use *lo* + *que* to express the English equivalent of "that which" or "what."

Lo que más me gusta de Nueva York es la arquitectura.	**What (that which)** I like best about New York is the architecture.

6 Lo mejor de Nueva York

Una familia está visitando Nueva York. Un amigo les da consejos sobre lo que deben hacer en la ciudad. Complete los consejos con la construcción *lo + adjetivo + ser + que + subjuntivo*, según las indicaciones.

importante/tú/ver todos los lugares de interés
Lo importante es que veas todos los lugares de interés.

1. mejor/ustedes/quedarse una semana más
2. malo/ella/no poder mudarse aquí
3. importante/tú/ir al Museo Metropolitano
4. increíble/ellos/querer navegar por el río Hudson
5. esencial/nosotros/aprender algo sobre arte
6. peor/usted/perderse en Central Park

7 Después de la obra de teatro

Unos amigos fueron a ver una obra de teatro. Todos tienen diferentes opiniones sobre la obra. Escriba qué dice cada uno usando *lo + que,* según la información dada.

 Ramiro/le gustó el final
"Lo que me gustó fue el final."

1. Inés/no entendió la relación entre el padre y el policía
2. Roberto/le parecieron tontas las canciones
3. Andrés y Rosa/no le gustaron los actores
4. Felipe/le disgustó el tema de la obra
5. Ángeles/le encantó el actor principal
6. Marga/le aburrió la parte del medio

8 Críticos de teatro

Con su compañero(a), elijan una obra de teatro popular y completen la siguiente ficha *(index card).* Si lo prefieren, pueden escribir sus comentarios en forma de párrafo.

Lo mejor...
Lo mejor de *Cats* es la dirección.

| Título de la obra de teatro: |
| Director: |
| Actores: |
| ✔ Comentarios: |
| Lo mejor: |
| Lo más original: |
| Lo más aburrido: |
| Lo que les gustó menos: |

Lo mejor de Nueva York es ir al teatro.

Estrategia

Para escuchar mejor: la radio

Una de las mejores maneras de aprender a hablar español es "entrenar su oído" *(to train your ear).* Busque una emisora de radio en español como Mega KQ97.9 FM de Nueva York y escuche la radio en sus momentos libres. No importa que no entienda cada palabra de lo que dicen. Lo importante es que su oído se acostumbre a escuchar el idioma y que se familiarice con el ritmo y la entonación. Poco a poco entenderá más y más cosas. ¡Y además escuchará buena música!

9 Un día en Nueva York

Con su compañero(a), creen un diálogo sobre las actividades del folleto. Usen las expresiones y el vocabulario que aprendieron en la lección.

lo mejor	es mejor que
lo más importante	es interesante que
es necesario que	lo principal

A: Lo mejor es que vayamos primero al Museo del Barrio.

B: Es necesario que averigüemos el horario antes de ir.

PARA ti

Proverbio

"No por mucho madrugar amanece más temprano" *(the sun comes out at the same time, no matter how early you get up)* es un proverbio muy común en español. Quiere decir que el día sólo tiene 24 horas y que es mejor hacer pocas cosas bien, que muchas cosas mal. Por ejemplo, muchas veces cuando está en una ciudad nueva, uno quiere hacer demasiadas cosas. Al final acaba uno agotado y no disfruta de la ciudad. Sea realista al hacer planes.

CONEXIONES

10 Cruzando fronteras

Muchos escritores han hablado en sus novelas de Nueva York. Uno de ellos es la española Carmen Martín Gaite, que escribió *Caperucita en Manhattan.* También Federico García Lorca escribió un conjunto de poemas llamado *Poeta en Nueva York,* sobre sus experiencias en esta ciudad.

En el Lower East Side de Manhattan está el Nuyorican Poets' Café, un lugar donde se reúnen escritores y poetas de Nueva York, y también de otras ciudades de Estados Unidos. A veces algunos escritores de otros países pasan también por el Nuyorican Poets' Café. Allí leen fragmentos de sus obras y comparten sus ideas sobre literatura.

Imagine que está usted en el Nuyorican Poets' Café. Escriba un poema sobre Nueva York. Si no conoce la ciudad, imagine cómo es. ¿Qué le sugiere Nueva York? ¿Qué puede decir sobre la ciudad? ¿Qué cree que sería lo que más le gusta? ¿Qué cree que es lo peor?

Conexión *Cultural*

La presencia hispana en Nueva York

Nueva York tiene millones de habitantes hispanos. De hecho, en Nueva York hay barrios donde solamente se habla en español. Uno de los más conocidos es el Spanish Harlem, al norte de Manhattan, también llamado "El Barrio". En él viven muchas personas de diferentes países latinoamericanos, pero especialmente de la República Dominicana y Puerto Rico.

En Queens, también hay otro vecindario donde es muy difícil oír hablar inglés, porque la gran mayoría de sus habitantes son hispanos. Se llama Jackson Heights y en él se pueden encontrar tiendas de productos tradicionales de países latinoamericanos y restaurantes típicos de cada país, como Ecuador, Argentina, Cuba, Guatemala, Chile, etc. También hay agencias de viajes especializadas en viajes a Latinoamérica, y centros telefónicos con tarifas especiales para países hispanos.

La presencia hispana en Nueva York es especialmente activa en los desfiles *(parades)* que se celebran a lo largo del año. Además del famoso desfile del Día de Colón, hay desfiles para el Día de Puerto Rico y el Día de la República Dominicana, entre otros.

Puertorriqueños en Nueva York.

11 Es mejor que...

Imagine que alguien viene a visitar la ciudad donde vive usted. Haga sugerencias sobre qué visitar, el transporte, los horarios y cualquier otro aspecto que crea importante. Escriba una lista de sugerencias empezando con las siguientes expresiones.

 Es bueno que compre un libro sobre la ciudad.

Es mejor que...	comprar un plano de la ciudad
Es importante que...	preguntar si se pierde
Es necesario que...	tomar el metro/el autobús
Es inútil que...	comprar el boleto de autobús antes
Es bueno que...	seguir el plano del metro

Autoevaluación. Compruebe lo que ha aprendido. Conteste las siguientes preguntas.
1. Diga tres expresiones que van seguidas del subjuntivo del verbo.
2. ¿Qué palabra puede usar para decir que está muy cansado(a)?
3. ¿Cómo se llama un edificio que tiene más de 30 pisos?
4. Si una persona no habla mucho, es...
5. Complete la oración: *Es mejor que __ entradas antes de ir a ver la obra de teatro.*
6. ¿Qué es importante que hagamos todos si visitamos una ciudad por primera vez?

¡La práctica hace al maestro!

A Comunicación

Con su compañero(a), creen un diálogo usando expresiones de esta lección. Sigan las indicaciones. Cuando hayan terminado, cambien de papel.

A: *(Pregunte si ha visitado Nueva York alguna vez.)*
B: *(Conteste. Pregunte lo mismo.)*
A: *(Conteste. Pregunte qué es lo más importante de la ciudad, según él/ella.)*
B: *(Conteste. Pregunte qué es necesario que usted haga si va a viajar a Nueva York.)*
A: *(Conteste. Pregunte qué es lo mejor que le ha pasado en un viaje.)*
B: *(Conteste. Pregunte qué es lo peor que le ha pasado en un viaje.)*
A: *(Conteste. Pregunte qué es lo que más le ha gustado de su último viaje.)*
B: *(Conteste.)*

B Conexión con la tecnología

En grupos pequeños, vean una película que ocurra en Nueva York y anoten los lugares que aparecen en ella. Después, escriban una descripción de cada lugar (digan dónde está, qué representa, etc.). Pueden buscar información adicional sobre el lugar en Internet o en una guía de viajes.

Empire State
Es un rascacielos que está en la calle 34 y la 5ta. Avenida. Tiene 102 pisos. Mide...

Descripciones
  agotado(a)
  callado(a)
  encantador(a)

Cosas que ver y hacer en la ciudad
  el crucero turístico
  la exposición
  navegar
  la obra de teatro
  patinar
  el rascacielos

Expresiones y otras palabras
  la cartelera de espectáculos
  desear
  prohibir
  ya basta

En Nueva York
  las Torres Gemelas

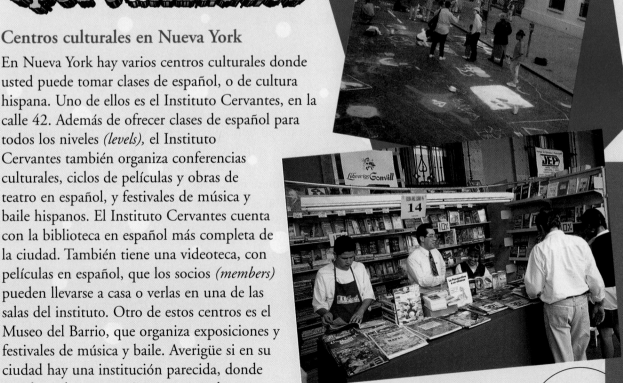

Oportunidades

Centros culturales en Nueva York

En Nueva York hay varios centros culturales donde usted puede tomar clases de español, o de cultura hispana. Uno de ellos es el Instituto Cervantes, en la calle 42. Además de ofrecer clases de español para todos los niveles *(levels),* el Instituto Cervantes también organiza conferencias culturales, ciclos de películas y obras de teatro en español, y festivales de música y baile hispanos. El Instituto Cervantes cuenta con la biblioteca en español más completa de la ciudad. También tiene una videoteca, con películas en español, que los socios *(members)* pueden llevarse a casa o verlas en una de las salas del instituto. Otro de estos centros es el Museo del Barrio, que organiza exposiciones y festivales de música y baile. Averigüe si en su ciudad hay una institución parecida, donde usted pueda ir a practicar su español.

Lección 20

Una invitación por correo

Francisco y Mirta son dos hermanos cubanoamericanos que viven en Miami, Florida.
Hoy están en la oficina de correos porque quieren enviar un **paquete**° y un **sobre**° al
extranjero° para **felicitar**° a su abuelo por su cumpleaños. Están esperando en la fila
cuando Mirta ve a alguien conocido en otra **ventanilla.**°

MIRTA: Francisco, ¿no es esa mujer con lentes, la que está cerca del **buzón,**° la
            vecina del abuelo? Me pregunto qué hace aquí.

FRANCISCO: Pobrecita, se quedó muy triste cuando el abuelo se fue seis meses a
            España. A lo mejor le quiere enviar algo para su cumpleaños.

MIRTA: Siempre se han llevado muy bien. Me acuerdo cuando fueron al teatro
            juntos. El abuelo vino encantado.

FRANCISCO: Mira, ya nos toca. Vamos a ver cuánto **pesa.**° *(Al empleado.)* Queremos
            enviar este paquete a España, ¿cuántas **estampillas**° tenemos que usar?

EMPLEADO: Pesa unas 4 **libras.**° ¿Cómo quieren mandarlo, por correo **corriente**° o
            por **certificado?**°

MIRTA: Creo que lo vamos a enviar por certificado. Escribimos en el sobre la
            dirección del **remitente**° y la **zona postal.**° ¿Es necesario ponerlo otra
            vez en el paquete?

EMPLEADO: Les aconsejo que lo hagan, por si los separan en la **entrega.**° Luego se
            tienen que **quedar con**° el recibo del **envío.**°

Mientras Francisco escribe la dirección, Mirta se acerca a la vecina.

MIRTA: Hola, doña Rosa. ¡Qué sorpresa encontrarla aquí!

ROSA: Hola. Le voy a mandar un **giro postal**° a su abuelo para que pueda ir a ver la misma compañía de teatro que vimos aquí. Va a estar en Madrid muy pronto y quiero invitarlo a ir, aunque sea a distancia.

MIRTA: ¡Qué buena idea! Le va a encantar. Por cierto, el lunes hablamos con él y nos dijo que volvía el mes que viene. Así que le sugiero que no haga muchos planes para entonces.

el paquete *package* **el sobre** *envelope* **al extranjero** *overseas* **felicitar** *to congratulate* **la ventanilla** *sales window* **el buzón** *mailbox* **pesa** *it weighs* **las estampillas** *stamps* **las libras** *pounds* **corriente** *regular* **certificado** *certified* **el remitente** *sender* **la zona postal** *zip code* **la entrega** *delivery* **quedar(se) con** *to keep* **el envío** *shipment* **el giro postal** *money order*

1 ¿Qué comprendió Ud.?

1. ¿Qué hacen Mirta y Francisco en la oficina de correos?
2. ¿A quién ve Mirta mientras esperan?
3. ¿Cuánto pesa el paquete que quieren enviar?
4. ¿Cómo lo van a enviar?
5. ¿Qué le quiere regalar la señora Rosa al abuelo?

Conexión Cultural

En la pequeña Habana

Aunque la presencia latina en los Estados Unidos es importante, en ningún otro estado del país es tan visible como en Florida y, concretamente, en la ciudad de Miami. A finales de 1980, el español se convirtió en el lenguaje más hablado del sur de Florida.

Más del 60 por ciento de los habitantes de Miami procede de Latinoámerica a y de este porcentaje, el 50 por ciento son de origen cubano. Entre 1959 y 1994, cerca de tres millones de cubanos abandonaron su lugar de nacimiento y viajaron a los Estados Unidos. Muchos se quedaron en Miami por la calidez de su clima, muy similar al de la isla, y por la proximidad de la ciudad con Cuba — a tan sólo 90 millas marinas—.

Los canales de televisión y las emisoras de radio hispanas, dos periódicos diarios en español, barrios de Miami como la Pequeña Habana o la Calle Ocho, o lugares como Boca Ratón o Boca Grande en Florida, reflejan la presencia de este importante grupo de población hispanoparlante en la zona.

El Festival de la Calle Ocho en Miami.

IDIOMA

Por y para

You have used *por* and *para* on many occasions. Remember that although *por* and *para* are equivalent to "for" in English, they are not interchangeable.

Use *para* to express

- where you are headed for
  *Salimos **para Miami**.* — We're leaving **for Miami**.
  *Vamos **para el teatro**.* — We're headed **for the theater**.

- who or what something is for
  *¿Un regalo **para mí**? ¡Gracias!* — A gift **for me**? Thanks!
  *Este paquete es **para mi abuelo**.* — This parcel is **for my grandfather**.
  *Estas estampillas son **para ti**.* — These stamps are **for you**.

- when something is due
  *Esta tarea es **para mañana**.* — This homework is **due tomorrow**.

- what something or an action is for, that is, its purpose
  *¿**Para qué** sirve esto?* — What **is this for**?
  *Es **para pesar** los paquetes.* — It's **to weigh** the parcels.
  *Vine **para mandar** esta carta.* — I came **to send** this letter.

Use *por* to express

- movement through space
  *Ayer anduvimos **por todo el centro de la ciudad**.* — Yesterday we walked **all over downtown**.
  *¿Corremos **por la playa**?* — Shall we jog **along the beach**?

- duration of time
  *Alquilé la casa **por dos semanas**.* — I rented the house **for two weeks**.

- manner or means
  *Envié la carta **por correo**.* — I sent the letter **by mail**.
  *Me enteré **por Internet**.* — I found out **through the Internet**.

- reason, cause, or motivation
  *Recibí una multa **por manejar demasiado rápido**.* — I got a fine **for driving too fast**.
  *¿**Por qué** no me llamaste?* — **Why** didn't you call me?
  *Lo hice **por ella**.* — I did it **for her** (for her benefit).

- proportion, rate, or exchange
  *Pagué cincuenta dólares **por** el paquete certificado.* — I paid fifty dollars **for** the certified package.
  *El límite de velocidad aquí es de 25 millas **por hora**.* — The speed limit here is 25 miles **per hour**.

2 Mini diálogos

Complete los siguientes mini diálogos, usando *por* o *para*.

1. **A:** Mira, llegó un sobre <u>(1)</u> correo urgente.
   B: ¿<u>(2)</u> quién es?
   A: Es <u>(3)</u> ti.
   B: Entonces, dámelo, <u>(4)</u> favor.
2. **A:** Voy <u>(5)</u> el aeropuerto.
   B: ¿<u>(6)</u> dónde vas a ir? ¿<u>(7)</u> la ruta 78 o <u>(8)</u> la autopista?
   A: No sé. Quiero pasar <u>(9)</u> la casa de la tía, <u>(10)</u> pedirle que me acompañe.
3. **A:** Este paquete va <u>(11)</u> Cuba. Tiene que usar estampillas <u>(12)</u> el extranjero.
   B: ¿Cuánto tengo que pagar <u>(13)</u> las estampillas?
   A: A ver, son 60 centavos <u>(14)</u> libra, y el paquete pesa 5 libras... ¡3 dólares!
   B: Gracias <u>(15)</u> su ayuda.
4. **A:** Allí está el buzón, pero ¿<u>(16)</u> dónde meto la carta?
   B: ¡<u>(17)</u> aquí! ¿<u>(18)</u> qué preguntas una cosa tan simple?
5. **A:** La oficina del correo va a estar cerrada.
   B: ¿<u>(19)</u> cuánto tiempo?
   A: <u>(20)</u> tres días. <u>(21)</u> hacer sus envíos pueden ir a la oficina de la Plaza Continental.

Algo más

Consejos y sugerencias

Aquí tiene otras expresiones para dar consejos y sugerencias. Observe que van seguidas del subjuntivo.

Le recomiendo que... *I recommend that...*
Le recomiendo que compre más estampillas.

Le aconsejo que... *I advise that...*
Mi madre **me aconseja que** envíe la carta por correo urgente.

Le sugiero que... *I suggest that...*
El empleado **le sugiere** a mi hermana **que** escriba el remitente en el sobre.

3 Por correo

Hay que hacer las cosas bien para que las cartas y paquetes lleguen a su destinatario sin problemas. Escriba consejos para alguien que no sabe cómo hacer envíos. Combine los elementos de las dos columnas.

 aconsejar que/recoger el correo todos los días
Le aconsejo que recoja el correo todos los días.

aconsejar que	cerrar bien el sobre
	poner las estampillas necesarias
	escribir la dirección completa del remitente con la zona postal
recomendar que	envolver el paquete en papel resistente
	pesar el paquete antes de poner las estampillas
	no enviar dinero
	usar correo certificado
sugerir que	pedir un recibo

Sobre (manuscrito):
Norma Gómez
Calle 34 número 132
San Juan, Puerto Rico

CORREO AÉREO

Enrique González
34 W 59th St. Apt. 12
New York, NY 10019

CONEXIONES

4 Cruzando fronteras

Lea la información del folleto de correos y calcule cuánto costaría mandar los siguientes sobres y paquetes: un sobre de 10" x 6" a México, un paquete de 1,7 libras a España, un sobre de 12 1/2" x 9 1/2" a Chile, un paquete de 1,4 libras a Bolivia, un paquete de 2 libras a Filipinas.

EN PRIORIDAD GLOBAL

SÓLO 7 DÓLARES

En envíos al extranjero

SÓLO 7 DÓLARES

Es fácil. Denos unos días más y le daremos una entrega rápida por una fracción de lo que le cuesta a usted su envío con Federal Express o UPS, con tarifas que empiezan desde 6.95 dólares por un sobre corriente de 12 1/2" x 9 1/2". También hay un sobre de tamaño carta (10" x 6") desde 3.75 dólares. No importa cuál sea su elección, usted no va a encontrar mejores precios para sus envíos al extranjero.

Dos convenientes precios fijos para sobres:

(pequeño 10" x 6" y grande 12 1/2" x 9 1/2")

	Europa Occidental	Canadá y México	Zona del Pacífico	América del Sur	Oriente Medio
Pequeño	$3.75	$3.75	$4.95	$4.95	$3.75
Grande	$6.95	$6.95	$8.95	$8.95	$6.95

Usted puede enviar cosas en su propio paquete utilizando un adhesivo de Correo de Prioridad Global. El precio de los adhesivos varía según el peso del paquete.

Peso en libras	Europa Occidental	Canadá y México	Zona del Pacífico	América del Sur	Oriente Medio
0.5	$ 7.00	$ 5.95	$ 8.00	$ 8.00	$ 7.00
1.0	$10.50	$10.00	$12.50	$12.50	$10.50
1.5	$12.50	$13.50	$16.95	$16.95	$12.50
2.0	$15.00	$16.50	$21.00	$21.00	$15.00

5 Dame un consejo

Con su compañero(a), hagan una lista de consejos, sugerencias y recomendaciones para alguien a quien le gustan las estampillas. Usen verbos como *sugerir, recomendar* y *aconsejar*.

buscar a una persona a quien también le gusten las estampillas
Te recomendamos que busques a una persona a quien también le gusten las estampillas.

1. hacerse miembro de un club de estampillas
2. ir frecuentemente a la oficina de correos
3. leer un libro de estampillas
4. comprar un cuaderno de estampillas
5. escoger un tema o un país
6. hacer amigos por correo o Internet
7. pedir a los amigos que le den las estampillas que reciban

6 ¿Por qué mis cartas nunca llegan?

Su amigo es un poco desordenado y siempre se queja de que sus cartas nunca llegan. Un día, le explica a usted cómo hace sus envíos. Dele consejos para que la próxima vez todo le vaya bien. Use las expresiones *te recomiendo que, te sugiero que* y *te aconsejo que*.

A: A veces no pongo la zona postal.
B: Te sugiero que pongas siempre la zona postal.

1. Una vez el paquete pesaba mucho y puse pocas estampillas.
2. Muchas veces me olvido de escribir el remitente.
3. Nunca uso correo certificado.
4. A veces no compruebo la dirección de mis amigos.
5. Nunca sé cuántas estampillas necesito.
6. ¿Siempre tienes que poner el país adónde va, o sólo la zona postal?
7. A veces envío dinero y no llega.
8. Muchas veces mando demasiadas cosas en un sobre normal.

Autoevaluación. Compruebe lo que ha aprendido. Conteste las siguientes preguntas.
1. ¿Cuál es la diferencia entre correo corriente y correo certificado?
2. ¿Mandas una carta *por correo* o *para correo*?
3. ¿Para qué se pesa un paquete en correos?
4. ¿Qué le recomienda usted a alguien que quiere enviar una carta muy rápido?
5. ¿Qué es la entrega?
6. ¿De dónde son la mayoría de los hispanos que viven en Miami?

¡La práctica hace al maestro!

A Comunicación

Con su compañero(a), creen un diálogo sobre un(a) empleado(a) de correos y un(a) cliente. Cuando terminen, cambien de papel.

A: *(Diga que quiere enviar un paquete.)*
B: *(Pregunte adónde va el paquete.)*
A: *(Conteste).*
B: *(Pregunte cómo lo quiere enviar.)*
A: *(Pregunte qué tipos de envío hay.)*
B: *(Conteste).*
A: *(Pregunte cuánto cuesta el tipo más rápido.)*
B: *(Conteste).*
A: *(Pregunte cuánto va a tardar.)*
B: *(Conteste).*
A: *(Diga finalmente cómo decide enviarlo y dé las gracias.)*

B Conexión con la tecnología

Hay muchos servicios de mensajería que tienen páginas Web. Imaginen que tienen familia en varios países de habla hispana. En grupos pequeños, obtengan información de Internet para mandar un paquete a cinco países latinos. Busquen la compañía que tenga los precios más baratos y escriban un informe sobre su investigación. Comparen su informe con el de otros grupos y digan quién encontró los mejores precios para cada país.

Para enviar por correo
el envío
el giro postal
el paquete
el sobre

Tipos de envío
al extranjero
certificado
corriente

En la oficina de correos
el buzón
la ventanilla

En la carta o paquete
la entrega
la estampilla
la libra
el remitente
la zona postal

Verbos
felicitar
pesar
quedar(se) con

Oportunidades

Español por Internet

Antes de la aparición de Internet, mucha gente que no podía ir a la universidad o a una escuela profesional estudiaba a distancia, por correo. Es decir, la facultad *(college)* o escuela les enviaba los materiales de estudio y los ejercicios a casa y los estudiantes, cuando los habían terminado, los volvían a enviar.

Hoy en día, en muchos países de habla hispana, todavía hay universidades y centros de estudio que aceptan estudiantes a distancia, por correo. Pero muchos de ellos también ofrecen la posibilidad de enviar los materiales de estudio a través de páginas Web.

Si quieres practicar español mientras estudias algún curso que te interese, puedes ponerte en contacto con la escuela o universidad y preguntarles si ofrecen cursos a distancia. ¡Así puedes asistir a un centro de estudios en otro país sin moverte de tu ciudad!

Podemos recibir información a través de Internet.

a leer

Preparación

La autora del cuento, Ángela McEwan-Alvarado, nació en Los Ángeles de padres mexicanos. El cuento que usted va a leer fue el resultado de una foto que la escritora vio en una exposición de fotografía acerca de los trabajadores migratorios en California. La foto la fascinó tanto, que se le quedó "grabada en la mente". Así nació el cuento "Naranjas".

Estrategia: usar el conocimiento del pretérito y el imperfecto

Usted ya sabe cómo usar el pretérito y el imperfecto, dos tiempos que se usan mucho en el cuento. Recuerde que el pretérito sirve para narrar acciones específicas. El imperfecto sirve para narrar acciones habituales o rutinarias y para describir el ambiente o el trasfondo donde ocurren las acciones. Al leer el cuento, tenga en cuenta estos usos. Lea el cuento dos veces: la primera vez preste atención a las acciones, la segunda, a los detalles del ambiente.

Naranjas
Ángela McEwan-Alvarado

Desde que me acuerdo, las cajas de naranjas eran parte de mi vida. Mi papá trabajaba cortando naranjas y mi mamá tenía un empleo en la empacadora, donde esos globos dorados rodaban sobre bandas para ser colocados en cajas de madera. En casa, esas mismas cajas burdas.° Nos servían de cómoda, bancos y hasta lavamanos, sosteniendo una palangana y un cántaro° de esmalte descascarado.° Una caja con cortina se usaba para guardar las ollas.°

    Cada caja tenía su etiqueta con dibujos distintos. Esas etiquetas eran casi los únicos adornos que había en la habitación pequeña que nos servía de sala, dormitorio y cocina. Me gustaba trazar con el dedo los diseños coloridos —

tantos diseños— me acuerdo que varios eran de flores —azahares,° por supuesto— y amapolas y orquídeas, pero también había un gato negro y una caravela.° El único inconveniente eran las astillas. De vez en cuando se me metía una en la mano. Pero como dicen, "A caballo regalado, no se le miran los dientes".

Mis papás llegaron de México a California siguiendo su propio sueño de El Dorado.° Pero lo único dorado que encontramos eran las naranjas colgadas entre abanicos de hojas temblorosas en hectáreas y hectáreas de árboles verdes y perfumados. Ganabamos apenas lo suficiente para ajustar, y cuando yo nací el dinero era más escaso° aún, pero lograron seguir comiendo y yo pude ir a la escuela. Iba descalzo, con una camisa remendada y un pantalón recortado de uno viejo de mi papá. El sol había acentuado el color de mi piel y los otros muchachos se reían de mí. Quería dejar de asistir, pero mi mamá me decía —Estudia, hijo, para que consigas un buen empleo, y no tengas que trabajar tan duro como tus papás—. Por eso, iba todos los días a luchar con el sueño y el aburrimiento mientras la maestra seguía su zumbido monótono.

En los veranos acompañaba a mi papá a trabajar en los naranjales. Eso me parecía más interesante que ir a la escuela. Ganaba quince centavos por cada caja que llenaba. Iba con una enorme bolsa de lona colgada de una banda ancha para tener las manos libres, y subía por una escalerilla angosta y tan alta que podía imaginarme pájaro. Todos usábamos sombreros de paja de ala ancha para protegernos del sol, y llevábamos un pañuelo para limpiar el sudor que salía como rocio salado en la frente. Al cortar las naranjas se llenaba el aire del olor punzante del zumo,° porque había que cortarlas justo a la fruta sin dejar tallo.° Una vez nos tomaron una foto al lado de las naranjas recogidas. Eso fue un gran evento para mí. Me puse al lado de mi papá, inflándome los pulmones y echando los hombros para atrás, con la esperanza de aparecer tan recio° como él y di una sonrisa tiesa° a la cámara. Al regresar del trabajo, mi papá solía sentarme sobre sus hombros, y así caminaba a la casa riéndose y cantando.

Mi mamá era delicada. Llegaba a casa de la empacadora, cansada y pálida, a preparar las tortillas y recalentar los frijoles; y todas las noches, recogiéndose en un abrigo de fe, rezaba el rosario ante un cuadro de la Virgen de Zapopán.

Yo tenía ocho años cuando nació mi hermana Ermenegilda. Pero ella sólo vivió año y medio. Dicen que se enfermó por una leche mala que le dieron cuando le quitaron el pecho.° Yo no sé, pero me acuerdo que estuvo enferma un día nada más, y al día siguiente se murió.

Nuestras vidas hubieran seguido de la misma forma de siempre, pero vino un golpe inesperado. El dueño de la compañía vendió parte de los terrenos para un reparto de casas, y por eso pensaba despedir a varios empleados. Todas las familias que habíamos vivido de las naranjas sufríamos, pero no había remedio. Mi mamá rezaba más y se puso más pálida, y mi papá dejó de cantar. Caminaba cabizbajo° y no me subía a los hombros.

—Ay, si fuera carpintero podría conseguir trabajo en la construcción de esas casas— decía. Al fin se decidió ir a Los Ángeles donde tenía un primo, para ver si conseguía trabajo. Mi mamá sabía coser° y tal vez ella podría trabajar en una fábrica. Como no había dinero para comprarle un pasaje en el tren, mi papá decidió meterse a escondidas en el tren de la madrugada. Una vez en Los Ángeles, seguramente conseguiría un empleo bien pagado. Entonces nos mandaría el pasaje para trasladarnos.

La mañana que se fue hubo mucha neblina.° Nos dijo que no fuéramos a despedirle al tren para no atraer atención. Metió un pedazo de pan en la camisa y se puso un gorro. Después de besarnos a mi mamá y a mí, se fue caminando rápidamente y desapareció en la neblina.

Mi mamá y yo nos quedamos sentados juntos en la oscuridad, temblando de frío y de los nervios, y tenso por el esfuerzo de escuchar el primer silbido° del tren. Cuando al fin oímos que el tren salía, mi mamá dijo: —Bueno, ya se fue. Que vaya con Dios—.

No pudimos volver a dormir. Por primera vez me alisté° temprano para ir a la escuela.

Como a las diez de la mañana me llamaron para que fuera a mi casa. Estaba agradecido por la oportunidad de salir de la clase, pero tenía una sensación rara en el estómago y me bañaba un sudor helado mientras corría. Cuando llegue jadeante estaban varias vecinas en la casa y mamá lloraba sin cesar.

—Se mató, se mató— gritaba entre sollozos. Me arrimé a ella mientras el cuarto y las caras de la gente daban vueltas alrededor de mí. Ella me agarró como un náufrago° a una madera, pero siguió llorando.

Allí estaba el cuerpo quebrado de mi papá. Tenía la cara morada y coágulos de sangre en el pelo. No podía creer que ese hombre tan fuerte y alegre estuviera muerto. Por cuenta° había tratado de cruzar de un vagón° a otro por los techos y a causa de la neblina no pudo ver bien el paraje. O tal vez por la humedad se deslizó. La cosa es que se cayó poco después de haberse subido. Un vecino que iba al trabajo lo encontró al lado de la vía, ya muerto.

Los que habían trabajado con él en los naranjales hicieron una colecta, y con los pocos centavos que podían dar reunieron lo suficiente para pagarnos el pasaje en el tren. Después del entierro, mi mamá empacó en dos bultos los escasos bienes° que teníamos y fuimos a

Los Ángeles. Fue un cambio decisivo en nuestras vidas, más aún, porque íbamos solos, sin mi papá. Mientras el tren ganaba velocidad, soplé un adiós final a los naranjos.

El primo de mi papá nos ayudó y mi mamá consiguió trabajo cosiendo en una fábrica de overoles. Yo empecé a vender periódicos después de la escuela. Hubiera dejado de ir del todo a la escuela para poder trabajar más horas, pero mi mamá insistió en que terminara la secundaria.

Eso pasó hace muchos años. Los naranjos de mi niñez han desaparecido. En el lugar donde alzaban sus ramas perfumadas hay casas, calles, tiendas y el constante vaivén° de la ciudad. Mi mamá se jubiló° con una pensión pequeña, y yo trabajo en una oficina del estado. Ya tengo familia y gano lo suficiente para mantenerla. Tenemos muebles en vez de cajas, y mi mamá tiene una mecedora donde sentarse a descansar. Ya ni existen aquellas cajas de madera, y las etiquetas que las adornaban se coleccionan ahora como una novedad.

Pero cuando veo las pirámides de naranjas en el mercado, hay veces que veo esas cajas de antaño y detrás de ellas está mi papá, sudando y sonriendo, estirándome los brazos para subirme a sus hombros.

burdas *rough* **el cántaro** *pitcher* **el esmalte descascarado** *chipped enamel* **las ollas** *pots* **los azahares** *orange blossoms* **la caravela** *sailing ship* **El Dorado** *Golden Land* **escaso** *scarce* **el zumo** *juice* **el tallo** *stem* **recio** *strong* **tiesa** *tight* **le quitaron el pecho** *stopped breast feeding* **cabizbajo** *crestfallen, pensive* **coser** *to sew* **neblina** *fog* **el silbido** *whistle* **alisté** *got ready* **el náufrago** *shipwrecked person* **Por cuenta** *Being told* **el vagón** *car of a train* **los bienes** *possessions* **el vaivén** *swinging, rocking* **se jubiló** *retired*

¿Qué comprendió Ud.?

Ponga los siguientes eventos en orden cronológico (1-6).

1. Murió el padre.
2. El padre fue despedido de su trabajo.
3. El padre y la madre llegaron de México a California.
4. Murió la hermanita.
5. La familia decide mudarse a Los Ángeles.
6. El narrador encontró trabajo.

Charlando

Muchos inmigrantes vinieron y siguen viniendo a los Estados Unidos en busca de "El Dorado". ¿Cree usted que muchos lo han encontrado o que es un sueño poco realista? Explique.

a escribir

Estrategia

Narrar un recuerdo de niñez

Un recuerdo de su niñez

1. Piense en su niñez. ¿Recuerda usted una experiencia o un episodio en particular?

2. Identifique los siguientes detalles de lo que pasó usando el pretérito. Conteste estas preguntas.
   - ¿Cuándo ocurrió?
   - ¿Qué pasó?
   - ¿Qué hizo usted? ¿Qué hicieron los demás?
   - ¿Cómo terminó todo?

3. Ahora dé una descripción del ambiente o del trasfondo para completar su relato. Conteste las siguientes preguntas usando el imperfecto. Añada más elementos a la descripción.
   - ¿Cuántos años tenía usted?
   - ¿Qué mes era?
   - ¿Era de día o de noche? ¿Qué hora era?
   - ¿Quiénes estaban allí?
   - ¿Qué cosas había allí?
   - ¿Cómo se sentía usted?
   - ¿Cómo era la gente/el lugar?
   - ¿Qué hacía la gente cuando usted llegó?

4. Combine las dos partes para que su relato fluya lógicamente.

repaso

Now that I have completed this chapter, I can...

✓ give advice about driving in the city
✓ make suggestions to friends and family
✓ make wishes for the future
✓ ask for and give directions
✓ report what others have said
✓ give commands
✓ make generalizations about what's important, useful, and necessary
✓ make recommendations
✓ offer opinions
✓ seek and provide postal information
✓ talk about things to do in a city

I can also...

✓ name and recognize some Spanish traffic signs
✓ find my way in a Spanish community
✓ name cities in Texas
✓ name and identify Spanish missions in San Antonio
✓ talk about Hispanics in Miami
✓ talk about the Hispanic presence in New York
✓ name some Spanish-speaking writers who have written about New York

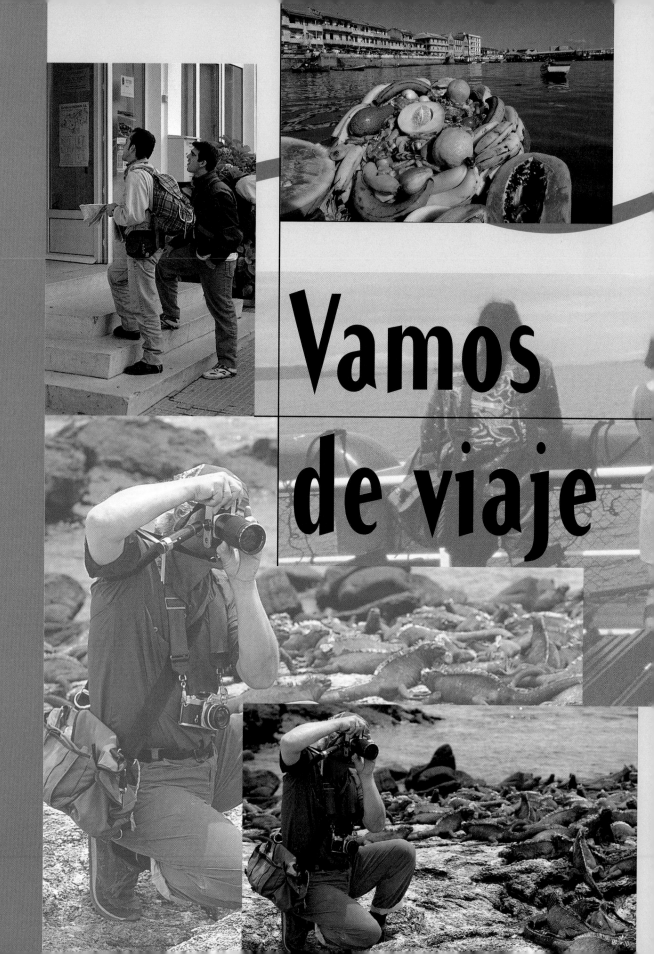

Vamos de viaje

CAPÍTULO 6

¢500.00 N° 07215

ENTRADA AL MIRADOR
OBSERVATORIO VOLCÁN ARENAL

In this chapter you will be able to:

- talk about events that will take place in the future
- make travel plans
- make lodging arrangements
- talk about the weather
- express doubt or denial about certain facts
- express emotions, likes and dislikes
- make requests in a polite manner

245

Contexto cultural
COSTA RICA

Planes de viaje

*Luisa, María y Virginia son tres chicas mexicanas que van a hacer un viaje por Costa Rica, Nicaragua y Panamá. Están en una **agencia de viajes**° para decidir qué lugares van a visitar. Han estado **ahorrando**° durante mucho tiempo y deben hacer el viaje antes de que empiecen de nuevo las clases.*

AGENTE: Es importante que tengan en cuenta el clima de los tres países y el tiempo que quieren estar en cada uno.

LUISA: No se preocupe ya sabemos que hace mucho calor y hay **humedad**° en los tres. En efecto, eso es lo que nos atrae. Queremos conocer los bosques y la selva **tropical.**°

AGENTE: Ésa es la mejor área para conocer la naturaleza tropical de América. Sería una lástima que no hicieran una excursión de dos días por la selva.

MARÍA: A mí también me gustaría visitar las capitales, es decir San José, Managua y Panamá. Es interesante ir a las ciudades grandes para luego compararlas con los pueblos más pequeños y también para conocer su historia.

VIRGINIA: Bueno, eso está muy bien. Pero hablemos de cuánto nos va a costar el viaje. No queremos **gastar**° mucho. ¿Nos puede decir cuánto valen los **pasajes**° y si tienen **descuento de estudiante?**°

AGENTE: Depende de cuándo quieran viajar. Si viajan **a mediados de**° septiembre la **tarifa**° es más baja. Los precios suben de diciembre a abril, aunque a veces hay precios especiales en esos meses y también descuentos.

MARÍA:	¿Es necesario decírselo ahora mismo? Tenemos que ver cuándo empiezan las clases.
AGENTE:	Tengo que explicarles algo, para que no haya **malentendidos.**° Si deciden **reservar**° pasajes con precio especial o con descuento de estudiante, una vez que hacen la **reserva,**° no la pueden **cancelar.**° Si **se arrepienten,**° perderán todo el dinero.
VIRGINIA:	Entonces tenemos que pensarlo bien. Necesitamos la **confirmación**° del horario de clases. Además, hay que decidirlo **con anticipación**° a fin de que encontremos dónde alojarnos en los tres países.
AGENTE:	Tiene razón. Les aconsejo que lo averigüen **tan pronto como sea posible**° para que no haya problemas.
LUISA:	Creo que lo mejor que podemos hacer en estos momentos es ir a un restaurante para ponernos de acuerdo. Lo importante es que **disfrutemos**° del viaje, así que tenemos que pensar muy bien en todos los detalles.

la agencia de viajes *travel agency* **ahorrando** *saving* **la humedad** *humidity* **tropical** *tropical*
gastar *to spend* **los pasajes** *fares, tickets* **el descuento de estudiante** *student discount* **a mediados
de** *in the middle of* **la tarifa** *rate* **los malentendidos** *misunderstandings* **reservar** *to reserve*
la reserva *reservation* **cancelar** *to cancel* **se arrepienten** *regret* **la confirmación** *confirmation*
con anticipación *in advance* **tan pronto como sea posible** *as soon as
possible* **disfrutemos** *we enjoy*

El teatro Salazar
en San José.

1 ¿Qué comprendió Ud.?

1. ¿Por qué están María, Luisa y Virginia en la agencia de viajes?
2. ¿Qué tipo de excursión les recomienda el agente?
3. ¿Qué es lo que le gustaría conocer a María?
4. ¿En qué momento del año es más barata la tarifa de pasajes de avión?
5. ¿Por qué no pueden decidir las tres amigas cuándo van a viajar?
6. ¿Qué pasa si las tres se arrepienten después de comprar los pasajes?

2 Charlando

1. ¿A qué país o países le gustaría ir?
2. ¿Qué le gustaría conocer de esos países?
3. ¿Cuándo le gustaría viajar?
4. ¿Piensa viajar solo(a) o acompañado(a)?
5. ¿Le gustaría planearlo con un agente de viajes o solo(a)?
6. ¿Qué le gustaría hacer allí?

La reserva natural Curu, Costa Rica.

IDIOMA

El subjuntivo en ciertas cláusulas adverbiales

Use the subjunctive after the following conjunctions only when talking about events that have not happened yet and that may not happen at all.

tan pronto como (en cuanto)	*as soon as*
cuando	*when*
hasta que	*until*
después de que	*after*
antes de que	*before*
aunque	*although, even though*
para que	*in order that*

Iremos a un parque natural tan pronto como lleguemos a Costa Rica.

*Voy a llamar al hotel **tan pronto como** sepamos qué día vamos a viajar.*

I will call the hotel **as soon as** we know when we are going to travel.

*Vamos a ir al bosque tropical **aunque** llueva.*

We are going to go to the tropical forest **even if** it rains. (It is not raining yet.)

When you are referring to events in the past, you do not use the subjunctive with these conjunctions.

*Llamé al hotel **tan pronto como** supimos qué día íbamos a viajar.*

I called the hotel **as soon as we found out** what day we were going to travel.

*Fuimos al bosque tropical **aunque** llovía.*

We went to the tropical forest **even though it was raining.**

When referring to routine, habitual actions, do not use the subjunctive after these conjunctions.

*Siempre llamo al hotel **tan pronto como** sé qué día vamos a viajar.*

I always call the hotel **as soon as I find out** when we're going to travel.

*Vamos al bosque tropical **aunque** llueve.*

We go to the tropical forest **even if it rains.**

Antes de que is the exception to the previous rule. You use the subjunctive with *antes de que* no matter what the time reference is.

future:
*Haz las maletas **antes de que** llegue el taxi.*

Pack your bags **before** the taxi **gets** here. (It hasn't arrived yet.)

habitual:
*Siempre **hago** las maletas **antes de que** llegue el taxi.*

I always **pack** my bags **before** the taxi **gets** here.

Cuando decida adónde quiere ir, lea esta información.

 ¿Qué dice Ud.?

Complete las oraciones con la forma correcta del verbo entre paréntesis. Use el subjuntivo sólo cuando sea necesario.

 Cuando (recibir) <u>reciba</u> la confirmación, voy a pagar el pasaje.

1. Voy a comprar los pasajes antes de que (gastar) <u>(1)</u> el dinero en otra cosa.
2. No voy a poder ir de viaje hasta que (ahorrar) <u>(2)</u> el dinero necesario.
3. Cuando (tener) <u>(3)</u> dinero, siempre lo gasto en ropa.
4. Normalmente no viajo hasta que (llegar) <u>(4)</u> el verano.
5. Después de que (confirmar) <u>(5)</u> las reservas fui a comprar las maletas.
6. Cuando (llegar) <u>(6)</u> las vacaciones de verano, voy a visitar a unos parientes que viven en Costa Rica.
7. Tan pronto como (terminar) <u>(7)</u> esta actividad, voy a reservar el hotel.
8. Aunque (querer) <u>(8)</u> estar con mis abuelos todo el verano, sólo voy a poder verlos unas pocas semanas.

 Apenas pueda...

Hay que hacer muchas cosas antes de salir de viaje. Complete las oraciones con una expresión en subjuntivo.

1. Vaya a una agencia de viajes en cuanto...
2. Haga muchas preguntas aunque...
3. Elija un hotel en cuanto...
4. Haga su reserva tan pronto como...
5. Alquile un carro antes de que...
6. No haga la cancelación hasta que...
7. Ahorre mucho dinero para que...
8. Compre su pasaje antes de que...

Algo más

El equipaje

Se llama **equipaje** a todo lo que una persona lleva en un viaje. Puede incluir las cajas, los baúles y las **maletas**. A las maletas en Argentina se les dice **valijas** y en algunos lugares de México se llaman **petacas**. También son parte del equipaje los **maletines de mano** y los **bolsos** que los pasajeros cargan con ellos.

Notas para el viajero

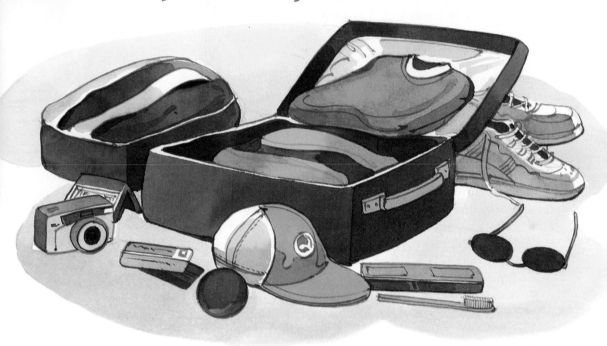

Si ha decidido hacer un viaje largo por distintos países, la **regla**° más importante es llevar lo **esencial**° en la maleta. Tenga en cuenta que no es fácil viajar en diferentes **medios de transporte**° con mucho equipaje. Además, corre el riesgo de perderlo.

A la hora de hacer el equipaje debe usted pensar qué clima va a encontrar en el país que visita. A veces, si va a ir al otro hemisferio, las estaciones son **opuestas.**° Por ejemplo, si va a visitar Chile en Navidad, va a ver que allí no hace frío, porque es el verano. Si va a un clima tropical, como el de Costa Rica, va a encontrarse más calor. Pero piense que en muchos de estos países, según la temporada, llueve mucho. Siempre hay que llevar la ropa adecuada para cada clima y los **complementos**° necesarios, como un **paraguas**° **plegable.**° También es importante llevar algunos medicamentos que usted use regularmente en la maleta.

Asegúrese de llevar los documentos necesarios: el pasaporte, los **cheques de viajero,**° la **tarjeta de crédito,**° etc. También es bueno llevar un poco de **moneda**° del país, por si tiene que comprar alguna cosa.

Muestre interés por la gente y respete las costumbres del país que visita. Por ejemplo, no entre en una iglesia con pantalones cortos o sin camisa o camiseta. Sea **discreto**° con su forma de vestir y de actuar. Piense que cada turista es un **embajador**° de su país.

la regla *rule* **esencial** *essential* **los medios de transporte** *means of transportation* **opuestas** *opposite* **los complementos** *accessories* **el paraguas** *umbrella* **plegable** *folding* **los cheques de viajero** *traveler's checks* **la tarjeta de crédito** *credit card* **la moneda** *currency* **discreto** *discreet* **el embajador** *ambassador*

5 ¿Qué comprendió Ud.?

1. ¿Cuál es la regla más importante si viaja por diferentes lugares?
2. ¿Cuáles serían los inconvenientes de viajar con mucho equipaje?
3. ¿Qué es importante saber antes de salir de viaje?
4. ¿Qué complemento es necesario si viaja a un país tropical en época de lluvias?
5. ¿Qué documentos son esenciales a la hora de viajar?
6. ¿Por qué es importante tener respeto por las costumbres de cada país?
7. Como "embajador(a)" de los Estados Unidos, ¿qué impresión le gustaría dar a aquellas personas que conoce en sus viajes?

Conexión Cultural

Costa Rica, el país de los parques naturales

Costa Rica, en Centroamérica, es conocido principalmente por sus parques naturales. Más del 25 por ciento de las tierras del país están designadas como reservas naturales. En ellas hay todo tipo de especies de flora y fauna, tan diversas como su geografía.

En Costa Rica, encontramos desde altísimas montañas y volcanes, donde la temperatura desciende por debajo de cero, hasta costas tropicales y húmedas, donde hace mucho calor.

La gente en este país centroamericano tiene fama de ser extremadamente amable con los visitantes. La mayoría de sus más de tres millones de habitantes son descendientes de españoles, indígenas y africanos, y viven en la Meseta Central, un área fértil y de clima templado.

Además de sus parques naturales, Costa Rica es conocido por su interés por la paz. Es el único país de América que no tiene ejército *(army)* y su ex-presidente Arias destinó el dinero del premio Nobel que recibió en 1987 a crear una fundación para fomentar el desarrollo y la paz en Centroamérica.

El cráter del volcán de Poás tiene 1 1/2 km de diámetro.

6 De viaje

Con su compañero(a), digan qué viaje escogerían en las siguientes situaciones.

1. Quieren visitar varios parques nacionales.
2. Sólo tienen $1.000 para gastar.
3. Sólo tienen 4 días de vacaciones.
4. Tienen dos semanas de vacaciones.
5. Pueden gastar hasta $1.800.
6. Quieren ir a Tortuguero.

¿Le gusta el ecoturismo?

¡Venga a Costa Rica en sus próximas vacaciones!

Escoja el paquete más adecuado para usted:

¡VIAJE A COSTA RICA, EL PAÍS DE LA NATURALEZA!
¡VISITE SUS SELVAS TROPICALES!
¡OBSERVE ESPECIES ANIMALES ÚNICAS EN EL MUNDO!
¡SUBA A SUS VOLCANES ACTIVOS!
¡DISFRUTE DE SU FLORA Y SU FAUNA!

Viajes de 7 días desde $995*
Viajes de 14 días desde $1695**

* Incluye billete de avión de ida y vuelta en primera clase. Estancia en hotel de tres estrellas. Cuatro excursiones con guía a parques naturales.
** Incluye billete de avión de ida y vuelta en primera clase. Estancia en hotel de cinco estrellas. Ocho excursiones con guía a parques naturales. Coche de alquiler para 2 días.
Infórmese llamando al teléfono (212) 555-7665.

Viajes Tropical
¡La número uno en viajes a América Central!

Paquete 1 $850
Incluye:
- 4 días (3 noches) en hotel de 3 estrellas
- Excursión a tres parques nacionales
- Billete de avión de ida y vuelta, JFK-San José
- Traslados del aeropuerto al hotel

Paquete 2 $1350
Incluye:
- 7 días (6 noches) en hotel de 5 estrellas
- Excursión a cinco parques nacionales
- Visita de 1 día a Tortuguero
- Billete de avión de ida y vuelta, JFK-San José
- Traslados del aeropuerto al hotel

Para más información llámenos a:
Agencia Costa Rica Tours Teléfono (212) 555-5678

7 ¿Qué significa?

Relacione las palabras de la columna de la izquierda con las definiciones de la derecha.

1. embajador
2. paraguas plegable
3. esencial
4. ahorrar
5. tan pronto como sea posible
6. agencia de viajes

A. muy pronto
B. gastar muy poco dinero
C. complemento para la lluvia
D. lugar donde se venden pasajes
E. persona que representa a su país
F. necesario, importante

Estrategia

Para aprender vocabulario: hacer listas

Al final de cada lección, haga una lista de por lo menos tres palabras nuevas que ha aprendido. Escríbalas en su diccionario personal. Elija las palabras que cree que le serán útiles en el futuro. Por ejemplo, si usted viaja frecuentemente puede incluir en su lista las palabras "pasaje", "reserva" y "confirmación". Si no viaja mucho, pero le gustaría trabajar en el mundo de la economía y las finanzas en el futuro, puede escribir "moneda", "cheque de viajero" y "tarjeta de crédito".

Para recordar las palabras más fácilmente, intente aprenderlas en un contexto. Escriba una oración. Si puede incluir las tres palabras en una sola oración, mejor. Por ejemplo, "Primero hago la reserva del pasaje y luego sólo necesito la confirmación".

2 FLIGHT

CONTRATO DE BOLETO AEREO Y TALON DE EQUIPAJE
Cada pasajero debe examinar su boleto con cuidado particularmente las Condiciones del Contrato que aparecen en la pagina no. 1, el Aviso a los pasajeros en la pagina no.2 y otros avisos que se encuentran incluidos dentro de este boleto.

PASSENGER CONTRACT TICKET AND BAGGAGE CHECK
Each passenger should carefully examine this ticket, particularly the Conditions of Contract on page 1, the Advice on page 2 and other notices contained herein.

133 :4200 :938 :262 :3

Lacsa
LINEAS AEREAS COSTARRICENSES S.A.

MENBER OF
I A T A
QUALITY IN AIR TRANSPORT

Autoevaluación. Compruebe lo que ha aprendido. Conteste las siguientes preguntas.

1. ¿Qué se vende en una agencia de viajes? ¿Qué más se hace allí?
2. Diga dos conjunciones de futuro que requieren el subjuntivo.
3. Diga tres reglas que le ayudarán a disfrutar más un viaje.
4. ¿Cuál es la capital de Costa Rica?
5. ¿Qué tipo de turismo es muy popular en Costa Rica? ¿Por qué?
6. ¿Por qué se relaciona Costa Rica con la paz?

¡La práctica hace al maestro!

A Comunicación

En parejas creen un diálogo entre un(a) estudiante y un(a) agente de viajes. Sigan las indicaciones. Cuando hayan terminado, cambien de papel.

A: *(Pregunte a qué país quiere viajar.)*
B: *(Conteste y pregunte si tienen tarifas con descuentos para estudiantes.)*
A: *(Conteste. Pregunte cuándo quiere viajar.)*
B: *(Conteste. Pregunte qué hoteles le recomienda.)*
A: *(Conteste y pregunte cuánto quiere gastar.)*
B: *(Conteste. Pida consejos sobre el viaje.)*
A: *(Conteste.)*
B: *(Dé las gracias y despídase.)*

B Conexión con la tecnología

Escoja un país de habla hispana que le gustaría visitar. Obtenga información turística por medio de Internet o visite una agencia de viajes en su ciudad. Averigüe los siguientes detalles.

- el precio de un pasaje desde el aeropuerto más cercano a usted hasta la capital del país
- el precio del cuarto en un hotel económico durante una semana
- ciudades y lugares de interés turístico
- la tasa de cambio *(exchange rate)* del dólar a la moneda nacional
- la mejor época para visitar el país (por el clima, fiestas, etc.)

Reúna toda la información sobre su "viaje" (con folletos y fotografías) y preséntela a la clase.

En la agencia de viajes
la agencia de viajes
la confirmación
el descuento de estudiante
el malentendido
el medio de transporte
el pasaje
la regla
la reserva
la tarifa

Verbos
ahorrar
arrepentirse
cancelar
disfrutar
gastar
reservar

Qué llevar de viaje
el cheque de viajero
el complemento
la moneda
el paraguas
la tarjeta de crédito

El tiempo
la humedad
tropical

Expresiones y otras palabras
a mediados de
con anticipación
discreto(a)
el/la embajador(a)
esencial
opuesto(a)
plegable
tan pronto como sea posible

Oportunidades

Agente de viajes

La profesión de agente de viajes es, según el Departamento de Trabajo de los Estados Unidos, una de las profesiones que más va a crecer en los próximos años.

Si le gustaría trabajar en el mundo de los viajes y el turismo, ser agente de viajes puede ser una buena opción. Hablar español es sin duda una gran ventaja, ya que le facilitará el acceso a informaciones en países de habla hispana, como por ejemplo hacer una reserva en un hotel o hacer reservas para el tren o avión.

Además, los agentes de viaje tienen posibilidad de hacer muchos viajes gratis o conseguir grandes descuentos para ellos y sus familias.

Lección 22

Tormenta en el aeropuerto

*Luisa, María y Virginia están desayunando en la cafetería del aeropuerto. Su avión, con destino a San José, Costa Rica, está un poco **retrasado.**°*

LUISA: ¡Qué suerte que nuestros profesores nos dejaron ir de viaje! La idea de hacer un trabajo sobre las zonas tropicales fue muy buena.

MARÍA: Ahora tendremos que tomar notas y sacar fotografías de todos los lugares que visitemos para poder hacer la presentación del trabajo.

VIRGINIA: Pero antes, tenemos que salir de aquí. La señorita de información dijo que el **retraso**° se debía a la tormenta. Ojalá que no haya problemas en el avión con los **truenos**° y los **relámpagos.**° No me gusta la idea de tener que volar en medio de una tormenta.

LUISA: *(Haciendo una broma.)* No te preocupes, mujer, si llueve mucho, podemos sacar los paraguas. En serio, no creo que tengamos mal tiempo.

VIRGINIA: Ésta es la primera vez que viajo en avión. No puedo **negar**° que estoy un poco preocupada por este **aguacero,**° aunque también **confío**° en que los **pilotos**° sepan volar con mal tiempo.

MARÍA: **No temas,**° Virginia. Además, cuanto más **dure**° el retraso más seguras estaremos allí arriba. Según el **boletín**° del tiempo de esta mañana, la lluvia terminará pronto. Luego habrá algo de **niebla**° y bastante humedad. Dicen que mañana lloverá más, pero nosotras ya estaremos en Costa Rica.

VIRGINIA: ¿Qué pasa si hay muchas **nubes**° mientras volamos?

LUISA:	Siempre hay muchas nubes. Los aviones están preparados para eso. Virginia, creo que tienes que **relajarte.**° Piensa en lo bien que la vamos a pasar en estos tres maravillosos países. ¡Vamos a disfrutar de este viaje!
MARÍA:	Bueno, chicas, vamos a **recoger**° nuestras **tarjetas de embarque.**° Después, propongo ir a ver las tiendas del aeropuerto. Dudo que podamos hacer otra cosa hasta que salga el vuelo.
LUISA:	¡Qué buena idea! Así podemos mirar entre tienda y tienda los monitores para saber a qué hora tenemos que embarcar. Después de todo, no vamos a **perdernos**° esta gran aventura.

retrasado *delayed* **el retraso** *delay* **los truenos** *thunder* **los relámpagos** *lightning* **negar** *to deny*
el aguacero *strong rain shower* **confío** *I trust* **los pilotos** *pilots* **No temas** *Don't be afraid*
dure *it lasts* **el boletín** *report* **la niebla** *fog* **las nubes** *clouds* **relajarte** *to relax* **recoger** *to pick up*
las tarjetas de embarque *boarding passes* **perdernos** *to miss*

 ¿Qué comprendió Ud.?

1. ¿A qué país se dirigen las chicas?
2. ¿Qué propusieron las chicas a sus profesores para que las dejaran irse de viaje?
3. ¿Qué van a tener que hacer para la presentación del trabajo?
4. ¿Por qué está retrasado el vuelo?
5. ¿Por qué Virginia está más preocupada que Luisa y María?
6. ¿Por qué cree María que es bueno que haya retraso?
7. ¿Cuál es el pronóstico del tiempo para el día siguiente?
8. ¿Qué propone María que pueden hacer mientras sale el vuelo?

 Charlando

1. ¿Ha viajado alguna vez en avión? ¿Cuántas veces?
2. ¿A qué países le gustaría viajar?
3. ¿Conoce a alguien que tuvo que esperar en el aeropuerto varias horas debido a un retraso del vuelo por mal tiempo?
4. ¿Le gustaría viajar en avión durante una tormenta?
5. ¿Lee el boletín del tiempo todos los días?
6. Imagine que pierde la tarjeta de embarque antes de subir a un avión. ¿Qué cree que pasaría?

Viaje en avión

en avión	*by plane*
despegar	*to take off*
aterrizar	*to land*
el/la copiloto	*copilot*
el billete/boleto aéreo	*airline ticket*
la pista de aterrizaje	*landing strip*
la turbulencia	*turbulence*

IDIOMA

El futuro

You have used *ir a* + the infinitive to talk about plans for the future.

Voy a *viajar a Costa Rica en diciembre.*

I am going to travel to Costa Rica in December.

You may also use the future tense to talk about plans for the future. The future tense is generally used to talk about a more distant time in the future than *ir a* + the infinitive. Form the future tense by taking the infinitive of the verb and adding the following personal endings: *-é, -ás, -á, -emos, -éis, -án.* These endings are the same for all verbs. Don't forget to use the accent marks.

viajar	ver	ir
viajaré	veré	iré
viajarás	verás	irás
viajará	verá	irá
viajaremos	veremos	iremos
viajaréis	veréis	iréis
viajarán	verán	irá

El próximo año pasaré el verano en la playa.

El próximo año **iré** *a Costa Rica.*
***Viajaré** allí para visitar a mi amiga Ana.*
Ella y yo **viajaremos** *por el país por tres semanas.*

Next year I **will go** to Costa Rica.
I **will travel** there to visit my friend Ana.
She and I **will travel** all around the country for three weeks.

Some verbs have an irregular stem in the future tense but share the same endings as regular verbs.

haber (hay): habr-	decir: dir-	tener: tendr-
saber: sabr-	poner: pondr-	poder: podr-
querer: querr-	venir: vendr-	salir: saldr-

¿Cuándo **vendrás** *a visitarme?*
No **podré** *salir hasta mañana.*

When **will you come** to visit me?
I **won't be able to** leave until tomorrow.

In addition to expressing actions in the future, you may use the future tense to refer to the present if you are not entirely sure of something. This is the equivalent to the English "probably" or "I wonder . . ."

¿Qué hora **será**?

What time do you think it is?
(**I wonder** what time it **is**.)

¿Dónde **estarán** *tus primas?*

Where could your cousins be?
(**I wonder** where . . .)

3 El pronóstico del tiempo

¿Qué tiempo hará mañana? Haga el pronóstico del tiempo, usando el futuro. Siga el modelo.

 Hay muchas nubes negras. (llover)
Lloverá.

1. El viento es muy fuerte. (haber mal tiempo)
2. Hay nubes grises y empieza a llover. (caer un aguacero)
3. Hay mucha niebla. (hacer frío)
4. Hay tormenta y oigo ruidos. (ser truenos)
5. Cada vez hay menos nubes. (salir el sol)
6. Llovió toda la noche. (hacer un día húmedo)

4 ¿Qué pasará?

Diga qué pasará en las siguientes situaciones. Complete las oraciones usando el futuro, según las indicaciones.

 Hace mucho frío. Yo... (ponerse un suéter)
Me pondré un suéter.

1. Está lloviendo. Las muchachas... (sacar el paraguas)
2. El avión está aterrizando. Los pasajeros... (abrocharse los cinturones)
3. No hicimos la reserva. Nosotros no... (poder viajar)
4. Estás muy cansado. Tú... (dormir toda la noche)
5. Hay mucha gente en la aduana. Tu hermana... (tener que esperar)
6. Se me perdió el paraguas. Yo... (comprar otro)
7. Llamaron para abordar. Ustedes... (subirse al avión)

5 Predicciones

Con su compañero(a), escriban seis cosas que creen que pasarán el próximo año. Luego comparen sus oraciones con las de otros compañeros.

 El próximo año viajaremos.

Algo más

¿Azafata o auxiliar de vuelo?

La palabra **azafata** proviene del árabe *azafate* que significa bandeja *(tray)*. Como la palabra "azafata" es femenina, se comenzó a usar la palabra **el/la auxiliar de vuelo** *(flight attendant)* o **el/la aeromozo(a)**. Hoy día muchos hombres hacen este trabajo.

IDIOMA

El subjuntivo en expresiones de duda y negación

An additional use of the subjunctive is to convey doubt, uncertainty, or denial. Use the subjunctive to express this kind of message after verbs such as the following.

dudar que	*to doubt that*
no creer que	*to not believe that*
no pensar que	*to not think that*
no estar seguro(a) de que	*to not be sure that*
negar que	*to deny that*

Dudo que consigamos reservaciones.
I doubt we will get reservations.

No creo que haya tormenta.
I don't believe there will be a storm.

No estoy seguro de que lleguemos
a tiempo.
I am not sure we will arrive
on time.

The subjunctive may also be needed after the following expressions of doubt and denial to express events that have not yet occurred and that may never occur.

tal vez:	*Tal vez viaje en tren.*	**I might travel** by train.
quizá(s):	*Quizá sea más barato.*	**It might be** cheaper.
ojalá:	*Ojalá que no esté retrasado.*	**I hope it is** not delayed.

6 Los pasajeros tienen dudas

Complete las siguientes oraciones con el subjuntivo del verbo entre paréntesis.

1. Virginia duda que (poder) (1) estar tranquila durante la tormenta.
2. Las chicas no creen que (deber) (2) esperar mucho tiempo en el aeropuerto.
3. Mañana dudo que (tener) (3) tiempo libre para ir a la agencia de viajes.
4. María no está segura de que mañana (hacer) (4) buen tiempo.
5. Pablo no piensa que (terminar) (5) la presentación el lunes.
6. Catalina niega que su hermana (dormir) (6) en el avión cuando hay turbulencia.
7. Yo no creo que (llover) (7) a la hora del despegue.
8. Tú no estás segura de que (llegar) (8) a tiempo a la puerta de embarque.

Algo más

Palabras con muchos significados

Muchas palabras, tanto en español como en inglés, tienen varios significados y se usan para diferentes acciones o cosas, según sea el caso. Por ejemplo, **perder** significa *to lose*, pero **perder el tren** o **el avión** significa *to miss* en inglés. También, *to miss someone* o *something* significa **extrañar** (y echar de menos), pero *to miss a class* significa **faltar a clase**. Sin embargo, **faltar** se usa para indicar necesidad, como en **le faltan cuatro** *(He still needs four* o *He is missing four)*, o para indicar la hora: **Faltan** cinco minutos para las seis *(it is 5:55)*. Otros ejemplos de estas palabras son **demorar** que significa *to take up time* y, también, *to be late* y **tiempo,** que significa *time* o *weather*.

 ¿Qué significa?

Elija la oración que tenga el mismo significado que la oración dada.

 El boletín del tiempo dice que mañana a las nueve lloverá.
  A. El boletín de noticias dice que mañana lloverá nueve veces.
  (B.) El boletín del clima dice que mañana lloverá a las nueve.

1. Las chicas perdieron el avión a Costa Rica.
   A. El avión se fue a Costa Rica sin las chicas.
   B. Las chicas no recuerdan dónde dejaron el avión.
2. Faltan tres minutos para que despegue el avión.
   A. El avión despegará tres minutos antes.
   B. Dentro de tres minutos despega el avión.
3. Virginia va extrañar mucho a sus amigas.
   A. Virginia se siente triste porque se va a separar de sus amigas.
   B. Virginia viajará con sus amigas.
4. Luisa faltará mañana a la clase de historia.
   A. Luisa va a extrañar la clase de historia de mañana.
   B. Luisa no va a ir a la clase de historia de mañana.
5. Pablo se perdió el programa nuevo de televisión.
   A. Pablo no vio el programa nuevo de televisión.
   B. Pablo no sabe dónde dejó el programa nuevo de televisión.

Faltan tres horas para que salga el avión. ¿Qué hacemos?

Conexión Cultural

El ecoturismo en Costa Rica

No es difícil hacer ecoturismo en un país que protege tanto sus reservas naturales como Costa Rica. El 28% del país son parques naturales. Por su diversidad, es un país perfecto para cualquier amante de la naturaleza. Se pueden visitar sus volcanes, como el Poás, el Arenal o el Irazú, y también sus hermosas playas como las de Tortuguero, Playa Hermosa, Jacó o Puerto Viejo.

Mariposas de la Península de Osa, Costa Rica.

Naturalmente, también pueden visitarse algunos de sus 30 parques nacionales, como el de la selva tropical Braulio Carrillo, o el Parque Nacional Corcovado, el Parque Nacional Santa Rosa, o el Parque Nacional Manuel Antonio y Montezuma. A pesar de que miles de ecoturistas visitan los parques cada año, en los parques no hay hoteles y la mayor parte del presupuesto *(budget)* se invierte *(is invested)* en la protección de sus animales y plantas.

Costa Rica es famosa por su gran variedad de mariposas. La más conocida de ellas es la mariposa celeste común, que se encuentra principalmente en la costa del Atlántico. Pero uno de los animales más importantes de Costa Rica es el quetzal, un pájaro cuyo nombre indígena significa "hermoso" y que tiene plumas de muchos colores y una cola larguísima. El quetzal vive en las montañas de Costa Rica.

Otra atracción son las tortugas marinas. Las tortugas anidan *(make nests)* en las costas del Atlántico y del Pacífico. La playa de Tortuguero recibe este nombre por el gran número de tortugas que vienen a poner sus huevos *(lay their eggs)* en ella.

CONEXIONES 8 Cruzando fronteras

En Costa Rica hay muchos volcanes. Algunos de ellos son todavía activos. El volcán Arenal, por ejemplo, es uno de los más activos del mundo. Los volcanes generalmente son muy altos. ¿Sabe cuántos metros de altura tienen los siguientes volcanes?

Nombre del volcán	pies	metros
Poás	8.900	
Irazú	11.322	
Arenal	5.358	

Sabiendo que un metro es igual a 3,29 pies, averigüe la altura en metros de cada volcán y complete la tabla anterior. Use la siguiente fórmula:

$$\frac{\text{pies}}{3,29} = \text{metros}$$

El volcán Arenal, Costa Rica.

9 ¿Qué tiempo hará mañana?

En el diario de hoy, busque el boletín del tiempo y lea el pronóstico para mañana. Con los datos que encuentre, describa en un párrafo qué tiempo hará mañana. No se olvide de incluir si habrá niebla, humedad, tormentas, relámpagos o sol, y sugiera qué actividades serán apropiadas según el tiempo.

¿Saldrá el arco iris?

Mañana hará buen tiempo para navegar en balsa por los rápidos.

Autoevaluación. Compruebe lo que ha aprendido. Conteste las siguientes preguntas.

1. ¿Por qué razones se puede demorar un vuelo?
2. ¿Qué información da el boletín del tiempo?
3. Explique dos de los usos del tiempo futuro. Dé un ejemplo para cada uno.
4. Escriba el futuro de los verbos *querer* y *venir* en tercera persona del singular.
5. Explique la diferencia entre *perder el tren* y *perder un botón de la camisa*.
6. ¿Qué significa *al mal tiempo, buena cara*?

¡La práctica hace al maestro!

A Comunicación

Con su compañero(a), creen un diálogo usando el vocabulario de la lección. Uno(a) de ustedes tiene que viajar a Costa Rica y está esperando que salga su avión, que está retrasado. Su compañero(a) lo/la fue a despedir al aeropuerto. Sigan las indicaciones. Cuando hayan terminado, cambien de papel.

A: *(Pregúntele a su compañero(a) si sabe por qué el vuelo está retrasado.)*
B: *(Conteste que es por las condiciones del tiempo. Explique cuáles.)*
A: *(Pregúntele cómo lo sabe.)*
B: *(Explíquele dónde lo leyó.)*
A: *(Pregúntele si sabe qué tiempo hará mañana.)*
B: *(Describa qué tiempo hará mañana.)*

B Conexión con la tecnología

Hoy en día, no necesitamos ir a una agencia de viajes para comprar boletos de avión, de autobús o de tren. Con la nueva tecnología, podemos comprar los boletos desde casa a través de Internet o simplemente llamando por teléfono.

La mayoría de las agencias de viajes y compañías de transporte tienen un servicio de venta por Internet. En él encontraremos una gran variedad de precios y ofertas.

Busque en Internet una compañía aérea y averigüe los distintos precios de un vuelo durante la semana a San José de Costa Rica. Recuerde que los precios de los boletos aéreos varían según el día y hora que uno viaje.

Vocabulario del tiempo

- el aguacero
- el boletín
- la niebla
- la nube
- el relámpago
- el trueno

Verbos

- confiar
- durar
- negar
- perder
- recoger
- relajarse
- temer

En el aeropuerto

- el billete/boleto aéreo
- el/la copiloto
- en avión
- el/la piloto
- la pista de aterrizaje
- retrasado(a)
- el retraso
- la tarjeta de embarque
- la turbulencia

Oportunidades

Auxiliar de vuelo

Si le gusta volar y visitar muchos países, tal vez la profesión de su futuro sea auxiliar de vuelo. Para ello, es importante que hable más de un idioma. Generalmente las aerolíneas tienen unos cursos de entrenamiento para la formación de sus auxiliares de vuelo. Los requisitos varían de una compañía a otra, pero el conocimiento de otra lengua es casi siempre obligatorio.

Llegar a tener un puesto fijo *(permanent position)* en una línea internacional no es fácil, y normalmente sólo se consigue después de varios años de experiencia. Por eso, cuantos más idiomas hable, más posibilidades tiene de asegurarse un puesto en un mercado *(market)* bastante difícil.

Si quiere más información sobre la carrera *(career)* de auxiliar de vuelo, puede escribir a la siguiente institución:

Association of Flight Attendants
1625 Massachusetts Avenue, NW
Washington, D.C. 20036

Lección 23

En el albergue juvenil°

BIENVENIDOS AL ALBERGUE

ASCENSOR

CAJA

RECEPCIÓN

Las tres amigas se divirtieron mucho en Costa Rica. Como todavía tenían unos días más, decidieron ir a Nicaragua. Hoy están en un albergue juvenil de Managua. Están hablando cuando llega el recepcionista.

VIRGINIA:	El vuelo fue muy tranquilo, ¿verdad?
MARÍA:	Sí. Tuvimos suerte. Dejó de llover justo cuando despegó el avión.
LUISA:	De todas maneras, yo estoy muy cansada. Me iría ahora mismo a la cama. Espero que este albergue juvenil sea tranquilo y limpio.
RECEPCIONISTA:	¡Bienvenidas a Nicaragua! ¿En qué puedo ayudarlas?
MARÍA:	Buenas noches. Reservamos **por adelantado**° una habitación con tres camas. La reserva está a nombre de María Jiménez.
RECEPCIONISTA:	Efectivamente, aquí está su nombre. Sin embargo, sólo tenemos una habitación con una **cama doble**° y otra con una **cama sencilla.**° El baño es compartido con el resto de las habitaciones del piso, pero tiene **bañera**° y ducha con agua caliente y fría. ¿Hasta cuándo se van a quedar?
LUISA:	Sólo estaremos cuatro noches. ¿Están **disponibles**° las habitaciones? Estamos muy cansadas.
RECEPCIONISTA:	La doble se va a **desocupar**° en diez minutos, la están limpiando. Mientras tanto ustedes podrían apuntar su dirección. ¿Pagarán con tarjeta de crédito o en **efectivo?**°

Cuando terminan con el registro y la limpieza de la habitación, el recepcionista les indica dónde están las habitaciones.

RECEPCIONISTA: Para llegar a sus habitaciones, tomen **el ascensor°** hasta el tercer piso, **atraviesen°** la entrada y busquen los números 312 y 320. Cuidado al salir del ascensor, porque hay que subir un **escalón.°** El baño está cerca de la 315. ¡Feliz **estancia!°**

*Cuando llegan a la 312, Virginia abre la puerta con la llave y dice con una **sonrisa:°***

VIRGINIA: No está mal. Parece que la **colcha°** y las **sábanas°** están limpias. Espero que el **colchón°** también sea cómodo.

LUISA: La **almohada°** es un poco **blanda.°** Me gustaría más firme.

MARÍA: Lo que me gusta de los albergues es que se puede conocer gente de otros países. No estaría mal conocer a alguien de Panamá para que nos dijera qué lugares visitar en nuestro próximo viaje.

el albergue juvenil *youth hostel* **por adelantado** *in advance* **la cama doble** *double bed* **la cama sencilla** *single bed* **la bañera** *bathtub* **disponibles** *available* **desocupar** *to vacate* **efectivo** *cash* **el ascensor** *elevator* **atraviesen** *go across* **el escalón** *step* **la estancia** *stay* **la sonrisa** *smile* **la colcha** *bed cover* **las sábanas** *sheets* **el colchón** *mattress* **la almohada** *pillow* **blanda** *soft*

1 ¿Qué comprendió Ud.?

1. ¿Qué habían reservado las chicas?
2. ¿Qué habitaciones les dieron?
3. ¿Cuánto tiempo estarán en el albergue?
4. ¿Cómo se llega a las habitaciones?

Conexión Cultural

Nicaragua

Nicaragua es el más grande de los países de Centroamérica. Aunque mucha gente se ha ido a vivir a las ciudades, sigue siendo un país agrícola y ganadero. Entre otros produce plátano, café, tabaco, arroz, maíz y algodón.

Su geografía es bastante montañosa y está llena de volcanes, muchos de ellos activos. También hay muchos lagos y ríos. El más grande es el Lago de Nicaragua. La capital del país es Managua, pero hay otras ciudades importantes, como Granada y León. Los pueblos pequeños de la zona montañosa tienen preciosos edificios de arquitectura colonial.

El folklore nicaragüense es muy rico en música y danza. Tiene influencias de todas las razas y culturas que viven en el país (creole, miskito, rama y garifona). Esta mezcla de culturas hace que, además de español, en el país se hable también inglés y las lenguas indígenas miskito, sumo y rama.

Granada, Nicaragua.

IDIOMA

El condicional

The conditional tense often indicates probability or desire and is often used where "would" might be used in English. Form the conditional as you would the future tense: take the infinitive of the verb and add the following personal endings: *-ía, -ías, -ía, -íamos, -ían.*

viajar
viajaría
viajarías
viajaría
viajaríamos
viajaríais
viajarían

ver
vería
verías
vería
veríamos
veríais
verían

ir
iría
irías
iría
iríamos
iríais
irían

Escogería una habitación
con baño.
A Julián *le gustaría* un colchón
más blando.
Pagaríamos por adelantado.

I **would choose** a room with a
bathroom.
Julián **would like** a softer mattress.

We **would pay** in advance.

Some verbs have an irregular stem in the conditional (the same verbs that have irregular stems in the future).

haber (hay): habr-	decir: dir-	poder: podr-
saber: sabr-	poner: pondr-	salir: saldr-
querer: querr-	venir: vendr-	tener: tendr-

Saldría a cenar esta noche, pero
no conozco ningún restaurante.
Yo no *diría* esas cosas.

I **would go** out for dinner tonight,
but I don't know any restaurants.
I **wouldn't say** those things.

Pediría postre
pero estoy lleno.

Algo más

Lugares donde alojarse

Cuando viajamos podemos elegir entre diferentes tipos de hoteles. Aquí hay algunos de los más comunes: **hotel de lujo** *(luxury hotel)*, **albergue juvenil** *(youth hostel)*, **motel** *(motel)*, **pensión** *(boardinghouse)*, **hostal** *(hostelry, inn)* y **parador** *(usually a historical building run as an inn by the government).*

Generalmente, la estancia en los hoteles en países hispanos incluye el desayuno en el precio de la habitación. Pero también hay dos tarifas más: media pensión (que incluye el almuerzo o la cena), y pensión completa (que incluye el almuerzo y la cena). En muchos países de habla hispana, los hoteles se clasifican, según las tarifas y la categoría, en estrellas. Un hotel de 5 estrellas es un hotel de lujo, mientras que los de una estrella son los más modestos y económicos.

 2 En un hotel de lujo

Imagine que pasa usted una noche en el mejor hotel de Managua. Diga las cosas que haría.

   yo/dormir muy bien
   Dormiría muy bien.

1. el botones/ayudarme con las maletas
2. yo/pedir información en la recepción
3. mis amigos y yo/tomar varios refrescos del mini bar
4. mis amigos/pedir servicio de habitación
5. yo/bañarse en una bañera enorme
6. la camarera/traernos la comida

 3 ¿Qué haría?

Complete las oraciones con la forma correcta del condicional según lo que usted haría en las siguientes situaciones.

   Usted está en un hotel de lujo y tiene hambre.
   (llamar al servicio de habitación/comprar un mapa)
   Llamaría al servicio de habitación.

1. Acaba de llegar a un hotel. (buscar la recepción/llamar al camarero)
2. Viaja a una ciudad nueva. (ir al ascensor/leer un libro la ciudad)
3. Usted es estudiante. (ir a un hotel de lujo/ir a un albergue juvenil)
4. Usted no encuentra su hotel. (comprar un mapa/pagar por adelantado)
5. Tiene muchas maletas. (pedir ayuda al botones/pedir una almohada)

PARA ti

En el hotel

el botones	*bellboy*
la camarera	*maid*
el conserje	*concierge*
la recepción	*reception*
el servicio de habitación	*room service*
el vestíbulo	*lobby*

IDIOMA

Otros usos del condicional

In addition to expressing hypothetical situations, you may use the conditional to soften a request, that is, to ask for things very politely, using an interrogative sentence. This usage is the equivalent to "would," "could," or "should" in English. You may simply use the conditional of the verb or add the conditional of the verb *poder* (*podría,* could you) followed by the infinitive.

Déme una almohada más blanda.	Give me a softer pillow.
*¿Me **daría** una almohada más blanda?*	**Could you** give me a softer pillow?
Tráigame la cuenta.	Bring me the check.
*¿**Podría** traerme la cuenta?*	**Could you** bring me the check?

Also use the conditional when talking about the past and you're not entirely sure of the facts. This usage corresponds to the English "must have been" or "might have been."

*Cuando llegamos al albergue, **sería** la una.*	When we got to the hostel, **it must have been** around one o'clock.
*El conserje era joven. **Tendría** unos 20 años.*	The concierge was young. **He might have been** 20 years old.

4 De otra manera

Aunque las siguientes oraciones son correctas, pueden decirse en forma más formal. Cámbielas a la forma condicional.

Tráigame la cuenta.
¿Podría traerme la cuenta, por favor?

1. Tráigame una taza de café, por favor.
2. Ábrale la puerta a mi madre.
3. Llame usted al servicio de habitaciones.
4. Pase a la ventanilla de la derecha.
5. Vuelva más tarde.
6. Déme un recibo.

5 ¡Un ladrón en el hotel!

Imagine que está usted en un hotel en el que la policía está investigando un robo. Usted no recuerda muy bien las horas. Con su compañero(a), creen un diálogo. Uno(a) de ustedes tiene que ser el/la policía. Usen el condicional.

A: ¿A qué hora llegó al hotel?
B: No estoy seguro. Serían las once de la mañana.

6 Bienvenidos al hotel

Imagine que usted va a pasar unos días en Managua y necesita reservar una habitación de hotel. Lea este anuncio y conteste las preguntas.

1. ¿A qué número debería llamar para hacer una reserva?
2. ¿Cuál es el número de fax? ¿Y la dirección del correo electrónico?
3. ¿Cerca de dónde está el hotel?
4. ¿Cuántas habitaciones tiene? ¿Qué otros servicios ofrece?

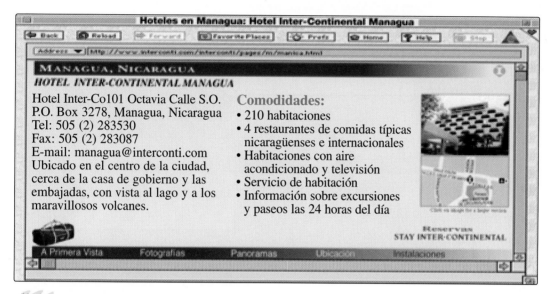

Hoteles en Managua: Hotel Inter-Continental Managua

Address: Http://www.interconti.com/interconti/pages/m/manica.html

MANAGUA, NICARAGUA

HOTEL INTER-CONTINENTAL MANAGUA

Hotel Inter-Co101 Octavia Calle S.O.
P.O. Box 3278, Managua, Nicaragua
Tel: 505 (2) 283530
Fax: 505 (2) 283087
E-mail: managua@interconti.com
Ubicado en el centro de la ciudad, cerca de la casa de gobierno y las embajadas, con vista al lago y a los maravillosos volcanes.

Comodidades:
- 210 habitaciones
- 4 restaurantes de comidas típicas nicaragüenses e internacionales
- Habitaciones con aire acondicionado y televisión
- Servicio de habitación
- Información sobre excursiones y paseos las 24 horas del día

Reservas
STAY INTER-CONTINENTAL

A Primera Vista   Fotografías   Panoramas   Ubicación   Instalaciones

7 Haría tantas cosas...

Con su compañero(a), hablen de lo que les gustaría hacer en las siguientes situaciones. Después inventen otras.

Son ustedes ricos.
A: Yo viajaría por todo el mundo.
B: Yo compraría un coche.

1. Tienen 21 años.
2. Viven en Nicaragua.
3. Trabajan en un hotel.
4. Están de vacaciones.

Estrategia

Para aprender vocabulario: juegos de palabras

Una de las mejores maneras de aprender español es a través de los juegos. Cuando tengan un momento libre, hagan juegos en español. Por ejemplo, pueden jugar a la cadena *(chain)* de palabras. Uno de ustedes dice una palabra en español. Otro(a) tiene que decir una que empiece con la última letra de la primera palabra, y así una y otra vez. (Por ejemplo: cadena-aprender-rápido-oración-nunca-aburrido.)

8 De viaje

Con su compañero(a), hablen de qué lugares les gustaría visitar y por qué.

A: A mí me gustaría ir a Managua para visitar los museos.
B: Yo preferiría ir a Granada a hacer esquí acuático.

3. Viejo León

Las ruinas de la antigua ciudad de León están a los pies del volcán Momotombo. El Viejo León fue destruido por un terremoto en 1609 y hoy todavía se están excavando sus ruinas. Es interesante acampar cerca del lago y contemplar la vista de las ruinas y del volcán.

2. León

Fue la capital de Nicaragua durante 200 años, hasta 1851. El camino viejo que lleva hasta la ciudad cruza la Sierra de Managua, desde donde hay hermosas vistas del Lago de Managua. Es bonito dar un paseo por el Parque Central y por sus estrechas calles coloniales. También es interesante visitar la Casa Archivo de Rubén Darío.

5. Matagalpa

Es la ciudad más importante de la región montañosa de Nicaragua. Desde allí, se pueden hacer excursiones a la Cordillera Isabelia.

HONDURAS

Cordillera Isabelia

■ **Matagalpa**

Río Grande de Matagalpa

Ruinas del Viejo León

León ■

△ **Volcán Mamotombo**

NICARAGUA

Lago de Managua

MANAGUA

△ **Volcán Masaya**

Granada

Isla Zapatera

Lago de Nicaragua

Isla Ometepe

Costa de los Mosquitos

MAR CARIBE

Río San Juan

1. Managua

Es la capital del país. Su nombre quiere decir "donde hay agua" y se debe a que la ciudad está completamente rodeada de agua. A su alrededor, están la laguna Tiscapa, el lago Managua, lagunas volcánicas y el lago Xolotlán. En la ciudad, se pueden visitar las ruinas de la Catedral y el Museo Nacional.

OCÉANO PACÍFICO

■ **San Juan del Norte**

COSTA RICA

4. Granada

Una de las ciudades históricas de Nicaragua. Fue la primera que se fundó en el país, en 1524. Está junto al lago Nicaragua, el único del mundo que tiene tiburones *(sharks)* de agua dulce. Se puede pasear en bote hasta la Isla de Zapatera. El lago es también el lugar ideal para hacer esquí acuático. Junto al lago hay una playa muy popular donde tocan música de marimba en vivo *(live)*.

6. Río San Juan

Este río era la antigua ruta que seguían los buscadores de oro. Hoy es una enorme y hermosa reserva natural.

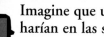
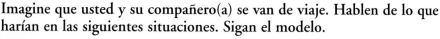

9 ¿Qué pasaría?

Imagine que usted y su compañero(a) se van de viaje. Hablen de lo que harían en las siguientes situaciones. Sigan el modelo.

> El metro está retrasado. Llegaríamos tarde a la excursión.

1. No hay habitaciones disponibles en el hotel.
2. El baño del hotel no tiene bañera.
3. No hay ascensor en el hotel.
4. Usted no tiene una tarjeta de crédito.

10 ¿Qué palabra?

Diga la palabra que no pertenece al grupo.

1. hotel
   motel
   habitación
   albergue

2. efectivo
   tarjeta de crédito
   reserva
   dinero

3. sonrisa
   colcha
   almohada
   sábanas

4. ascensor
   escalera
   bañera
   escalón

5. botones
   disponible
   recepción
   conserje

CONEXIONES

11 Cruzando fronteras

Rubén Darío, el poeta del modernismo

Rubén Darío (1867-1916) es el poeta más famoso de Nicaragua y uno de los más importantes de la literatura hispana. Además de poesía, escribió también ensayos *(essays)* y cuentos, pero fueron sus poemas los que le dieron la fama y el prestigio, debido a su musicalidad y a su precisa métrica *(exact meter)*. A Rubén Darío se le considera uno de los iniciadores *(initiator)* del movimiento modernista *(modernism)* en la literatura.

Con su compañero(a), busquen un poema de Rubén Darío. Hablen del tema y la musicalidad. Cuenten las estrofas *(stanzas)* y los versos de cada una.

Autoevaluación. Compruebe lo que ha aprendido. Conteste las siguientes preguntas.

1. ¿Cuál es la diferencia entre un albergue juvenil y un hotel?
2. ¿A quién llamaría en un hotel para pedir más almohadas?
3. ¿Cuál es la primera persona del condicional del verbo *tener*?
4. ¿Cómo es la geografía de Nicaragua?
5. ¿Qué escribió Rubén Darío?

¡La práctica hace al maestro!

A Comunicación

Con su compañero(a), imaginen que ganaron la lotería. Creen un diálogo sobre el viaje que haría cada uno. Sigan las indicaciones. Cuando terminen, cambien de papel.

A: *(Pregúntele a su compañero(a) adónde iría.)*

B: *(Diga el país o ciudad que le gustaría más visitar.)*

A: *(Pregunte si le gustaría ir a un hotel en el centro de la ciudad o en las afueras.)*

B: *(Conteste la pregunta.)*

A: *(Pregunte si alquilaría un coche o tendría un chofer.)*

B: *(Conteste la pregunta.)*

A: *(Pregunte a qué otros lugares le gustaría ir y dónde averiguaría información sobre ellos.)*

B: *(Diga a qué otros lugares le gustaría ir y dónde averiguaría más información sobre ellos.)*

B Conexión con la tecnología

Como el turismo representa una importante fuente de ingresos *(source of revenue)* para algunos países, cada vez hay más lugares y medios que ofrecen información sobre viajes y hoteles en todas partes del mundo.

Con su compañero(a), busquen en Internet o en una guía de Nicaragua, dos hoteles. Lean las descripciones de cada uno e imaginen que llaman por teléfono para averiguar más datos sobre ellos (tarifas por noche, qué tipo de habitaciones tienen, si tienen piscina si están cerca del centro de la ciudad, etc.). Si es posible, busquen dos hoteles que tengan diferente número de estrellas. Anoten la información que obtengan y comparen los hoteles entre sí.

Trabajadores del hotel
- el botones
- el/la camarero(a)
- el/la conserje

En la habitación
- la almohada
- la bañera
- la cama doble
- la cama sencilla
- la colcha
- el colchón
- la sábana

En el hotel
- el ascensor
- el escalón
- la estancia
- la recepción
- el servicio de habitación
- el vestíbulo

Descripciones
- blando(a)
- disponible

Cómo pagar el hotel
- efectivo
- por adelantado

Verbos
- atravesar
- desocupar

Expresiones y otras palabras
- el albergue juvenil
- la sonrisa

Oportunidades

En su propia comunidad

Una de las ventajas de estudiar español es que es probable que usted no necesite viajar al extranjero para practicarlo.

Vaya a un restaurante y pida cosas del menú en español. Si no conoce ninguno, busque en las páginas amarillas bajo la categoría de *"catering"* para ver si hay negocios que podrían tener empleados de habla hispana. Trate de identificar a un empleado que esté dispuesto a hablar con usted. Hágale una entrevista.

Si no puede encontrar a una persona de origen hispano en su comunidad, trate de identificar a un norteamericano que sepa español y que use el español en su trabajo.

Esther Puentes, presidente de Interface Network, usa el español frecuentemente en su trabajo.

Lección 24

Contexto cultural
PANAMÁ

Ahí viene el tren

Virginia, Luisa y María acaban de regresar de Panamá. Ahora están en la **estación de ferrocarril°** esperando el tren que las llevará a su ciudad. Virginia va a comprar los boletos mientras que Luisa y María se quedan con las maletas.

LUISA: Realmente nos divertimos mucho esos días en Panamá. Me gustaría volver con más tiempo para cruzar el canal.

MARÍA: A mí también. **La pasamos muy bien°** en la Ciudad de Panamá, pero me quedé con ganas de ver otras cosas. ¿Sabías que la Carretera Panamericana pasa por el oeste del país? Dicen que atraviesa un **paisaje°** magnífico, con playas y montañas.

LUISA: ¿De veras?

MARÍA: Sí. Es una lástima que no tengamos más tiempo para conocer todo. Pero... ¿dónde está Virginia? Si no regresa con los boletos, temo que perdamos el tren. Ah, ahí viene. ¡Vaya, parece que tiene prisa!

VIRGINIA: ¡Chicas! El tren está **a punto de°** salir. El señor de la taquilla me **regañó°** por llegar a último momento.

MARÍA: Pues sí que empezamos bien. ¿Qué **andén°** es el nuestro?

VIRGINIA: El 23. Apúrense, todavía tenemos que cruzar aquel corredor largo.

MARÍA: Me fastidia tener que correr. ¿Qué **vagón°** tenemos?

VIRGINIA: El 101, ¡al final del tren!

Por suerte, el tren estaba un poco retrasado y las chicas no lo perdieron. Ahora están en **el coche cama.**°

LUISA: **¡Me sorprende°** que no tengamos más problemas!

VIRGINIA: **Menos mal que°** es un viaje directo y que no hay que hacer **transbordo.°**

MARÍA: ¡Ay, no! La **cerradura°** de mi maleta está a punto de romperse... Tengo que comprar otra. Me preocupa que se rompa durante el viaje.

VIRGINIA: No te preocupes, te presto una de las mías que está casi vacía.

LUISA: Eso te sucede por llevar tanta ropa y comprar tantos regalos.

MARÍA: No me regañes, Luisa. Es que vi tantas cosas preciosas. Son recuerdos del viaje y de los **buenos ratos°** que hemos pasado juntas.

LUISA: Todo eso está bien, pero a mí lo único que me importa ahora es que comamos. ¿Hay un **vagón comedor°** en este tren?

MARÍA: Creo que sí.

LUISA: Me alegro de que haya uno porque es un viaje bastante largo y tengo hambre.

VIRGINIA: Vamos entonces. Mientras comemos podemos planear nuestra próxima aventura.

la estación de ferrocarril *train station* **la pasamos muy bien** *had a good time* **el paisaje** *landscape* **a punto de** *about to* **regañó** *scolded* **el andén** *platform* **el vagón** *car (train)* **el coche cama** *sleeping car* **me sorprende** *it surprises me* **menos mal que** *at least* **el transbordo** *transfer* **la cerradura** *lock* **los buenos ratos** *good times* **el vagón comedor** *dining car*

¿Qué comprendió Ud.?

1. ¿Dónde están las tres amigas?
2. ¿Por qué quieren Luisa y María volver a Panamá?
3. ¿Cómo es el paisaje que atraviesa la Carretera Panamericana?
4. ¿Qué teme María?
5. ¿De qué andén parte el tren?
6. ¿Qué problema tiene María con la maleta?
7. ¿Adónde quiere ir Luisa? ¿Por qué?

Charlando

1. ¿Cuándo fue la última vez que viajó en tren?
2. ¿Adónde fue? ¿Cuánto tiempo duró el viaje?
3. ¿Viajó alguna vez en coche cama?
4. ¿Ha tenido alguna vez problemas con su equipaje?
5. ¿Pasa usted buenos ratos con sus compañeros de viaje?
6. ¿Qué le gusta comprar cuando va de viaje?
7. ¿Prefiere viajar en tren o en autobús? ¿Por qué?

El subjuntivo con verbos que expresan emoción

You use the subjunctive after verbs that denote emotion or feelings and the conjuction *que* when there are two different subjects.

       Temo que perdamos *el tren.*   **I am afraid we will lose** the train.

Note that the subjunctive and the conjunction *que* are not needed when the subject is the same.

       Temo perderme.   **I am afraid to get lost.**

The following are some verbs of this sort that require the subjunctive when there are two subjects. They all follow the pattern of *gustar*.

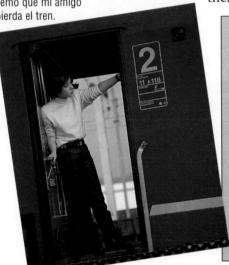

Temo que mi amigo pierda el tren.

agradar	*to please*
alegrar	*to be happy*
complacer	*to please someone else*
disgustar	*to dislike*
encantar	*to delight*
enojar	*to annoy*
fascinar	*to fascinate*
fastidiar	*to annoy*
importar	*to matter*
interesar	*to be of interest*
molestar	*to bother*
preocupar	*to worry*
sorprender	*to be surprised*

       Me alegra que viajes con nosotros.   **I'm glad that you're traveling** with us.

Remember that you can also use these verbs with the infinitive following.

       Me gusta viajar.   **I like to travel.**
       Me molesta tener que esperar.   **Having** to wait **bothers me.**

Other verbs that express emotion but do not follow the pattern of *gustar* are *sentir* (to be sorry, to regret) and *tener miedo de* (to be afraid of).

       Tengo miedo de que *pierdas la maleta.*   **I'm afraid that** you'll lose your suitcase.

3 ¡Qué emoción!

Los viajes están siempre llenos de emociones. El viaje de María, Virginia y
Luisa no es una excepción. Escriba oraciones siguiendo el modelo.

 María/temer/perder el tren
María teme que pierdan el tren.

1. El señor de la taquilla/enojar/Virginia llegar a último
   momento
2. Virginia/preocupar/romperse la maleta
3. Luisa/sorprenderse/ellas no tener más problemas
4. Virginia/alegrar/no haber transbordo
5. María/fastidiar/Luisa regañarla
6. Luisa/gustar/haber un vagón comedor

4 ¡Cuánto tiempo!

Acaba de ver a una amiga de la escuela a la que no
ha visto desde hace mucho tiempo. Reaccione a las noticias
que le da.

 "Me mudé hace dos años y ahora vivo en Panamá."
Me sorprende que vivas en Panamá.

1. "Trabajo en una agencia de viajes y me gusta mucho."
2. "Tengo muchos amigos y soy muy feliz en Panamá."
3. "Pero echo de menos a mi familia."
4. "Mi perro está enfermo. Es muy viejo."
5. "Conozco toda Centroamérica."

5 ¿Se alegra usted?

Lea las siguiente situaciones de viaje. Si tienen sentido diga que *sí*,
si no lo tienen diga que *no* y corríjalas.

 Cuando usted llega a la estación temprano se alegra de que el tren
esté retrasado. No. Cuando llego a la estación temprano me alegro
de que el tren salga puntual.

	sí	no
1. Cuando usted viaja en tren y llega a la estación tiene que buscar el andén en el que está su tren.		
2. En los hoteles de 5 estrellas se ahorra dinero.		
3. Si viaja en avión y tiene hambre, puede ir al vagón comedor.		
4. Cuando viaja nunca lleva maletas.		
5. El coche cama es muy práctico para los viajes cortos durante el día.		
6. Si hace un transbordo tiene que bajar del tren y subir a otro.		

(Arriba) Indios
chocó en la selva
Darién, Panama.

(Abajo) La isla
San Blas, Panamá.

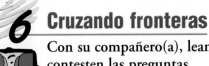

6 Cruzando fronteras

Con su compañero(a), lean la información sobre el canal de Panamá y contesten las preguntas.

Información general sobre el canal de Panamá

El canal de Panamá está localizado en el centro del continente americano, en el punto más angosto entre el océano Atlántico y el océano Pacífico. El canal une el mar Caribe con el océano Pacífico a través del Lago Gatún. Desde su creación, el canal de Panamá ha sido el eslabón *(link)* principal en la cadena de transporte mundial. Cada año, más de 13.000 barcos transitan por el canal, llevando un total de más de 155 millones de toneladas de carga. Antes de que existiera el canal de Panamá, las personas y las mercancías llegaban en barcos hasta el puerto de Nombre de Dios, y de allí iban en mula hasta la ciudad de Panamá, desde donde seguían en barco. De orilla a orilla el canal tiene 67,5 km. Un barco tarda 8 ó 9 horas en cruzarlo. El largo del canal es de 55 km. De media *(On average)* el canal tiene 150 metros de ancho. Desde las esclusas *(locks)* de Gatún en Gamboa y de Miraflores se puede ver cómo los barcos cruzan el canal.

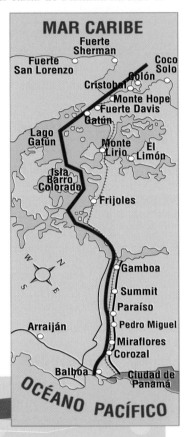

1. ¿Dónde está el canal de Panamá? ¿Qué océanos une?
2. ¿Cómo se llama el lago por el que pasa el canal?
3. ¿Cuánto mide de largo el canal? ¿Y de ancho?
4. Si al año pasan más de 13.000 barcos por el canal, ¿qué media *(average)* de barcos pasan al día?

Conexión Cultural

Panamá

El canal de Panamá es la atracción turística más importante de Panamá y también una importante fuente de ingresos. La economía del país depende en gran parte de su localización y el turismo. Panamá también tiene zonas agrícolas y ganaderas en el norte del país. Su geografía es muy variada con zonas montañosas, como la cordillera Talamanca, que cruzan el país, preciosas playas e islas en el Pacífico y una sección de selva tropical cerca de la frontera con Colombia. En el norte, cerca de la frontera con Costa Rica hay una zona de volcanes. Uno de ellos es el volcán extinto Barú, con 3.383 metros de altura.

Barco cruzando el canal de Panamá por Miraflores.

Estrategia

Para entender mejor: la raíz de las palabras

Al encontrar palabras que no conoce, fíjese en su raíz *(root)* e intente relacionarlas con otras palabras que conozca. Si la palabra es un nombre, es posible que sea similar a un verbo que conoce. Añada *-ar, -er* o *-ir* a la raíz. Si la palabra es un verbo, quizás se parezca a un nombre. Fíjese en las raíces de las siguientes palabras que ha aprendido en esta lección:

vagón <u>comed</u>or	<u>comer</u>
<u>cerra</u>dura	<u>cerrar</u>
<u>sorpre</u>sa	<u>sorpre</u>nder
<u>alegr</u>a	<u>alegr</u>ar

7 ¿Qué palabra?

Diga qué palabra no pertenece al grupo.

1. barco   viaje   avión   tren
2. vagón comedor   autobús   coche cama   andén
3. alegrarse   regañar   enojarse   pelear
4. mochila   maleta   bolsa   sombrero
5. estación de ferrocarril   vagón   aeropuerto   puerto
6. pasarla bien   llorar   divertirse   reír

Autoevaluación. Compruebe lo que ha aprendido. Conteste las siguientes preguntas.
1. Describa tres cosas que hay en una estación de ferrocarril.
2. Describa un problema que puede pasar con el equipaje.
3. Complete las siguientes oraciones: *Tengo miedo de que..., Menos mal que...*
4. Su mejor amigo(a) le dice que se va a mudar a otro país. Reaccione usando una expresión de emoción seguida del subjuntivo.
5. ¿Cuáles son los nombres de las esclusas que pueden visitarse en el canal de Panamá?

¡La práctica hace al maestro!

A Comunicación

Con su compañero(a), creen un diálogo para una de las siguientes situaciones. Después representen el diálogo frente a la clase.

- Usted tiene que viajar de noche y va a comprar el pasaje en coche cama.
- Usted ha comprado un pasaje y le preocupa tener sólo quince minutos para hacer transbordo. Quiere cambiar el pasaje.
- Usted perdió el tren y va a la taquilla para comprar un pasaje nuevo. No quiere pagar la tarifa porque dice que el tren salió cinco minutos antes de la hora.

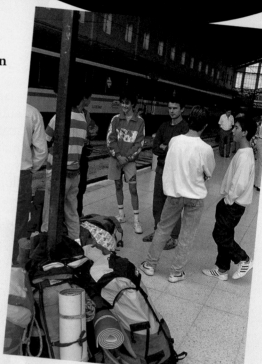

B Conexión con la tecnología

Con su compañero(a), busquen en Internet la página Web de una compañía de ferrocarril de un país de habla hispana. Elijan dos ciudades del país y averigüen si pueden viajar en tren de una ciudad a la otra. Si no es posible, busquen otras dos ciudades. Si lo es, averigüen el horario, cuántas horas dura el viaje, el precio y si tienen que hacer transbordo.

Palabras relacionadas con trenes

el andén
el coche cama
la estación de ferrocarril
el transbordo
el vagón
el vagón comedor

Verbos

pasarla muy bien
preocupar
regañar
sorprender

Expresiones y otras palabras

a punto de
los buenos ratos
la cerradura
menos mal que
el paisaje

Rubén Blades

Conexión *Cultural*

Rubén Blades, el rey panameño de la salsa

Rubén Blades nació en Panamá, pero vive en Nueva York. El cantante panameño comenzó su carrera con Willie Colón, otro famoso intérprete de salsa, pero después quiso cantar como solista. Su música, que mezcla la salsa con el rock, en seguida lo convirtió en uno de los cantantes latinos más populares del mundo.

Uno de sus éxitos más conocidos es *Pedro Navaja*, una canción que cuenta la historia de un gángster. Blades canta en español y también en inglés. Muchas de sus canciones hablan de los problemas sociales de hoy en día y también de temas políticos.

Generalmente canta con un grupo de cinco músicos, llamado Son del Solar. Blades también ha colaborado con artistas tan conocidos como Elvis Costello, Lou Reed y Sting, con los que grabó *(recorded)* su primer disco en inglés *Nothing but the Truth*.

Además de músico y abogado, Rubén Blades es actor y ha aparecido en muchísimas películas, como *Chinese Box, The Devil's Own, Color of Night, The Super* y *A Million to Juan*, entre muchas otras.

a leer

Estrategia

Preparación

El autor de Don Quijote, el escritor español Miguel de Cervantes (1547–1616), publicó la primera parte de esta famosísima novela a la edad de 58 años. Hasta entonces, había escrito varios libros pero sin mucho éxito. Empezó a escribir la novela desde la cárcel, pues fue acusado injustamente de no pagar una porción de sus impuestos *(taxes)*. Cuando empezó a escribir la novela, era un hombre idealista y desilusionado o sea, bastante parecido a su protagonista. Cervantes exagera el idealismo de Don Quijote hasta el punto de poner en ridículo su empeño por alcanzar la perfección. El intento de Cervantes es narrar la invencibilidad del espíritu humano: después de cada derrota, Don Quijote se levanta y sigue buscando la utopía. En sus andanzas, Don Quijote busca revivir la época de la caballería *(chivalry)*, remediando males, defendiendo a los indefensos, procurando imponer justicia en un mundo imperfecto. En la novela hay de todo: un panorama realista de la España de la época, humor, sátira social, personajes tomados de la realidad y un persistente trasfondo filosófico. Se ha calculado que, después de la Biblia, es el libro más vendido en el mundo.

Estrategia: usar lo conocido para entender mejor

¿Reconoce usted a este personaje? ¿Qué sabe sobre él? La novela ha inspirado a otras ramas del arte. El artista francés, Honoré Daumier, pintó una serie de obras dedicadas al Quijote. También se ha hecho un ballet sobre el incansable caballero. Es más, en los años 60 del siglo XX se montó una obra de teatro musical, *Man of La Mancha*. De la obra se hizo una película ¿Ha visto usted alguna de estas representaciones de Don Quijote?

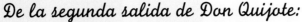

De la segunda salida de Don Quijote:

Miguel de Cervantes Saavedra

Quince días estuvo don Quijote en casa muy sosegado.° Sin embargo, en este tiempo solicitó a un labrador° vecino suyo, hombre de bien, pero poco inteligente, que le sirviese de escudero.° Tanto le dijo, tanto le prometió, que el pobre determinó seguirle.

Decíale, entre otras cosas, don Quijote, que se dispusiese° a ir con él de buena gana, porque tal vez le podía suceder alguna aventura en que ganase alguna ínsula° y le dejase a él por gobernador de ella. Con estas promesas y otras tales, Sancho Panza, que así se llamaba el labrador, dejó a su mujer y a sus hijos y se fue como escudero de su vecino.

Iba Sancho Panza sobre su asno° con sus alforjas° y su bota,° con mucho deseo de verse gobernador de la ínsula que su amo° le había prometido. Acertó° don Quijote a tomar el mismo camino que había tomado en su primer viaje, por el campo de Montiel, y caminaba con menos pena que la vez pasada porque, por ser la hora de la mañana, los rayos del sol no le fatigaban.

—Has de saber, amigo Sancho Panza, que fue costumbre muy usada de los caballeros andantes° antiguos hacer gobernadores a sus escuderos de las ínsulas o reinos° que ganaban, y yo tengo determinado de que por mí no falte tan agradecida costumbre; antes pienso llevar ventaja en ella: porque ellos, algunas veces, esperaban a que sus escuderos fuesen viejos para darles algún título de conde° de algún valle; pero, si tú vives y yo vivo, bien podría ser que antes de seis días ganase yo tal reino, que tuviese otros a él unidos, para coronarte° rey de uno de ellos.

En esto, descubrieron treinta o cuarenta molinos de viento° que hay en aquel campo, y así como don Quijote los vió, dijo a su escudero:

—La suerte va guiando nuestras cosas mejor de lo que acertáramos° a desear; porque ves allí, amigo Sancho Panza, donde se descubren treinta, o pocos más, gigantes,° con quienes pienso hacer batalla y quitarles a todos las vidas, con cuyos despojos° comenzaremos a ser ricos; que ésta es buena guerra, y es gran servicio de Dios quitar tan mala gente de sobre la tierra.

—¿Qué gigantes? —dijo Sancho Panza.

—Aquellos que ves allí — respondió su amo— de los brazos largos, que los suelen tener algunos de casi dos leguas.°

—Mire vuestra merced° —respondió Sancho— que aquellos no son gigantes, sino molinos de viento, y lo que en ellos parecen brazos son las aspas,° que movidas por el viento, hacen andar la piedra del molino.

—Bien parece —respondió don Quijote— que no estás ejercitado en esto de las aventuras: ellos son gigantes; y si tienes miedo, quítate de ahí, y ponte en oración° mientras yo voy a entrar con ellos en terrible y desigual batalla.

Y diciendo esto, dio de espuelas° a su caballo Rocinante, sin atender a las voces que su escudero Sancho le daba, advirtiéndole que, sin duda alguna, eran molinos de viento, y no gigantes, aquellos que iba a acometer.° Pero él iba convencido de que eran gigantes que ni oía las voces:

—No huyáis,° cobardes° y viles criaturas; que un solo caballero es el que os acomete.

Levantóse en esto un poco de viento, y las grandes aspas comenzaron a moverse; visto lo cual por don Quijote, dijo:

—Pues aunque mováis más brazos que los del gigante Briareo, me lo habéis de pagar.

Y diciendo esto, y encomendándose° de todo corazón a su señora Dulcinea,° pidiéndole que en tal aventura le socorriese,° bien cubierto con su rodela,° arremetió con la lanza° a todo correr de Rocinante y se lanzó° contra el primer molino que estaba delante, dándole una lanzada en el aspa.

La volvió el viento con tanta fuerza que hizo la lanza pedazos, llevándose tras sí al caballo y al caballero, que fue rodando por el campo. Acudió Sancho Panza a socorrerle a todo el correr de su asno, y cuando llegó le halló que no se podía mover: tal fue el golpe que dio con él Rocinante.

—¡Válgame Dios!° —dijo Sancho.

sosegado *calm, relaxed* **el labrador** *farm worker* **el escudero** *squire* **dispusiese** *he should get ready to* **la ínsula** *island* **el asno** *donkey* **las alforjas** *saddle bags* **la bota** *wineskin* **el amo** *master* **acertó** *got it right* **el caballero andante** *knight errant* **el reino** *kingdom* **el conde** *count (title of nobility)* **coronarte** *to crown you* **los molinos de viento** *windmills* **acertáramos** *would be right* **los gigantes** *giants* **los despojos** *spoils of war* **dos leguas** *3 1/2 miles* **vuestra merced** *your grace* **las aspas** *blades of a windmill* **la oración** *prayer* **dio de espuelas** *spurred* **acometer** *attack* **no huyáis** *don't flee* **cobardes** *cowards* **encomendándose** *entrusting* **Dulcinea** *Character in the novel. Dulcinea is a woman of questionable morals whom Don Quijote believes to be the epitome of feminine virtue.* **socorriese** *helped* **la rodela** *shield* **la lanza** *spear* **se lanzó** *lunged forward* **¡Válgame Dios!** *Good heavens!*

A ¿Qué comprendió Ud.?

Indique si las siguientes oraciones son ciertas (C) o falsas (F). Corrija las oraciones falsas.

1. Sancho es un hombre rico.
2. Don Quijote es un hombre joven.
3. Sancho decidió abandonar a su familia para acompañar a Don Quijote.
4. En esa época, parece que los caballeros les regalaban reinos a sus escuderos.
5. Tanto Sancho como Don Quijote creen que los molinos de viento son gigantes.
6. Don Quijote ataca un molino de viento pero no se hace daño.
7. Sancho también atacó un molino de viento.

B Charlando

1. ¿Por qué cree usted que Don Quijote vio enemigos donde no los había?
2. ¿Qué le parece el personaje de Don Quijote?
3. ¿Conoce usted a personas muy idealistas? ¿Cómo son? ¿Cree que el idealismo puede exagerarse en algunos casos? Dé un ejemplo.
4. ¿Qué males de la sociedad o la comunidad le gustaría a usted corregir? ¿Cree que es fácil hacerlo?

a escribir

Estrategia

Cómo escribir una carta

En este capítulo usted ha aprendido a hablar sobre viajes. Imagínese que ha ahorrado dinero y que va a viajar a un país donde se habla español durante las vacaciones de primavera. Escríbale una carta a un(a) amigo(a) o familiar para invitarlo(a) a que lo acompañe. Otra opción es imaginarse que ya está de viaje. Escríbale una carta a un(a) amigo(a) o familiar contándole todo lo que ha hecho y lo que le queda por hacer.

Las cartas en español a menudo son más cordiales y efusivas que las escritas en inglés. Es importante preguntar por la salud de la persona a quien se le escribe. También hay que mandar saludos a sus familiares. Para despedirse, se puede escribir varias oraciones; entre las más comunes son "Muchos abrazos de...", "Un fuerte abrazo de...", "Muchos cariños de..." o "Muchos saludos de...".

Use el modelo de esta página para escribir su carta en español.

Madrid
15 de abril de 2000

Estimada Inés:
¿Cómo estás? Te escribo desde Sevilla. Estoy aquí con mi amiga Sue (ella te manda muchos saludos). Siento que no estés aquí con nosotras. ¡Hemos hecho tantas cosas! Ayer fuimos...
Bueno, tengo que despedirme porque Teresa y yo vamos a ir a un concierto de flamenco. ¡Hasta pronto!
Muchos besos y abrazos de tu prima que te quiere,

Maribel

repaso

Now that I have completed this chapter, I can...
- ✓ talk about events in the future
- ✓ make travel plans
- ✓ name documents and things I need for a trip
- ✓ talk about objectives for the future
- ✓ make weather predictions
- ✓ express doubt or denial about certain facts
- ✓ express how I feel about things
- ✓ make lodging arrangements
- ✓ talk about traveling by train
- ✓ make requests in a polite manner

I can also...
- ✓ talk about Costa Rica's geography
- ✓ consider career opportunities as a travel agent or flight attendant
- ✓ talk about ecotourism in Costa Rica
- ✓ name important facts about the Panama Canal
- ✓ talk about Rubén Blades
- ✓ talk about Nicaragua's geography and economy
- ✓ recognize Nicaragua's most important cities and places of interest
- ✓ talk about Rubén Darío's work

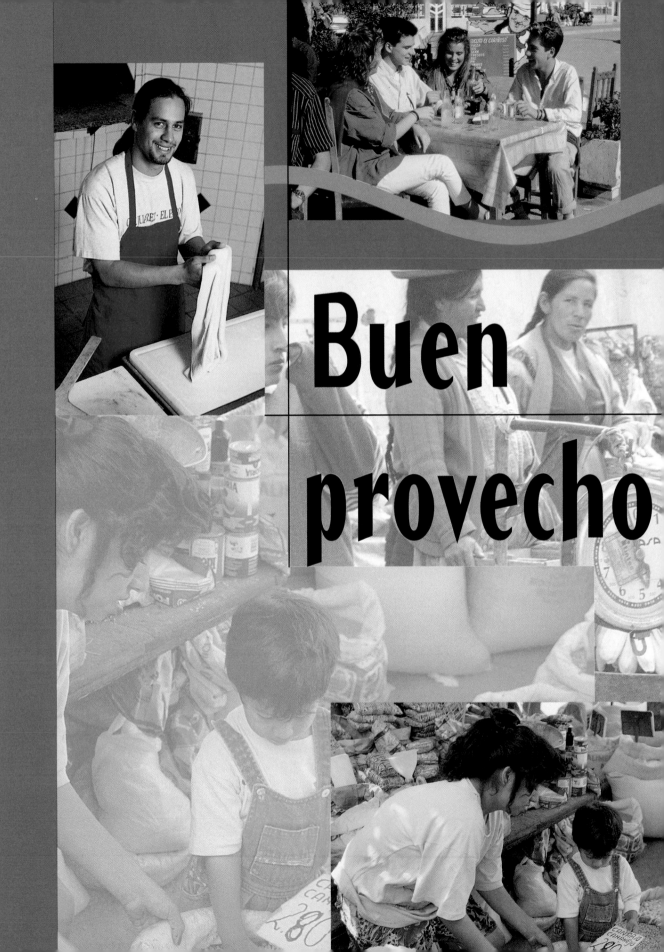

Buen provecho

CAPÍTULO 7

Bar Leones · Parrilla Leonesa

QUESOS, EMPANADAS Y CARNES AL CARBÓN

Abrimos los 365 días del año.
Calle Sur 98
Con estacionamiento
208-9807

El rey

Café Restaurante
Paraguayo
Génova 61
208-1846

In this chapter you will be able to:

- make comparisons
- talk about grocery shopping
- discuss food preparation
- report what other people want and advise
- avoid repetitions by using nominalizations
- distinguish between different units of measure
- express likes and dislikes

Contexto cultural

PERÚ

¡Esos tomates son grandísimos!

Elisa, Tomás y Eva están de vacaciones en Lima, la capital de Perú. Hoy van a hacer una comida para sus amigos peruanos y por eso han ido a comprar **alimentos**° al mercado.

TOMÁS: ¿Quién lleva la lista?

ELISA: Necesitamos **espinacas**° para la ensalada

TOMÁS: Sí, y tomates. Miren, ¡esos tomates son enormes!

EVA: ¡Uy, nunca vi unos tomates tan grandes en mi vida!

TOMÁS: ¡Sí, son grandísimos!

ELISA: Compremos un **kilo**° y medio.

EVA: ¿Te parece suficiente, Tomás?

TOMÁS: No sé, creo que sí. Aunque mejor compra dos kilos, para asegurarnos de que es suficiente.

ELISA: Bueno. Pero estos tomates están demasiado **maduros**° para hacer ensalada. Busquen los que estén más **verdes.**°

TOMÁS: Éste está verdísimo. ¿No, Elisa?

ELISA: Sí. Está más verde que los otros.

EVA: Cuidado, Tomás. No compres ése, que está **podrido.**°

TOMÁS: ¿Vamos a agregar **garbanzos**° o **lentejas**° a la ensalada?

EVA: Nada de eso. Voy a hacer **frijoles**° negros.

TOMÁS: Compremos también esta **sandía.**° Parece muy **fresca.**°

EVA: Y una **coliflor.**° Me gusta muchísimo la coliflor.

TOMÁS:	No tanto como a mí. ¡Me encantan las verduras **crudas**!°
ELISA:	Claro, porque no te gusta **cocinar.**°
EVA:	Elisa, ¿nos llevamos unas **cerezas**° para postre?
ELISA:	Mejor no, ya tenemos demasiadas cosas. ¿Cuánto cuesta todo, señor?
VENDEDOR:	Bueno... déjeme ver... Son nueve **soles nuevos,**° señorita. Como ve, yo vendo muy barato.
EVA:	¡Allí hay un vendedor que vende tan barato como usted!
ELISA:	Mire, señor, hemos comprado muchísimo. Tiene que darnos un precio especial.
TOMÁS:	¡Chicas, que no se nos olviden las **aceitunas**° para el **bacalao**!°
VENDEDOR:	Yo tengo aceitunas también. ¿Cuántas quieren? Se las voy a regalar.
ELISA:	Usted es muy listo, señor.
VENDEDOR:	Sí, pero no tanto como ustedes. ¡Hasta la vista!

los alimentos *food* **las espinacas** *spinach* **el kilo** *kilo* **maduros** *ripe* **verdes** *unripe*
podrido *rotten* **los garbanzos** *chickpeas* **las lentejas** *lentils* **los frijoles** *beans*
la sandía *watermelon* **fresca** *fresh* **la coliflor** *cauliflower* **crudas** *raw* **cocinar**
to cook **las cerezas** *cherries* **los soles nuevos** (Sl.) *monetary unit of Perú*
las aceitunas *olives* **el bacalao** *cod fish*

Rocoto relleno, una receta del Sur de Perú.

1 ¿Qué comprendió Ud.?

1. ¿Quién lleva la lista? ¿De qué es la lista?
2. ¿Qué van a comprar para la ensalada?
3. ¿Cuántos kilos de tomates compraron?
4. ¿Van a comprar garbanzos o lentejas? ¿Por qué?
5. ¿Qué le encanta a Tomás?
6. ¿Cuánto cuesta todo?

Conexión Cultural

Tienda de churros en Lima, Perú.

¡Cuidado, que pica!

Si no tiene mucho dinero para gastar, puede probar algunos de los platos que venden por las calles en las principales ciudades de Perú. Pida lomo saltado (carne de cerdo frita con cebolla y ají), ceviche de corvina (pescado con limón, chile y cebolla, con papas o yuca) o sopa a la criolla (una sopa con especias, carne de res, huevo, leche y verduras). Recuerde que a los peruanos les gusta la comida muy picante.

En la cocina peruana son comunes los platos hechos con pescado, cordero *(lamb)* y pollo, acompañados de cereales y legumbres. De postre, generalmente comen fruta. Los principales ingredientes de la gastronomía del país son productos agrícolas como la caña de azúcar, las papas, el arroz, el maíz, el trigo *(wheat)*, los frijoles, la yuca, el chocolate y el café.

IDIOMA

El comparativo

Use *más* or *menos* with an adjective or an adverb followed by *que* to compare persons and things in terms of "more than" and "less than."

*Los tomates son **más caros que** los pimientos.*
The tomatoes are **more expensive than** the peppers.

*El pollo **cuesta menos que** la carne de res.*
Chicken **costs less than** beef.

*Cocino **más frecuentemente que** tú.*
I cook **more frequently than** you.

A few common adjectives have irregular comparative forms.

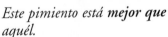

adjetivos comparativos		
bueno *(good)*	→	mejor *(better)*
malo *(bad)*	→	peor *(worse)*
joven *(young)*	→	menor *(younger)*
viejo *(old)*	→	mayor *(older)*
pequeño *(small)*	→	menor *(smaller, younger)*
grande *(big)*	→	mayor *(bigger, older)*

*Este pimiento está **mejor que** aquél.*
This pepper looks **better than** that one.

*Este mercado es **peor que** el mercado de mi barrio.*
This market is **worse than** the market in my neighborhood.

*Yo soy **menor que** mi hermana.*
I am **younger than** my sister.

*Ella es **mayor que** yo.*
She is **older than** I am.

The comparative forms of the adverbs *bien* (well) and *mal* (badly) are *mejor* and *peor*.

*Regateo **mejor que** tú.*
I bargain **better than** you do.

Haciendo comparaciones

Complete las siguientes oraciones con el comparativo del adjetivo que está entre paréntesis. El signo + se refiere a *más... que*, y el signo -, a *menos... que*.

1. El vendedor es (+ viejo) (1) que su esposa.
2. Esta manzana está (+ madura) (2) que la otra.
3. Los frijoles negros son (+ bueno) (3) que las lentejas para acompañar la ensalada.
4. Elena cocina (- malo) (4) que mi hermana.
5. Este tomate parece (- podrido) (5) que aquél.
6. El novio de Eva es (+ joven) (6) que ella.

Algo más

De compras en el mercado

Las cosas y alimentos que se pueden contar, se piden por unidades *(units),* media docena o decenas. Las cosas que se venden por peso, se piden por gramo, media libra, libra o kilo. Las cosas que vienen en bolsas, latas, cajas o paquetes se piden por unidad.

3 Anuncio en un supermercado

Lea este anuncio de un supermercado en Lima y conteste las preguntas.

NUEVO

JUGO DE NARANJAS 100% NATURAL

Elaborado con naranjas cuidadosamente seleccionadas e higiénicamente lavadas.

AUTO MERCADO
Supermercados de calidad

1 galón
precio normal **9,50 Sl.**
Precio Promoción **8 Sl.**

2 litros
precio normal **7 Sl.**
Precio Promoción **6,50 Sl.**

1 litro
precio normal **5 Sl.**
Precio Promoción **4 Sl.**

ENCUÉNTRELO EN LA SECCIÓN DE FRUTAS Y VERDURAS

1. ¿Qué producto se vende?
2. ¿En qué sección del supermercado se vende el producto?
3. ¿Cuál es el precio normal de 1 galón? ¿Y el precio promoción?
4. ¿Qué es más barato, cuatro envases de 1 litro o uno de 1 galón?

4 ¿Cuánto compramos?

Está usted en un supermercado. Diga qué cantidad quiere.

 Necesitamos *un kilo/un litro* de tomates.
Necesitamos un kilo de tomates.

1. ¿Me puede traer *medio kilo/medio litro* de naranjas?
2. No puedo encontrar *las latas/los paquetes* de refrescos.
3. ¿Podría darme *500 gramos/una docena* de lentejas?
4. Necesitamos *una libra/un litro* de leche.
5. ¿Me puede dar *una libra/media docena* de huevos?

Medidas

el galón	*gallon*
el gramo	*gram*
el kilo	*kilo*
la libra	*pound*
el litro	*liter*
la onza	*ounce*

IDIOMA

El comparativo de igualdad

To express that two or more persons or things are equal in terms of qualities or characteristics, use *tan* and an adjective or an adverb followed by *como* (as...as).

*Las sandías están **tan maduras como** los melones.*	The watermelons are **as ripe as** the melons.
*Tú cocinas **tan bien como** yo.*	You cook **as well as** I do.

To express equality of amount, use *tanto(a)... como*. The form of *tanto (tanta, tantas, tantos)* agrees with the object that follows. The English equivalents to these expressions are "as much as" and "as many as."

*Este vendedor tiene **tanto bacalao como** aquél.*	This vendor has **as much cod as** that one.
*Esta ensalada se prepara con **tantas aceitunas como** ésa.*	This salad is made with **as many olives as** that one.

To express equality of actions, using verbs, simply use *tanto como*.

*No compro **tanta carne como** tú.*	I don't buy **as much meat as** you do.
*Trabajamos **tanto como** ellos.*	We work **as much as** they do.

Mangos y naranjas.

Algo más

El mismo sabor con nombre diferente

Muchos alimentos reciben nombres diferentes en cada país. Por ejemplo, las **fresas** son **frutillas** en América del Sur, y los **albaricoques**, **damascos**. En América Central, los **duraznos** son **melocotones**. En Puerto Rico, al **mango** se le dice **mangó**. En Venezuela, la **sandía** se conoce como **patilla**. En Cuba la **papaya** se llama **fruta bomba**. Los **frijoles** se llaman **porotos** en Argentina, **caraotas** en Venezuela y **habichuelas** en Puerto Rico. En España una **papa** es una **patata**. Y una **galleta** puede ser una *cookie* y también una **masita** o **bizcochito**.

Papaya fresca y piña.

5 Cómo comprar alimentos frescos

Complete el siguiente párrafo usando las palabras del recuadro.

como	más
peor	menos
tan	tanta
mejor	tanto

Muchos de los alimentos que comemos no son (1) frescos como pensamos. Cuando vamos al mercado, debemos buscar que (2) las frutas (3) las verduras estén en buen estado. Esto significa que debemos comparar los alimentos entre sí. Muchas veces hay (4) variedad de cosas, que es difícil elegir qué cosa es (5) o (6) que otra. Por ejemplo, es fácil ver si un tomate está (7) maduro, o (8) fresco que otro y también si tiene algo de podrido. Lo importante, es prestar mucha atención a la calidad de los productos cuando vamos a comprarlos.

6 ¿Qué postre puedo comer?

Imagine que usted y su compañero(a) están comiendo en un restaurante peruano y tienen que elegir el postre. Su compañero(a) no lee bien el menú y hace comparaciones incorrectas. Corríjalo(a) haciendo comparaciones con *tan... como* o *tanto como*. Siga el modelo.

A: El flan es más delicioso que el queso con dulce.

B: No. El flan es tan delicioso como el queso con dulce.

1. El pastel de limón cuesta menos que el flan.
2. La ensalada de frutas tiene menos fruta que el pastel.
3. El helado de chocolate es más sabroso que el helado de fresa.
4. El queso con dulce es un postre menos típico que el flan.
5. El pastel de fruta tiene mejor sabor que el pastel de chocolate.

Restaurante Miraflores

Postres

Ensalada de fruta .... 7 soles

Helado de chocolate o de fresa   9 soles

Pastel de limón .... 8,50 soles

Pastel de fruta .... 10 soles

Pastel de chocolate ....12 soles

Flan .... 8,50 soles

Queso con dulce .... 9,50 soles

IDIOMA

El superlativo

When you want to single out one item or an individual to compare to others, you use the superlative ("the best," "the most attractive," "the tallest," etc.). Use the following formula.

el/la/los/las + más/menos + *adjective/adverb* + de

*Este mercado es **el más barato de** todos.*	This market is **the cheapest of** all.
*Estas aceitunas son **las más ricas** de todas.*	These olives are **the most delicious of** all.
*Esta sandía es **la más madura de** la tienda.*	This watermelon is **the ripest one** in the store.

Don't forget that some adjectives are irregular.

*Este restaurante es **el mejor de** la ciudad.*	This restaurant is **the best in** the city.
*Y éste es **el peor de** todos en la playa.*	And this one is **the worst of** all on the beach.
*Yo soy **el menor de** mi familia.*	I am **the youngest in** my family.

The noun and *de* are not always necessary. Compare the two examples below.

*Éstas son **las coliflores más frescas** del mercado.*	These are **the freshest** cauliflowers **in** the market.
*Éstas son **las más frescas.***	These are **the freshest.**

Another way to intensify your descriptions is to use the word *tan* before adjectives and adverbs.

*¡Este postre es **tan dulce!***	This dessert is **so sweet!**
*Hija, no comas **tan rápido.***	Dear, don't eat **so fast.**

7 Mi familia

Con su compañero(a), describan a algunos de sus familiares y amigos.

A: ¿Quién es el menor de su familia?
B: Mi hermano Pedro es el menor de mi familia.

1. ¿Cuál de sus amigos es el más alto?
2. ¿Quién es el mayor de su grupo de amigos?
3. ¿Quién es el/la que duerme más en su familia?
4. ¿Quién es el/la que más habla por teléfono en su familia?
5. ¿Cuál de sus amigos tiene más hermanos?
6. ¿Quién es el/la más joven de sus amigos(as)?

8 Encuestas de la clase

Imagine que el director de su escuela ha decidido organizar una fiesta para los estudiantes. Como quiere servir comida para todos, ha decidido realizar una encuesta para averiguar cuáles son las comidas que prefieren. En grupos, hagan una encuesta. Pueden usar las siguientes preguntas. Después, presenten los resultados a la clase.

A: ¿Qué tipo de ensalada le gusta más?
B: La ensalada que más me gusta es la de tomate y cebolla.

1. ¿Qué tipo de carne es el que más le gusta?
2. ¿Qué prefiere, el pescado o el pollo?
3. ¿Qué cree que es más rico, acompañar la carne con ensalada o con papas?
4. ¿Cuál es para usted la verdura más sabrosa?
5. ¿Cuál de todas las verduras le gusta menos?
6. ¿Cuál es para usted la fruta más dulce?
7. ¿Qué postre cree que es menos sabroso, el helado o la ensalada de fruta?

IDIOMA

Otra forma del superlativo: -ísimo

When you wish to say that someone or something is extraordinarily good (or extraordinarily bad, etc.) and the use of *muy* does not express enough intensity, attach the suffix *-ísimo(a)* to the adjective.

Estas aceitunas están **buenísimas.**	These olives are **extraordinarily good.**
Ay, mira el menú. ¡Todo está **carísimo!**	Oh, look at the menu. Everything is **outrageously expensive!**

The last vowel is dropped before adding *-ísimo*, except with adjectives that end in *-ble*, which change the ending to *-bil*.

amable	→	amabilísimo

Sometimes, you will need to make a spelling change.

ie	→	e:	caliente, calentísimo
z	→	c:	feliz, felicísimo
c	→	que:	fresca, fresquísima
g	→	gu:	largos, larguísimos

¡Están buenísimas!

9 ¡Buenísimo!

Use el superlativo para escribir oraciones según las indicaciones.

cena/estar/muy rica
La cena está riquísima.

1. tomates/estar/muy frescos
2. Juan/llegar/muy rápido
3. bacalao/estar/muy sabroso
4. frijoles/cocinarse/muy lento

5. sopa/estar/muy caliente
6. ir al mercado/ser/muy divertido
7. tú/comer/mucho
8. cerezas/estar/muy buenas

10 Cena entre amigos

Imagine que usted cocinó para un(a) amigo(a). Con su compañero(a), completen el diálogo con el superlativo que corresponda.

A: ¿Te gusta lo que cociné?
B: Sí, está (rico) (1).
A: ¿Está muy caliente?
B: Sí, está (caliente) (2).
A: ¿Y muy picante?
B: Sí, (picante) (3).
A: Lo siento mucho, pensé que te iba a gustar.
B: Sí, me gustó (mucho) (4), pero estoy (lleno) (5).

CONEXIONES
11 Cruzando fronteras

Los kipus o libros de nudos

Los incas fueron una de las grandes civilizaciones que habitaron los Andes del Perú antes de la llegada de los europeos. Los puentes colgantes *(suspension bridges),* los sistemas de irrigación, los templos y otros edificios que dejaron son sólo algunas de las muestras de lo avanzada que era esta civilización. Los sistemas de comunicación de los incas, como los kipus, eran también muy avanzados para la época. Los kipus son unos cordones *(ropes)* de diferentes colores, con nudos *(knots)* que se usaban para recoger información sobre los impuestos *(taxes)* y eventos históricos. Los nudos de los kipus representaban números y lugares. Se dice que podían contar hasta más de diez mil. Por ejemplo, si un gobernante inca quería saber cuántas llamas tenía una tribu, las hacía contar y luego se registraba su número con nudos en los cordones. El gobernante inca tenía un asistente llamado *kipu-camayoc* que estaba encargado de interpretar los nudos. Había kipus para contar tribus, animales, mujeres y niños, entre otros.

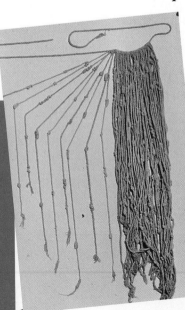

Con su compañero(a), creen un sistema de información usando símbolos para representar letras y números. Pueden hacerlo con figuras geométricas, con colores, etc. Después, pídanle a un compañero(a) que intente descifrarlo.

12 ¡Afuera el que no pertenece!

Diga qué alimento no pertenece al grupo.

1. filete	pollo	tomate	carne de res
2. langosta	pastel	pulpo	camarón
3. naranja	lechuga	coliflor	ajo
4. garbanzo	lenteja	frijol	pescado
5. manzana	pera	habichuela	naranja
6. ajo	perejil	cebolla	huevo
7. piña	tocino	salchicha	jamón
8. aceite	vinagre	fresa	aderezo
9. leche	aceituna	mantequilla	queso
10. bacalao	calamar	cangrejo	manzana

13 ¿Cuál fue...?

Con su compañero(a), hablen de algunas experiencias que hayan tenido.

¿Cuál fue...?
- la comida más sabrosa
- el día más aburrido
- el mejor día de su vida
- la clase más interesante
- el viaje más divertido
- la mejor idea
- el libro más largo
- la receta de cocina más difícil
- el mejor restaurante

Autoevaluación. Compruebe lo que ha aprendido. Conteste las siguientes preguntas.
1. Diga cinco cosas que puede comprar en el mercado.
2. Diga dos adjetivos que tengan una forma irregular en el comparativo y escriba una oración con cada uno de ellos.
3. En el mercado, ¿cómo le pedimos al vendedor las cosas que se venden por peso?
4. Diga tres nombres diferentes que se les da a los frijoles.
5. ¿Cuál es la fórmula que se usa para el superlativo?
6. ¿Para qué se usa el superlativo terminado en *-ísimo(a)*?
7. Diga las dos formas del superlativo de la palabra *rico*.
8. ¿Qué es un kipu?

¡La práctica hace al maestro!

A Comunicación

Con su grupo imaginen que van a organizar una cena. Tienen tres recetas *(recipes)* para hacer y necesitan ir al mercado para comprar los alimentos. Observen las siguientes recetas. Creen un diálogo y digan lo que va a comprar cada persona del grupo.

Hamburguesas

2 libras de carne
de res picada
1 huevo
un poco de perejil
sal
pimienta

Ensalada de fruta

3 manzanas
2 naranjas
4 bananas
2 duraznos
jugo de 1 limón
un poco de agua

Ensalada

1 lechuga
3 tomates maduros
1 cebolla
1/2 limón
aceite
sal

B Conexión con la tecnología

En grupos pequeños hagan un programa de cocina para grabar en video y luego presentarlo a la clase. Sigan los siguientes pasos.

- Busquen la receta de un plato típico de la región de los Andes. Sugerencias: humitas *(a kind of tamale)*, llapingacho *(potato pancakes)*, sancocho *(beef broth)*, locro *(meat dish with corn, peppers, and potatoes)*.
- Hagan una lista de los ingredientes que se necesitan y de las medidas *(measures)* correspondientes.
- Decidan quién va a ser el cocinero y quiénes los ayudantes.
- Escriban un guión para el programa.
- Asegúrense de que tienen todos los ingredientes y todos los utensilios *(utensils)* de cocina necesarios.
- Graben el programa en video.

En el mercado
la aceituna
el alimento
el bacalao
la cereza
la coliflor
las espinacas
el frijol
el garbanzo
la lenteja
la sandía

Cantidades
el galón
el kilo
el litro
la onza

Expresiones y otras palabras
cocinar
crudo(a)
fresco(a)
maduro(a)
podrido(a)
el sol nuevo (SI.)
verde

Conexión Cultural

Machu Picchu

En Perú, gran parte de la población es indígena y todavía habla el quechua, una de las lenguas nativas. Se visten como lo hacían antes de la llegada de los españoles y mantienen muchas de las tradiciones familiares y sociales.

En el sureste de Perú está Machu Picchu, una ciudad construida por los incas hace más de 700 años. Está a más de 7.000 pies de altura. Para construir la ciudad, los templos y las terrazas para los cultivos, los incas usaron materiales de las montañas y el trabajo de muchos indígenas. Sin embargo, muy pocos sabían dónde estaba Machu Picchu, que era considerada una ciudad sagrada.

Cuando los incas perdieron la guerra de la conquista contra los españoles, la ciudad fue abandonada y sólo hasta principios de este siglo fue visitada por un grupo de arqueólogos *(archaeologists)* de la Universidad de Yale. Desde entonces puede ser visitada y admirada como uno de los lugares más espectaculares de Latinoamérica.

Machu Picchu tiene 148 edificios construidos con grandes bloques de piedra.

Lección 26

Contexto cultural
PARAGUAY

¡Ay, se me perdió la receta!°

Un grupo de estudiantes tiene que cocinar un plato típico paraguayo: una sopa. Creían que era un proyecto fácil, pero parece que se ha complicado un poco.

SARA: A ver, los ingredientes de la sopa son **pasta,**° leche...

ADELA: ¡Aquí está todo!

SARA: Muy bien. Empecemos por las legumbres. ¿Están listas?

PABLO: Sí. Aunque están **congeladas.**°

SARA: ¿Qué? Bueno, ¿y la carne de res? ¿Compraste la carne, Rafael?

RAFAEL: No, compré pollo. Es que no me gusta la carne de res.

PABLO: No sé si la sopa se puede hacer con pollo en lugar de carne.

ADELA: Seguro que sí. ¿Qué te parece si ponemos en la sopa las **pechugas**° en lugar de las **alas**° o los **muslos,**° que tienen **huesos?**°

PABLO: Me parece bien.

SARA: ¿Trajiste la receta con las cantidades, Adela?

ADELA: Sí claro, un momentito... ¡Ay, se me perdió la receta!

SARA: No importa. Ésta ya no es más la receta de mi mamá.

PABLO: El agua está hirviendo. Voy a echar primero el pollo, después, las legumbres, y por último, la pasta y la leche.

RAFAEL: ¿Te importa que el pollo tenga **pellejo,**° Sara?

SARA: A mí ya no me importa nada...

PABLO: El pollo ya está hecho **pedacitos.**° ¿Qué se hace ahora?

SARA: No me preguntes a mí.

ADELA: ¡Ahora hay que hacer la **mezcla**!° Pásenme la **batidora**,° por favor.
PABLO: ¿Qué vas a hacer?
ADELA: Vas a ver. Voy a **batirlo**° todo y va a salir una crema riquísima.
RAFAEL: ¡Esto es una **locura**!° Yo no pienso probar esa sopa.
SARA: Por favor, nunca se lo cuenten a mi mamá.

la receta *recipe* **la pasta** *pasta* **congeladas** *frozen* **las pechugas** *chicken breasts* **las alas** *wings*
los muslos *thighs* **los huesos** *bones* **el pellejo** *skin (of animal)* **los pedacitos** *small bits* **la mezcla**
mixture **la batidora** *beater* **batirlo** *beat it* **la locura** *madness*

1 ¿Qué comprendió Ud.?

1. ¿Cuáles son los ingredientes de la sopa?
2. ¿Qué se echa primero al agua hirviendo? ¿Y después? ¿Y por último?
3. ¿Qué se le perdió a Adela?
4. ¿Qué va a hacer Adela con la sopa? ¿Cómo?
5. ¿Quién no piensa probar la sopa? ¿Por qué?
6. ¿A quién no quiere Sara que le cuenten lo que pasó?

Conexión Cultural

El Sooyo sopy

El Sooyo sopy es un plato típico de la cocina paraguaya. Lleva una gran cantidad de ingredientes y es fácil de preparar. Aquí tiene la receta de esta exquisita sopa.

Ingredientes:

2 litros de agua
1/2 kilo de carne de res
200 gramos de fideos cabello
   de ángel *(angel hair pasta)*
1 cebolla grande picada
1 tomate
3 dientes de ajo *(garlic cloves)* picados
2 huevos

1 cucharada de ají picante
   molido *(ground)*
3 papas cocidas
1 taza de leche
1/2 taza de aceite
ají picante salteado *(sauteed)*
orégano, sal y pimienta

Preparación:

1. Se pone a hervir el medio kilo de carne de res con las papas picadas en 2 litros de agua.
2. Aparte, se prepara un aderezo con el aceite, suficiente para freír la cebolla picada, el tomate pelado y picado, el ajo y el ají picante.
3. Se hecha el aderezo en el caldo, y luego, los fideos. Se deja hervir un rato más.
4. Cuando los fideos estén cocidos, se añaden los huevos batidos. Unos segundos antes de apagar el fuego, se agrega la leche.
5. Esta sopa se sirve caliente, acompañada de un ají picante asado en cada plato.

2 En la cocina

Complete las oraciones con las palabras del recuadro.

En la cocina

el abrelatas	*can opener*
la clara	*egg white*
la yema	*yolk*
la harina	*flour*
el choclo	*corn*
el horno	*oven*
picado(a)	*ground, chopped*

> clara
> abrelatas
> horno
> congelado
> ala
> batidora
> yema

1. Un alimento que ha estado en el congelador mucho tiempo está (1).
2. Una parte del pollo que tiene huesos es el (2).
3. El aparato que se usa para batir se llama (3).
4. La parte blanca del huevo se llama (4).
5. Un pastel se cocina en el (5).
6. El aparato que se usa para abrir latas se llama (6).
7. La parte amarilla del huevo se llama (7).

Conexión Cultural

¡Vamos a hacer una parrillada!

La parrillada es otro de los platos más populares de Paraguay y generalmente se cocina para celebrar acontecimientos especiales, en reuniones familiares y de amigos. Consiste en una gran variedad de carnes asadas (sobre todo de res y cordero), aderezadas con varias salsas. La parrillada tradicional se empezaba a cocinar por la mañana, dejando que la carne se asara durante todo el día a fuego lento, para poderla difrutar por la noche con todo su sabor.

También forman parte de la dieta paraguaya los platos basados en productos tropicales, tales como la cássava o mandioca, el aguacate y los cereales *(cereals),* sobre todo el maíz, el trigo *(wheat)* y el arroz. Muy comunes en la cocina del país son el "locro", un estofado de maíz y el "sooyo sopy", una sopa espesa hecha con carne picada y servida con fideos. Uno de los postres nacionales, es el "embaipy he-é", una deliciosa mezcla de maíz, leche y melaza *(molasses).*

Y para acompañar la comida, Paraguay ofrece una gran variedad de bebidas. Sin duda la más conocida es el mate, un té de hierba mate. También son deliciosos el mosto, que es un jugo de caña de azúcar y el cocido, que es un té de frutas.

IDIOMA

La voz pasiva

In the passive voice the subject is not the doer, but the receiver of the action. The passive voice is often used with the word *por* (by).

Ella encendió el horno.	She turned on the oven.
*El horno fue encendido (**por ella**).*	The oven was turned on (**by** her).
Yo tengo que batir los huevos.	I have to beat the eggs.
*Los huevos tienen que ser batidos (**por mí**).*	The eggs have to be beaten (**by** me).

You form the passive voice with a form of *ser* and the past participle of the verb. Note that the past participle agrees with the subject in gender and number.

*El horno **fue encendido**.*	The oven **was lit**.

The passive voice can be expressed in the past and in the future by using the past and future tense forms of *ser* and the past participle.

(Él/Ella) Hirvió el agua. →	El agua fue hervida (por él/ella).
Hervirá el agua. →	El agua será hervida (por él/ella).

Sometimes the passive voice can be expressed simply by using the third person plural of the verb.

Servirán el postre más tarde.	The dessert **will be served** later.

Sometimes *se* can express the passive voice. Compare the following pairs.

La cena fue servida a las ocho.	Dinner was served at eight.
Se sirvió la cena a las ocho.	

Estar y el participio pasado

Use *estar* and the past participle to describe a condition that is the result of a previous action. The past participle serves as an adjective and must agree in gender and number with the noun it modifies.

*Las latas **están abiertas**.*	The cans **are open**.
*El horno **está encendido**.*	The oven **is lit**.

Las salchichas ya están hechas.

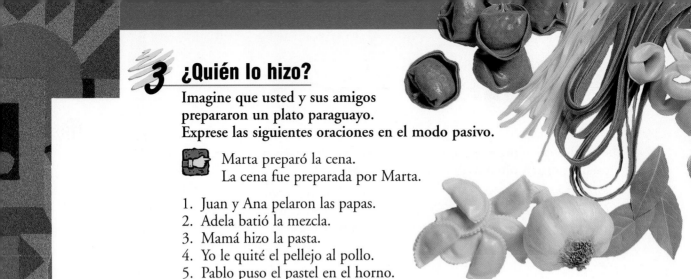

3 ¿Quién lo hizo?

Imagine que usted y sus amigos prepararon un plato paraguayo. Exprese las siguientes oraciones en el modo pasivo.

 Marta preparó la cena.
La cena fue preparada por Marta.

1. Juan y Ana pelaron las papas.
2. Adela batió la mezcla.
3. Mamá hizo la pasta.
4. Yo le quité el pellejo al pollo.
5. Pablo puso el pastel en el horno.
6. Mi abuela partió los muslos en pedacitos.
7. Carlos trajo la batidora.
8. Melisa hizo el postre.

4 Cocinando en pasivo

Complete las siguientes oraciones con la voz pasiva del verbo entre paréntesis. Use el tiempo verbal *(tense)* que se indica.

1. La sopa (futuro/preparar) (1) por mamá.
2. La receta (pretérito/perder) (2) por Ana.
3. Los alimentos (futuro/comprar) (3) mañana.
4. El pollo (pretérito/cocinar) (4) ayer.
5. Las alas (presente/cortar) (5) en pedacitos.
6. El libro de cocina (pretérito/leer) (6) en clase.
7. El cereal (presente/mezclar) (7) con la leche.
8. Los huevos (pretérito/batir) (8) por mi hermana.

5 ¡Qué buena amiga!

 Su amiga viene a ayudarle a preparar una comida especial y es muy eficiente. Cada vez que usted le pregunta por algo, ella ya lo ha hecho. Con su compañero(a), creen un diálogo siguiendo las indicaciones.

 A: ¿Picaste la cebolla?
B: Sí, ya está picada.

1. lavar la lechuga
2. agregar la harina
3. cocinar la pasta

4. batir las claras
5. hervir el agua
6. preparar el aderezo

7. quitarle el pellejo al pollo
8. mezclar los ingredientes

IDIOMA

Más usos de *se*

You have used *se* as:

- reflexive pronoun

  Ellos se levantan tarde.   **They get up** late.

- indirect object pronoun

  ¿Se lo sirvió al Sr. Ribera?   **Did you serve it to**
  Mr. Ribera?

  *Sí, acabo de **servírselo**.*   Yes, I just **served it to him**.

- passive voice or to mean "you," "one," "they"

  Se toma mucho mate en   **They drink** a lot of mate tea in
  Paraguay.   Paraguay.

- reciprocal pronoun

  Se escriben por correo   **They e-mail each other** every day.
  electrónico todos los días.

You can also use the pronoun *se* to express accidental occurrences.

  La receta se perdió.   The recipe **got lost.**
  Los platos se quebraron.   The dishes **got broken.**

You may also add an indirect object pronoun in this usage to indicate who is involved in an accident.

  ¡Ay!, se me rompió el vaso.   Oh, **I** accidentally **broke** the glass!
  ¡Ay!, se te cayó la sopa.   Oh, **you dropped** your soup!

A Rubén se le cayó el vaso.

En Paraguay se toma mate.

6 ¿Cómo se prepara?

Use el pronombre *se* para describir estas instrucciones de cocina según las indicaciones. Siga el modelo.

primero/pelar/la fruta
Primero se pela la fruta.

1. el pollo sin huesos/cocinar/más rápido
2. deber/quitarle el pellejo al pollo
3. esta sopa/hacer/con trigo y carne
4. no agregar/sal
5. batir/las claras sin las yemas
6. lavar/la lechuga
7. cortar/los tomates
8. poner/aderezo a la ensalada

7 ¡Qué locura!

Hoy todo le va mal. Con su compañero(a), creen un diálogo según las indicaciones. Sigan el modelo.

la comida/quemarse
A: ¿Qué pasó con la comida? ¿Se quemó?
B: Sí, se me quemó.

1. la carne/congelarse
2. el abrelatas/romperse
3. harina/caerse
4. receta/perderse
5. ingredientes/olvidarse
6. los platos/quebrarse

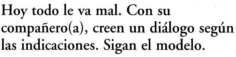

Para hablar mejor: practicar sonidos

Todos encontramos dificultades al aprender un idioma que no es el nuestro, especialmente al pronunciarlas. Identifique los sonidos que son más difíciles de pronunciar para usted. ¿Quizás es la "z"? ¿O la "ch"? ¿O la "rr"?

Para practicar estos sonidos, haga una lista de palabras que conozca con esos sonidos. Busque palabras cortas. Lea su lista una y otra vez durante la semana, hasta que vea que su pronunciación haya mejorado.

Zarzaparrilla

8 Pastel de choclo

Imagine que su mamá le pide que prepare un pastel de choclo para la cena. Lea la receta y conteste las siguientes preguntas.

PASTEL DE CHOCLO

Ingredientes

6 choclos maduros (pero no secos)
1 cucharadita de sal
6 huevos
1/4 kilo de queso fresco
150 gramos de pasas
1/2 taza de margarina o mantequilla vegetal
3 cucharaditas de polvo de hornear
1/2 taza de azúcar

Preparación

1. Se muelen *(grind)* los choclos.
2. Se baten en la batidora la margarina y el azúcar hasta obtener una mezcla cremosa. Luego se le agregan las yemas de huevo, una por una. Después de que todo esté bien mezclado, se le agrega el choclo molido, la sal y el polvo de hornear *(baking powder)*.
3. Se baten las claras a punto de nieve *(until stiff)* y se añaden a la mezcla anterior.
4. Se cubre con aceite una fuente para el horno y se pone en ella la mitad de la mezcla. Encima de ésta se pone el queso fresco cortado en pedazos y las pasas. Por último, se pone el resto de la mezcla y se mete al horno a 350º de 40 a 50 minutos.

1. Para hacer el pastel, ¿se necesitan choclos secos o maduros?
2. ¿Qué se hace antes de empezar a mezclar los ingredientes?
3. ¿Qué ingredientes se baten en la batidora?
4. ¿Cuántos gramos de pasas lleva el pastel?
5. ¿Cómo se le agregan las yemas a la mezcla?
6. ¿Cómo se baten las claras?
7. ¿Qué es lo último que se pone en la fuente?
8. ¿Cuánto tiempo se cocina el pastel en el horno?

Autoevaluación. Compruebe lo que ha aprendido. Conteste las siguientes preguntas.

1. Nombre dos partes del pollo que tengan huesos.
2. ¿Qué ingredientes lleva la sopa paraguaya que se conoce como "sooyo sopy"?
3. ¿Cómo se forma el modo pasivo de un verbo?
4. Escriba una oración en el modo pasivo usando la tercera persona del verbo *invitar*.
5. Escriba dos oraciones que describan algo que ocurrió accidentalmente.
6. ¿Por qué es importante saber las cantidades de los ingredientes de una receta?

¡La práctica hace al maestro!

A Comunicación

Con su compañero(a), creen un diálogo. Uno(a) de ustedes le tiene que enseñar a su compañero(a) a hacer un plato de cocina típica paraguaya. El(La) otro(a) tiene que aprender la receta. Para ello le va a hacer preguntas sobre los pasos que debe seguir. Acuérdese de preguntar:

- los ingredientes que lleva
- qué se mezcla primero
- qué se mezcla después
- dónde se cocina
- para cuántas personas es
- en cuánto tiempo se cocina

B Conexión con la tecnología

En los tiempos de nuestras abuelas, no existían tantos libros de cocina como ahora. Las recetas se pasaban de generación en generación y se quedaban en la familia durante años.

En la actualidad hay una gran variedad de libros de cocina. Se pueden encontrar libros de las recetas típicas de un país y hasta libros de recetas que usan todas un mismo ingrediente, por ejemplo, el chocolate.

En grupos, busquen en Internet dos recetas típicas de un país sudamericano. Busquen por el país de origen, los ingredientes o el nombre de la receta. Escríbanlas en una hoja. Luego, lean las recetas al resto de la clase y elijan una para hacerla entre todos.

En la cocina
- el abrelatas
- la batidora
- el horno

Comidas
- el choclo
- la harina
- la pasta

El pollo
- el ala/las alas
- el hueso
- el muslo
- la pechuga
- el pellejo

El huevo
- la clara
- la yema

Expresiones y otras palabras
- batir
- congelado(a)
- la locura
- la mezcla
- el pedacito
- picado(a)
- la receta

Conexión Cultural

Paraguay

Paraguay es uno de los países de Latinoamérica donde más ha persistido *(persisted)* la cultura guaraní. De hecho, la gran mayoría de su población habla, además del español, el guaraní, la lengua indígena. El nombre del país, en guaraní, significa "aguas que corren hacia el mar" y hace referencia a los ríos que atraviesan sus tierras: el río Paraguay, que cruza el territorio de norte a sur, y el río Paraná, al sur del país, en la frontera con Argentina.

En 1537, Juan Salazar de Espinosa fundó el fuerte de Nuestra Señora de la Asunción, que con el tiempo se convirtió en Asunción, la capital del país.

La población de Paraguay es principalmente mestiza, mezcla de europeos e indígenas guaraníes. Gran parte de los cinco millones de habitantes que tiene el país viven al este del río Paraguay, en una meseta *(plateau)* que se extiende desde Brasil hasta la región del Paraná.

(Arriba) El Panteón de los Héroes, Asunción.

(Abajo) Artesanías de Asunción.

Lección 27

Ante todo, los buenos modales°

*El próximo fin de semana es el cumpleaños de Ana, una chica boliviana que vive en La Paz. Hoy se ha reunido con sus amigas, Alicia y María para comenzar los **preparativos**° de la fiesta.*

ALICIA: Bueno Ana, ¿qué vamos a hacer para tu cumpleaños?

ANA: Este año me gustaría que preparáramos una cena **formal**.°

MARÍA: ¡Ay, qué buena idea! Puede ser divertidísimo.

ANA: Quisiera que los invitados tuvieran buenos modales en la mesa.

ALICIA: Sí, porque algunos amigos nuestros no saben **comportarse**,° y yo no quiero que **arruinen**° la fiesta.

MARÍA: Ya, ya... mejor no digamos nombres.

ANA: Me gustaría que enviáramos **invitaciones**° y que cocináramos algo rico.

ALICIA: Me parece muy bien. ¿Qué te gustaría servir de comida?

ANA: Podemos cocinar pescado con papas para la cena, y luego, servir **emparedados**° y dulces para **picotear**° durante la noche.

MARÍA: Sí, y las bebidas las pueden traer los invitados, así nosotras **nos ocupamos de**° lo demás.

ALICIA: También necesitamos adornar la casa con globos y **guirnaldas**,° y contratar un **disc jockey**° para que ponga música durante la fiesta.

ANA: ¿Pero cómo? ¿No dijimos que iba a ser una cena formal?

MARÍA: Sí, claro. Pero después de comer podemos bailar y divertirnos haciendo juegos.

ANA: Tienes razón. Me gusta más así.

ALICIA: Ahora decidamos cómo vamos a **repartir**° las cosas que hay que hacer.

MARÍA: Yo puedo ir al mercado a comprar la comida, los platos de papel, los cubiertos y los vasos.

ALICIA: Y yo puedo ir a comprar las invitaciones, los globos y las guirnaldas.

ANA: Entonces, yo me encargo de escribir y enviar las invitaciones y de elegir los **discos compactos°** y casetes para el disc jockey.

ALICIA: ¿Y qué hay de los buenos modales en la mesa?

ANA: **Se me ocurrió°** que podemos escribir una lista de reglas.

MARÍA: Sí, sí. ¡Qué buena idea!

ANA: Si quieren puedo escribirla. Puedo poner por ejemplo, que los invitados no hablen con la boca llena.

ALICIA: Y que no pongan los **codos°** en la mesa y que usen las servilletas.

ANA: Y que **coloquen°** los restos de comida en un plato separado.

MARÍA: Creo que también deberíamos poner que los invitados no se olviden de divertirse y de bailar.

ANA: Sí, quiero que todos se diviertan y pasen un rato agradable.

ALICIA: La fiesta va a ser un éxito, Ana.

MARÍA: Y estoy segura de que todos los invitados tendrán buenos modales.

ANA: Yo también. ¡Vamos a empezar con los preparativos!

los modales *manners* **los preparativos** *preparations* **formal** *formal* **comportarse** *to behave* **arruinen** *ruin* **las invitaciones** *invitations* **los emparedados** *sandwiches* **picotear** *to nibble* **nos ocupamos de** *take care of* **las guirnaldas** *garlands* **el disc jockey** *disc jockey (DJ)* **repartir** *to distribute* **los discos compactos** *compact discs* **se me ocurrió** *it occurred to me* **los codos** *elbows* **coloquen** *place*

¿Qué comprendió Ud.?

1. ¿Qué le gustaría hacer a Ana para su cumpleaños?
2. ¿Qué quieren servir para picotear después de la cena?
3. ¿Quién va a traer las bebidas?
4. ¿Con qué van a adornar la casa?
5. ¿Quién va a comprar la comida? ¿Y las invitaciones?
6. ¿Qué se le ocurrió hacer a Ana?
7. ¿Qué reglas piensan incluir en la lista?

IDIOMA

El imperfecto del subjuntivo

Up to this point you have been using the present tense of the subjunctive. There is also a past tense of the subjunctive. To form the past subjunctive, simply take the *ellos* form of the preterite tense and remove the final *-on* of the ending. Then add the new endings: *-a, -as, -a, -amos, -ais, -an*. This pattern applies to all verbs.

el imperfecto del subjuntivo	
yo viviera	nosotros viviéramos
tú vivieras	vosotros viviérais
él/ella viviera	ellos vivieran

The *nosotros* and *vosotros* forms in the past subjunctive require an accent mark: *hiciéramos, dijérais*.

You have learned that the subjunctive is used in the subordinated sentence, in which there are two parts connected by the word *que*. Each part has a different subject and a different verb. The main verb in the first part is always in the indicative mood, while the verb in the second part is in the subjunctive mood. When the main, or first, verb in the sentence is in the preterite, imperfect, or conditional, you will use the past subjunctive. Compare the following pairs of present subjunctive and past subjunctive usage.

Dice que pongas música. — He **says you should play** music.
Dijo que pusieras música. — He **said you should play** music.
Es importante que no coloques los codos sobre la mesa. — It's important **that you don't put** your elbows on the table.
Era importante que no colocaras los codos sobre la mesa. — It **was** important **that you didn't** put your elbows on the table.
Quiero que te ocupes de los preparativos. — I **want you to be in charge** of the preparations.
Yo quería que te ocuparas de los preparativos. — I **wanted you to be in charge** of the preparations.
Sugiero que traigas algo para picotear. — I **suggest you bring** something to munch on.
Yo sugeriría que trajeras algo para picotear. — I **would suggest you bring** something to munch on.

Consejos y advertencias

Para Ana, el día de su fiesta fue muy especial. Complete las oraciones con el imperfecto del subjuntivo del verbo entre paréntesis.

1. Ana les pidió a todos sus amigos que (llegar) (1) a las seis, pero dudaba que todos (ser) (2) puntuales.
2. Antes de la fiesta, Ana le pidió al disc jockey que (poner) (3) música bailable.
3. Ana quería que yo (colgar) (4) las guirnaldas sobre la pista de baile.
4. Los amigos se ocuparon de todo, para que Ana no (comprar) (5) nada.
5. Ana le pidió a su amigo Claudio que (traer) (6) algunos discos compactos.
6. Ana le pidió a su hermanito pequeño que (comportarse) (7) bien y que no (hacer) (8) mucho ruido.
7. Ana se alegró mucho de que todos los invitados (venir) (9). No faltó nadie.

¿Qué quería Rubén?

Los padres de Rubén se fueron de vacaciones a Potosí y él está planeando hacer una fiesta en su casa. Imagine que Rubén habló con usted y le dio instrucciones. Siga las indicaciones de la lista y diga lo que dijo. Use expresiones como: *dijo que, quería que, insistió en que (!!)* y *sugirió que (?)*.

Ángel	conseguir al disc jockey
	no traer música clásica (!!)
	comprar algo de música latina (?)
Claudio	escoger las guirnaldas
	comprar las guirnaldas pronto (!!)
Raquel	ocuparse de los refrescos
Pablo	hacer emparedados
	cocinar algo para picotear (!!)
Rosa	preparar el lugar para la fiesta
	conseguir el estéreo
todos	pensar en juegos nuevos (?)
	traer discos compactos

PARA ti

Más música

la música lenta	slow music
la música latina	Latin music
la música rock	rock music
la música tecno	techno music
la música clásica	classical music
el parlante	speaker
el sistema de audio	audio system
el estéreo	stereo
romántico	romantic

Fher, el cantante de Maná.

 A: Rubén quería que Ángel consiguiera al disc jockey.
Insistió en que no trajera música clásica.
Sugirió que comprara algo de música latina.

4 Música para la fiesta

En una revista muy popular de Bolivia salió el siguiente artículo sobre música. Lea las recomendaciones y "las diez mejores selecciones" *(Top Ten)* y diga si las oraciones son ciertas o falsas. Si son falsas, corríjalas.

TOP 10 ERES ESPAÑOL

Amor de papel	①	SENTIDOS OPUESTOS
Azúcar y maldad	②	MERCURIO
Cómo dueles en los labios	③	MANA
La bomba	④	RICKY MARTIN
Rezo	⑤	CARLOS PONCE
Por un café, por un helado	⑥	SERGIO BLAS
El mundo futuro	⑦	MECANO
Tu nombre	⑧	NEK
Por volver	⑨	GUSTAVO LARA
No me mires	⑩	MECANO

★ RECOMENDACIONES DE LA SEMANA ★

Esta semana nuestras diez mejores selecciones tienen música para todos los gustos. Si te gusta divertirte y estás pensando en hacer una fiesta, te recomiendo que elijas los grupos Mercurio, Mecano y Maná. Si, en cambio, eres una persona romántica y estás pensando en una cena para dos o con amigos, no te olvides de Ricky Martin y Carlos Ponce. Si necesitas un poco de rock en tu vida, escucha al grupo Nek; y si quieres escuchar algo diferente, Sentidos Opuestos es tu grupo. ■

1. El artículo sugería que los románticos escucharan a Sentidos Opuestos.
2. Recomendaba que una persona a quien le gusta divertirse se comprara el disco de Maná.
3. Gustavo Lara canta la canción "El mundo futuro".
4. El artículo decía que Mecano no era un grupo famoso.
5. El autor sugería que los románticos no se olvidaran de Ricky Martin.
6. Las diez mejores tenía al grupo Nek en tercer lugar.
7. El artículo recomendaba que todos compraran el disco de Sentidos Opuestos.
8. También sugería que en una cena las personas escucharan a Carlos Ponce.

5 ¿Qué tipo de fiesta te gusta más?

En grupos de seis, hagan una pequeña encuesta de las actividades más populares para una fiesta. Completen el cuadro con las respuestas.

Actividades para una fiesta	¿Qué tipo de...?	
bailar	bailes	rock and roll, merengue, salsa
cantar		
escuchar música		
hacer juegos		
beber		
comer		
contar chistes		
leer cuentos		

Conexión *Cultural*

Fiestas y celebraciones de Bolivia

Los bailes de los indígenas nativos de Bolivia representaban actividades de la vida diaria como la guerra y el trabajo. Pero con la llegada de los españoles y los esclavos *(slaves)* de África, se crearon las distintas danzas que se conocen hoy y que son diferentes en cada región del país.

Uno de los bailes más populares es la "cueca", que cuenta la historia de unos novios, desde que se enamoran, hasta que se pelean y luego se reconcilian *(reconcile)*. También es famoso el "auqui-auqui", una danza que se burla *(makes fun)* de los españoles. Representa a los españoles con un sombrero muy alto y un bastón *(cane)* y exagera sus gestos como si fueran hombres viejos.

En el sur del país, las danzas se llaman "Tikus". Se bailan para celebraciones religiosas. La música normalmente se toca con instrumentos típicos indígenas.

La danza de los valles *(valleys)* se llama "los macheteros". Se acompaña con tambores, violines *(violins)* y banjones. Los bailarines llevan machetes y máscaras de madera y se visten con trajes hechos de algodón, corteza de árbol *(bark)* y plumas.

En Oruro se celebran las fiestas que atraen al mayor número de turistas. La danza más especial de esas fiestas es "la morenada", que representa a un grupo de esclavos ante la corte del rey Felipe III.

(Arriba) Baile de carnaval en Oruro, Bolivia.

(Abajo) El festival de Santa Rosa, Bolivia.

Autoevaluación. Compruebe lo que ha aprendido. Conteste las siguientes preguntas.

1. ¿Cuáles son algunos de los preparativos para organizar una fiesta?
2. Diga cinco reglas de buenos modales en la mesa.
3. Describa una de las danzas populares de Bolivia.
4. ¿Cómo se forma el imperfecto del subjuntivo?
5. Escriba la siguiente oración en pasado: *Quiero que te quedes conmigo esta tarde.*
6. ¿Qué tipo de música recomienda para una fiesta de cumpleaños?

¡La práctica hace al maestro!

A Comunicación

En grupos de tres, creen un diálogo. Uno(a) de ustedes va a organizar una fiesta de cumpleaños en su casa de campo que está en las afueras de La Paz. Los/Las otros(as) dos estudiantes lo/la van a ayudar con los preparativos. Acuérdense de incluir en el diálogo:

- lo que van a servir de comida y para picotear
- si va a ser una cena formal o una fiesta
- la música que van a poner
- los juegos que van a organizar
- quién se va a ocupar de hacer cada cosa
- cómo van a llegar todos a la casa donde es la fiesta
- si van a enviar invitaciones
- las reglas de buenos modales

B Conexión con la tecnología

En la actualidad, existe una gran cantidad de páginas Web de grupos musicales, cantantes y tipos de música, en las cuales podemos encontrar información sobre los cantantes y sus canciones, y también podemos escuchar las canciones que queramos.

Con su compañero(a), busquen en Internet algún cantante o grupo en español. Busquen algunos de los que se mencionan en "las diez mejores" en español en la actividad 4. En una hoja, escriban los datos principales del cantante o grupo. Por ejemplo, su país de origen, su tipo de música, los discos que ha grabado, etc. Luego, suban el volumen de la computadora y elijan una canción para escuchar.

Verbos

arruinar
colocar
comportarse
ocuparse de
ocurrirse
picotear
repartir

Música y fiesta

el/la disc jockey
el disco compacto
el emparedado
el estéreo
la guirnalda

la invitación
la música clásica
la música latina
la música lenta
la música rock
la música tecno
el parlante
el preparativo
el sistema de audio

Expresiones y otras palabras

el codo
formal
los modales
romántico(a)

Conexión Cultural

Bolivia, el país de las papas

Bolivia es, con Paraguay, uno de los dos países de América del Sur que no tiene mar. Tiene fronteras con Brasil, Perú, Chile y Argentina. En todo el país viven unos siete millones y medio de habitantes y la mayoría de ellos son de origen indígena.

La economía boliviana se basa en la agricultura y la ganadería vacuna y ovina, aunque los animales característicos del país son las llamas y las alpacas. La minería es también importante. El país es el cuarto productor de estaño *(tin)* en el mundo.

En Bolivia existen muchas variedades de papas, de diferentes tamaños y colores. La tunta y el chuño (papas cocidas y secas), son un acompañamiento habitual para numerosos platos bolivianos. Los pueblos nativos las conocen y consumen desde hace cientos de años, mientras que en Europa y el resto del mundo sólo se consumen desde que los españoles las llevaron al continente europeo.

En Bolivia hay muchos tipos de papas.

Contexto cultural

PERÚ

Lección 28

¡Mesero! ¿Y el ceviche...?

Unos estudiantes de origen hispano que están visitando Perú deciden ir a un restaurante típico del país. Ellos pensaban que iban a reconocer todas las palabras del menú, pero no fue así.

RITA: ¿Alguno de ustedes sabe qué quiere decir *ceviche?*

EDUARDO: ¿Dónde está?

RITA: Aquí, en los pescados dice ceviche de camarones.

JOSÉ: Me parece que el ceviche de camarones es un plato con camarones
           crudos, **marinados°** en jugo de limón y **especias.°**

RITA: ¿Camarones crudos? ¡Puaj!

EDUARDO: Oye, ¿tú no comes sushi en los restaurantes japoneses de Nueva York?

RITA: Sí, pero...

JOSÉ: El ceviche es mejor, parece un **guiso.°** Pruébalo, te gustará.

RITA: ¿Es muy **salado?°**

JOSÉ: No, pero a veces es un poco picante.

RITA: Mmm,... no sé... creo que prefiero un **bistec°** con **papas fritas.°**

JOSÉ:	¿Estás **bromeando**?° ¿No queríamos comer comida típica peruana? ¡Ahora tenemos la oportunidad!
RITA:	Está bien, lo voy a probar. ¿Y tú, Eduardo, qué vas a pedir?
EDUARDO:	Yo quiero un plato que no sea picante.
JOSÉ:	Te recomiendo la pasta con carne y vegetales **fritos**.°
EDUARDO:	Hay dos tipos de pasta. La que lleva salsa y la que no. ¿Cuál pido?
JOSÉ:	Pregúntale al mesero cuál te recomienda.
EDUARDO:	No veo ningún mesero a quien podamos preguntarle...
RITA:	Oye, José, ¿y tú qué vas a pedir?
JOSÉ:	Yo... bistec con papas fritas.
RITA:	¡Ehhh! ¡No dijiste que teníamos que comer algo típico peruano?
JOSÉ:	Sí, pero...
EDUARDO:	Pues eso también te incluye a ti.
JOSÉ:	Es que no quiero nada que sea salado, ni picante,...
RITA:	¿Por qué no pruebas el pescado **ahumado**° a la parrilla?°
JOSÉ:	El pescado ahumado a veces es un poco **amargo**.° Prefiero algún plato de carne o de **ave**.°
EDUARDO:	Mira, tienen pollo **relleno**° con **almendras**.° ¿Te gusta?
JOSÉ:	Sí, parece bueno. Voy a pedirlo.
RITA:	Muy bien, ahora que estamos listos con la comida, ¿qué ordenamos para tomar?
EDUARDO:	Pidamos una **botella**° de agua mineral, ¿está bien? *(Viene el mesero.)*
MESERO:	¿Están listos para ordenar?

marinados *marinated* **las especias** *spices* **el guiso** *stew* **salado** *salty* **el bistec** *beefsteak*
las papas fritas *French fries* **bromeando** *joking* **fritos** *fried* **ahumado** *smoked*
a la parrilla *grilled* **amargo** *bitter* **el ave** *fowl, bird* **relleno** *stuffed, filled*
las almendras *almonds* **la botella** *bottle*

1 ¿Qué comprendió Ud.?

1. ¿En qué sección del menú se encuentra el ceviche?
2. ¿Qué es el ceviche de camarones?
3. ¿A qué se parece el ceviche?
4. ¿A quién no le gusta comer alimentos crudos?
5. ¿Cuántos tipos de pasta hay?
6. ¿Quién quiere un plato que no sea salado ni picante?
7. ¿Cómo es a veces el pescado ahumado a la parrilla?

2 Charlando

1. ¿Ha comido alguna vez ceviche de camarones? ¿Le gustó?
2. ¿Le gusta más lo salado o lo dulce?
3. ¿Le gusta la comida picante?
4. ¿Qué prefiere usted, comer carne o ser vegetariano(a)?
5. ¿Qué platos de pasta conoce?
6. ¿Qué platos hispanos conoce?

Me gusta la pasta con muchas especias.

IDIOMA

El subjuntivo después de pronombres relativos

The relative pronouns *que* (that) and *quien* (who/whom) refer to and help describe a previously mentioned noun. Sometimes they are preceded by a preposition.

Mi mamá prepara una pasta **que** *es riquísima.*	My mom makes a pasta **that** is absolutely delicious.
Rafael es el chico a **quien** *le presté la receta.*	Rafael is the boy to **whom** I lent the recipe.

You use the subjunctive after relative pronouns to describe people, places, and things that may not exist. Compare the following pairs of sentences.

Busco un restaurante **que sirva** *comida peruana.*	I am looking for a restaurant **that serves** Peruvian food. (There may or may not be one around here.)
Conozco un restaurante muy bueno **que sirve** *comida peruana.*	I know a very good restaurant **that serves** Peruvian food. (It's just around the corner.)
Necesito comprar almendras **que no sean** *muy saladas.*	I need to buy almonds **that aren't** too salty. (I may not find any.)
Siempre compro esas almendras **que no son** *saladas.*	I always buy those almonds **that aren't** salty. (They are over there.)

You also use the subjunctive in negative clauses, that is, to state that something or someone does not exist.

No conozco a nadie a quien no le guste *el guiso de Amalia.*	**I don't know anyone who doesn't like** Amalia's stew.

Algo más

En el restaurante

Las siguientes son algunas expresiones que se usan cuando vamos a un restaurante.

¿Está listo para ordenar?	*Are you ready to order?*
¿Cuáles son los especiales del día?	*What are the specials today?*
¿Qué aperitivos me recomienda?	*What do you suggest for an appetizer?*
Camarero, hay algo en mi sopa.	*Waiter, there's something in my soup.*
Más café, por favor.	*More coffee, please.*
La cuenta, por favor.	*The check, please.*
La cuenta tiene un error.	*The check has a mistake.*

Regreso de las vacaciones

Imagine que usted estuvo con sus amigos de vacaciones en Lima por dos semanas. Ahora que está de vuelta extraña la comida peruana. Complete las oraciones.

> No hay ningún restaurante que (saber) ___ preparar ceviche.
> No hay ningún restaurante que sepa preparar ceviche.

1. Busco un restaurante que (servir) (1) pescado ahumado.
2. En mi país no hay una receta donde el pescado (estar) (2) marinado en especias.
3. En mi familia no hay nadie que (cocinar) (3) tan bien como tu abuela de Perú.
4. No conozco a nadie a quien no le (gustar) (4) la comida peruana.
5. Aquí es difícil que mis amigos peruanos (encontrar) (5) pollo relleno con almendras.
6. Espero que nosotros (poder) (6) regresar pronto a Perú.

Encuesta

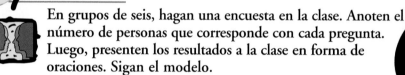

En grupos de seis, hagan una encuesta en la clase. Anoten el número de personas que corresponde con cada pregunta. Luego, presenten los resultados a la clase en forma de oraciones. Sigan el modelo.

¿Hay alguien en el grupo que...?
- cocine frecuentemente
- no le guste la carne de ave
- le guste el pescado ahumado
- coma comida picante
- vaya a restaurantes peruanos
- tenga un libro de cocina peruana

> Hay tres personas que cocinan frecuentemente.
> No hay nadie que sepa cocinar platos peruanos.

Se busca cocinero

Siga las indicaciones para escribir los siguientes anuncios para solicitar un(a) cocinero(a) y un(a) camarero(a). Escoja expresiones como las siguientes para empezar las oraciones del anuncio: *se busca, busco, se necesita(n), se prefiere, necesitamos, queremos, prefiero, preferimos.*

> recepcionista que/tener buena presencia
> Se busca recepcionista que tenga buena presencia.

A. cocinero o cocinera que...
1. tener experiencia en un restaurante peruano
2. hablar español
3. poder trabajar de noche
4. saber preparar platos de Perú
5. hacer un ceviche riquísimo

B. camarero o camarera que...
1. tener 2 años de experiencia
2. hablar español y portugués
3. ser simpático(a) y sociable
4. trabajar de 4 de la tarde a 11 de la noche
5. ser trabajador(a)

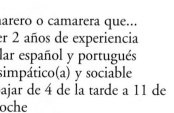

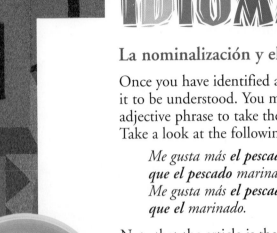

IDIOMA

La nominalización y el pronombre relativo *que*

Once you have identified an object, you will often not need to keep repeating it to be understood. You may instead use an article followed by an adjective or adjective phrase to take the place of the object. This is called nominalization. Take a look at the following example.

*Me gusta más **el pescado** relleno **que el pescado** marinado.*	I like the stuffed **fish** more **than** the marinated **fish.**
*Me gusta más **el pescado** relleno **que el** marinado.*	I like the stuffed **fish** more **than** the marinated **one.**

Note that the article is the same gender and number as the noun being replaced. Here are more examples of nominalization.

*Dame **las almendras** ahumadas, **no las** saladas.*	Give me the smoked **almonds,** **not** the salted **ones.**
*Este **ceviche** es mejor **que el del** restaurante.*	**This ceviche** is better **than the** restaurant's.

You have studied more examples of nominalization using *lo* and *lo + que* to express an abstract idea.

***Lo mejor** fue el postre.*	**The best thing** was the dessert.

To refer to specific things rather than abstract ones, you may use *el que, la que, los que, las que.* This kind of nominalization always occurs in relative clauses.

*Quiero **la que** sea menos amarga.*	I want **the one that** is less bitter.
*No me gustan **los que** están rellenos.*	I don't like **the ones that** are stuffed. (I don't like the stuffed ones.)

Notice that if the nominalization refers to an object that has not been determined yet, the subjunctive is used. Compare the following.

*Pediré **lo que quieres.***	I will order **what you want.** (I already know what you want.)
*Pediré **lo que quieras.***	I will order **whatever you want.** (I don't know what you want.)

Lo que más me gusta de este restaurante son los postres.

6 La tarea de la semana pasada

En el siguiente párrafo se repiten muchas palabras. Elimine las palabras en cursiva, usando la nominalización.

La tarea de la semana no fue fácil. Andrés y yo teníamos que cocinar juntos el plato típico de Perú o (1) *el plato típico* de otro país de Latinoamérica. Primero teníamos que elegir la receta y elegimos (2) *la receta* de Andrés. En mi opinión mi plato era mejor, pero (3) *el plato* de Andrés era más fácil. Luego, teníamos que decidir si cocinábamos en mi casa o en (4) *la casa* de Andrés; y si lo hacíamos en la tarde del lunes o en (5) *la tarde* del martes. Finalmente lo hicimos en mi casa en la tarde del lunes. Cuando terminamos de cocinar, le pedí a mi mamá que invitara a las amigas del barrio y a (6) *las amigas* del club de tenis para que probaran la receta. A todas les gustó (7) *la receta* que preparamos.

7 ¡Mesero!

Imagine que está cenando en el restaurante peruano de su barrio con sus amigos y tienen muchos problemas con el servicio. Use la nominalización para describir lo le que pasa a usted y a sus amigos. Siga el modelo.

 La sopa es de pollo. Usted pidió la sopa que está hecha con tomate.
A: Esta sopa es de pollo. Yo pedí la que está hecha con tomate.

1. El ceviche tiene mariscos. Su amigo pidió el ceviche que tiene sólo pescado.
2. Los bistecs están fritos. Ustedes pidieron los bistecs que están asados a la parrilla.
3. La carne está marinada con hierbas. Sus dos amigos pidieron la carne que está frita con tomate y cebolla.
4. El pastel lleva fresas. Su amiga pidió el pastel que lleva almendras.
5. La cuenta dice que usted tomó la sopa que tiene camarones. Usted tomó la sopa que tiene pollo.

Estrategia

Para hablar mejor: cómo interrumpir

En una conversación, es importante saber interrumpir de una manera educada cuando es necesario. Para ello, hay varias expresiones que se pueden usar sin ofender a la persona que está hablando. Si quiere decir algo a unas personas que están hablando, pero usted no es parte de la conversación, puede preguntar *"¿Puedo interrumpir, por favor?"*. Si es usted parte de la conversación, pero quiere añadir algo a lo que otra persona está diciendo puede usar *"Disculpe, pero..."* o *"Perdone, yo creo que..."*.

Conexión *Cultural*

Algo más que comida

Muchas veces, en español se usan expresiones idiomáticas *(idioms)* y dichos populares *(popular sayings)* sobre la comida y la bebida, para expresar otras ideas. Por ejemplo, tener "carne de gallina" corresponde a *goose bumps* en inglés. Ser "un pez gordo" *(big shot)* es ser alguien importante. También sobre peces existe el dicho "el pez que se muerde la cola" *(catch 22)*.

Cuando algo no es "ni carne ni pescado", quiere decir que no es nada determinado. En inglés se dice *It's neither fish nor fowl*. Si a uno lo atrapan "con las manos en la masa *(dough)*" *(to be caught red-handed)* quiere decir que lo encuentran haciendo algo que no está bien.

Si alguien le dice a usted "Contigo, pan y cebolla" es que esa persona aceptaría las condiciones más duras, como no tener más que pan y cebolla para comer, con tal de estar a su lado. Y, cuando pasa algo malo, alguien tiene que "pagar el pato" *(be the scapegoat)*.

8 ¿Qué prefieren?

Con su compañero(a), digan qué platos prefieren en las siguientes situaciones. No repitan los nombres. Observen el menú y sigan el modelo.

- si hace calor
- si hace frío
- si tiene mucha hambre
- si tiene prisa

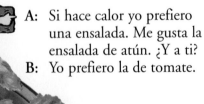

A: Si hace calor yo prefiero una ensalada. Me gusta la ensalada de atún. ¿Y a ti?

B: Yo prefiero la de tomate.

MENÚ

SOPAS
de verduras
de pescado
de fideos
de pollo

ENSALADAS
de lechuga y cebolla
de tomate
de atún
de pollo

SÁNDWICHES
de queso
de jamón y queso
de pollo
de verduras

9 ¿Qué vamos a comer?

Observe que en la siguiente fotografía un grupo de personas está comiendo en un popular restaurante de la ciudad de Lima. Elija dos de ellas e invente un diálogo. El diálogo debe tener por lo menos seis líneas.

Los personajes pueden ser: el camarero y un cliente, o dos clientes. El tema del diálogo puede ser: la comida está muy caliente, la comida tarda mucho en llegar, cuáles son los platos típicos del restaurante, qué ingredientes lleva un plato.

10 Lo mejor fue...

Ha regresado de comer en un restaurante peruano y usted le cuenta a su compañero(a) cómo le fue. Complete la actividad según el modelo.

 + bueno/sopa criolla
Lo mejor fue la sopa criolla.

1. + salado/ceviche de camarones
2. + malo/ensalada de tomate y cebolla
3. + caro/pollo relleno
4. + bueno/postre de fresas
5. – caro/refresco de naranja

Autoevaluación. Compruebe lo que ha aprendido. Conteste las siguientes preguntas.
1. ¿Qué plato lleva camarones crudos?
2. Diga un plato que no sea picante.
3. Complete la siguiente oración: *No hay ningún plato que no...*
4. ¿Qué es la nominalización?
5. Explique el uso de *el que, la que, los que, las que* con ejemplos.

¡La práctica hace al maestro!

A Comunicación

Con su compañero(a), creen un diálogo corto para cada una de las siguientes situaciones.

- El camarero trajo un plato que usted no pidió.
- Hay un insecto en el ceviche.
- El camarero tarda mucho con la cuenta y cuando llega, la cuenta tiene errores.

B Conexión con la tecnología

En la actualidad, muchos restaurantes tienen una página Web en Internet, en donde describen qué tipo de restaurante son, dónde están ubicados *(located)* y qué comidas sirven. Casi siempre tienen una copia del menú con los precios y la descripción de los ingredientes que lleva cada plato.

Con su compañero(a), busquen en Internet un restaurante peruano. Usen un buscador *(search engine)* en español para buscar una página Web de Sudamérica. Luego, busquen los restaurantes de ese país. Elijan uno y abran el menú. Lean las descripciones de los platos. En una hoja, escriban el nombre del plato más caro del menú, el del plato más barato, el del más salado, el del más amargo, el del más picante, el del que lleva más especias y el del que tiene algún relleno.

Platos e ingredientes
 la almendra
 el ave
 el bistec
 la especia
 el guiso
 las papas fritas

Expresiones y otras palabras
 la botella
 bromear

Descripciones
 a la parrilla
 ahumado(a)
 amargo(a)
 frito(a)
 marinado(a)
 relleno(a)
 salado(a)

Oportunidades

Trabajos en un restaurante

La carrera de cocinero es cada vez más popular entre los
jóvenes. En la actualidad existe una gran demanda de
buenos cocineros. Hoy en día, en las cocinas de los grandes
restaurantes trabajan muchos ayudantes de habla hispana. Por eso es importante
saber hablar español si quiere dedicarse a trabajar en un restaurante.

   Es muy posible que en su ciudad haya una escuela donde se puedan estudiar
los cursos relacionados con profesiones como chef, director de un restaurante o de
un hotel, *maître d'*, etc. Allí le podrán dar información sobre las oportunidades que
ofrece cada carrera.

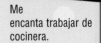

Me
encanta trabajar de
cocinera.

a leer

Estrategia

Preparación

Ana María Matute, la autora del cuento que aparece a continuación, nació en Barcelona en 1926. Es quizá la escritora española más conocida del siglo XX y ha ganado varios premios por sus libros. Cuando tenía diez años, estalló la devastadora guerra civil española (1936-1939). Este acontecimiento sin duda la afectó mucho. De hecho, gran parte de sus cuentos son narrados por niños o adolescentes. Los personajes con frecuencia son marginados de la sociedad, víctimas de guerras, pobreza o la crueldad de los demás.

La Sagrada Familia, Barcelona.

Estrategia: presentar un punto de vista

Es importante saber el punto de vista desde el cual una historia es narrada. ¿Es narrada por el autor, o sea, desde una percepción omnisciente? ¿O es narrada por uno de los personajes? ¿Es hombre o mujer, anciano o niño? Seguramente una historia narrada por un personaje masculino de 60 años contendrá detalles muy diferentes a los que incluiría una chica de 16 años. Fíjese en el cuento "Los gitanos" *(gypsies)*. ¿Quién narra la historia? ¿Por qué cree que la autora escogió a esta persona como narrador(a)?

Los gitanos

Ana María Matute

Llegaron al pueblo al llegar la primavera. Hacía un tiempo más bien frío y la tierra estaba húmeda. El deshielo° se retrasaba y el sol se pegaba° a la piel, a través de la niebla. Los del campo andaban de mal humor. Seguramente las cosas de la tierra no iban bien: yo sabía que era así, cuando les oía hablar y les veía de aquella forma, siempre de mal humor. Mi abuelo me había prohibido llegar hasta el pueblo cuando notaba estas cosas en el aire —porque decía que en el aire se notaban—. Y aún, también me prohibía llegar hasta el pueblo en otras ocasiones, sin explicar por qué. El caso es que en este tiempo yo estaba, sin que mi abuelo lo supiera, en el pueblo a la puerta de la herrería° de Halcón, cuando por la carretera apareció el carro,° entre la neblina.

—Cómicos —dijo el herrero Halcón.

Halcón era muy amigo mío, entre otras razones porque le llevaba del tabaco del abuelo sin que el abuelo lo supiera. Estaba Halcón sentado a la puerta de su herrería al sol, comiéndose un trozo de pan con ajo; sobre el pan había echado un poco de aceite verde.

—¿Qué cómicos? —dije yo.

Halcón señaló con la punta de su navaja° el carro que aparecía entre la niebla. Su toldo,° blanqueaba extrañamente. Parecía un barco que fuera por el río de piedras de la carretera, todavía con hielo en las cunetas.°

Ciertamente eran cómicos. No tuvieron mucha suerte en el pueblo. El mejor tiempo para ellos era el tiempo de invierno, cuando las faenas° del campo habían terminado, o la primavera estaba ya cerca del verano. Pero a principio de la primavera nadie tenía humor para funciones, pues cada cual estaba ocupado con sus trabajos. Sólo yo, el secretario y su familia —mujer y cinco muchachos—, el ama del cura° y las criadas del abuelo, que me llevaron con ellas, fuimos a la primera de las funciones. A la tercera noche los cómicos se fueron por donde habían venido.

Pero no todos. Dos de ellos se quedaron en el pueblo. Un viejo y un niño, de nueve o diez años. Los dos muy morenos, muy sucios, con la carne extrañamente seca.

"Tienen la carne sin unto,"° oí que decía de ellos Feliciana Moreno, que fue a la tienda para comprar aceite. Acaban de pasar los cómicos, que compraron cien gramos de aceitunas negras, para comer con el pan que llevaban en el zurrón. Luego les vi sentarse en la plaza, junto a la fuente, y comer despacio, mirando a lo lejos. Los dos tenían la mirada de los caminos.

—Son gitanos —dijo Halcón, pocos días después, cuando pude escaparme de nuevo e ir a verle, sin que mi abuelo lo supiera—. ¿Sabes tú? son gitanos: una mala gente. Sólo verles la frente° y las palmas de las manos se les adivina el diablo.°

—¿Por qué? —pregunté.

—Porque sí —contestó.

Me fui a dar una vuelta por el pueblo en busca de los gitanos, y les vi en la plaza, el niño gritaba algo:

—¡Alambradoreees!° —decía.

Por la noche, mientras cenaba en la gran mesa del comedor, con el abuelo, oí ruidos en la cocina. Apenas terminé de cenar, besé al abuelo y dije que me iba a dormir. Pero, muy al contrario, bajé a la cocina, donde Elisa, la cocinera y las criadas, junto con el mandadero° Lucas el Gallo, se reían de los alambradores, que estaban allí con ellos. El viejo contaba algo, sentado junto a la lumbre, y el niño miraba con sus ojos negros, como dos agujeros° muy profundos, el arroz que Elisa le servía en un plato. Me acerqué silenciosamente, pegándome a la pared, como yo sabía, para que nadie se fijara en mí. Elisa cogió un vasito de color verde, muy hermoso y lo llenó de vino. El vino se levantó de un golpe, dentro del vaso, hasta salirse fuera. Cayeron unas gotas en la mesa y la madera las chupó,° como con sed.

Elisa le dio al niño una cuchara de madera, y se volvió a escuchar al viejo. Una sonrisa muy grande le llenaba la cara. Sólo entonces puse atención a sus palabras:

—...y me dije: se acabó la vida de perro que llevamos. Éste y yo nos quedamos en el pueblo. Queremos echar raíces° aquí. El padre de éste, a lo primero, dijo que no. Pero después le he convencido. Yo le dije: el oficio se lo enseño yo al muchacho. Un oficio es lo que se necesita para vivir en un sitio. Y él lo pensó: "bueno, abuelo: lo que usted diga. Ya volveremos en el invierno, a ver cómo les va a ustedes..." Yo quiero hacer del muchacho un hombre ¿saben ustedes? No un perro de camino. No es buena esa vida: se hace uno ladrón, o algo peor, por los caminos. Yo quiero que mi nieto se quede aquí para siempre. Que se case, que le nazcan hijos en el pueblo... Los años pasan muy deprisa ¿saben ustedes?

No era verdad lo que dijo Halcón: no eran gitanos. Porque no hablaban como los gitanos ni sabían cantar. Pero hablaban también de un modo raro, diferente; al principio no se les

entendía muy bien. Me senté y apoyé los codos en las rodillas, para escuchar a gusto. Lucas el Gallo se reía del viejo:

—Será gobernador el chico, si se queda de alambrador en el pueblo. Por lo menos gobernador...

Las criadas se reían, pero el viejo fingió° no enterarse. Y si se enteraba no hacía caso, porque seguía diciendo que quería quedarse siempre en el pueblo y que todos le mirasen bien.

—Lo único que yo pido es que me den trabajo; trabajar sin molestar a nadie.

El niño acababa de comer el arroz, cuando el viejo le dio ligeramente con el cayado° en la espalda. El niño saltó como un rayo y se limpió la boca con la mano.

—Vamos, Caramelo —le dijo el viejo. Y las criadas se rieron también, al saber que el chico se llamaba Caramelo.

Elisa les dio dos calderos° y una sartén para arreglar. El viejo dijo:

—Mañana los tendrá usted como nuevos.

Cuando se fueron, Elisa fingió descubrir que yo estaba allí y dijo:

—¡A estas horas tú aquí...! ¡Como un rayo a la cama, o bajará tu abuelo dando voces...!°

Yo subí como un rayo, tal como Elisa dijo y me metí entre las sábanas.

Al día siguiente los alambradores trajeron todos los cacharros.° Y era verdad que estaban como nuevos: los habían arreglado y los habían limpiado y brillaban como el oro. Elisa les pagó y les dio comida otra vez.

—¿Y cómo va el trabajo? —les preguntó. ¿Hay muchos clientes en el pueblo?

—Ninguno —dijo el viejo—. Bueno: ya llegarán... —¿Dónde dormisteis?

El viejo fingió no oír la última pregunta de Elisa y salió de allí, con el niño. Cuando ya no podían oírla Elisa dijo con el aire triste y grande que ponía para hablar de los hombres que fueron a la guerra, de las tormentas, de los niños muertos:

—No encontrarán trabajo, no lo encontrarán. A la gente del pueblo no le gustan los forasteros,° cuando son pobres.

Eso me dio mucha tristeza. Dos días después me escapé otra vez a la herrería y le dije a Halcón:

—¿Por qué no encuentran trabajo los alambradores? Dice Elisa que lo hacen muy bien.

Halcón escupió° en el suelo y dijo:

—¡Qué saben los niños de las cosas de los hombres! ¡A callar, los que no saben!

—Dime por qué, Halcón y así sabré.

—Porque son gitanos. Son mala gente los gitanos, ladrones y asesinos. En este pueblo de Santa Magdalena y de San Roque, no cabe la gente del diablo.

Nadie les dará nada. Porque yo te digo y verás como es así: ésos harán algo malo y los tendremos que echar del pueblo.

—Puede ser que no hagan nada malo, Halcón.

—Será como yo digo. Será, será. Ya verás tú, inocente, como será.

A los alambradores los vi por la calle de las Dueñas. Iban gritando:

—¡Alambradoreees! —a través de la dulce niebla de la mañana. Luego, al medio día, entraron en la tienda y pidieron aceite de fiado.°

—No se fía —les dijeron.

Salieron en silencio, otra vez hacia la fuente. Les vi cómo bebían agua y seguían luego hacia la calle del Osario gritando:

—¡Alambradorees!

Oírles me dejaba una cosa amarga en la boca y pedí a Elisa:

—Busca todos los cacharros viejos que tengas, para que los arreglen los alambradores...

—Criatura: todos los han arreglado ya. Los que lo necesitaban y los que no lo necesitaban.

—¿Qué puedo yo hacer?

Nada. Nada podía hacer nadie. Estaba visto. Porque a la tarde del domingo estando yo en la plaza mirando entre los burros y los carros de los quincalleros° (entre cintas de seda, relojitos de mentira, anillos con retratos de soldados, puntillas blancas, peines azules y alfileres de colores) oí muchas voces y salí a la carretera.

Dos mujeres y unos cuantos niños perseguían gritando a los alambradores.

—¡La peste, la peste de gentuza!° ¡Me robaron mi gallina "Negrita"! ¡Me la robó el pequeño, a mi "Negrita"! ¡La llevaba escondida debajo de la chaqueta, a mi "Negrita"...!

La "Negrita" cacareaba,° a medio desplumar,° con sus ojos redondos de color trigo, envuelta en el delantal° de la Baltasara. Los niños recogían piedras de la cuneta con un gozo° muy grande.

Corrí, para verles cómo se iban: de prisa, andando de prisa, arrimándose a la roca (como yo a la pared, cuando no quería que me viera nadie). El niño se volvió dos veces, con sus ojos negros, como agujeros muy hondos. Luego empezaron a correr. Caramelo llevaba los brazos levantados por encima de la cabeza y la espalda temblando° como un pájaro en invierno.

el deshielo *thaw* **se pegaba** *stuck* **la herrería** *blacksmith's shop* **el carro** *wagon* **la navaja** *jacknife* **el toldo** *canvas cover* **las cunetas** *gutters* **las faenas** *duties* **el ama del cura** *priest's housekeeper* **el unto** *fat* **la frente** *forehead* **el diablo** *devil* **los alambradores** *metal workers* **el mandadero** *errand boy* **los agujeros** *holes* **chupó** *licked* **echar raíces** *to settle down* **fingió** *pretended* **cayado** *cane* **los calderos** *pots* **dando voces** *shouting* **los cacharros** *things* **los forasteros** *outsiders* **escupió** *spit* **de fiado** *on credit* **quincalleros** *makers or vendors of small hardware* **la peste de gentuza** *good-for-nothings* **cacareaba** *clucked* **desplumar** *plucked* **el delantal** *apron* **el gozo** *joy* **temblando** *trembling*

 ## ¿Qué comprendió Ud.?

Indique si las siguientes oraciones son ciertas o falsas. Corrija las falsas.

1. Los forasteros venían al pueblo en invierno porque se necesitaban trabajadores.
2. La gente del pueblo se ganaba la vida trabajando la tierra.
3. Todos los forasteros permanecieron en el pueblo una semana.
4. La gente del pueblo no se fiaba de estos forasteros porque habían robado dinero.
5. Al forastero que se quedó en el pueblo con el niño le gusta su vida de ambulante.
6. Los alambradores no tenían suficiente trabajo porque no lo hacían bien.
7. La narradora tiene una mentalidad abierta.
8. "Negrita" es el nombre de uno de los forasteros.

 ## Charlando

1. ¿Por qué cree usted que el alambrador robó una gallina?
2. ¿Cree usted que, en general, los inmigrantes son aceptados por la mayoría de la población? ¿Hay prejuicio contra ellos? ¿Hay inmigrantes donde usted vive?
3. ¿Cómo cree usted que se explica que algunas personas tengan prejuicios y otras personas no? ¿Cree que los prejuicios se aprenden desde niño?
4. ¿Por qué cree usted que la autora escogió a una niña para ser narradora del cuento?

a escribir

Estrategia

Verificar la concordancia

En este capítulo usted ha aprendido a hablar sobre los alimentos y las comidas. Ahora va a tener la oportunidad de escribir una reseña *(review)* de su restaurante favorito. Puede ser un establecimiento de comida rápida *(fast food),* una pizzería, una hamburguesería, una cafetería, un restaurante de comida étnica, un restaurante vegetariano, etc. En su reseña, asegúrese de incluir los siguientes detalles.

- el ambiente
- el servicio
- los precios
- la calidad de varios platos

Las reseñas siempre incluyen muchos adjetivos. Para asegurarse de que haya concordancia entre éstos y los sustantivos que describen, subraye todos los adjetivos. Luego, para cada uno, busque el sustantivo que describa. ¿Hay concordancia, es decir, concuerda el adjetivo con el sustantivo en términos de género (masculino/femenino) y número (singular/plural)? Si no, haga las correcciones necesarias.

Si les gustan las pizzas, vayan a comer al restaurante de Antonio en la calle... Sirven todo tipo de pizzas deliciosas. Hay pizzas vegetarianas, de carne de... La última vez que mi familia y yo comimos ahí, pedimos una vegetariana. Tenía zanahorias ralladas, hongos asados, cebollas... La sirvieron bien caliente. Estaba riquísima... Las ensaladas también son buenas y frescas... El ambiente es típicamente italiano, con mesas pequeñas... El servicio fue un poco lento pero...

repaso

Now that I have completed this chapter, I can...

✓ make comparisons

✓ talk about grocery shopping

✓ distinguish between different units of measure

✓ single out something

✓ express accidental occurrences

✓ talk about good manners

✓ report what other people want and advise

✓ avoid using a word already mentioned

I can also...

✓ talk about food in Peru

✓ talk about "kipus"

✓ locate and describe Machu Picchu

✓ prepare two recipes from Paraguay

✓ talk about parrilladas and other typical Paraguayan foods

✓ talk about Paraguay's culture and geography

✓ name and describe traditional dances in Bolivia

✓ talk about food in Bolivia

En forma

Cruz Roja

TRABAJA DE VOLUNTARIO
EN LA CRUZ ROJA
ACÉRCATE A LAS SEDES DE
GUATEMALA, HONDURAS
Y EL SALVADOR
¡TE ESPERAMOS!

In this chapter you will be able to:

- inquire and give advice about health
- discuss your diet and ways to stay fit
- ask for and provide medical information
- make wishes and plans for the future
- express length of time

Lección 29

Una caída° de altura

Ricardo es un chico de Los Ángeles cuyo mejor amigo, Juan José, se mudó a Guatemala con su familia hace tres años. Ricardo iba a ir a visitarlo este verano, pero no va a poder.

Querido Juan José:

¡Cómo sigues de **salud**?° Te escribo para contarte que, desgraciadamente, no voy a poder ir a visitarte a Guatemala estas vacaciones. Y esta vez tengo una buena excusa. Ya verás.

El domingo estábamos mi hermanito pequeño y y yo solos en casa. Como había llovido, el jardín estaba todo **mojado**,° y no dejé que Albertito saliera afuera. Vimos una película de Tarzán en la tele. A Alberto le gustó tanto, que decidió que él también quería tener una casa en un árbol. Salió corriendo de la casa y empezó a subirse al árbol del jardín. Antes de que yo llegara ya había subido hasta la mitad del árbol. Cuando le grité que bajara porque era peligroso, se dio cuenta de que estaba muy alto y **se asustó**° tanto que empezó a gritar: "¡**Socorro!**".° Tuve que subir a **rescatarlo**,° pero el árbol estaba tan mojado que **me resbalé**° y antes de llegar a donde él estaba me caí. ¡Qué caída!

Hicimos tanto ruido que nuestro vecino el doctor Ramallo, el **cirujano**,° salió de casa para ver qué había pasado. El doctor Ramallo trajo el **botiquín de primeros auxilios**° y me examinó. Le dije que **me dolía**° mucho el **tobillo**° y que pensaba que me lo había **torcido**.° Además, tenía **sangre**° y **rasguños**° en la cara y una **herida**° en el codo. Me llevaron al hospital para asegurarse de que no era una **fractura**.° Allí me hicieron una **radiografía**.° Me había roto el tobillo, así que me pusieron un **yeso**° y me dieron unas **muletas**° para caminar. Después **me mareé**° y me tuvieron que llevar en una **silla de ruedas**° a una sala hasta que llegaran mis papás a recogerme. El **golpe**° en el codo y los rasguños en la cara no fueron tan serios, pero lo malo es que ahora mis amigos me llaman "Cara Cortada".

Por cierto, mi hermanito está bien. No tiene ni un rasguño. Al final, tuvieron que venir los bomberos a rescatarlo y lo pasó muy bien.

Ahora tengo que descansar mucho, para **curarme**° pronto. Tengo que estar un mes con el yeso y después otras dos semanas caminando con muletas. ¿Por qué no vienes tú aquí estas vacaciones? Así podrías firmar en mi yeso... y **me harías compañía.**°

Muchos cariños y espero que decidas venir a verme.

Ricardo

P.D.° Espero estar bien para cuando vayamos a **esquiar**° en Navidad. Este año ya me he roto el tobillo, y espero no rompérmelo otra vez.

la caída *fall* **la salud** *health* **mojado** *wet* **se asustó** *he got scared* **¡Socorro!** *Help!* **rescatarlo** *to rescue him* **resbalé** *(I) slipped* **el cirujano** *surgeon* **el botiquín de primeros auxilios** *first-aid kit* **me dolía** *it hurt* **el tobillo** *ankle* **torcido** *twisted* **la sangre** *blood* **los rasguños** *scratches* **la herida** *wound* **la fractura** *fracture* **la radiografía** *X-ray* **el yeso** *cast* **las muletas** *crutches* **me mareé** *(I) felt dizzy* **la silla de ruedas** *wheelchair* **el golpe** *bump* **curarme** *to get well* **me harías compañía** *you would keep me company* **P.D.** *P.S.* **esquiar** *to ski*

1 ¿Qué comprendió Ud.?

1. ¿Por qué quería Alberto subirse a un árbol?
2. ¿Qué le pasó cuando iba por la mitad del árbol?
3. ¿Qué le pasó a Ricardo cuando quiso rescatar a su hermano?
4. ¿Qué tenía en la cara?
5. ¿Por qué tuvieron que darle una silla de ruedas?
6. ¿Qué idea se le ocurrió a Ricardo en el hospital?

2 Charlando

1. ¿Qué películas le gustaban a usted cuando era niño(a)?
2. ¿Le gustaba subirse a los árboles cuando era niño(a)?
3. ¿Ha tenido que rescatar a alguien alguna vez?
4. ¿Ha tenido usted o alguien de su familia un accidente?
5. ¿Alguna vez ha tenido que llevar un yeso?
6. ¿Cree que el esquí es un deporte peligroso?

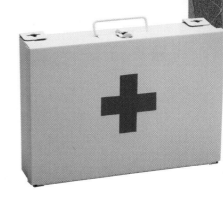

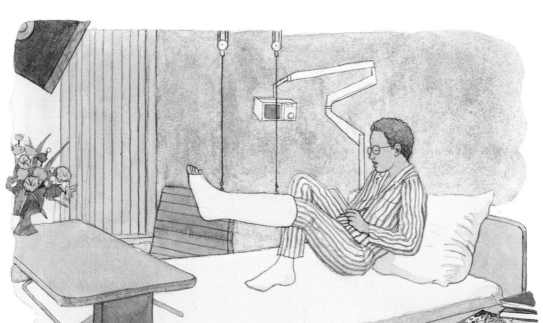

IDIOMA

Cuatro usos de *haber*

The perfect tenses (or compound tenses) consist of a form of *haber* combined with a past participle. Look at the following table:

cuatro tiempos compuestos con *haber*		
pretérito perfecto *(present perfect)*	he llegado	*I have arrived*
pluscuamperfecto *(past perfect)*	había llegado	*I had arrived*
futuro perfecto *(future perfect)*	habré llegado	*I will have arrived*
condicional compuesto *(conditional perfect)*	habría llegado	*I would have arrived*

The present perfect tense refers to a recent past. The action is finished. It often indicates frequency.

> *He estado en un hospital.*   **I have been** in a hospital.
> *He ido muchas veces a esquiar.*   **I have gone** to ski often.

The past perfect expresses an event that precedes another past event.

> *Me había caído del árbol cuando*   **I had fallen off** the tree when you
> *tú llegaste.*   arrived.

The past perfect is also used to report an event that had already happened in the past.

> *Me dijo que ya había llamado*   He told me he **had** already **called**
> *al médico.*   the doctor.
> *Mi hermana me explicó cómo*   My sister explained to me how she
> *se había caído.*   **had fallen.**

The future perfect expresses a future event that will have been completed before another future event.

> *Cuando me visites el mes que viene*   When you come to visit me next month,
> *ya me habrán quitado el yeso.*   they **will have taken off** the cast.
> *Cuando yo llegue al hospital, ellos*   When I arrive at the hospital, they **will**
> *ya habrán comprado la silla*   (probably) **have already bought** the
> *de ruedas.*   wheelchair.

The conditional perfect expresses a situation that would have happened or that would have been if something else had occurred. It is related to another event in the past. In the example that follows, the event in the past is *dijo*. The event likely to have happened is *le habría quitado*.

> *El doctor dijo que para el sábado*   The doctor said that he would **have**
> *ya le habría quitado el yeso.*   **taken** the cast **off** by Saturday.

Algo más

Llamar a las cosas por su nombre

Es muy importante, cuando se trata de salud, llamar a las cosas por su nombre y expresarnos con precisión para que el médico sepa exactamente qué nos duele. Para la palabra inglesa *ear* existen dos palabras en español. El **oído** es la parte interior y la **oreja** es la parte exterior. *Earache* se dice **dolor de oído**.

En español, *stomachache* puede ser **dolor de estómago** (si es la parte alta) o **dolor de barriga** o **de panza** *(belly)*, si es la parte inferior.

Al hablar de **barbilla** *(chin)* no nos referimos a una barba *(beard)* pequeña, sino a la parte inferior de la cara.

3 Un accidente en mi barrio

Ocurrió un accidente en su barrio. Usted iba a ayudar, pero cuando llegó, ya no había nada que hacer. Escriba oraciones explicando qué pasó. Siga el modelo.

 llamar al médico/Luis
Luis ya había llamado al médico.

1. asistir a los heridos/los voluntarios
2. traer el botiquín de primeros auxilios/mi madre
3. curar las heridas de las víctimas/el cirujano
4. ponerle el yeso a un hombre con la pierna rota/el médico
5. hacerles compañía a los heridos/la vecina
6. examinar a los enfermos/la enfermera

Partes del cuerpo

la barriga	belly
la cabeza	head
el codo	elbow
la espalda	back
el estómago	stomach
la garganta	throat
el hombro	shoulder
la muela	tooth
la muñeca	wrist
el oído	ear
el pecho	chest
la pierna	leg
la rodilla	knee

4 Las cosas ya habrán cambiado

Su amigo le escribe una carta sobre la visita que va a hacerle. Para entonces, muchas cosas ya habrán cambiado. Diga cómo serán las cosas siguiendo las indicaciones.

 martes/los médicos/quitar el yeso
El martes los médicos ya me habrán quitado el yeso.

1. cuando llegues a Guatemala/mi hermano/salir del hospital
2. entonces/mi madre/ya volver a trabajar
3. el mes próximo/mi padre/curarse del tobillo
4. en dos meses/nosotros/ir a esquiar
5. a lo mejor/alguno de mis otros hermanos/¡darse algún golpe!
6. a tu llegada/nosotros/ir al aeropuerto a buscarte

Algo más

Expresiones útiles en el hospital

¿A qué hora tiene la cita?	*At what time is your appointment?*
Pase a la sala de espera, por favor.	*Go to the waiting room, please.*
¿Tomó usted las medicinas?	*Did you take your medicines?*
Voy a recetarle unas pastillas.	*I am going to prescribe some pills for you.*
Aquí tiene la receta.	*Here is your prescription.*
Me tomaron la temperatura.	*They took my temperature.*
Tosa varias veces, por favor.	*Cough several times, please.*
Saque la lengua.	*Stick your tongue out.*
¿Le pusieron la inyección?	*Did they give you the injection?*

5 Habríamos hecho tantas cosas

Su amigo tenía que haber venido el mes pasado, pero no pudo, por problemas de salud. Cuéntele las cosas que habrían pasado.

 nosotros/visitar a mi abuela
Nosotros habríamos visitado a mi abuela.

1. yo/comprar entradas para el teatro
2. mi hermano/no ir a esquiar
3. él/no tener un accidente esquiando
4. mi madre/poder ir a trabajar normalmente
5. yo/no tener que quedarme en casa
6. tú y yo/hacer muchas excursiones juntos
7. todos juntos/visitar muchos lugares interesantes
8. nosotros/pasarla muy bien

Repaso rápido

El artículo definido

When speaking of parts of the body, clothing and other items, definite articles are used instead of possessive adjectives.

*Mi padre se torció **el** tobillo.*	My father twisted his ankle.
*Mi madre se dio un golpe en **la** rodilla.*	My mom hit her knee.
*Mis hermanos perdieron **el** dinero.*	My brothers lost their money.
*¿Tu amigo perdió **el** gorro cuando esquiaba?*	Did your friend lose his hat when he skied?

IDIOMA

El verbo *doler*

The verb *doler* (to hurt, to ache) is similar to the verb *gustar* because it is used with an indirect object pronoun. It has two basic forms, *duele* or *duelen*. Use *duele* with a singular noun and *duelen* with a plural noun. Look at the following examples.

¿Te duele el brazo? — **Does** your arm **hurt?**
A Juan le duele la cabeza. — Juan's head **aches.**
Después de esquiar, me duelen los tobillos. — After skiing, my ankles **hurt.**

To express that you have a headache, stomachache, etc. you use the verb *tener* + *dolor* (ache) *de* + the part of the body that is aching.

Tengo dolor de cabeza. — I have a headache.
Inés tiene dolor de estómago. — Inés has a stomachache.

6 ¿Qué te duele?

Su familia ha tenido un pequeño accidente cuando iban de excursión a Antigua. Nadie tiene nada grave, pero a todos les duele algo. Escriba oraciones diciendo qué le duele a cada uno. Siga el modelo.

 yo/pierna
A mí me duele la pierna.

1. mis hermanos/rodillas
2. mi padre/muñeca
3. mi madre/cuello
4. mi tía/cabeza
5. mi primo/tobillos
6. yo/espalda

A Ramón le duele la rodilla.

7 Me duele...

Con su compañero(a), lean las respuestas y busquen una pregunta apropiada para cada una de ellas.

A: Me duele la muñeca.
B: ¿Qué te duele?

1. A todos nos duelen las piernas.
2. No, tengo dolor de garganta.
3. Sí, me torcí el tobillo y ahora me duele.
4. A mi padre no le duele nada.
5. Sí, les duelen un poco.
6. No, le duele la cabeza.

8 Hospital Bella Aurora

Lea el anuncio del Hospital Bella Aurora, de Guatemala. Después conteste las preguntas.

1. ¿Qué clase de médicos trabajan en el Hospital Bella Aurora?
2. ¿Cuáles son los servicios de emergencia que ofrece el hospital?
3. ¿Qué tipo de cirugía ofrece el hospital?
4. ¿Qué horario de asistencia tiene el hospital?
5. ¿Cuántos números de teléfono tiene el hospital Bella Aurora?
6. ¿Cuántos médicos trabajan en el hospital?

HOSPITAL BELLA AURORA
Eficiencia y amabilidad a su servicio
ASISTENCIA MÉDICA LAS 24 HORAS

300 Médicos especialistas en todas las áreas de la medicina.

Emergencia
Laboratorio Clínico
Rayos X
Intensivo

Cirugía Cardiovascular
Cirugía Endoscópica
Tomografía
Transplantes Renales

Afiliado a: *ACHSNER; Instituciones Médicas; Nueva Orleans, U.S.A*

TELÉFONOS: 681951 al 55 y 373204.
10a. CALLE 2-31, ZONA 14.

El lago de Atitlán y el volcán Pacaya, Guatemala.

Conexión Cultural

Guatemala

Guatemala hace frontera con México, por el norte, y con El Salvador y Nicaragua, por el sur. En Guatemala, además de español, se hablan lenguas indígenas mayas, como el quiché, el carchiquel, el kekchi y el mam.

El país se destaca especialmente por su bella y variada geografía. Hacia el oeste se encuentra la zona montañosa. Es en esta parte donde habita la mayoría de las tribus indígenas. La ciudad más importante del área es Antigua, famosa por su hermosa arquitectura colonial. En esta zona es donde está el Lago Atitlán y también muchos de los más famosos volcanes del país, como el Pacaya, que no solo humea *(is smoking)* constantemente, sino que tiene erupciones a intervalos regulares.

En el centro del país están las montañas de Verapaz, donde se encuentra la Reserva del Quetzal, uno de los pocos lugares del mundo donde se pueden contemplar ejemplares de este bellísimo pájaro, que es además el símbolo nacional de Guatemala.

Antigua, Guatemala.

Proverbio

"Mejor prevenir que curar" *(better safe than sorry)* es una expresión muy utilizada en español y también es un sabio *(wise)* consejo. Quiere decir que es mejor ir con cuidado, tomar precauciones *(be cautious)* o repasar las cosas dos veces, para no tener que lamentar, después, las consecuencias.

CONEXIONES

9 Cruzando fronteras

Lea el texto sobre Rigoberta Menchú y conteste las preguntas.

Rigoberta Menchú, nieta de los mayas

Rigoberta Menchú Tum, una indígena guatemalteca de la tribu de los quichés, ganó el Premio Nobel de la Paz en 1992, convirtiéndose en la primera indígena y en la persona más joven en recibir este premio. Rigoberta ha dedicado toda su vida a la protección de la cultura indígena y a la restitución de los derechos básicos de la vida, la tierra, la salud y la educación. Nació en la aldea de Chimel, Guatemala, un pueblo de la cultura maya-quiché. Desde muy joven trabajó en el campo y después en la ciudad, como empleada doméstica *(maid)*. Con el dinero del Premio Nobel, Menchú creó una fundación que lleva su nombre, para proteger y defender los derechos de los indígenas en todo el mundo.

Rigoberta Menchú.

1. ¿Por qué es importante el premio que ganó Rigoberta Menchú?
2. ¿Por qué dice el título que Rigoberta es la nieta de los mayas?
3. ¿A qué se dedicaba Rigoberta antes de ganar el premio?
4. ¿Qué hizo Rigoberta Menchú con el dinero del Premio Nobel?

Autoevaluación. Compruebe lo que ha aprendido. Conteste las siguientes preguntas.

1. ¿Cuáles son cuatro tiempos compuestos de *haber*? Dé un ejemplo de cada uno.
2. ¿Para qué se usa el condicional perfecto?
3. Escriba la siguiente oración en el pasado: *Ella dice que el médico no ha mirado la radiografía.*
4. ¿Cuántas formas tiene el verbo *doler*? ¿Cómo se usan?
5. ¿Qué le duele a usted cuando tiene dolor de muelas?
6. Complete la oración. *Si me duele la cabeza, yo tengo...*
7. ¿Qué es un quetzal?
8. ¿Por qué se conoce a Rigoberta Menchú?

¡La práctica hace al maestro!

A Comunicación

Con su compañero(a), creen un diálogo entre un(a) médico(a) y un(a) paciente *(patient)*. Sigan las indicaciones. Cuando acaben, cambien de papel.

A: *(Pregunte al/a la paciente qué le pasa.)*
B: *(Conteste. Diga qué le duele.)*
A: *(Pregunte qué más le duele.)*
B: *(Conteste.)*
A: *(Pregúntele por qué cree que le duele. Pregunte si pasó algo.)*
B: *(Conteste.)*
A: *(Dígale qué tiene que hacer para curarse.)*
B: *(Dé las gracias.)*

B Conexión con la tecnología

Con su compañero(a), busquen un video, un folleto o una página de Internet donde se hable de primeros auxilios. Después, hagan una lista en español de las cosas que es necesario incluir en un botiquín de primeros auxilios. Comparen su lista con las de otros compañeros y, entre todos, decidan cuáles son los materiales más importantes para ponerlos en un cartel para la clase de español.

Partes del cuerpo
- la barriga
- el estómago
- la garganta
- la muela
- el oído
- el pecho
- el tobillo

Palabras sobre la salud
- el botiquín de primeros auxilios
- el/la cirujano(a)
- la fractura
- el golpe
- la herida
- la muleta
- la radiografía
- el rasguño
- la salud
- la sangre
- la silla de ruedas
- el yeso

Verbos
- asustarse
- curarse
- doler
- hacer compañía
- marearse
- resbalar
- rescatar
- torcer

En un accidente de esquí
- la caída
- esquiar
- ¡Socorro!

Expresiones y otras palabras
- mojado(a)
- P.D.

Conexión Cultural

Las ruinas mayas de Tikal

Al norte de Guatemala está la selva de Petén, que es el lugar donde se encuentran las ruinas mayas de Tikal. Esta antigua ciudad maya es uno de los lugares más impresionantes del país y sus ruinas están entre las más espectaculares del mundo. Tikal fue una ciudad importante, especialmente entre los siglos III y IV. Los arqueólogos creen que en Guatemala fue donde se originó la civilización maya y piensan que Tikal representó para América lo que Atenas fue para Europa.

Ruinas mayas en el Parque Nacional de Tikal.

Lección 30

Contexto cultural

HONDURAS

Mente sana en cuerpo sano°

*Enrique y Juan, dos amigos de Honduras, se han hecho miembros de un gimnasio. Pero sus razones para **hacer ejercicio**° son diferentes. Juan quiere **mantenerse en forma**° y Enrique sólo está interesado en **bajar de peso.**°*

ENRIQUE:	Juan, ¿estás contento con la idea de empezar a hacer ejercicio juntos?
JUAN:	Sí, así ya no buscaremos excusas. Siempre ayuda ir con un amigo.
ENRIQUE:	Yo quiero **levantar pesas**° y, a lo mejor, tomar una clase de aerobic. Quiero bajar un poco de peso. He estado comiendo muchas **golosinas**° y he engordado un poco. Tú, sin embargo, estás muy bien.
JUAN:	A mí me gusta hacer ejercicio para **evitar**° el **estrés.**° Además, la gimnasia me da mucha energía. Hace años, yo iba al gimnasio todos los días, pero después lo dejé. Lo **echaba de menos.**°
ENRIQUE:	Entonces, tú puedes ayudarme a escoger los ejercicios que puedo hacer para mantenerme sano y en forma.
JUAN:	Naturalmente. Además de levantar pesas, puedes utilizar las máquinas del gimnasio. Es bueno hacer **cinta**° y **escalera.**° Y también **hacer abdominales.**° Y, después del ejercicio, ¡olvídate de los refrescos! Beber agua es más sano.
ENRIQUE:	¿Que me olvide de los refrescos? ¿Y qué tomaré cuando salga con mis amigos? No voy a pedir un vaso de agua en el café que está más de moda en Tegucigalpa...
JUAN:	También es bueno que duermas ocho horas y que tu horario sea más regular.

ENRIQUE: Si yo durmiera ocho horas al día, no tendría tiempo para hacer nada. Tengo un millón de cosas que hacer cada día, además de ir a la escuela. Todos los días me encuentro con Jaime para comentar lo último en juegos de computadora, y luego voy a ver a mi novia. Después tengo que hacer los preparativos para la fiesta del club de computadoras, la tarea, y...

JUAN: Mira, Enrique, el estrés no es sano. Hacer ejercicio y dormir ocho horas te va a ayudar más que hacer planes para fiestas y jugar con la computadora. Es necesario evitar el estrés. Y también es necesario **alimentarse bien.°** Recuerda que para llevar una vida sana, hay que llevar una **dieta° equilibrada,°** comer muchas frutas y verduras, dejar los refrescos y beber mucha agua.

ENRIQUE: Bueno, mientras pueda comer bien... Para empezar, hoy sólo comeré dos **trozos°** de pizza, **en vez de°** tres.

JUAN: Enrique, piensa que alimentarse bien no es comer menos pizza. Quiere decir comer ensaladas, carnes a la parrilla, sin muchas salsas y, de postre, fruta en vez de helado o pastel. Tienes que evitar las **grasas°** y los dulces, si quieres perder peso. La gimnasia sola no te va a ayudar si no haces un poco de **régimen.°**

ENRIQUE: Uy, creo que esto va a ser más difícil de lo que pensaba.

JUAN: Pero **vale la pena.°** Ya verás que, con un poco de **esfuerzo,°** dentro de dos meses te vas a sentir mucho mejor.

sano *healthy* **hacer ejercicio** *to work out* **mantenerse en forma** *to keep in shape* **bajar de peso** *to lose weight* **levantar pesas** *to lift weights* **las golosinas** *candy* **evitar** *to avoid* **el estrés** *stress* **echaba de menos** *(I) missed* **la cinta** *treadmill* **la escalera** *StairMaster®* **hacer abdominales** *to do sit-ups* **alimentarse bien** *to eat right* **la dieta** *diet* **equilibrada** *balanced* **los trozos** *pieces* **en vez de** *instead of* **las grasas** *fats* **el régimen** *diet plan* **vale la pena** *it is worth it* **el esfuerzo** *effort*

1 ¿Qué comprendió Ud.?

1. ¿Qué van a hacer Juan y Enrique?
2. ¿Por qué Enrique quiere hacer ejercicio?
3. ¿Por qué Juan quiere hacer ejercicio?
4. Según Juan, ¿qué hay que hacer para llevar una vida sana?
5. ¿Qué hay que comer para alimentarse bien?
6. ¿Qué hay que evitar para estar sano?

2 Charlando

1. ¿Le gusta hacer ejercicio? ¿Por qué?
2. ¿Qué tipo de ejercicio hace?
3. ¿Le gusta comer dulces y grasas?
4. ¿Qué hace usted para evitar el estrés?

Algo más

Palabras con peso

El peso y la apariencia de las personas se expresan de varias formas. Se dice que una persona **está gorda** *(fat)* o **flaca** *(skinny)* cuando ha tenido un cambio rápido de peso. Si se refiere a una situación más o menos permanente, se usa el verbo **ser**. Y para referirse a una persona con más respeto y consideración se dice que es **gruesa** *(heavy set)* o **delgada** *(slender)*.

IDIOMA

El imperfecto del subjuntivo con *si*

Use the imperfect subjunctive after *si* to express a desire for things to be other than how or what they are, or an imagined event or condition. Use the conditional tense in the accompanying clause.

Si hiciera ejercicio todos los días, me sentiría más sano.

If I exercised every day, I would feel healthier.

The *si* clause may be used first or last.

Tendrías menos estrés si durmieras ocho horas diarias.
Si durmieras ochos horas diarias, tendrías menos estrés.

You would be less stressed if you slept eight hours a day.

Si durmiéramos más, tendríamos más energía.

3 El anuncio del gimnasio

El dueño de un gimnasio les da los siguientes consejos a sus clientes para que lleven una vida sana. Complete las oraciones según las indicaciones, usando la estructura *si + subjuntivo*.

 Si ustedes (dormir) ocho horas, (tener) más energía.
Si ustedes durmieran ocho horas,
tendrían más energía.

1. Si tú (comer) menos grasas, (bajar) de peso.
2. Si nosotras (hacer) ejercicio todos los días, (relajarse) con más facilidad.
3. Si él (alimentarse) bien, (tener) más energía.
4. Si yo (evitar) el estrés, (sentirse) más sano.
5. Si ustedes no (tomar) refrescos, (beber) más agua.
6. Si ella (comer) más frutas y verduras, (llevar) una dieta más equilibrada.
7. Si tú (caminar) más, (mantenerse) más en forma.
8. Si ellos (querer) mantenerse sanos, (hacerse) miembros de este gimnasio.

4 ¿Qué pasaría si...?

Muchas veces, estaríamos más sanos si cambiáramos algunos hábitos. Complete la idea de cada oración de una manera lógica.

 Si yo.../no tendría que hacer régimen
Si yo comiera menos golosinas,
no tendría que hacer régimen.

1. Si tú.../no te preocuparía tu apariencia
2. Si él.../levantaría pesas todos los días
3. Si ella.../iría a un gimnasio
4. Si nosotros.../evitaríamos el estrés
5. Si tú.../te alimentarías mejor
6. Si yo.../jugaría mejor al tenis
7. Si ustedes.../conocerían todos los ejercicios de aerobic
8. Si ellos.../podrían levantar pesas más pesadas

Si Miguel no fuera al gimnasio a menudo, no podría levantar estas pesas.

5 Y usted, ¿qué haría?

Invente una situación posible y pida a su compañero(a) que diga lo que haría en ese caso. Túrnense y completen cuatro situaciones cada uno(a).

 A: Si yo te invitara a visitar mi gimnasio.
B: Si tu me invitarás a visitar tu gimnasio, iría contigo.

GIMNASIO LA SALUD

¡EL MEJOR CENTRO DEPORTIVO DE TEGUCIGALPA!

PARA LLEVAR UNA VIDA SANA...

- Lleve una dieta equilibrada.
- Camine por lo menos media hora al día.
- Haga ejercicio.
- Evite el estrés.
- Duerma al menos ocho horas al día.
- Beba mucha agua.

PARA EVITAR EL ESTRÉS...

- Aprenda a relajarse.
- Sea organizado(a).
- Escuche música.
- Lea un libro.
- Haga ejercicio.

EL GIMNASIO LA SALUD OFRECE:

CLASES DE AEROBIC
Para trabajar todos los **músculos**° al ritmo de la música

NATACIÓN
Nade en una piscina olímpica

SAUNA° Y MASAJE°
Evite el estrés con una sesión de sauna o relájese con un masaje.

SALA DE MÁQUINAS
Nuestros entrenadores le van a enseñar cuáles son las máquinas más adecuadas para usted. Le darán consejos para usar las máquinas de cinta y escalera y le mostrarán cómo hacer abdominales.

los músculos *muscles* **la sauna** *sauna* **el masaje** *massage*

6 ¿Qué comprendió Ud.?

1. ¿Dónde está el *Gimnasio La Salud*?
2. ¿Por qué hay que tener una dieta equilibrada?
3. ¿Por qué es bueno ser organizado(a)?
4. ¿Qué se hace en las clases de aerobic?
5. ¿Quiénes ayudan a los clientes en la sala de máquinas?
6. ¿Para qué son buenos la sauna y el masaje?

7 Charlando

1. ¿Es usted miembro de un gimnasio? ¿Lo ha sido alguna vez?
2. ¿Qué clases le gustaría hacer en un gimnasio?
3. ¿Se ha dado alguna vez un masaje? ¿Qué le pareció?
4. ¿Lleva usted una dieta equilibrada? ¿Qué come?
5. ¿Qué hace usted para relajarse?

8 El plan para la semana

Con su compañero(a), creen un diálogo. Miren el cartel del *Gimnasio La Salud* y hagan un plan para ponerse en forma. Elijan las actividades que más les gusten y digan cuál harían cada día.

A: Yo empezaría la semana con natación, ¿y tú?
B: Yo prefiero hacer aerobic.

Plantación de plátanos de Honduras.

Conexión Cultural

Honduras

Honduras es un país que posee una gran variedad de recursos naturales *(natural resources)*. En la región montañosa, donde vive la mayoría de sus casi cinco millones de habitantes, se cultiva todo tipo de verduras y frutas para vender en los mercados del país. En Honduras también se cultivan productos para la exportación *(export)* como el café, el algodón, la caña de azúcar *(sugarcane),* el tabaco *(tobacco),* el cacao *(cocoa)* y las flores. En la región de la costa del Caribe se cultiva el plátano y también se pescan mariscos para los mercados de los Estados Unidos.

En la zona nororiental hay bosques tropicales. Muchos de ellos han sido muy poco explorados. Es un área casi deshabitada, donde viven algunos grupos indígenas de la Mosquitia.

La industria hondureña es pequeña y produce lo suficiente para satisfacer las necesidades del mercado nacional. Además, en los últimos años la industria de la confección de ropas ha crecido y se exporta a los Estados Unidos.

Honduras cuenta también con un importante centro turístico para bucear: las Islas de la Bahía, rodeadas por uno de los arrecifes de coral *(coral reefs)* más grandes del mundo.

Las ruinas mayas de Copán, Honduras.

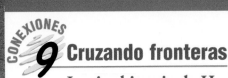

9 Cruzando fronteras

La rica historia de Honduras

Honduras es un país con una historia muy rica. El nombre viene de la época de Colón. Cuando el descubridor llegó por primera vez a las costas de Honduras se refugió de una tormenta en uno de sus cabos *(capes)*. Allí dijo: "¡Gracias a Dios que hemos salido de estas honduras! *(Thank God we've escaped these treacherous depths!)*". Por ello, el cabo donde se refugió Colón se llama Gracias a Dios y el país se llama Honduras.

Como en los demás países centroamericanos, en Honduras se encuentran tradiciones indígenas, con mezclas de la cultura española y africana. Muestras de ello son la ciudad de Copán y los antiguos pueblos mineros *(mining)*.

Las ruinas de Copán se consideran uno de los más bellos legados *(legacies)* del mundo maya, no sólo por su belleza arquitectónica *(architectural)*, sino también por el hermoso paisaje que las rodea. Allí se puede pasear por entre un total de 3.450 edificios que formaban este centro de tradición maya.

Minas de Oro era antiguamente un pueblo minero, pero hoy en día es un centro para caminar y acampar *(to camp)*.

Con su compañero(a), hagan un cartel con un mapa de Honduras donde salgan Copán, Minas de Oro y otros lugares con mezcla de cultura maya y tradiciones españolas y africanas. Decoren el cartel con fotos de estos lugares o planos de las ruinas. Pueden buscar información en guías y enciclopedias o en Internet. En la dirección *http://www.honduras.net/copan/index.html* encontrarán imágenes y sonidos de Honduras.

(Izquierda) Cayo de Vivario, Honduras.

(Derecha) Figura de una mujer en Copán.

10 ¿Qué haría usted?

Escoja la respuesta más adecuada para cada situación.

1. Si usted quisiera evitar el estrés, ¿qué haría?
   a. Dormiría poco.
   b. Haría una dieta equilibrada.
   c. Aprendería a relajarme.
2. Si quisiera relajarse, ¿qué haría?
   a. Comería galletitas.
   b. Tomaría un café.
   c. Escucharía música.
3. Si quisiera ponerse en forma, ¿qué haría?
   a. Tomaría clases de natación.
   b. Trabajaría muchas horas.
   c. Comería alimentos con mucha grasa.
4. Si quisiera alimentarse bien, ¿qué haría?
   a. Comería golosinas.
   b. Dormiría ocho horas al día.
   c. Comería muchas frutas y verduras.
5. Si quisiera hacer ejercicio, ¿qué haría?
   a. Evitaría el estrés.
   b. Me haría miembro de un gimnasio.
   c. Evitaría los refrescos.

Es importante tener una dieta equilibrada.

Autoevaluación. Compruebe lo que ha aprendido. Conteste las siguientes preguntas.
1. ¿Qué es un gimnasio?
2. Complete la oración: *Si evitara el estrés...*
3. Nombre tres cosas que hay que hacer para mantenerse en forma.
4. Diga tres cosas que hay que evitar para llevar una vida sana.
5. ¿Qué fue Copán?

¡La práctica hace al maestro!

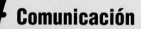

A Comunicación

En parejas, creen un diálogo usando las expresiones de esta lección. Sigan las indicaciones. Cuando hayan terminado, cambien de papel.

A: *(Pregunte si lleva una dieta equilibrada.)*
B: *(Conteste y pregunte lo mismo.)*
A: *(Conteste y pregunte si le preocupa mantenerse en forma.)*
B: *(Conteste y pregunte qué podría hacer para mantenerse en forma.)*
A: *(Conteste y pregunte qué hace para evitar el estrés.)*
B: *(Conteste.)*

B Conexión con la tecnología

Hay muchos programas de televisión de ejercicios, levantamiento de pesas y consejos para la salud, que se presentan todos los días y duran de 15 a 20 minutos. Con un compañero(a), escojan uno de ellos, grábenlo y estúdienlo paso por paso.

Después hagan un guión en español con las instrucciones para hacer los ejercicios. Pueden traducir el programa o inventar su propia forma de hacerlo. Cuando terminen, graben un audio cassette con las instrucciones y preséntenlo a la clase como si fuera el sonido del video cassette.

Para hacer ejercicio y relajarse
   los abdominales
   la cinta
   la escalera
   el esfuerzo
   el masaje
   la sauna

Palabras sobre la salud
   la dieta
   el estrés
   la golosina
   la grasa
   el músculo
   el régimen

Adjetivos sobre la salud
   equilibrado(a)
   sano(a)

Verbos
   alimentarse bien
   bajar de peso
   echar de menos
   evitar
   hacer ejercicio
   levantar pesas
   mantenerse en forma
   valer la pena

Expresiones y otras palabras
   en vez de
   el trozo

Lección 31

La primera visita al hospital

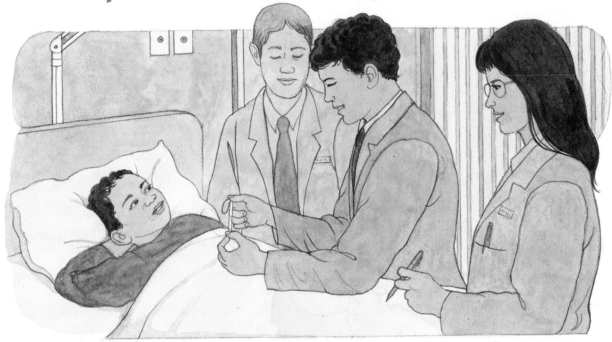

*Eduardo y Clara son estudiantes de medicina que van a visitar el hospital de San Salvador por primera vez. El Dr. Álvarez les está mostrando a su primer **paciente,**° Juanito, un niño que tiene **pulmonía.**°*

ÁLVAREZ: Hola, Juanito. Hoy tienes mejor cara. Parece que las **inyecciones**° te están ayudando. ¿Cómo **te sientes?**°

JUANITO: Me siento mejor. Pero creo que todavía tengo **fiebre**° y **toso**° bastante, y también me duele el oído.

ÁLVAREZ: Hablaré con la enfermera y te dará unas **gotas**° para el oído.

CLARA: ¿Es cierto que un **resfriado**° que no se cura bien puede convertirse en pulmonía?

ÁLVAREZ: Sí, es cierto. *(A Juanito.)* No te olvides de tomar el **jarabe**° y no te preocupes, pronto saldrás de aquí.

EDUARDO: *(A Juanito.)* Espero que te sientas mejor muy pronto. Dr. Álvarez, ¿qué le ocurrió a esa niña que está allí?

ÁLVAREZ: A Rosita tuvimos que ponerle varios **puntos**° en el brazo porque se cortó mientras jugaba con su hermano. Le dimos una **pastilla**° para el dolor. Tenía un corte muy **profundo.**° Su hermano Pedrito **se desmayó**° al ver la sangre y tuvimos que llevarlo a otra habitación. El vecino que los trajo nos dijo que su madre llegará muy pronto.

JUANITO: ¿Cuándo le quitarán los puntos?

ÁLVAREZ: En una semana. Luego sólo le pondremos una **venda**° hasta que se cure del todo. Nuestra próxima paciente es Alicia, una niña que vino hace dos días porque no podía **respirar.**° Parece que la **gripe**° le afectó los **pulmones.**° No es **grave,**° pero sus padres se asustaron bastante. Le **receté**° unos **antibióticos**° para que se mejorara.

JUANITO: ¿Cómo te encuentras, Alicia?

ALICIA: No me siento muy bien. Estoy muy cansada.

JUANITO: Está cansada por los antibióticos, ¿verdad, Dr. Álvarez?

ÁLVAREZ: Así es. Pero se le pasará muy pronto en cuanto deje de tomarlos.

EDUARDO: *(A Alicia.)* No te preocupes, pronto te sentirás mejor. *(Pedrito, un niño pequeño, grita para pedir atención.)*

PEDRITO: Doctor, doctor. Me duele la cabeza. ¡Quiero una **curita**°!

ÁLVAREZ: *(A Eduardo y Clara.)* Pedrito es el hermano de Rosita. *(A Pedrito.)* Para el dolor de cabeza necesitas una **aspirina,**° no una curita.

PEDRITO: ¡Pero yo quiero una curita!

EDUARDO: Toma, yo te pongo una. *(Le pone una curita en la cabeza.)* ¿Te sientes mejor?

PEDRITO: Sí, ya no me duele nada.

CLARA: Usted tiene un buen **conocimiento**° de sus pacientes. Espero que un día nosotros seamos tan buenos como usted, Dr. Álvarez.

ÁLVAREZ: Hace 23 años que me dedico a la medicina infantil, y ustedes acaban de empezar. Pero con mucha práctica, llegarán muy lejos.

el paciente *patient* **la pulmonía** *pneumonia* **la inyección** *injection, shot* **te sientes** *do you feel* **la fiebre** *fever* **toso** *(I) cough* **las gotas** *drops* **el resfriado** *cold* **el jarabe** *syrup* **los puntos** *stitches* **la pastilla** *pill* **profundo** *deep* **se desmayó** *he fainted* **la venda** *bandage* **respirar** *to breathe* **la gripe** *flu* **los pulmones** *lungs* **grave** *serious* **receté** *(I) prescribed* **los antibióticos** *antibiotics* **la curita** *Band-Aid* ® **la aspirina** *aspirin* **el conocimiento** *knowledge*

Rosa, una estudiante de medicina, examina a una paciente.

¿Qué comprendió Ud.?

1. ¿Quiénes son Eduardo y Clara?
2. ¿Qué está haciendo el doctor Álvarez?
3. ¿Cuál es el problema de Juanito?
4. ¿Qué le pasó a Rosita?
5. ¿Qué ocurrirá cuando le saquen los puntos?
6. ¿Cuánto tiempo hace que está en el hospital la niña con problemas de los pulmones?
7. ¿Quién es Pedrito? ¿Por qué se desmayó?

Charlando

1. ¿Ha estado alguna vez en un hospital? ¿Por qué?
2. ¿Se ha desmayado alguna vez? ¿Qué pasó?
3. ¿Alguna vez ha tenido que llevar a alguien al hospital? ¿Por qué?
4. ¿Le han puesto puntos alguna vez? ¿Qué pasó?
5. ¿Cuándo fue la última vez que le pusieron una inyección? ¿Por qué?

IDIOMA

Expresiones con *hace/hacía...que*

To find out or tell how long something has been going on, use:

| ¿**Cuánto tiempo hace** + que + *present/preterite?* |
| hace + *period of time* + que + *present/preterite* |

¿Cuánto tiempo hace que eres médico?	For how long have you been a doctor?
Hace mucho tiempo que Isidro está en el hospital.	Isidro has been in the hospital for a long time.
¿Cuántas semanas hace que te quitaron los puntos?	How many weeks ago did they take out your stitches?
Hace dos días que no toma jarabe.	He hasn't taken any syrup in two days.

To tell how long something has been going on in the past, use:

| hacía + *period of time* + que + *imperfect tense* |

Hacía una hora que estaba en la sala de espera.	He had been in the waiting room for an hour.
Hacía tres meses que Sara no tenía fiebre.	Sara hadn't had a fever for three months.

Hace or *hacía* can be combined with *desde* (since) for emphasis.

Estoy tosiendo desde hace dos días.	I have been coughing for two days.
Desde hacía dos semanas tenía gripe.	He had had the flu for two weeks.

3 El hospital de San Salvador

En el hospital de San Salvador hay siempre muchos estudiantes de medicina, que tienen muchas preguntas para el doctor. Con su compañero(a), sigan el modelo para crear diálogos.

usted trabajar en el hospital/un mes
A: ¿Cuánto tiempo hace que usted trabaja en el hospital?
B: Hace un mes que trabajo en el hospital.

1. el paciente tomar pastillas/un año
2. usted tener problemas con los pulmones/dos semanas
3. la paciente no querer tomar antibióticos/unos años
4. el niño no poder respirar bien/cinco minutos
5. usted desmayarse *(preterite)*/tres horas
6. el doctor examinar a este enfermo *(preterite)*/diez minutos
7. usted caerse *(preterite)*/media hora
8. el doctor recetarle inyecciones *(preterite)*/cuatro días

4 La ayudante perfecta

Hace ya tres meses que Clara trabaja en el hospital. Ha aprendido tanto que cada vez que el doctor le pide algo, ella ya lo ha hecho. Con su compañero(a), creen un diálogo entre Clara y el doctor.

 traer las radiografías/una hora
A: ¿Trajo las radiografías?
B: Sí, las traje hace una hora.

1. pedir más vendas/la semana pasada
2. comprar antibióticos/dos horas
3. buscar el jarabe y una curita/diez minutos
4. dar las gotas a la señora Ruiz/unos minutos
5. dar una aspirina a Juanito/una hora
6. quitarle los puntos al paciente nuevo/media hora

5 Las cosas cambian

Pobre Eduardo. Este año le han pasado muchas cosas. Complete las oraciones con la forma apropiada del verbo entre paréntesis.

 Hacía dos años que no (tener) _____ fiebre.
Hacía dos años que no tenía fiebre.

1. Hacía un mes que no me (caer) (1).
2. Hacía muchísimos años que no me (romper) (2) una pierna.
3. Hacía mucho tiempo que no (llevar) (3) yeso.
4. Hacía tres meses que no (tomar) (4) antibióticos.
5. Hacía más de un año que no me (hacer) (5) una radiografía.
6. Hacía más de seis meses que no (tener) (6) gripe.

Las ruinas de San Andrés, El Salvador.

Conexión Cultural

El arte precolombino en El Salvador

Llamamos arte precolombino al arte creado por los indígenas de América Central y del Sur antes de la llegada de Cristóbal Colón a América en 1492. En Joya de Cerén se encontraron unas ruinas enterradas en la ceniza *(ashes)* del volcán Caldera durante más de 1400 años. Estas ruinas mayas han sido consideradas por los científicos como "la Pompeya de las Américas" y nos ayudan a entender cómo era la vida cotidiana de los mayas. Otros lugares con muestras de arte precolombino son Tazumal, donde hay muestras artísticas desde el año 1500 a.C. hasta el 900 d.C, y San Andrés, donde hay centros ceremoniales, patios y pirámides en los que vivían los dignatarios *(high officials)* mayas.

Roberto se siente deprimido.

Algo más

Sentirse bien

El verbo *sentirse* es un verbo que es siempre reflexivo. Se utiliza para expresar el estado físico de una persona y decir si está enferma o si está bien. Cuando una persona se siente mal generalmente se usa el negativo y se dice que "no se siente bien". Con el verbo sentirse también se expresan estados de ánimo *(moods)*. Fíjese en los siguientes ejemplos.

Roberto tiene gripe y no se siente bien.	*Roberto has the flu and does not feel very well.*
Roberto no puede ir a la fiesta y se siente un poco deprimido.	*Roberto can't go to the party and is a little depressed.*

Algunas veces este verbo se confunde con *sentarse (to sit)* porque las formas de *yo* en el presente son iguales. Pero hay que pensar en el contexto para saber a qué verbo se refiere.

Generalmente, ¿dónde te sientas en clase?	*Where do you usually sit in class?*
Me siento en la primera fila.	*I sit in the first row.*
¿Cómo te sientes después del accidente?	*How do you feel after your accident?*

 6 ¿Cómo te sientes?

Los pacientes del doctor Álvarez se están recuperando *(recovering)* muy rápido. Complete las oraciones con la forma apropiada del verbo *sentirse*. No olvide incluir el pronombre reflexivo.

 A Pedrito ya no le duele la cabeza. <u>Se siente</u> muy bien.

1. A Rosita le quitaron los puntos ayer. <u>(1)</u> un poco mal.
2. A Juan y a Alicia les recetaron antibióticos. <u>(2)</u> muy cansados.
3. A ti te pusieron una inyección. ¿Cómo <u>(3)</u>?
4. Yo tomé una aspirina para el dolor de cabeza. Ahora <u>(4)</u> mucho mejor.
5. Aunque ustedes tomaron las gotas no <u>(5)</u> demasiado bien.
6. Luis no puede respirar bien. No <u>(6)</u> bien.
7. Aunque nosotros no estamos tomando antibióticos <u>(7)</u> mucho mejor.
8. Susana y Javier tienen pulmonía. No <u>(8)</u> bien.

7 Cruzando fronteras

En Latinoamérica y en España se usan los grados centígrados (Celsius) para medir la temperatura. En condiciones normales, el cuerpo humano tiene una temperatura de 37 °C, que corresponde a 98.6 °F. A partir de 38 °C una persona tiene fiebre.

Para pasar de grados centígrados a Fahrenheit, siga la fórmula siguiente:

$$\frac{C°}{5} \times 9 + 32 = F°$$

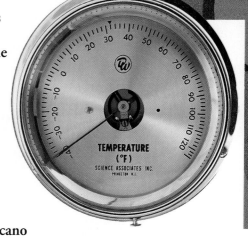

Imagínese que usted es un estudiante norteamericano practicando con el doctor Álvarez en el hospital de San Salvador. Tiene que tomarle la temperatura a los pacientes, pero todos los termómetros tienen las medidas en grados centígrados. Averigüe qué temperatura en Fahrenheit tiene cada uno de los pacientes:

1. Rosita 38.5 °C
2. Pedrito 36.8 °C
3. Alicia 39.9 °C
4. Juanito 38 °C
5. Edmundo 40.1 °C

8 La receta del doctor

Lea la receta del doctor y conteste las siguientes preguntas.

1. ¿Qué tiene el paciente?
2. ¿Qué le receta el doctor para cada cosa?
3. ¿Cuántas veces al día tiene que tomar cada cosa?
4. ¿Cómo se llama el doctor?

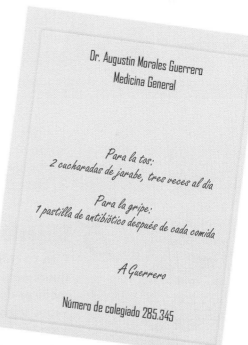

Dr. Augustin Morales Guerrero
Medicina General

Para la tos:
2 cucharadas de jarabe, tres veces al día

Para la gripe:
1 pastilla de antibiótico después de cada comida

A Guerrero

Número de colegiado 285.345

Autoevaluación. Compruebe lo que ha aprendido. Conteste las siguientes preguntas.

1. ¿Cuál es la temperatura normal del cuerpo humano en grados centígrados?
2. Si quiere preguntarle a alguien cómo está, ¿qué verbo usa, *sentirse* o *sentarse*?
3. Escriba una oración con la construcción *hace + (tiempo) + que*.
4. ¿Para qué se usan las curitas?
5. ¿Qué es el arte precolombino? Dé dos ejemplos de este arte en El Salvador.

¡La práctica hace al maestro!

A Comunicación

Con su compañero(a), imaginen que son ustedes doctor y paciente. Creen diálogos para las siguientes situaciones. Cuando terminen, cambien de papel.

1. Un(a) paciente tiene mucha fiebre.
2. Otro(a) paciente se cayó y ahora le duele el brazo.
3. Un(a) paciente se marea.
4. A un(a) paciente no le gustan las inyecciones.
5. Un(a) paciente tiene dificultades al respirar.
6. Hace tres semanas que un(a) paciente tiene un resfriado fuerte.

B Conexión con la tecnología

Con su compañero(a), busquen una dirección de Internet donde médicos den consejos sobre varios temas de salud. Después hagan una lista en español con los consejos de diferentes médicos para varios problemas de salud. Clasifiquen los problemas de salud en *graves* y *poco graves*.

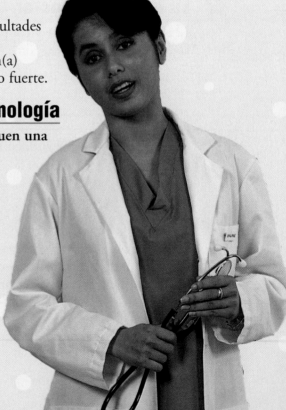

Problemas de salud
- la fiebre
- la gripe
- la pulmonía
- el resfriado

Remedios
- el antibiótico
- la aspirina
- la curita
- la gota
- la inyección
- el jarabe
- la pastilla
- los puntos
- la venda

Verbos
- desmayarse
- recetar
- respirar
- sentirse
- toser

Expresiones y otras palabras
- el conocimiento
- grave
- el/la paciente
- profundo(a)
- el pulmón

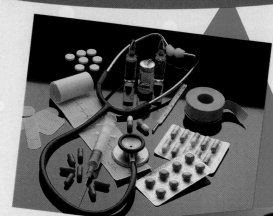

Oportunidades

Trabajo social

Para ser asistente social o trabajar en un hospital de Estados Unidos es muy útil hablar español. Los hospitales reciben a pacientes de todas las nacionalidades y algunos de ellos no hablan inglés. Por eso es necesario que alguien pueda traducir los síntomas *(symptoms)* de los pacientes al doctor.

Una opción para adquirir experiencia en un hospital o clínica, y para practicar español, es trabajar como voluntario. En Estados Unidos hay varias organizaciones que necesitan voluntarios que hablen español, para trabajar en el campo *(field)* de la salud en países latinoamericanos, o dentro del país. Para más información póngase en contacto con las siguientes instituciones.

Amigos de las Américas
5618 Star Lane
Houston, TX 77057

International Voluntary Services
1424 16th Street, N.W., Suite 204
Washington, D.C. 20036

Concern/America
P.O. Box 1790
Santa Ana, CA 92702

ACORN
300 Flatbush Avenue
Brooklyn, NY 11217

Lección 32

¿Estoy bien de salud?

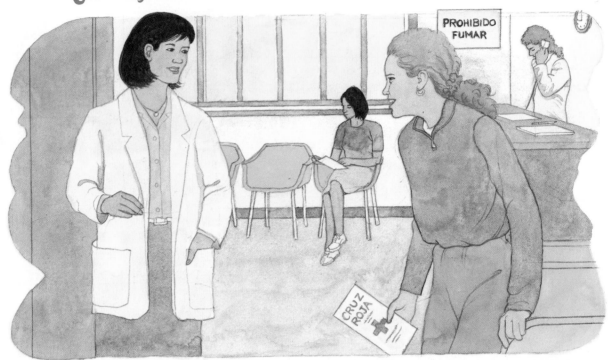

*Andrea va a ir de voluntaria de la Cruz Roja a El Salvador. Como estará allá más de 6 meses, Andrea ha ido a un **consultorio**° para hacerse unos exámenes médicos y asegurarse de que está bien de salud.*

RECEPCIONISTA:	Buenos días, Andrea. Antes de hablar con el doctor necesito que llenes esta **hoja clínica**° con todos tus datos médicos. ¿Qué **seguro médico**° tienes?
ANDREA:	Tengo el de estudiante, que me cubre todas las emergencias y varias visitas al año. En la Cruz Roja me dijeron que tenía que ponerme unas **vacunas**° antes de salir.
RECEPCIONISTA:	Ahora te voy a llevar con la enfermera para que te tome la **presión**° y te haga unas preguntas, y luego te pondrá las vacunas que diga el doctor.
ENFERMERA:	Pasa por aquí, Andrea. Dime, ¿tienes dolor de garganta o de oídos? ¿Tienes tos o tienes **congestión?**°
ANDREA:	No, nada de eso. ¡Nunca me he sentido mejor!
ENFERMERA:	Tu presión también está muy bien. Cuando termines de llenar la hoja clínica, verás al doctor para que te ponga las vacunas. Así estarás lista para ir a El Salvador.

HOJA
CLINICA

HOJA
CLINICA

Nombre: _____ Andrea Corrija _____

Sexo: __Femenino__ Edad: __19__ Fecha: _10-2-99_

Dirección: _Calle Suárez, 35_ Teléfono: __555-4021__

Seguro Social: __950-42-8174__

Dr.: __Conrado__ Seguro Médico: __Óptimo__

Nombre del padre o de la madre: _____ Juan Carlos y Teresa ____

Estatura: _1m, 65cm_ Peso: _62 kg_

¿Ha estado hospitalizado? _Sí_ ¿Cuándo? _hace tres años_

¿Por qué? ___una operación de la garganta___

¿Qué enfermedades ha habido en su familia?

Diabetes __No__ Cáncer __Sí__ Del corazón __No__

¿Ha tenido usted: sarampión? __Sí__ paperas? __Sí__ asma? __No__

alergias? __No__ fracturas? __Sí__ ¿fuma? __No__

¿toma bebidas alcohólicas? __No__ ¿toma algún tipo de drogas? __No__

Síntomas:

fiebre __No__ mareos __No__ dificultad para respirar __No__

erupciones de piel __A veces__ infección __A veces__

inflamación de la garganta __A veces__ dolor de muelas __No__

dolor de cabeza __No__ dolor de estómago __No__ dolor de oído __A veces__

---

el consultorio *doctor's office* **la hoja clínica** *medical history form* **el seguro médico** *health insurance* **las vacunas** *vaccinations* **la presión** *blood pressure* **la congestión** *congestion*

¿Qué comprendió Ud.?

1. ¿Por qué se está haciendo Andrea los exámenes médicos?
2. ¿Cuánto tiempo va a estar en El Salvador?
3. ¿Qué tiene que escribir en la hoja clínica?
4. ¿Qué le dijeron en la Cruz Roja?
5. ¿Qué tiene que hacer después de rellenar la hoja clínica?

Charlando

1. ¿Ha tenido que hacerse usted alguna vez un examen médico para un viaje?
2. ¿Recuerda qué vacunas le han puesto?
3. ¿Ha tenido el sarampión? ¿Y las paperas?
4. ¿Tiene usted alergias? ¿A qué?

Enfermedades y otras expresiones

la alergia	*allergy*
el asma	*asthma*
el cáncer	*cancer*
la diabetes	*diabetes*
la droga	*drug*
la enfermedad	*illness*
la enfermedad del corazón	*heart disease*
la erupción en la piel	*rash*
estar hospitalizado	*to be hospitalized*
el examen médico	*medical exam*
la infección	*infection*
la inflamación	*swelling*
el mareo	*dizziness*
la operación	*operation*
las paperas	*mumps*
el sarampión	*measles*
el síntoma	*symptom*

Repaso *rápido*

Preposiciones y pronombres

In Spanish, prepositions are often followed by one of these pronouns: *mí, ti, usted /sí, él/sí mismo(a), ella/sí mismo(a), nosotros, nosotras, vosotros, vosotras, ustedes/sí, ellos/sí,* and *ellas/sí.* Two exceptions are the prepositions *entre* and *según,* which are followed by *yo* (instead of *mí*) and *tú* (instead of *ti*).

*¿Esta inyección es **para mí**?*	Is this injection **for me**?
*No nos iremos del hospital **sin ti**.*	We won't leave the hospital **without you**.
***Según tú**, Oliver tiene pulmonía.*	**According to you**, Oliver has pneumonia.
*La enfermera compró aspirinas **para sí misma**.*	The nurse bought aspirin **for herself**.

The preposition *con* combines with *mí, ti* or *sí* to form *conmigo, contigo* and *consigo.*

*¿Vienes al consultorio **conmigo**?*	Are you coming **with me** to the doctor's office?
*Tengo que hablar **contigo** para explicarte las vacunas que te debes poner.*	I have to talk **to you** to explain to you which vaccinations you should take.
*Llevaba la hoja clínica **consigo**.*	She took her medical record **with her**.

3 En el consultorio

En el consultorio de la doctora García siempre hay mucha gente. Complete cada oración de una manera lógica. Elija la expresión adecuada.

 Teo se pelea (a ustedes/con él).
Teo se pelea <u>con él</u>.

1. La enfermera Olvido tiene una hoja médica (conmigo/consigo).
2. La doctora García quiere hablar (para nosotros/contigo).
3. El señor Caminero espera (a ella/por ustedes).
4. Pedrito se enoja (conmigo/hacia ti).
5. Ana Rosa y José lo miran (consigo/a él).
6. El doctor habla (con usted/en ellos).

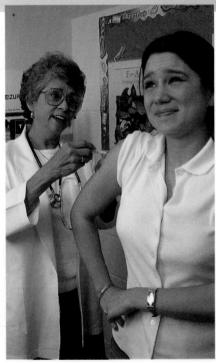

No te preocupes. No te va a doler.

IDIOMA

Preposiciones seguidas del infinitivo

Prepositions in Spanish are often followed by an infinitive to express an action.

*Gracias **por venir**, doctor.*   Thanks **for coming**, doctor.
*Estoy cansado **de llevar** el yeso.*   I am tired **of wearing** this cast.

The word *al* meaning "at," "while," or "when" is also used with infinitives.

*No te muevas **al ponerte***   Don't move **while you get** your
la inyección.   injection.
*No había nadie **al entrar** en*   There was nobody **when I entered**
el consultorio.   the doctor's office.

Prepositions often used with infinitives are: *para, por, de, a, hasta, sin* and *tras*. Some adverbs, adjectives and verbs that are often followed by these prepositions are:

antes de	aburrido(a) de	seguir hasta
después de	harto(a) de	quedar... por
cansado(a) de	listo(a) para	

¡Es para volverse loco!

La doctora García tiene un nuevo ayudante en el consultorio, pero a éste todavía le queda mucho por aprender. Complete las oraciones con la preposición apropiada.

1. ¡Lávese las manos antes <u>(1)</u> atender a un paciente!
2. Prepare una hoja médica <u>(2)</u> examinar a cada persona.
3. ¡Dése prisa! Quedan veinte enfermos <u>(3)</u> atender.
4. <u>(4)</u> preguntar qué seguro médico tiene hay que darle al paciente una hoja clínica.
5. Estamos cansados <u>(5)</u> esperar al médico.
6. ¡En mi consulta, usted va <u>(6)</u> aprender muy rápido!

5 Visitas al médico

Completen las oraciones con una expresión del recuadro de una manera lógica.

 ¿Cuántas veces al año vas a...?
¿Cuántas veces al año vas a hacerte un examen médico?

ponerte gotas todos los días	usar
tener una receta del médico	terminar la caja
evitar enfermedades	recetarle un jarabe

1. Las vacunas son para...
2. ¿Alguna vez te cansaste de...?
3. Todavía me quedan dos inyecciones por...
4. Tienes que tomar antibióticos hasta...
5. Este medicamento no se vende sin...
6. Tiene mucha tos. Voy a...

6 Información sobre las vacunas

Lea el artículo sobre las vacunas y conteste las siguientes preguntas.

1. ¿Qué le puede pasar a uno cuando viaja?
2. ¿Cuáles son las vacunas más importantes si uno va a viajar?
3. ¿Cuánto tiempo te protege la vacuna contra la hepatitis B?
4. ¿De qué hay que informarse antes de ir a otro país?
5. ¿Cómo se pueden evitar infecciones al viajar, además de con las vacunas?

Vacunas viajeras

Los viajes ilustran, de ello no cabe duda, pero ¿a que no habías pensado en que también corres el riesgo de contagiarte (o contagiar a alguien) de alguna enfermedad? Para ello, los países se reservan el derecho de exigir un certificado de vacunación si en tu lugar de origen hay alguna enfermedad prevenible o bien, si en tu destino puedes contraer algo que quebrante tu salud. En general, estas vacunas son las siguientes:

• El cólera. Tiene una vigencia de seis meses a partir del sexto día de la primera vacunación (para que desarrolles anticuerpos) o del primer día en caso de revacunación.

• La vacuna contra la meningitis.

• La hepatitis B. Esta vacuna te protegerá cinco años.

• El paludismo y la poliomielitis son dos enfermedades muy extendidas en casi todos los países tropicales. No está de más que te informes de las condiciones del país a donde viajarás, pero recuerda que la vacuna sólo disminuye el riesgo de que te infectes. Tú puedes evitar contagios innecesarios si practicas tus hábitos de higiene normales, evitas antojitos callejeros y te abstienes de cometer actos temerarios como nadar en algún lago sospechoso.

Estrategia

Para hablar mejor: dar consejos

Ya conoce la diferencia entre *tú* (para hablar con los amigos, personas que conoce) y *usted* (para situaciones más formales). También existen algunas expresiones y construcciones que se usan sólo en situaciones informales. Cuando haga listas de estas palabras y construcciones nuevas, anótese si son informales (inf.) o formales (f.). Por ejemplo, una manera muy común de dar consejos a los amigos es "Yo que tú" + condicional del verbo.

Yo que tú compraría jarabe para la tos.	*If I were you I would buy a cough syrup.*

Sin embargo, un médico nunca usaría esa expresión. Usaría un mandato formal ("Compre jarabe") o la expresión "Le recomiendo que" + subjuntivo.

7 Consejos

Imagine que usted es jefe de un consultorio. Escriba un consejo para los pacientes con los siguientes síntomas.

 A: Me duele la cabeza. (tomar/aspirina)
B: Tome una aspirina./Le recomiendo que tome una aspirina.

1. Tengo dolor de oído. (poner/gotas)
2. Me duele el estómago. (hacer/régimen)
3. Me corté y la sangre no para. (poner/venda)
4. Me voy de viaje a un país tropical. (poner/vacuna)
5. Me caí y creo que me rompí el tobillo. (hacer/radiografía)
6. Tengo muchas alergias. (tomar/pastillas)
7. Me mareo por la calle. (irse/cama)
8. Tengo una inflamación en la garganta. (tomar/jarabe)

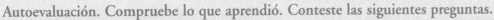

Autoevaluación. Compruebe lo que aprendió. Conteste las siguientes preguntas.

1. ¿Cuáles son los síntomas de la gripe?
2. Termine la oración. *Las vacunas son para...*
3. ¿Diría usted *ella va al consultorio con mí* o *ella va al consultorio conmigo*?
4. Complete la frase con un pronombre. *Estas pastillas son mías. Estas pastillas son para...*
5. ¿Qué es el sarampión?

¡La práctica hace al maestro!

A Comunicación

Con su compañero(a), creen un diálogo entre un(a) enfermero(a) y un(a) paciente. Sigan las indicaciones. Cuando terminen, cambien de papel.

A: *(Pregunte cuántas veces al año va a a hacerse un examen médico.)*
B: *(Conteste. Pregunte qué seguro médico aceptan.)*
A: *(Conteste. Pregunte si ha llenado la hoja clínica.)*
B: *(Diga que no. Haga dos preguntas sobre la información en la hoja médica.)*
A: *(Conteste las preguntas. Pregunte si ha tenido alguna operación.)*
B: *(Conteste.)*
A: *(Pregunte si tiene alergias.)*
B: *(Conteste.)*
A: *(Pregunte si ha estado hospitalizado alguna vez.)*
B: *(Conteste.)*
A: *(Dígale que espere.)*

B Conexión con la tecnología

Imaginen que van a ir de viaje a Guatemala, Honduras y El Salvador. En grupos, busquen información en Internet sobre las vacunas que necesitan. Pueden usar un buscador en español con la palabra "vacuna" y el nombre del país o visitar una guía de turismo. Comparen la información con la de los otros grupos.

Voluntarios en Guatemala.

VOCABULARIO

Palabras sobre la salud
- el consultorio
- la droga
- estar hospitalizado(a)
- la hoja clínica
- la operación
- el seguro médico
- la vacuna

Enfermedades
- la alergia
- el asma
- el cáncer
- la diabetes
- la enfermedad
- la enfermedad del corazón
- las paperas
- el sarampión

Síntomas
- la congestión
- la erupción en la piel
- la infección
- la inflamación
- el mareo
- la presión
- el síntoma

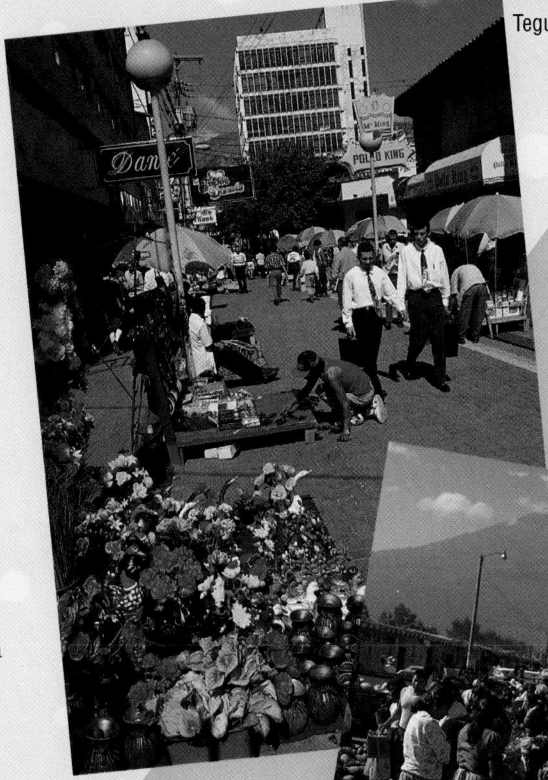

Tegucigalpa, Honduras.

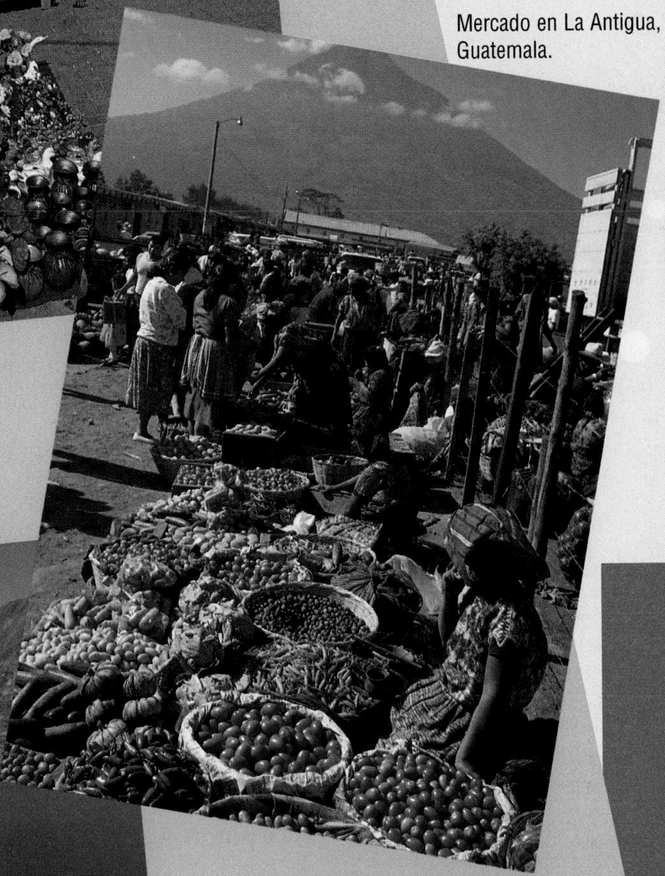
Mercado en La Antigua, Guatemala.

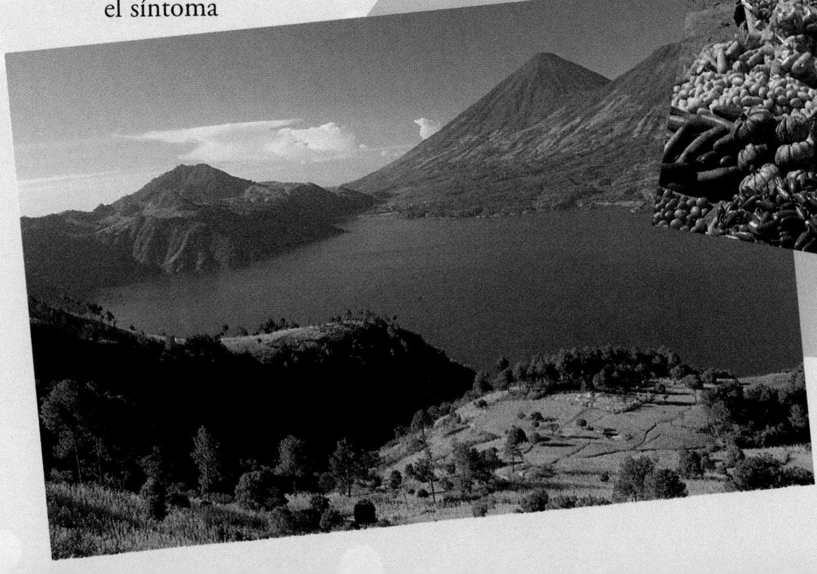
El lago Atitlán y los volcanes Atitlán y Tliman, Guatemala.

a leer

Estrategia

Preparación

Miguel de Unamuno (1864-1936) es un escritor español muy importante. Hasta los 16 años vivió en Bilbao, una villa industrial de tendencias liberales pero que al mismo tiempo era muy católica.

Cuando llegó a Madrid a iniciar estudios universitarios era un joven de profundas convicciones religiosas y regionalistas. En Madrid tuvo contacto con la cultura europea del siglo XIX. Así pudo comparar la tradición que caracterizaba a España con el progreso intelectual que había en Europa. Esto produjo en él una gran transformación.

Durante la Guerra Civil española, Unamuno defendió la libertad intelectual y el liberalismo y denunció la política fascista de Franco. Por ello y porque su salud no era buena, lo encarcelaron en su propia casa. Murió allí el 31 de diciembre de 1936.

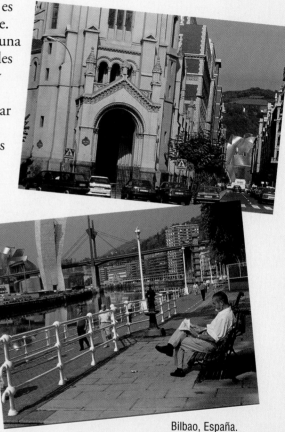

Bilbao, España.

Temas principales de las obras de Unamuno:
- La muerte y la inmortalidad
- La envidia (Caín y Abel) como ejemplo de la lucha entre hermanos de la Guerra Civil española
- La autorealización del individuo

- La religión
- El matrimonio como posibilidad para la inmortalidad (porque el individuo se perpetúa en sus hijos)
- La razón en oposición a la fe
- La voluntad: querer ser alguien o algo, es una lucha contra los demás

Estrategia: reconocer los cognados

Aquí hay algunos cognados que aparecen en la lectura. ¿Cuál es la palabra en inglés y qué significa? Si es necesario busque el significado en el diccionario de inglés. Escriba una oración en español con cada palabra.

exasperarse	aversión	enervar
melancolía	tentación	detestar
disputar	aspirar	coqueta

Va a leer el primero y último capítulos de *Abel Sánchez*, una novela de Unamuno. En esta novela, los personajes principales son dos amigos íntimos, casi hermanos, Abel Sánchez y Joaquín Monegro. Abel es muy popular entre sus compañeros y Joaquín es muy estudioso. Abel se hace pintor y llega a ser muy famoso. Joaquín llega a ser un médico muy respetado. Abel se casa con Helena, la mujer a quien Joaquín amaba. Joaquín se casa con Antonia, una buena mujer. Abel tiene un hijo y Joaquín una hija. Los dos chicos se casan y tienen un niño, Abelito. Joaquín escribe sus memorias en una "Confesión" que le deja a su hija antes de morir. Por esas memorias sabemos que siempre tuvo envidia de Abel.

Primero va a leer el primer capítulo donde se presentan a los dos personajes principales, Joaquín y Abel, cuando eran jóvenes. ¿Qué temas aparecen en este capítulo? Dé ejemplos concretos.

Después va a leer el último capítulo. Han pasado muchos años. Abel ha muerto. Joaquín, a pesar de ser médico, no pudo salvarlo. Joaquín se siente culpable y finalmente le dice la verdad sobre sus sentimientos a toda la familia. ¿Cómo podemos relacionar los dos capítulos?

Abel Sánchez
Miguel de Unamuno

Capítulo I

No recordaban Abel Sánchez y Joaquín Monegro desde cuándo se conocían. Eran conocidos desde antes de la niñez, desde su primera infancia, pues sus dos sendas nodrizas° se juntaban y los juntaban cuando aún ellos no sabían hablar. Aprendió cada uno de ellos a conocerse conociendo al otro. Y así vivieron y se hicieron juntos amigos desde nacimiento, casi más bien hermanos de crianza.°

En sus paseos, en sus juegos, en sus otras amistades comunes parecía dominar e iniciarlo todo Joaquín, el más voluntarioso;° pero era Abel quien, pareciendo ceder,° hacía la suya siempre. Y es que le importaba más no obedecer que mandar. Casi nunca reñían.° "¡Por mí como tú quieras!...", le decía Abel a Joaquín, y éste se exasperaba a las veces porque con aquel "¡como tú quieras!..." esquivaba las disputas.

—¡Nunca me dices que no!... —exclamaba Joaquín.

—¿Y para qué? —respondía el otro.

—Bueno, éste no quiere que vayamos al Pinar —dijo una vez aquél, cuando varios compañeros se disponían a dar un paseo.

—¿Yo? ¡Pues no he de quererlo!... —exclamó Abel—. Sí, hombre, sí; como tú quieras. ¡Vamos allá!

—¡No; como yo quiera, no! ¡Ya te he dicho otras veces que no! ¡Como yo quiera no! ¡Tú no quieres ir!

—Que sí, hombre...

—Pues entonces no lo quiero yo...

—Ni yo tampoco...

—Eso no vale —gritó ya Joaquín—. ¡O con él o conmigo!

Y todos se fueron con Abel, dejándole a Joaquín solo.

Al comentar éste en su *Confesión* tal suceso de la infancia, escribía: "Ya desde entonces era él simpático, no sabía por qué, y antipático yo, sin que se

me alcanzara° mejor la causa de ello, y me dejaban solo. Desde niño me aislaron mis amigos."

Durante los estudios del bachillerato, que siguieron juntos, Joaquín era el empollón,° el que iba a la caza de los premios, el primero en las aulas, y el primero Abel fuera de ellas, en el patio del Instituto, en la calle, en el campo, en los novillos,° entre los compañeros. Abel era el que hacía reír con sus gracias, y, sobre todo, obtenía triunfos de aplauso por las caricaturas que de los catedráticos° hacía. "Joaquín es mucho más aplicado, pero Abel es más listo... si se pusiera a estudiar..." Y este juicio común de los compañeros, sabido por Joaquín, no hacía sino envenenarle° el corazón. Llegó a sentir la tentación de descuidar el estudio y tratar vencer al otro en el otro campo; pero diciéndose: "¡Bah!, qué saben ellos...", siguió fiel a su propio natural.° Además, por más que procuraba aventajar° al otro en ingenio y donosura° no lo conseguía. Sus chistes no eran reídos, y pasaba por ser fundamentalmente serio. "Tú eres fúnebre° — solía decirle Federico Cuadrado—; tus chistes son chistes de duelo.°"

Concluyeron ambos el bachillerato. Abel se dedicó a ser artista, siguiendo el estudio de la pintura, y Joaquín se matriculó en la Facultad de Medicina. Veíanse con frecuencia y hablaba cada uno al otro de los progresos que en sus respectivos estudios hacían, empeñándose° Joaquín en probarle a Abel que la Medicina era también un arte, y hasta un arte bello, en que cabía inspiración poética. Otras veces, en cambio, daba en menospreciar° las bellas artes, enervadoras del espíritu, exaltando la ciencia, que es la que eleva, fortifica y ensancha el espíritu con la verdad.

—Pero es que la Medicina tampoco es ciencia —le decía Abel—. No es sino un arte, una práctica derivada de ciencias.

—Es que yo no he de dedicarme al oficio de curar enfermos —replicaba Joaquín.

—Oficio muy honrado° y muy útil... —añadía el otro.

—Sí, pero no para mí. Será todo lo honrado y todo lo útil que quieras, pero detesto esa honradez y esa utilidad. Para otros el hacer dinero tomando el pulso, mirando la lengua y recetando cualquier cosa. Yo aspiro a más.

—¿A más?

—Sí, yo aspiro a abrir nuevos caminos. Pienso dedicarme a la investigación científica. La gloria médica es de los que descubrieron el secreto de alguna enfermedad y no de los que aplicaron el descubrimiento con mayor o menor fortuna.

—Me gusta verte así, tan idealista.

—Pues qué, ¿crees que sólo vosotros, los artistas, los pintores, soñáis con la gloria?

—Hombre, nadie te ha dicho que yo sueñe con tal cosa...

—¿Qué no? ¿Pues por qué, si no, te has dedicado a pintar?

—Porque si se acierta, es oficio que promete...

—¿Que promete?

—Vamos, sí, que da dinero.

—A otro perro con ese hueso, Abel... Te conozco desde que nacimos casi. A mí no me la das. Te conozco.

—¿Y he pretendido nunca engañarte?

—No, pero tú engañas sin pretenderlo. Con ese aire de no importarte nada, de tomar la vida en juego, de dársete un comino° de todo, eres un terrible ambicioso...

—¿Ambicioso yo?

—Sí, ambicioso de gloria, de fama, de renombre... Lo fuiste siempre, de nacimiento. Sólo que solapadamente.°

—Pero ven acá, Joaquín, y dime: ¿te disputé nunca tus premios? ¿No fuiste tú siempre el primero en clase? ¿El chico que promete?

—Sí, pero el gallito,° el niño mimado de los compañeros, tú...

—¿Y qué iba yo a hacerle?...

—¿Me querrás hacer creer que no buscabas esa especie de popularidad?...

—Haberla buscado tú...

—¿Yo? ¿Yo? ¡Desprecio a la masa!

—Bueno, bueno; déjame de esas tonterías y cúrate de ellas. Mejor será que me hables otra vez de tu novia.

—¿Novia?

—Bueno, de esa tu primita que quieres que lo sea.

Porque Joaquín estaba queriendo forzar el corazón de su prima Helena, y había puesto en su empeño amoroso todo el ahínco° de su ánimo° reconcentrado° y suspicaz.° Y sus desahogos,° los inevitables y saludables desahogos de enamorado en lucha, eran con su amigo Abel.

¡Y lo que Helena le hacía sufrir!

—Cada vez la entiendo menos —solía decirle a Abel—. Esa muchacha es para mí una esfinge°...

—Ya sabes lo que decía Óscar Wilde, o quien fuese: que toda mujer es una esfinge sin secreto.

—Pues Helena parece tenerlo. Debe de querer a otro, aunque éste no lo sepa. Estoy seguro de que quiere a otro.

—¿Y por qué?

—De otro modo no me explico su actitud conmigo...

—Es decir, que porque no quiere quererte a ti..., quererte para novio, que como primo sí te querrá...

—¡No te burles!

—Bueno, pues porque no quiere quererte para novio, o, más claro, para marido, ¿tiene que estar enamorada de otro? ¡Bonita lógica!

—¡Yo me entiendo!

—Sí, y también yo te entiendo.

—¿Tú?

—¿No pretendes ser quien mejor me conoces? ¿Qué mucho, pues, que yo pretenda conocerte? Nos conocimos a un tiempo.

—Te digo que esa mujer me trae loco° y me hará perder paciencia. Está jugando conmigo. Si me hubiera dicho desde un principio que no, bien estaba, pero tenerme así, diciendo que lo verá, que lo pensará... ¡Esas cosas no se piensan..., coqueta!°

—Es que te está estudiando.

—¿Estudiándome a mí? ¿Ella? ¿Qué tengo yo que estudiar? ¿Qué puede ella estudiar?

—¡Joaquín, Joaquín; te estás rebajando° y la estás rebajando!... ¿O crees que no más verte y oírte y saber que la quieres y ya debía rendírsete?°

—Sí, siempre he sido un antipático.

—Vamos, hombre, no te pongas así...

—¡Es que esa mujer está jugando conmigo. ¡Es que no es noble jugar así con un hombre como yo, franco, leal, abierto... ¡Pero si vieras qué hermosa está! ¡Y cuanto más fría y más desdeñosa° se pone, más hermosa! ¡Hay veces que no sé si la quiero o la aborrezco° más!... ¿Quieres que te presente a ella?

—Hombre si tú...

—Bueno, os presentaré.

—Y si ella quiere...

—¿Qué?

—Le haré un retrato.

—¡Hombre, sí!

Mas aquella noche durmió Joaquín mal rumiando° lo del retrato, pensando en que Abel Sánchez, el simpático sin proponérselo, el mimado° del favor ajeno,° iba a retratarle a Helena.

¿Qué saldría de allí? ¿Encontraría también Helena, como sus compañeros de ellos, más simpático a Abel? Pensó negarse a la presentación, mas como ya se lo había prometido...

las nodrizas *nannies* **los hermanos de crianza** *raised together like brothers* **voluntarioso** *strong willed* **ceder** *to give in* **reñían** *argued* **sin que se me alcanzara** *unable to understand* **el empollón** *extremely studious* **los novillos** *to play hooky* **los catedráticos** *professors* **envenenarle** *to poison* **fiel a su propio natural** *faithful to his own instincts* **procuraba aventajar** *tried to surpass* **la donosura** *gracefulness* **fúnebre** *mournful* **el duelo** *sorrow* **empeñándose... en probarle** *making an effort to prove* **menospreciar** *to undervalue* **honrado** *honorable* **dársete un comino** *not to care* **solapadamente** *deceitfully* **el gallito** *(here) the important one* **el ahínco** *effort* **el ánimo** *spirit* **reconcentrado** *meditative* **suspicaz** *inquisitive* **los desahogos** *confessions* **la esfinge** *sphinx* **me trae loco** *is driving me crazy* **coqueta** *flirtatious* **te estás rebajando** *you are diminishing yourself* **rendírsete** *give herself up* **desdeñosa** *contemptuous* **aborrezco** *(I) loathe* **rumiando** *(here) meditating* **mimado** *spoiled* **ajeno** *belonging to someone else*

Capítulo XXXVIII

Pasó un año en que Joaquín cayó en una honda melancolía.° Abandonó sus *Memorias*, evitaba ver a todo el mundo, incluso a sus hijos. La muerte de Abel había parecido el natural desenlace° de su dolencia,° conocida por su hija, pero un espeso bochorno° misterioso pesaba sobre la casa. Helena encontró que el traje de luto° la favorecía mucho y empezó a vender los cuadros que de su marido le quedaban. Parecía tener cierta aversión al nieto, al cual le había nacido ya una hermanita.

Postróle, al fin, a Joaquín una oscura enfermedad en el lecho.° Y sintiéndose morir, llamó un día a sus hijos, a su mujer, a Helena.

—Os dijo la verdad el niño —empezó diciendo—; yo le maté.

—No digas esas cosas, padre —suplicó Abel, su yerno.

—No es hora de interrupciones ni de embustes.° Yo lo maté. O como si yo le hubiera matado, pues murió en mis manos...

—Eso es otra cosa.

—Se me murió teniéndole yo en mis manos, cogido del cuello. Aquello fue como un sueño. Toda mi vida ha sido un sueño. Por eso ha sido como una de esas pesadillas° dolorosas que nos caen encima poco antes de despertar, al alba, entre el sueño y la vela.° No he vivido ni dormido..., ¡ojalá!, ni despierto. No me acuerdo ya de mis padres, no quiero acordarme de ellos y confío en que ya, muertos, me hayan olvidado. ¿Me olvidará también Dios? Sería lo mejor, acaso, el eterno olvido. ¡Olvidadme, hijos míos!

—¡Nunca! —exclamó Abel, yendo a besarle la mano.

—¡Déjala! Estuvo en el cuello de tu padre al morir éste. ¡Déjala! Pero no me dejéis. Rogad° por mí.

—¡Padre, padre! —suplicó la hija.

—¿Por qué he sido tan envidioso, tan malo? ¿Qué hice para ser así? ¿Qué leche mamé? ¿Era un bebedizo de odio?° ¿Ha sido un bebedizo de sangre? ¿Por qué nací en tierra de odios? En tierra en que el precepto° parece

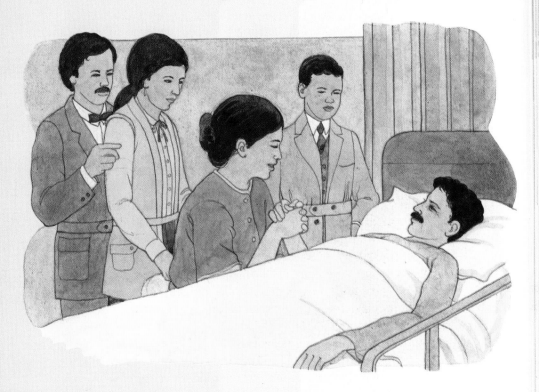

ser: "Odia a tu prójimo como a ti mismo." Porque he vivido odiándome;
porque aquí todos vivimos odiándonos. Pero... traed al niño.

—¡Padre!

—¡Traed al niño!

Y cuando el niño llegó le hizo acercarse.

—¿Me perdonas? —le preguntó.

—No hay de qué —dijo Abel.

—Di que sí, arrímate° al abuelo — le dijo su madre.

—¡Sí! —susurró° el niño.

—Di claro, hijo mío, di si me perdonas.

—Sí.

—Así, sólo de ti, sólo de ti, que no tienes todavía uso de razón,° de ti,
que eres inocente, necesito perdón. Y no olvides a tu abuelo Abel, al que te
hacía los dibujos. ¿Le olvidarás?

—¡No!

—¡No le olvides, hijo mío, no le olvides! Y tú, Helena...

Helena, la vista en el suelo, callaba.

—Y tú, Helena...

—Yo, Joaquín, te tengo hace tiempo perdonado.

—No te pedía eso. Sólo quiero verte junto a Antonia. Antonia...

La pobre mujer, henchidos de lágrimas° los ojos, se echó sobre la cabeza de su marido, y como queriendo protegerla.

—Tú has sido aquí la víctima. No pudiste curarme, no pudiste hacerme bueno...

—Pero si lo has sido, Joaquín... ¡Has sufrido tanto!...

—Sí, la tisis° del alma. Y no pudiste hacerme bueno porque no te he querido.

—¡No digas eso!

—Sí lo digo, lo tengo que decir, y lo digo aquí, delante de todos. No te he querido. Si pudiéramos volver a empezar...

—¡Joaquín! ¡Joaquín! —clamaba° desde el destrozado corazón la pobre mujer—. No digas esas cosas. Ten piedad° de mí, ten piedad de tus hijos, de tu nieto que te oye; aunque parece no entenderte, acaso mañana...

—Por eso lo digo, por piedad. No, no te he querido; no he querido quererte. ¡Si volviésemos a empezar! Ahora, ahora es cuando...

No le dejó acabar su mujer, tapándole° la moribunda boca con su boca y como si quisiera recoger en el propio su último aliento.°

—Esto te salva, Joaquín.

—¿Salvarme? ¿Y a qué llamas salvarse?

—Aún puedes vivir unos años, si lo quieres.

—¿Para qué? ¿Para llegar a viejo? ¿A la verdadera vejez?° ¡No, la vejez no! La vejez egoísta no es más que una infancia° en que hay conciencia de la muerte. El viejo es un niño que sabe que ha de morir. No, no quiero llegar a viejo. Reñiría con los nietos por celos,° les odiaría... ¡No, no..., basta de odio! Pude quererte, debí quererte, que habría sido mi salvación, y no te quise.

Calló. No quiso o no pudo proseguir. Besó a los suyos. Horas después rendía su último cansado suspiro.°

¡QUEDA ESCRITO!

la honda melancolía *a state of profound melancholy* **el desenlace** *ending* **la dolencia** *disease* **el espeso bochorno** *heavy shame* **de luto** *in mourning* **Póstrole ... en el lecho** *was bedridden* **los embustes** *lies* **la pesadilla** *nightmare* **entre el sueño y la vela** *the moment between being asleep and waking up* **rogad** *pray* **el bebedizo de odio** *potion of hatred* **el precepto** *rule* **arrímate** *come close* **susurró** *whispered* **el uso de razón** *age when a kid is able to reason* **henchidos de lágrimas** *full of tears* **la tisis** *tuberculosis* **clamaba** *begged* **la piedad** *pity* **tapándole** *covering* **el aliento** *breath* **la vejez** *old age* **la infancia** *childhood* **los celos** *jealousy* **el último suspiro** *last breath*

¿Qué comprendió Ud.?

A. Diga cuáles de las siguientes frases son ciertas o falsas. Corrija las falsas.

1. Abel y Joaquín se conocieron en el colegio.
2. Joaquín siempre sabía lo que quería hacer.
3. A Abel le gustaba mucho mandar.
4. Abel era simpático y Joaquín antipático.
5. Abel era más listo que Joaquín.
6. Helena estaba enamorada de Joaquín.
7. Abel y Helena se casaron.
8. La vida de Joaquín fue muy difícil.
9. Joaquín nunca tuvo hijos.
10. Joaquín no quiere a nadie.

B. Conteste las siguientes preguntas.

1. ¿Desde cuándo se conocían Abel Sánchez y Joaquín Monegro?
2. ¿A qué profesión se dedicaron cuando terminaron el bachillerato?
3. ¿Cuáles son las principales diferencias entre los dos amigos?
4. ¿Qué relación hay entre Joaquín y Helena?
5. ¿Por qué durmió mal Joaquín cuando su amigo le dijo que iba a pintar un retrato de Helena?
6. ¿Por qué dice Joaquín que él mató a Abel?
7. ¿Por qué pide perdón Joaquín?
8. ¿Qué enfermedad tiene Joaquín?
9. ¿Por qué no quiere Joaquín llegar a viejo?

 Charlando

En grupos, elijan uno de los temas siguientes y coméntenlo. Compartan sus conclusiones con el resto de la clase.

1. La voluntad. Para Unamuno querer ser alguien significa una lucha con los demás. ¿Quién tiene ese conflicto, Joaquín o Abel? ¿Por qué?
2. La envidia. En una guerra civil los bandos enemigos son personas del mismo país. Es una lucha entre hermanos. En la Biblia Caín mata a Abel por envidia. ¿Cómo desarrolla este tema Unamuno en su novela?
3. El amor. El amor puede ser la salvación de una persona. ¿Por qué Joaquín no puede salvarse?

a escribir

Estrategia

Hacer un esquema temático

En las selecciones que ha leído de Unamuno se presentan varios temas. Escriba usted una composición en la que también se traten temas diferentes. Para hablar de varios temas en un mismo texto es muy útil hacer un esquema temático. Así se organizan las ideas que se quieren expresar en los diferentes temas y se escriben con mayor claridad. Siga los pasos siguientes.

- Piense cuál va a ser el tema principal de su composición.
- Escriba los temas secundarios que va a explicar.
- Escriba una línea o dos para cada uno de los temas secundarios.
- Organice estas ideas, en orden de importancia y escriba la composición.

repaso

Now that I have completed this chapter, I can...

✔ talk about events that will take place in the future

✔ talk about health

✔ make plans for a healthy life

✔ talk about diet and exercise

✔ express what I would do in a specific situation

✔ tell how long ago something has been going on

✔ talk about illnesses and preventive medicine

✔ give advice about health

I can also...

✔ talk about some features of Guatemala's geography

✔ talk about Rigoberta Menchú and her work

✔ identify the Mayan ruins of Tikal

✔ talk about Honduras' economy

✔ identify and name several of Honduras' places of interest

✔ talk about Precolombian art in El Salvador

✔ convert Celsius degrees into Fahrenheit

✔ fill out a medical history form in Spanish

De

moda

ART.: | TALLA:
0807/830/511 | M   M   32

MÉXICO N$ 359.00

ESPAÑA PTAS.   5.995

U.S.A. $US   59

In this chapter you will be able to:
- seek and provide information in a store
- describe clothes and accessories
- describe hairstyles
- express what is hypothetical
- describe how something was done
- express affection

Lección 33

Contexto cultural
MÉXICO

¡Quién lo hubiera dicho!

*Carmen y Teresa son dos amigas que viven en México D.F., la capital de México. Aunque estudian en escuelas diferentes, **a menudo**° salen juntas de compras, van al cine o mantienen largas conversaciones por teléfono.*

CARMEN: Aló...

TERESA: ¿Carmen? Hola, te habla Teresa.

CARMEN: ¡Cuánto me alegro de oír tu voz! No he sabido nada de ti en las últimas tres semanas. ¿Qué hay de nuevo?

TERESA: Nada nuevo. Bueno, sólo que tengo un nuevo **peinado.**° Estaba cansada de tener el pelo largo y siempre **recogido,**° **sin gracia.**° Así que fui al **salón de belleza**° y le dije al **peluquero**° que quería un nuevo estilo. Ahora tengo el cabello corto y un **flequillo.**° La verdad es que estoy contentísima con el resultado porque es un **corte**° muy moderno y puedo llevar el **pelo suelto,**° o peinado hacia atrás, con **gel.**°

CARMEN: ¡Seguro que te queda precioso! Me hubiera encantado ir contigo, porque yo también quiero cambiar mi peinado. He pensado cortarme el pelo y **alisármelo,**° porque estoy cansada de las **permanentes**° y de tener que ponerme **rulos**° y **espuma.**°

TERESA: Humm... no sé si ese corte te quedará bien. Tienes la cara muy **redonda**° para llevar el pelo corto. ¿Qué tal si te lo cortas un poco por delante, sobre la **frente,**° y te quitas la **raya?**°

CARMEN:	¿Por qué no me acompañas al salón de belleza? Tal vez...
TERESA:	¡Qué buena idea! ¿Quieres ir a algún salón en especial?
CARMEN:	No, cualquiera que sea barato. ¿Qué tal es el salón donde tú fuiste?
TERESA:	Es nuevo y allí trabaja Teo, el peluquero de los artistas.
CARMEN:	¡Quién lo hubiera dicho! Un peluquero tan famoso trabajando aquí tan cerca. ¿Es un salón muy caro?
TERESA:	Sí. Es una lástima que el descuento que ofrecían por la **inauguración**° ya se haya acabado. Si hubiera sabido que querías ir, te habría avisado antes.
CARMEN:	Tienes razón, pero quizá vaya de todas maneras. Tengo el pelo **horroroso**° y mañana es la fiesta de Julián.
TERESA:	Yo podría hacerte un peinado diferente para la fiesta de mañana, con **laca.**° **Al fin y al cabo**° tu pelo no es tan **rebelde.**°
CARMEN:	¿De verdad? Gracias, Teresa. ¡Tú sí que eres una buena amiga!

a menudo *frequently* **el peinado** *hairdo* **recogido** *gathered up* **sin gracia** *plain*
el salón de belleza *beauty parlor* **el peluquero** *hairdresser* **el flequillo** *bangs*
el corte *haircut* **(el pelo) suelto** *loose* **el gel** *gel* **alisármelo** *to have it straightened*
la permanente *perm* **los rulos** *hair rollers* **la espuma** *styling mousse* **redonda**
round **la frente** *forehead* **la raya** *part (in hair)* **la inauguración** *opening*
horroroso *terrible* **la laca** *hairspray* **al fin y al cabo** *after all* **rebelde** *unruly*

¿Qué comprendió Ud.?

1. ¿Cómo llevaba el pelo antes Teresa?
2. ¿Qué peinado tiene ella ahora?
3. ¿Cómo tiene el pelo Carmen?
4. ¿Qué le aconseja Teresa a Carmen?
5. ¿Quién trabaja en el salón de belleza donde fue Teresa?
6. ¿Por qué quiere Carmen cambiar su estilo de peinado?
7. ¿Quién va a peinar a Carmen al día siguiente?

Conexión *Cultural*

Revistas para jóvenes

En México hay muchas revistas de moda para los jóvenes. En ellas los chicos y chicas mexicanos encuentran los nuevos estilos de ropa y peinado para cada temporada. También hay artículos sobre gente famosa, música, cine y entrevistas con artistas conocidos.

Otras secciones que tienen en común estas revistas son las cartas de los lectores, el consultorio, un apartado de consejos sobre la salud y la sección del horóscopo. Las revistas para jóvenes más conocidas son *Tú, Eres* y *De 15 a 20.* Algunas de estas revistas tienen una edición especial para Estados Unidos y se pueden conseguir en quioscos especializados en publicaciones internacionales.

IDIOMA

El pluscuamperfecto del subjuntivo

The present subjunctive form of *haber (haya)* is used in the sense of there is/are.

*Es una lástima que no **haya** un salón de belleza cerca.*

It's a shame that **there is** not a beauty parlor nearby.

Haber is also used in compound tenses, as in the present perfect subjunctive.

*Qué bueno que el peluquero te **haya sugerido** ese corte.*

It is good that the hairdresser **has suggested** to you that hairstyle.

The pluperfect subjunctive is formed by the subjunctive form of *haber* and the past participle. It is used in contrary-to-fact conditions in the past.

*¡Si me **hubiera hecho** la permanente!*

If **I only had had** a perm done!

The pluperfect subjunctive is often used in *si* clauses with the conditional perfect.

*Si usted **hubiera ido** al salón de belleza, se habría cortado el pelo.*

If **you had gone** to the beauty parlor, you would have had a haircut.

It is used when the verb in the main clause is in the past, but the action in the pluperfect clause had or had not already occurred.

*Esperaba que ella se **hubiera cambiado** de peinado.*

I hoped she **had changed** her hairstyle.

*No creí que los rulos te **hubieran molestado** tanto.*

I did not believe the hair rollers **had bothered** you that much.

The pluperfect is also used when the verb in the main clause is in the conditional.

*Preferiría que no te **hubieras hecho** la permanente.*

I would prefer that you had not had a perm done.

*Sería mejor que te **hubieras dejado** el pelo suelto.*

It would be better if you had let your hair loose.

Cortes y estilos de peinado

recto *straight*	trenza *braid*
a capas *in layers*	cola (de caballo) *ponytail*
flequillo *bangs*	pelo recogido *(hair) up*
a navaja *razor cut*	pelo suelto *(hair) loose*
de punta *spiked*	moño *bun*
rapado *shaved*	
patillas *sideburns*	

Algo más

En el salón de belleza

En español, las expresiones como **cortarse el pelo** y **hacerse una permanente**, no siguen la misma estructura que en inglés. Mientras que en inglés se suele usar la estructura *to have + (something) + (done)*, como por ejemplo *to have my hair straightened* o *to have a perm done*, en español se usa el verbo en forma reflexiva (aunque sea el/la peluquero(a) quien realiza la acción) + el nombre. Por eso decimos **cortarse el pelo** *(to have a haircut)*, **hacerse una permanente** *(to have a perm done)*, **alisarse el pelo** *(to have one's hair straightened)*, **raparse la cabeza** *(to have one's head shaved)*, **dejarse crecer el pelo** *(to let one's hair grow)*, etc.

2 Si hubiera podido...

Imagínese que regresa de México D.F. y sus amigos le hacen preguntas sobre lo que hubiera podido hacer, pero no hizo. Complete las oraciones usando el pluscuamperfecto del subjuntivo (dos palabras por espacio).

 (comprar) <u>Hubiera</u> <u>comprado</u> joyas de plata, pero no sabía dónde las vendían.

1. (ir) <u>(1)</u> al museo antropológico, pero estaba cerrado ese día.
2. (comer) <u>(2)</u> tacos todos los días, pero las salsas eran muy picantes.
3. (montar) <u>(3)</u> en la barca en el lago Xochimilco, pero temí caerme.
4. (visitar) <u>(4)</u> la casa del presidente, pero la estaban pintando.
5. (caminar) <u>(5)</u> hasta el monumento a Juarez, pero fui en taxi.
6. (traer) <u>(6)</u> más regalos, pero no llevé mucho dinero.
7. Me (quedar) <u>(7)</u> una semana más, pero ya tenía que regresar.

3 Demasiado tarde

A menudo nos arrepentimos de cosas que hemos hecho. Busque exclamaciones para las siguientes situaciones.

 No leí el libro antes del examen.
¡Si hubiera leído el libro antes del examen!

1. Me dejé el pelo suelto.
2. Pepe se rapó la cabeza.
3. Nosotros nos hicimos un corte a navaja.
4. No conseguí rulos más pequeños.
5. No me recogí el pelo.
6. Tú no pediste el descuento en el salón de belleza.
7. Estaba horrorosa con el pelo en la frente.

Si no hubieras estado aquí no sé qué habría hecho con mi pelo.

IDIOMA

Cualquiera

The word *cualquiera* can be used as an adjective or as a pronoun, and often means "any" or "anyone" in English.

It ends in *-a*, but it is both masculine and feminine.

*Deme una revista **cualquiera**.*	Give me **any** magazine.
*Recomiéndame un peinado **cualquiera**.*	Recommend **any** hairdo (to me).
***Cualquiera** pensaría que te alisaste el pelo.*	**Anyone** would think that you straightened your hair.

When it is applied to a person and it is used after the noun, *cualquiera* means "without merit," "undistinguished."

*Es un peluquero **cualquiera**.*	He is **not a very distinguished** hairdresser.

When it is used before a noun, the final *-a* is omitted.

*No use **cualquier** champú.*	Don't use just any shampoo.

Cualquier día also means "someday" or "anyday."

***Cualquier** día me hago la permanente.*	**Someday** I will get a perm.

En cualquier momento may have different meanings, including "whenever," "any time now," "one of these days."

*En **cualquier momento** que tenga libre iré al salón de belleza.*	**Whenever** I am free I will go to the beauty parlor.

4 ¿Cualquier o cualquiera?

Complete las oraciones con *cualquier* o *cualquiera*.

1. Creo que <u>(1)</u> día es bueno para cortarse el pelo.
2. Un peluquero <u>(2)</u> no sabría qué hacer.
3. Tráeme <u>(3)</u> laca.
4. No quiero un peinado <u>(4).</u> Quiero algo especial.
5. El pelo suelto no le va bien a <u>(5)</u>.
6. ¡<u>(6)</u> diría que el pelo rapado está de moda!
7. Hágame la raya en <u>(7)</u> parte.
8. No me gusta usar <u>(8)</u> tipo de rulos.

Anabel no quiere cualquier peinado.
Esta vez quiere hacerse algo especial.

5 En el salón de belleza

Imagine que está esperando su turno en el salón de belleza y observa lo que otros clientes piden a los peluqueros. Diga lo que usted hubiera hecho en cada uno de los siguientes casos. Empiece la oración con *Si...*

(tener el pelo lacio/hacerse una permanente)
Si hubiera tenido el pelo lacio, me habría hecho una permanente.

1. (tener el pelo rizado/alisarse el pelo)
2. (llevar el pelo suelto/hacerse un recogido)
3. (hacerse la raya en el centro/llevar flequillo)
4. (tener el pelo corto/hacerse un diseño a navaja)
5. (a mí gustar el flequillo/ponerse laca para peinarlo)
6. (querer un corte especial/leer una revista de peinados antes)
7. (a mí caer el pelo en la frente/cortarse el flequillo)
8. (llevar el pelo recogido/hacerse un moño)

6 Mi propio salón de belleza

Con un compañero(a), imaginen que quieren abrir un salón de belleza. Piensen en el nombre para el salón y hagan una lista de los servicios que van a ofrecer. Comparen sus listas con las de otros compañeros. Después, diseñen el anuncio de su salón de belleza. Incluyan la lista de servicios, los precios y fotos de los peinados y estilos.

Autoevaluación. Compruebe lo que ha aprendido. Conteste las siguientes preguntas.
1. ¿Qué es una permanente?
2. Escriba dos oraciones con el pluscuamperfecto del subjuntivo que empiecen con: *No sabía que....*
3. Escoja la palabra correcta: *(Cualquier)/(Cualquiera)* peluquero te puede hacer la permanente.
4. Complete la oración. *Si hubiera tenido el pelo corto,...*
5. Diga el nombre de tres secciones que se pueden encontrar en una revista mexicana para jóvenes.

¡La práctica hace al maestro!

A Comunicación

Con un compañero(a), creen un diálogo entre un(a) peluquero(a) y un(a) cliente. Sigan las instrucciones. Después, cambien de papel.

A: *(Salude y pregunte qué tipo de corte desea.)*
B: *(Conteste que no sabe muy bien y pídale sugerencias.)*
A: *(Conteste.)*
B: *(Escoja un tipo de corte.)*
A: *(Pregunte si quiere flequillo, patillas, a capas, etc.)*
B: *(Conteste.)*
A: *(Pregunte si quiere una permanente o alisarse el pelo.)*
B: *(Pregunte cuánto vale, cuánto tarda, etc.)*
A: *(Conteste.)*
B: *(Diga si quiere hacérselo.)*

B Conexión con la tecnología

En grupos pequeños, busquen un programa de computadora para comparar diferentes cortes, estilos y colores de cabello en la misma cara.

- Escojan a uno de los compañeros para que sea el o la modelo.
- Sigan las instrucciones del programa e incluyan varias posibilidades.
- Escojan las tres posibilidades que más les gusten.
- Preséntenlas a la clase y describan cada una con detalles.
- Hagan una encuesta rápida para ver cuál es el estilo preferido por la mayoría.

VOCABULARIO

Ester no sabe si llevar el pelo suelto o hacerse un moño.

En el salón de belleza
- el corte
- la espuma
- el gel
- la laca
- el/la peluquero(a)
- la permanente
- el rulo
- el salón de belleza

Cortes
- a capas
- a navaja
- de punta
- el flequillo
- la patilla
- rapado(a)

Peinados
- la cola (de caballo)
- el moño
- el peinado
- la raya
- (el pelo) recogido
- (el pelo) suelto
- la trenza

Verbos sobre el pelo
- alisarse
- raparse

Expresiones y otras palabras
- a menudo
- al fin y al cabo
- la frente
- horroroso(a)
- la inauguración
- rebelde
- redondo(a)
- sin gracia

Mari Carmen tiene el pelo rizado.

Rebeca tiene el pelo corto y usa gel.

Lección 34

¡Grandes rebajas!°

Víctor, Elena, Alberto y Marisol son de México. Les encanta comprarse ropa, aunque no siempre tienen dinero para gastar. Hoy han ido de compras juntos.

VÍCTOR:	Me gusta esa **bufanda**° rosa **pálido**.°
ELENA:	A mí no me gustan los colores tan **claros**.°
MARISOL:	Yo prefiero la **violeta**.° ¡Pero estas bufandas son muy caras! Y eso que aquí dice que están **rebajadas**.°
ALBERTO:	Mejor vamos al centro comercial. Allí las cosas están más baratas. ¡A ver si encontramos alguna **ganga**!° *(Los cuatro amigos llegan al centro comercial.)*
ELENA:	¡Esto es enorme! ¿Por dónde empezamos?
VÍCTOR:	Vamos a la sección de ropa para jóvenes. En ese anuncio dice que están **de rebajas**.°
MARISOL:	**¡Padrísimo!**° Yo necesito un vestido nuevo y unos pantalones, y una chaqueta **vaquera**,° y...
ALBERTO:	¡Oye! ¿Te vas a comprar todo el centro comercial?
ELENA:	*(A un dependiente.)* ¿Puede decirnos dónde están las **medias**?°
DEPENDIENTE:	En la sección de **ropa interior**,° en el segundo piso.
ELENA:	Gracias. Bueno, en realidad puedo ir más tarde.
VÍCTOR:	Yo necesito unos **vaqueros**.°

ALBERTO:	Yo los vi al lado del ascensor.
ELENA:	¡Este **suéter**° me gusta! ¿Lo hay en **azul marino**?°
MARISOL:	Violeta, **morado**,° ¡azul marino!
ALBERTO:	¿Qué **talla**° usas?
ELENA:	La **mediana**.° ¡Aquí está, azul marino y en la talla mediana! ¡Qué bueno! *(Al dependiente.)* ¿Cuánto cuesta?
DEPENDIENTE:	Cuesta 150 pesos.
ELENA:	Me lo llevo.
ALBERTO:	Me encantan estos pantalones **a cuadros**.°
MARISOL:	Ay, ¡son fantásticos! ¡Y son una ganga!
ALBERTO:	Son tan grandotes.
ELENA:	¿Te los vas a comprar, Alberto?
ALBERTO:	No sé. Lo cierto es que no me **van con**° nada.
VÍCTOR:	Siempre puedes ponértelos con una **camiseta**° negra.
MARISOL:	¡Miren en la sección de **calzado**!° Las **sandalias**° están rebajadísimas.
VÍCTOR:	¡Claro, estamos en invierno!
MARISOL:	¡Ay, me duelen los pies y estoy cansadita!
VÍCTOR:	¿Por qué viniste con esos zapatos de **tacón alto**?° ¿Por qué no trajiste unos zapatos **sin tacón**?°
MARISOL:	Ay, no sé.
ELENA:	Mira este vestido **a rayas**,° Marisol. ¿Cuánto vale?
MARISOL:	Doscientos pesos. Muy barato, pero prefiero la ropa **lisa**.°
VÍCTOR:	Chicas, ¿no necesitan unas **zapatillas**?°
ALBERTO:	Están baratísimas.
ELENA Y MARISOL:	No, gracias.
VÍCTOR:	Bueno, entonces vámonos. Creo que me voy a llevar los vaqueros y una de esas camisas **estampadas**° que están rebajadas.
ELENA:	Yo me llevo el suéter.
MARISOL:	Yo, las sandalias. ¿Y tú, Alberto?
ALBERTO:	Yo no me llevo nada. Hoy no es mi día.

las rebajas *discounts, sales* **la bufanda** *scarf* **pálido** *pale* **claros** *light* **violeta** *violet* **rebajadas** *reduced* **la ganga** *bargain* **de rebajas** *on sale* **¡Padrísimo!** *Great!* **vaquera** *denim* **las medias** *stockings* **la ropa interior** *underwear* **los vaqueros** *jeans* **el suéter** *sweater* **azul marino** *navy blue* **morado** *purple* **la talla** *size* **mediana** *medium* **a cuadros** *checkered* **van con** *(they) go with* **la camiseta** *t-shirt* **el calzado** *footwear* **las sandalias** *sandals* **el tacón alto** *high heel* **sin tacón** *flat (shoes)* **a rayas** *striped* **lisa** *solid* **las zapatillas** *slippers* **estampadas** *printed*

¿Qué comprendió Ud.?

1. ¿A quién le gusta la bufanda violeta?
2. ¿A quién no le gustan los colores claros?
3. ¿En qué sección están las medias?
4. ¿Por qué están rebajadas las sandalias?
5. ¿Qué se lleva Elena? ¿Y Alberto?

La moda de hoy

Lea la página de la revista de modas. Con su compañero(a), creen un diálogo sobre el artículo *Tendencias*. Digan qué comprarían, para quién lo comprarían, en qué colores lo preferirían y adónde irían a comprarlo. Note que los "tianguis" son mercados típicos de México.

Toma nota
Diario a la venta en el mercado de Coyoacán

Amuletos para la buena suerte
Collar a la venta en tianguis

Bordados en ocre
Vestido de venta en los tianguis

Ligera como el algodón
Falda estampada en blanco y negro. También disponible en azul pálido, azul marino y verde claro. De venta en los tianguis.

Morado oscuro
Vestido de venta en la Lagunilla

PARA ti

De compras
Aquí tiene una lista de expresiones útiles para ir de compras.

Quiero devolver...	*I want to return...*
¿Tiene el recibo?	*Do you have the receipt?*
No admitimos devoluciones.	*We don't accept returns.*
No quite las etiquetas si lo(la) quiere devolver.	*Don't take off the labels if you want to return it.*
Me queda...	*It looks/is... on me.*
bien/mal	*good/bad*
pequeño/grande	*small/big*
estrecho/ancho	*tight/loose*
(No) aceptamos...	*We (don't) accept...*
tarjetas de crédito	*credit cards*
cheques	*checks*

Moda fácil y cómoda

No hay que gastar mucho dinero para estar cómoda y a la moda. Muchas veces, en los tianguis puedes encontrar hasta el último detalle para lograr un look chic... (¡y económico!).

Algo más

Los colores de las frutas

Muchas veces, se usan las frutas como referencia para describir colores. Se puede decir **tiene los labios color de cereza** o **tiene los labios rojo cereza** *(cherry colored)*. También decimos que una cosa es color **naranja**, aunque el color es **anaranjado(a)**, o **rosa** *(pink)*, aunque el color es **rosado(a)**. El color **morado(a)** en realidad viene de **mora** *(mulberry, blackberry)*. También usamos comidas y bebidas para describir colores. En el restaurante se puede pedir vino blanco o **vino tinto** *(red wine)*, pero sin embargo, al color se le dice **rojo vino: tengo una cartera rojo vino**. El color del **café** varía de nombre según los países. En España se usa **pardo** o **marrón**, en América del Sur, **marrón** o **café** y en el Caribe, **carmelita**.

IDIOMA

Cuando los colores son adjetivos

Adjectives that indicate colors usually agree in number and gender with the noun they modify. These adjectives can also take diminutive endings.

*La bufanda es **amarilla**.*	The scarf is **yellow**.
*Los zapatos son **negros**.*	The shoes are **black**.
*Compré unos guantes **rojitos**.*	I bought some **red** gloves.

When the color has a modifier, its gender and number do not change and do not neccessarily agree with the noun they modify.

*La bufanda es **azul marino**.*	The scarf is **navy blue**.
*Los vestidos son **rojo vivo**.*	The dresses are **bright red**.

When the color refers to some element of nature (such as the color of a flower or a fruit), the expressions *de color* and *color de* are often used.

*El lápiz de labios es **de color cereza**.*	The lipstick is **cherry** (color).
*Tiene el cabello **color de miel**.*	She has **honey-colored** hair.

When the phrases *(de color, color de)* are omitted (but understood), the gender and number of the color do not change.

Me compré unos pantalones (de color) rosa.	I bought **pink** pants.
Su madre le regaló unas zapatillas (de color) violeta.	Her mother gave her **violet** slippers.

3 De compras

Elena, Alberto, Víctor y Marisol siguen de compras. Han ido a unos tianguis y siguen buscando ropa para combinar. Describa lo que sucede, escogiendo la palabra o frase que mejor complete la idea.

1. Víctor busca una camiseta (1) marino.
   a. pálida   b. amarillo   c. azul   d. estampada
2. A Alberto la chaqueta le queda (2). Necesita una talla mayor.
   a. pequeña   b. ancha   c. talla   d. medida
3. Elena necesita (3) interior.
   a. blusa   b. moda   c. ropa   d. pañuelo
4. Alberto y Víctor quieren comprarse pantalones (4).
   a. a medias   b. sin tacón   c. calzados   d. a cuadros
5. Finalmente, Elena compra unas zapatillas (5).
   a. rosa pálido   b. vaqueras   c. ganga   d. etiquetas
6. Marisol encontró los zapatos que quería, pero no están (6).
   a. estampados   b. de tacón   c. rebajados   d. azulitos
7. Alberto vio la camisa que le gusta, pero es estampada y él quiere una (7).
   a. con dibujos   b. pálida   c. lisa   d. bufanda
8. Los amigos han tenido suerte. Todos encontraron ropa de su (8).
   a. media   b. talla   c. ganga   d. rebaja

4 ¿Qué color va con...?

Para estar a la moda, es importante combinar los colores. Diga qué colores le gusta combinar, usando la forma correcta del adjetivo.

chaqueta/suéter/azul marino/azul claro
Con la chaqueta azul marino llevo el suéter azul claro.

1. bufanda/abrigo/rosa pálido/violeta
2. vestido/pañuelo/rojo cereza/negro
3. medias/falda/morado/marrón
4. camisa/chaleco/blanco/verde
5. traje/abrigo/gris/azul marino
6. vaqueros/camiseta/negro/anaranjado
7. pijama/zapatillas/rojo/amarillo
8. vestido/zapatos de tacón/violeta/negro

5 Sus colores favoritos

Con su compañero(a), hablen de cuáles son sus colores favoritos. Deciden cuál es el mejor color para:

- una camiseta
- unos zapatos
- unos pantalones
- una bufanda
- un suéter
- unas sandalias

Repaso *rápido*

Los diminutivos

Several suffixes may be added to nouns, adjectives, and names to indicate small size, or as terms of endearment.

-ito(a)	azul	→ azulito	Ana	→	Anita
-ico(a)	una botas	→ unas boticas	Alberto	→	Albertico
-illo(a)	la bufanda	→ la bufandilla	Pedro	→	Pedrillo

Usually, words that end in a consonant add a *-c-* to the suffixes.

-cito(a)	Carmen	→ Carmencita
-cico(a)	suéter	→ suetercico
-cillo(a)	el botón	→ el botoncillo

Sometimes, the suffix *-illo(a)* changes the meaning of a word.

zapato (shoe)	→ *zapatilla* (slipper)
bolso (bag)	→ *bolsillo* (pocket)
planta (sole of the foot)	→ *plantilla* (insole, inside sole of a shoe)

IDIOMA

Los aumentativos

Several suffixes are added to nouns to indicate a large size.

-ón/ona	un zapato	→ un zapatón
-azo(a)	un collar	→ un collarazo
-ote(a)	unas zapatillas	→ unas zapatillotas

Sometimes by adding one of these suffixes a feminine word becomes masculine and there is a slight difference in meaning.

una taza *(a cup)*	→ un tazón *(a bowl)*
una silla *(a chair)*	→ un sillón *(an armchair)*
una camisa *(a shirt)*	→ un camisón *(a nightgown)*

Hoy Belén lleva un collarazo.

6 De muchos tamaños

Separe las palabras en dos columnas (mayor y menor) según el sufijo.
Escriba al lado de cada una de qué otra palabra procede.

 MAYOR
zapatote → zapato

MENOR
bufandita → bufanda

| bolsón | sombrerico | camisetilla | mediecitas |
| rebajita | ganguita | chaquetón | vestidote |

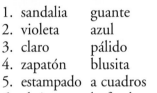

7 ¿Qué palabra?

Señale la palabra de la serie que no se relaciona con
las demás.

1. sandalia   guante   bota   zapato
2. violeta   azul   oscuro   verde
3. claro   pálido   rosa   oscuro
4. zapatón   blusita   zapatillita pantaloncito
5. estampado   a cuadros   a rayas   talla
6. abrigo   bufanda   suéter   traje de baño

CONEXIONES

8 Cruzando fronteras

Con su compañero(a), lean el texto y busquen la foto de un mural en
Internet. Describan los colores y los contrastes entre los colores, las
personas y la ropa que llevan.

Muralistas mexicanos

El mural es una forma artística muy cultivada en los países hispanos. A través
de los murales se cuenta la historia de una región o se describe un estilo de
vida y una cultura.

De México han salido muralistas famosos en el mundo entero. El más
conocido de ellos es Diego Rivera. En sus obras, Rivera habla de las
tradiciones de su país y también de los temas sociales y políticos. Diego
Rivera fue el líder del movimiento muralista más importante del siglo xx.

Una de sus obras más famosas es *Historia de
México*, que describe los hechos principales
ocurridos en el país, desde la fundación de
Tenochtitlán hasta 1935. Otras obras
importantes suyas son *Sueño de domingo en la
Alameda* y *Tierra liberada.*

David Alfaro Siqueiros es otro de los
muralistas mexicanos de fama internacional.
Muchas de sus obras más conocidas se
encuentran en el Parque de Chapultepec, en
México D.F. En ellas el tema principal es la
Revolución Mexicana y lo representa con
escenas de guerra, de muertos y de esperanza.

La llegada de Cortez, un mural de Diego Rivera.

9 En el centro comercial

Unos amigos mexicanos van a un centro comercial en México que tiene grandes rebajas. Complete las oraciones con una palabra adecuada.

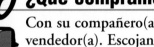

| a rayas | claro | sin tacón | rebajado | ropa interior | traje |

1. Rosana quiere comprar un vestido que esté __(1)__.
2. Roberto busca un __(2)__ para llevar a su nuevo trabajo.
3. Luisa perdió su maleta en el vuelo y necesita comprar __(3)__.
4. Ester y Rosana quieren zapatos de tacón, pero sólo los hay __(4)__.
5. Roberto no quiere una camisa azul marino. La prefiere azul __(5)__.
6. Andrea y Roberto compran camisetas __(6)__, porque están de moda.

10 ¿Qué compramos?

Con su compañero(a), creen un diálogo entre un(a) cliente(a) y un(a) vendedor(a). Escojan entre las siguientes situaciones y los objetos de las ilustraciones.

- El cliente pide varias prendas de ropa, pero en colores y estampados diferentes y el vendedor le explica qué tienen.
- El cliente quiere una prenda pero no tienen su talla, su color o el estampado que prefiere.
- El cliente quiere comprar una prenda pero el vendedor acaba vendiéndole otra más cara.

Autoevaluación. Compruebe lo que ha aprendido. Conteste las siguientes preguntas.
1. Escriba tres nombres de colores que tengan más de una palabra.
2. Escriba cuatro cosas que puede encontrar en una zapatería.
3. ¿Cuál es un diminutivo de *zapato*? ¿Y un aumentativo?
4. Mencione a un muralista mexicano y el título de una de sus obras.

¡La práctica hace al maestro!

 Comunicación

Con su compañero(a), creen un diálogo entre un(a) cliente y un(a) vendedor(a) en una tienda de ropa. Sigan las indicaciones.

A: *(Pregúntele al cliente qué desea.)*
B: *(Conteste que quiere devolver algo.)*
A: *(Pregunte si tiene el recibo.)*
B: *(Conteste que no.)*
A: *(Explique que no puede devolver nada sin el recibo.)*
B: *(Pregunte qué opciones tiene.)*
A: *(Explique que puede cambiarlo por otra cosa.)*
B: *(Diga por qué cosa quiere cambiarlo.)*
A: *(Pregunte qué talla necesita.)*
B: *(Conteste.)*
A: *(Pregunte qué color quiere.)*
B: *(Pregunte qué colores hay.)*
A: *(Conteste.)*
B: *(Diga qué color quiere y dé las gracias.)*

 Conexión con la tecnología

Creen una página Web de moda siguiendo los siguientes pasos.

- Primero, identifiquen los estilos que están de moda. Si lo desean, pueden inventar estilos nuevos que crean que estarán de moda en el futuro. Después, dénle un nombre a cada grupo. Pueden usar nombres como: Los modernos, Los deportivos, Los años 60, Los grunge, Los latinos, Los futuristas, y otros.
- Cada grupo tiene que elegir un estilo y escribir una lista de ropa y los accesorios que caracterizan a ese estilo.
- Busquen fotografías del estilo en revistas y finalmente hagan un pequeño póster. Tiene que ser similar a una página Web.

Hoy está todo rebajado.

Las prendas y el calzado
la bufanda
el calzado
la camiseta
la media
la ropa interior
la sandalia
sin tacón
el suéter
el tacón alto
los vaqueros
la zapatilla

Cómo es la ropa
a cuadros
a rayas
ancho(a)
estampado(a)
estrecho(a)
liso(a)
mediano(a)
vaquero(a)

Los colores y sus adjetivos
azul marino
claro(a)
morado(a)
pálido(a)
violeta

De compras
de rebajas
la devolución
la etiqueta
la ganga
la rebaja
rebajado(a)
la talla

Verbos
admitir
devolver
ir con
quedar

Expresiones
¡Padrísimo!

¿Te gusta? Es una ganga.

Lección 35

¡Te queda fantástico!

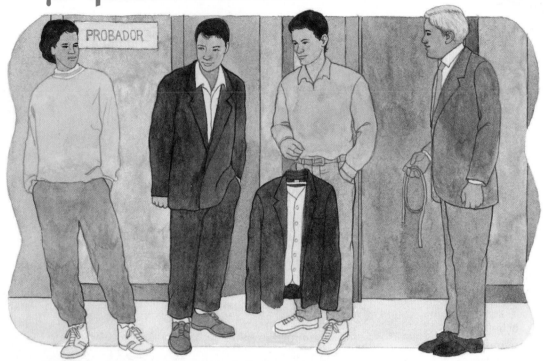

Enrique, Roberto y Carlos son tres amigos de Guadalajara. Van a asistir a su primer baile con motivo de la fiesta de cumpleaños de Alicia, la novia de Carlos. Como ninguno tiene un traje formal para ponerse, decidieron ir a una tienda de alquiler de ropa.

VENDEDOR:	*(A Carlos.)* Este modelo de **smoking**° con **solapa**° está de última moda. Es de un **diseñador de modas**° muy famoso.
CARLOS:	Déjeme probarlo. ¿Dónde está el **probador**?°
VENDEDOR:	Ahí a la izquierda. Déjeme tomarle **las medidas.**°
ENRIQUE:	Roberto, ¿qué te parece este **traje de etiqueta**° con el chaleco blanco?
ROBERTO:	Me gusta, pero es un poco largo. Y los **bolsillos**° son demasiado grandes.
ENRIQUE:	¿Se puede cortar este traje?
ROBERTO:	No creo. Es un traje de alquiler.
CARLOS:	Chicos, ¿cómo me queda el mío?
ENRIQUE:	Las **mangas**° son tan largas que no se te ve la camisa.
ROBERTO:	Mira. ¿Por qué no te pruebas este otro traje de etiqueta?
CARLOS:	Hombre... todo esto es muy formal para mí. Casi nunca llevo traje.
VENDEDOR:	Pruébeselo. Es un modelo muy **elegante.**°
CARLOS:	Bueno, ¿qué les parece?
ENRIQUE:	Déjame ver... Los pantalones te quedan cortos.
ROBERTO:	Y estrechos... *(Riéndose.)* ¡Parece que vas a pescar!

ENRIQUE:	Y la camisa tampoco te queda bien.
CARLOS:	Es verdad, apenas puedo respirar con este **cuello**° tan apretado. ¿Me puede traer otra camisa, señor?
VENDEDOR:	Enseguida se la traigo.
ENRIQUE:	*(Sale del probador con otro traje.)* ¿Y qué les parece el mío?
CARLOS:	Ahora me toca reír a mí.
ROBERTO:	A ver. Date vuelta. La chaqueta es un poco ancha pero aun así puedes usarla.
ENRIQUE:	No, prefiero pedir otro traje en una talla más pequeña.
CARLOS:	Entonces yo me llevaré el que llevas puesto tú. **Con tal de que**° sea de mi talla.
ROBERTO:	Con ese pañuelo en el chaleco...
CARLOS:	¡Mira! Es cómodo y me queda muy bien.
ENRIQUE:	¡Parece hecho **a medida!**°
VENDEDOR:	¡Y es el último que queda!
ENRIQUE:	¿Y tú, Roberto?
ROBERTO:	Un primo mío que usa la misma talla que yo me va a prestar un traje que le hizo su **sastre**.° Lo único que necesito es un **corbatín**° negro.
CARLOS:	Ahora acompáñenme a comprarle el regalo a Alicia.
ROBERTO:	Chico, desde que estás **enamorado**° eres muy generoso.

el smoking *dinner jacket* **la solapa** *lapel* **el diseñador de modas** *fashion designer*
el probador *dressing room* **las medidas** *measurements* **el traje de etiqueta**
tuxedo **los bolsillos** *pockets* **las mangas** *sleeves* **elegante** *elegant* **el cuello**
collar **con tal de que** *provided that* **a medida** *custom-made* **el sastre** *tailor*
el corbatín *formal tie* **enamorado** *in love*

1 ¿Qué comprendió Ud.?

1. ¿Por qué van los chicos a una tienda de alquiler de ropa?
2. ¿Qué quiere hacer Enrique con los bosillos? ¿Por qué no puede hacerlo?
3. ¿Cómo le quedan los pantalones del traje a Carlos?
4. Y a Enrique, ¿cómo le queda la chaqueta?
5. Y Roberto, ¿qué va a alquilar? ¿Por qué?
6. ¿Por qué dice Roberto que Carlos es muy generoso?

2 Charlando

1. ¿Le gusta vestirse a la última moda? ¿Por qué?
2. ¿Qué ventajas tiene la ropa hecha a medida? ¿Qué desventajas?
3. ¿Cómo le gustan los pantalones, anchos o estrechos? ¿Por qué?
4. ¿Piensa que las personas enamoradas son más generosas?

Repaso *rápido*

Los adjetivos posesivos

The stressed possessive adjectives, which always follow nouns, can be used as possessive pronouns when they occur in place of a noun.

pronombres
El traje azul es **mío**.
El **tuyo** es más ancho que el mío.
Ese smoking es **suyo**.
Las **nuestras** son verdes.
Terminé de cortar los **vuestros**.
Esos anillos son **suyos**.

adjetivos
un traje **mío**
el corbatín **tuyo**
el smoking **suyo**
las camisetas **nuestras**
los pantalones **vuestros**
los anillos **suyos**

Both possessive adjectives and possessive pronouns agree in gender and in number with the possessed item, not with the possessor.

*Esa **camisa** no es **suya**.*   That shirt is not his.

Possessive pronouns are generally preceded by a definite article. However, a definite article is not required after the verbs *ser* and *parecer*.

***El mío** es azul, **el suyo** no.*   Mine is blue, hers is not.
***Los suyos** son nuevos.*   Yours are new.

*El error parece (ser) **mío**.*   The error seems (to be) mine.
*Lo que es **mío**, es **tuyo**.*   Whatever is mine, is yours.

When a very clear distinction needs to be made, the article is used.

*¡Éste no es **el mío**!*   This is not the one that belongs to me!

3 ¿Cuál es el tuyo?

Al irse de una fiesta, es difícil encontrar lo que trajimos. Complete las siguientes oraciones con un pronombre posesivo.

  ¿Dónde están mis zapatos? Estos zapatos no son <u>míos</u>. (mis zapatos)

1. No traje el sombrero. ¿Trajiste tú el <u>(1)</u>? (tu sombrero)
2. La chaqueta de Teo es azul; ésta no es la <u>(2)</u>. (chaqueta de Teo)
3. Aquí están mis guantes, pero no encuentro los <u>(3)</u>. (tus guantes)
4. ¿De quién es este suéter? No sé, no es <u>(4)</u>. (mi suéter)
5. ¿Es esta bufanda de Enrique? Sí, es la <u>(5)</u>. (bufanda de Enrique)
6. Faltan los guantes de ustedes. ¿De qué color son los <u>(6)</u>? (guantes de ustedes)
7. Roberto, ¡esa bufanda no es la <u>(7)</u>! (tu bufanda) Es la <u>(8)</u>. (mi bufanda)

4 El mío no lo es...

Hay personas que hacen lo opuesto o prefieren hacer las cosas de manera diferente a como las hacen los demás. Con su compañero(a), túrnense para hacer los siguientes diálogos usando los pronombres posesivos correctos.

A: Yo no alquilé mi traje. (Guillermo)
B: Guillermo alquiló el suyo.

1. A Estela le gusta mucho su anillo. (yo)
2. Enrique nunca se pone su corbata para trabajar. (Carlos)
3. A Juan no le queda bien su traje nuevo. (tú)
4. Yo prefiero comprar mi ropa en las tiendas de moda. (Ana)
5. Yo siempre llevo el dinero en los bolsillos. (Elena)
6. A Juan no le importa que sus pantalones sean estrechos. (Jorge)
7. Todos se hicieron el traje a medida. (Pedro)
8. Mi chaqueta es muy ancha. (tú)
9. Los zapatos de Mario son estrechos. (de nosotros)

5 Comprando trajes

Tres amigos fueron de compras a una tienda de ropa en la ciudad de México. Cada uno se compró un traje. Juan se compró el traje estrecho, Carlos, el traje cruzado, y Ricardo, el traje a rayas. Observe las fotos y lea las oraciones. Diga cuál de ellos tiene razón.

Carlos: Mi traje es más barato que el de Ricardo.
Ricardo: El mío es más barato que el suyo.
Usted: Carlos tiene razón. El suyo es más barato que el de Ricardo.

1. Juan: Mi traje es cruzado y de pura lana.
   Ricardo: El mío es cruzado.
2. Ricardo: Mi traje es el más caro de los tres.
   Carlos: El mío es el más caro.
3. Carlos: Mi traje es más estrecho que el tuyo.
   Juan: El mío es más estrecho.
4. Ricardo: Mi traje tiene más lana que el tuyo.
   Juan: El mío es 100% pura lana.

Algo **más**

Palabras que denotan cariño

Al hablar con amigos o familiares, es común usar expresiones como **chico/a** y **muchacho/a** en lugar del nombre de la persona, para insistir o negar algo. Hay otras palabras que se usan de esta misma manera: **hombre, mujer, hijito/a, mi hijo/a** y **mi niño/a, querido/a** *(dear)*, **(mi) cariño, (mi) amor** *(love)*, y **(mi) corazón** *(darling or honey)*.

Pues **chico**, perdóname.	*I'm sorry, pal.*
No, **mujer**, no es cierto.	*Oh, my dear, it's not true.*
Claro que sí, **hombre**.	*But of course, buddy!*

¡Hombre! se usa también como equivalente de **¡Caramba!**, especialmente en España: **¡Hombre**, se me olvidó! *(Gee, I forgot!)*

IDIOMA

Más sobre el subjuntivo en cláusulas adverbiales

You have used the subjunctive after *a fin de que* (in order to, so that) and *para que* (in order that, so that). Three additional conjunctions that require the subjunctive are *a menos que* (unless), *con tal de que* (provided), and *sin que* (without). Look at the following examples:

No iré a menos que *encuentre un vestido elegante.*	I won't go unless I find an elegant dress.
Compra éste si quieres, ***con tal de que*** *te guste.*	Buy this one if you wish, provided you like it.
Quiero comprárselo ***sin que*** *él se entere.*	I want to buy it for him without him knowing about it.

The conjunction *aunque* on the other hand, may be followed by the indicative or by the subjunctive, depending on the circumstances. The subjunctive is required when there is uncertainty whether an event will take place.

Aunque *nieva, iré.*	Even though it's snowing, I'll go. (The speaker notes that it is snowing now.)
Aunque *nieve, iré.*	Even if it snows, I'll go. Even though it might snow, I'll go. (The speaker is unsure whether it will snow.)

6 De compras en México D. F.

Imagine que su mejor amigo(a) se va de viaje a México y le ofrece traerle algo. Siga el modelo y complete las siguientes oraciones.

No compres nada sin que te lo (probar) ___ antes.
No compres nada sin que te lo pruebes antes.

1. Te pido sólo lo que necesito a fin de que no (traer) (1) muchas cosas.
2. Aunque no (ser) (2) de un diseñador famoso, cómprame una chaqueta.
3. Para que no te (confundir) (3), también quiero los pantalones azules.
4. Con tal de que (ser) (4) de marca, tráeme cualquier perfume.
5. ¿Te vas a acordar de lo que quiero sin que te lo (escribir) (5)?
6. Aunque tú no (querer) (6), ahora te voy a dar el dinero para las cosas.
7. Para que (ser) (7) más cómodo, te voy a dar pesos mexicanos en lugar de dólares.
8. A menos que tú me lo (pedir) (8), no le contaré a nadie que te fuiste.

7 Con tal de que...

Con su compañero(a), túrnense para completar las siguientes oraciones. Sigan el modelo.

Te lo diré con tal de que... (no decirlo a tu hermano)
Te lo diré con tal de que no se lo digas a tu hermano.

1. Me pondré este traje con tal de que tú... (ponerte el tuyo)
2. Lleva este corbatín para que... (estar elegante)
3. Tienes que ir al sastre para que te... (hacer el traje a medida)
4. No puedes ponerte el smoking sin que el sastre te... (tomar las medidas)
5. Voy a comprar éste aunque... (no gustar mucho)
6. Pruébate estos pantalones a fin de que nosotras... (ver como quedan puestos)
7. Lo llevo con tal de que tú... (llevar el otro)
8. Me pongo esta chaqueta, a menos que él me... (prestar otra)

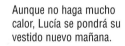

Aunque no haga mucho calor, Lucía se pondrá su vestido nuevo mañana.

Primera visita a la joyería

Carlos y Roberto van a una joyería por primera vez.

ROBERTO:	¿Qué le vas a comprar a Alicia, unos aretes o un **anillo**?°
CARLOS:	Un anillo, no. Ya habrá tiempo para eso. Quizás una pulsera.
ROBERTO:	O un collar. Mira, ésos son muy bonitos.
CARLOS:	Y también muy caros. Son de oro, ¿no?
VENDEDORA:	Sí, son de oro. ¿Puedo ayudarles a elegir algo?
CARLOS:	Sí. ¿Cuánto cuestan estos collares de aquí?
VENDEDORA:	Los de oro cuestan 4.500 pesos mexicanos y los de **perlas**,° 4.000 pesos mexicanos.
CARLOS:	A menos que gane la lotería esta tarde, no los puedo comprar.
VENDEDORA:	Si quiere le puedo mostrar unos collares de plata más baratos.
ROBERTO:	¿Sabes qué tipo de joyas le gustan a Alicia?
CARLOS:	No, no se lo pregunté. Quiero comprarle algo sin que ella se entere.
VENDEDORA:	¿Qué le parece una **cadena**?° Tenemos de oro y de plata.
ROBERTO:	¡Sí! ¿Por qué no le regalas una cadena?
CARLOS:	No, Alicia ya tiene una.
VENDEDORA:	¿Qué tipo de cadena tiene? Si la suya es de oro podría comprarle esta **medalla**.°

CARLOS:	Tiene una cadena de oro muy **fina**.°
VENDEDORA:	Entonces iría muy bien con esta medalla de la amistad.
ROBERTO:	Es verdad. Las medallas de la amistad están muy de moda. Seguro que le gustará.
VENDEDORA:	Aquí tiene varias medallas de la suerte y de la amistad. Cuestan desde 90 a 1.500 pesos mexicanos.
CARLOS:	Me llevo ésta.
VENDEDORA:	¿Cómo quiere pagar, con tarjeta de crédito o en efectivo?
CARLOS:	En efectivo.
VENDEDORA:	¿Se lo envuelvo para regalo?
CARLOS:	Sí, muchas gracias.

el anillo *ring* **las perlas** *pearls* **la cadena** *chain* **la medalla** *medal*
fina *delicate*

8 ¿Qué comprendió Ud.?

1. ¿Adónde fueron Roberto y Carlos?
2. ¿Qué joya no le quiere regalar Carlos a su novia?
3. ¿Qué cuesta más, un collar de oro o uno de perlas?
4. ¿Qué collares son los más baratos?
5. ¿Cómo es la cadena que tiene Alicia?
6. ¿Qué tipo de medallas están muy de moda?
7. ¿Qué compra Carlos finalmente?
8. ¿Cómo va a pagar?

9 Charlando

1. ¿Le gusta a usted hacer regalos?
2. ¿Qué regala con más frecuencia?
3. ¿A quién le hace usted regalos más a menudo?
4. ¿Con quién va usted de compras?
5. ¿Le gusta recibir regalos?
6. ¿Qué le gusta más que le regalen?

Algo más

Zarcillos y aretes

Zarcillos es la palabra usada en Venezuela para **aretes**. En Puerto Rico, se les dice **pantallas**, en Uruguay, **caravanas**, y en Argentina, **aritos**. En España se les llama **pendientes** (generalmente largos), además de aretes y zarcillos. Los aretes redondos *(hoops)*, también pueden ser **aros**, además de **abridores** y **argollas**. Y los aretes pequeños, en forma de bolita o con una piedrita sola se llaman **dormilonas**.

Nos encantan estos aretes.

Conexión Cultural

Diseñadores hispanos

En el mundo hispano hay diseñadores muy importantes que cada vez más se están ganando los puestos *(places)* de honor en la moda. Uno de ellos es el mexicano Eddie Rodríguez, creador de la firma Wilke-Rodríguez, famosa especialmente por sus camisas para hombre.

Carolina Herrera es otro de los grandes nombres de la moda internacional. Esta conocida diseñadora es venezolana, aunque ahora tiene su taller *(workshop)* en Nueva York. Además de crear elegantes vestidos para mujer, Herrera diseña también bolsos y complementos, como bufandas y pañuelos de seda.

En el mundo del calzado, las mujeres más famosas del mundo escogen los modelos de Manolo Blahnik, un mallorquín cuyos zapatos han sido llevados por Jacqueline Onassis, la princesa Diana y las estrellas más conocidas de Hollywood.

Estrategia

Para hablar mejor: aprender de los errores

Aproveche la ayuda que le pueden dar sus compañeros. Todos hacemos errores, y corregirse los unos a los otros es una buena manera de aprender. En clase, escuche a sus compañeros y fíjese en qué tipo de errores hacen. ¿Hace usted los mismos errores? Busquen juntos la solución.

Identifique sus puntos fuertes *(strengths)* a la hora de aprender español. ¿Recuerda usted el vocabulario con facilidad? Entonces ayude a sus compañeros cuando no recuerden una palabra. ¿O recuerda usted mejor las reglas de gramática? Corrija a sus compañeros si se lo piden. Si presta mucha atención a los comentarios de sus compañeros, verá que su español mejorará. Además, verá qué divertido es intercambiar ideas, ¿no?

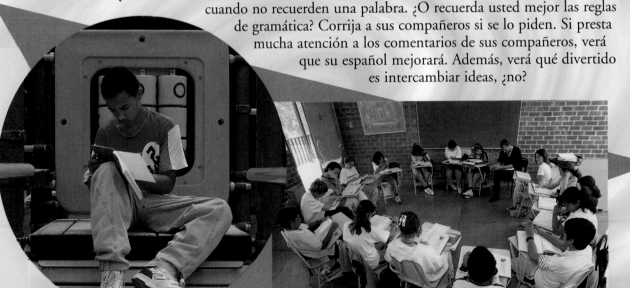

10 ¡A practicar el vocabulario!

Complete las siguientes oraciones con las palabras del recuadro que correspondan.

traje de etiqueta	diseñador de modas
a medida	corbatín
mangas	anillo
fino	cadena

1. A Enrique no le gusta el (1) de Carlos.
2. Parece hecho (2).
3. Alicia tiene una (3) de oro.
4. El diseño de la medalla es muy (4).
5. Esta camisa es de un (5) famoso.
6. Roberto tiene que comprarse un (6) para la fiesta.
7. Las (7) son demasiado largas.
8. Para mi cumpleaños me regalaron un (8) de plata.

Luis es diseñador de modas.

Autoevaluación. Compruebe lo que ha aprendido. Conteste las siguientes preguntas.

1. ¿Qué tipo de ropa se puede alquilar en una tienda de alquiler de ropa?
2. Escriba dos oraciones con pronombres posesivos.
3. Dé tres ejemplos de palabras que se usan en expresiones cariñosas.
4. Complete la siguiente oración: *No iré a la fiesta a menos de que...*
5. ¿Qué tipo de joyas se compran en una joyería?
6. Mencione tres palabras para aretes.
7. Dé dos nombres de diseñadores de moda hispanos famosos.

¡La práctica hace al maestro!

A Comunicación

En parejas, creen un diálogo usando el vocabulario de esta lección. Sigan las indicaciones. Después, cambien de papel.

A: *(Conteste y pregunte si lee revistas de moda y si prefiere algún (alguna) diseñador(a) de modas.)*

B: *(Conteste y pregunte si a él/ella también le gusta ese diseñador o esa diseñadora.)*

A: *(Conteste y pregunte si alguna vez se compró algo de ese diseñador o esa diseñadora.)*

B: *(Conteste y pregunte lo mismo.)*

A: *(Conteste y pregunte qué haría si tuviera que ir a una fiesta importante: alquilaría la ropa para ponerse o la compraría aunque fuera muy cara.)*

B: *(Conteste y pregunte lo mismo.)*

B Conexión con la tecnología

En la actualidad, los diseñadores de moda famosos poseen grandes estudios de diseño en donde cientos de diseñadores jóvenes trabajan para ellos. Además de dibujar a mano los tradicionales figurines *(sketches, designs)*, algunos utilizan la computadora para diseñar. Con su compañero(a), busquen en Internet información acerca de los programas de computación que se utilizan para el diseño de modas. Pueden ir a la página Web de una escuela de diseño, o bien a la de un estudio de diseño. Averigüen qué otras técnicas para diseñar se utilizan ahora y qué etapas tiene el proceso de diseño. Busquen un ejemplo de algún diseño de ropa hecho en computadora.

La ropa
el bolsillo
el corbatín
el cuello
el/la diseñador(a) de modas
la manga
el probador
el sastre
el smoking
la solapa
el traje de etiqueta

En la joyería
el anillo
la cadena
la medalla
la perla

Expresiones y otras palabras
a medida
con tal de que
elegante
enamorado(a)
estrecho(a)
fino(a)
la medida

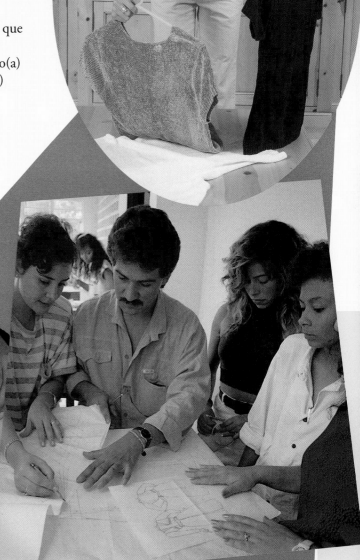

Lección 36

¿Un libro, un disco o un perfume?

Claudia y Ramón, dos chicos de la ciudad de Oaxaca, están pensando qué pueden regalarle a su amiga Beatriz para su cumpleaños. A cada uno se le ocurre una cosa diferente.

RAMÓN: ¿Cuántos años va a **cumplir°** Beatriz?

CLAUDIA: Creo que 17. Estaba pensando que podíamos darle algo que le **sirva°** para **distraerse.°** Está estudiando mucho últimamente.

RAMÓN: Podríamos comprarle un perfume o algo para maquillarse.

CLAUDIA: No sé si le gustan los perfumes. Y **no tengo ni idea de°** qué **marcas°** le gustan. ¿**Qué tal si°** le regalamos un libro?

RAMÓN: Yo creo que lo del libro es una buena idea, siempre la veo leyendo. ¿Tú sabes qué le gustaría más? ¿Un libro de ciencia ficción, una **novela,°** algo de **literatura clásica,°** o una **biografía°** de algún personaje famoso mexicano?

CLAUDIA: No estoy segura. ¡Ah! me acabo de acordar de que el otro día me dijo que necesitaba comprarse unos zapatos de color azul marino. Podemos mirar rápidamente en las zapaterías del barrio.

RAMÓN: ¿Tú sabes qué número **calza?°**

CLAUDIA: Tienes razón, no podemos comprarle unos zapatos si no sabemos qué número calza. Además, seguramente ya los habrá comprado ella. ¿Y si le regalamos un **bolso°** o una mochila?

RAMÓN: Sinceramente, creo que ya tiene demasiados. Quizá prefiera una **cartera.**°

CLAUDIA: No creo. Acaba de comprarse una.

RAMÓN: **¿Qué te parece si**° le damos algo para hacer deportes? Puede ser una **raqueta de tenis**° o unos **patines.**° ¿Sabes qué deportes le gustan?

CLAUDIA: Sé que le gusta nadar, esquiar, correr y hacer gimnasia.

RAMÓN: *(Interrumpe a Claudia.)* Perdóname, pero ya me cansé de dar vueltas sin poder decidir. ¿Por qué no le damos dinero para que lo gaste libremente?

CLAUDIA: No, mejor le damos un **cheque regalo**° de una tienda que a ella le guste.

RAMÓN: Es buena idea. Hagámoslo hoy para que no tengamos tanto **apuro**° a último momento.

cumplir (años) *to have a birthday* **sirva** *be good for* **distraerse** *to amuse herself* **no tengo ni idea de** *I have no idea of* **las marcas** *brands* **¿Qué tal si...?** *What if..?/How about?* **la novela** *novel* **la literatura clásica** *classical literature* **la biografía** *biography* **calza** *wears (shoe size)* **el bolso** *bag* **la cartera** *purse* **¿Qué te parece si...?** *How about if...?* **la raqueta de tenis** *tennis racket* **los patines** *skates* **el cheque regalo** *gift certificate* **el apuro** *haste*

¿Qué comprendió Ud.?

1. ¿A quién quieren hacerle un regalo Claudia y Ramón?
2. ¿Por qué piensa Claudia que el regalo podía ser algo para distraerse?
3. ¿Por qué no le regalan un perfume o algo para maquillarse?
4. ¿Por qué creen que a Beatriz le gustan los libros?
5. ¿Cuál es el problema con los zapatos?
6. ¿Qué deportes le gustan a Beatriz?
7. ¿Qué piensa Claudia de regalarle dinero a Beatriz?
8. ¿Qué deciden regalarle al final?

Charlando

1. ¿Cuáles de los regalos que sugirieron le gustaría a usted recibir?
2. ¿Es difícil ponerse de acuerdo cuando hay que comprar un regalo entre varias personas?
3. ¿Qué tipo de regalos le gusta comprar a usted?
4. ¿Qué prefiere usted que le regalen, un perfume o un libro?
5. ¿Cuál es su literatura favorita? ¿Y su música favorita?

¿Qué tipo de música le gusta a Claudia?

Para aprender mejor: hacer listas de expresiones

Haga listas de todas las palabras y expresiones que conozca para expresar una misma cosa. En esta lección encontrará varias expresiones para hacer sugerencias. Júntelas en una lista y léala con regularidad hasta que las sepa de memoria.

¿Por qué no...?	*Why don't...?*
¿Y si...? ¿Qué tal si...?	*How about if...? What if...?*
¿Qué te parece si...?	*How about if...?*

Cuando hay una opción con la que no está de acuerdo, puede usar estas expresiones:

¿Y si vamos ahora?	*How about going now?*
Mejor vamos más tarde.	***We'd better** go later.*
¿Por qué no lo compramos?	*How about if we buy it?*
Prefiero éste.	*I **prefer** this one.*

Repaso *rápido*

La terminación *-mente*

Add the suffix *-mente* to an adjective to make it into an adverb. Adverbs are used to answer the question "how?" when referring to an action.

If the adjective has masculine and feminine forms (it does not end in *-e* or in a consonant), *-mente* is attached to the feminine form only.

inútil → inútilmente	desesperado → desesperadamente
pesado → pesadamente	sincero → sinceramente

 3 Cuéntame cómo lo hicieron

Un grupo de amigos se reunió a planear una fiesta de cumpleaños. Forme adverbios con *-mente* con el adjetivo entre paréntesis y complete las oraciones.

1. Casi todos llegaron (puntual) (1) a la cita.
2. Todos expresaron sus opiniones (abierto) (2).
3. Uno de ellos dijo (tímido) (3) que no podía gastar mucho dinero.
4. Trataron (inútil) (4) de convencerlo que no se preocupara por eso.
5. Decidieron (rápido) (5) el día y la hora de la fiesta.
6. (curioso) (6), lo que discutieron un rato largo fue el lugar.
7. Al final, se decidieron (alegre) (7) por una fiesta sorpresa.

IDIOMA

El infinitivo y el participio

The past participle is used when body position or condition is indicated, and it agrees with the subject.

Ella se pone el maquillaje   She puts on her make up
sentada en la cama.   **sitting** on the bed.
*La raqueta de tenis está **rota**.*   The tennis racket is **broken**.

An infinitive preceded by a preposition is often used to say how or when an action is happening.

*Él la miró **sin decir** nada.*   He looked at her **without saying** anything.
La botella de perfume se rompió   The perfume bottle broke **upon**
***al abrir** la caja.*   **opening** the box.

A present participle is often used to say how a person is doing an action and to give more information about it. It often answers the question "how"/"what."

*Me relajo **leyendo** una novela.*   I relax **reading** a novel.
*Ella seguía **pensando** en el*   She kept **thinking** about the
bolso azul.   blue bag.

4   A mi manera

Cada persona tiene formas diferentes de hacer las cosas. Escoja la palabra correcta para completar cada oración.

   Roberto revisó la marca antes de _____ el perfume.
(a.) comprar   b. comprado   c. comprando

1. Lucía abrió el regalo (1) en el suelo.
   a. sentar   b. sentada   c. sentando
2. María fue a la tienda para (2) un disco compacto de su grupo favorito.
   a. comprar   b. comprado   c. comprando
3. Pasaré a (3) la raqueta de tenis al club.
   a. recoger   b. recogido   c. recogiendo
4. Jorge lee el periódico (4) en su cama.
   a. acostar   b. acostado   c. acostando
5. Alicia llegó (5) a la fiesta.
   a. patinar   b. patinado   c. patinando
6. Mauricio se divertirá (6) el cheque regalo que recibió.
   a. gastar   b. gastado   c. gastando
7. Beatriz buscará una biografía después de (7) la novela que está leyendo.
   a. terminar   b. terminado   c. terminando

¿Qué ropa va a la tintorería°?

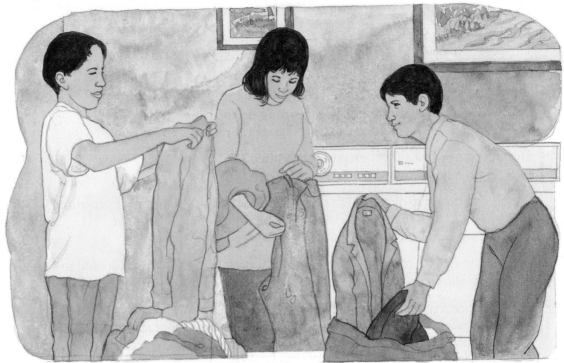

Los padres de Leandro, Simón y Elisa se fueron de compras, en Ciudad de México. Como van a estar allí todo el día, les pidieron que lavaran la ropa sucia. Entre los tres están dividiendo la ropa que va a la tintorería y la que van a lavar en casa.

LEANDRO: Chicos, tengamos cuidado al separar la ropa, porque si no lo hacemos bien, podemos **estropearla.**° Vamos a dividirla entre todos.

SIMÓN: Mamá nos ha dejado la ropa que debe ir a la tintorería. Aquí están su **conjunto**° azul y su **impermeable**° negro que **se manchó**° con vino el otro día. También nos dejó un **recibo**° para que le recogiéramos su blusa rosa.

ELISA: Papá no es tan organizado. Sólo me ha dicho que tiene que lavar su chaqueta roja, pero no sé si se manda a la tintorería.

LEANDRO: Nos podemos fijar en la etiqueta o preguntar a la señora de la tintorería a ver si **destiñe.**° Elisa, ¿tú tienes algo para la tintorería?

ELISA: Sólo tengo unos pantalones con una **mancha**° de tomate, pero creo que se pueden meter a la lavadora.

SIMÓN: Te recomiendo que los lleves a la tintorería. Una vez lavé una ropa **manchada**° de tomate en la lavadora y la mancha no salió.

LEANDRO: Muy bien. Y tú, Simón, ¿qué tienes para la tintorería?

SIMÓN: Sólo tengo un abrigo. Lo necesito urgentemente para el martes. ¿Tú crees que estará listo?

LEANDRO: Bueno, quizá tú puedas ocuparte de llevar esta ropa a la tintorería y se lo preguntas. Ah, y no te olvides de recoger la blusa de mamá.

SIMÓN: Y tú, Leandro, ¿me vas a dar algo para la tintorería?

LEANDRO: Para la tintorería no tengo nada, pero sí tengo **un montón**° de ropa sucia para separar en ropa de color y ropa blanca.

ELISA: No sólo eso. También tenemos que fijarnos en la temperatura adecuada del agua para que la ropa no **se encoja**° ni **se estire.**°

SIMÓN: Uf, qué **alivio**° no tener que lavar la ropa. Bueno, yo me voy a la tintorería. No se olviden de que mi ropa sucia está encima de mi cama. ¡Hasta luego!

la tintorería *dry cleaner's* **estropearla** *to damage it* **el conjunto** *woman's suit, set (of clothes)* **el impermeable** *raincoat* **se manchó** *was stained* **el recibo** *claim ticket* **destiñe** *fades* **la mancha** *stain* **manchada** *stained* **un montón** *a pile* **se encoja** *shrinks* **se estire** *stretches* **el alivio** *relief*

5 ¿Qué comprendió Ud.?

1. ¿Qué están haciendo los tres hermanos con la ropa?
2. ¿Qué tienen que recoger en la tintorería para su madre?
3. ¿Cómo puede saber Elisa si la chaqueta de su padre debe ir a la tintorería o no?
4. ¿Qué le recomienda Simón a Elisa que haga con sus pantalones manchados de tomate?
5. ¿Por qué le dice Leandro a Simón que él debería ir a la tintorería?
6. ¿Qué le puede pasar a la ropa si no la lavan a la temperatura adecuada?
7. ¿Le gusta a Simón la idea de ir a la tintorería? ¿Por qué?

6 ¿Que pasó?

Imagine que al terminar de lavar la ropa se da cuenta que muchas prendas han cambiado. Diga qué palabra de la columna de la derecha corresponde a la descripción de lo que ha pasado.

1. Un suéter es más grande de lo que era.
2. Unos pantalones son ahora más pequeños de lo que eran.
3. Una blusa tiene marcas de tomate.
4. La ropa blanca se lavó con una media roja.
5. Una chaqueta ha perdido el color y tiene un agujero.

A. estropeada
B. encogido
C. manchada
D. estirado
E. desteñida

Autoevaluación. Compruebe lo que ha aprendido. Conteste las siguientes preguntas.

1. ¿Qué es un cheque regalo?
2. Si le preguntan cuánto calza, ¿piensa en sus pantalones o en sus zapatos?
3. Cambie los siguientes adjetivos a adverbios: *amable, lento, superior.*
4. Diga dos expresiones que se usan para hacer sugerencias. Cree una oración con cada una.
5. ¿Adónde debe llevar la ropa que no puede lavarse en casa?

¡La práctica hace al maestro!

A Comunicación

Escoja una de las situaciones siguientes y haga un diálogo con uno de sus compañeros.

- Comenten y decidan cuál sería el mejor regalo para uno de sus maestros en el día del maestro.
- No pusieron atención al separar la ropa y al sacarla de la lavadora encuentran mezclada la ropa blanca con la de color.
- Un(a) amigo(a) le pregunta qué quiere usted para su cumpleaños. Él/Ella hace sugerencias y usted las contesta.

B Conexión con la tecnología

En grupos de tres, busquen en Internet páginas en las que se vendan todo tipo de productos. Pueden ser libros, discos compactos, ropa, programas de computadora, etc. Cada grupo tiene que elegir una página diferente. Sigan los siguientes pasos:

- Primero fíjense en qué tipo de página Web es y tomen notas. Escriban cuatro oraciones que la describan (qué venden, qué sistema tienen para vender, cómo pueden comprar, etc.).
- Imaginen que tienen que comprar un regalo para un(a) compañero(a) de la clase de otro grupo. Su profesor(a) les dirá qué. En su grupo, elijan algo de su página Web para regalarle. Expliquen por qué lo eligieron.

Libros y literatura
- la biografía
- la literatura clásica
- la novela

Ropa y complementos
- el bolso
- la cartera
- el conjunto
- el impermeable

Verbos
- calzar
- cumplir (años)
- desteñir
- distraerse
- encogerse
- estirarse
- estropearse
- mancharse
- servir para

Expresiones y otras palabras
- el alivio
- el apuro
- el cheque regalo
- la mancha
- manchado(a)
- la marca
- el montón
- no tener ni idea de
- los patines
- ¿Qué tal si...?
- ¿Qué te parece si...?
- la raqueta de tenis
- el recibo
- la tintorería

Mujer de Oaxaca haciendo un tejido.

Conexión Cultural

Artesanías mexicanas

La artesanía mexicana de hoy está muy influenciada por la cultura indígena. Típicos son los objetos de cerámica, cuyos colores y formas varían según la región. Existen también piezas de barro *(clay)* decoradas en tonos oscuros, negros y marrones, así como figuras con diferentes dibujos, acabados en colores brillantes. Otro elemento muy utilizado es la madera, con la que se hacen bellas esculturas y objetos de uso cotidiano, como platos y bandejas *(trays)*.

Los tejidos son otra de las artesanías características de México. Muchos se utilizan para decorar, como los tapices y las alfombras, y otros, como prendas de vestir, como los sarapes y las blusas bordadas. Uno de los trabajos con tela más típicos son los "deshilados" *(drawnwork)*, unos bordados que se hacen cortando y sacando hilos *(threads)* individuales de una tela.

a leer

Estrategia

Preparación

Federico García Lorca nació en un pueblo pequeño cerca de Granada en 1898. Es considerado uno de los artistas más versátiles de la lengua española. Escribió poesía, teatro, canciones y conferencias sobre la poesía y la música de Andalucía. Además era dibujante y músico. Tocaba la guitarra y el piano. También fue director de teatro desde 1932 hasta 1936. Durante estos años España tenía por primera vez en el siglo XX un gobierno republicano. Sin embargo, a una parte de la gente no le gustaba la república. Estas diferencias dieron lugar a la Guerra Civil española (1936-1939). La guerra fue ganada por el general Francisco Franco y su

Federico García Lo▶

ejército con la ayuda de los gobiernos fascistas de Alemania e Italia. Federico García Lorca fue una de las primeras víctimas de esta guerra. Aunque no era abiertamente político, García Lorca era decididamente antifascista. El poeta fue ejecutado en el verano de 1936.

Algunas características y temas de la obra de Federico García Lorca:

- Teatro: usa la poesía y las canciones como parte fundamental de la pieza.
- La fecundidad y como parte de ésta, la sexualidad.
- La muerte.
- Las acciones de la gente están gobernadas por fuerzas mayores.
- La honra (el honor).
- El orgullo.
- La mujer frente a la sociedad.
- La falta de comunicación por la diferencia entre hombres y mujeres en una sociedad tradicional.
- El matrimonio que muchas veces es por razones prácticas y no por amor, y la consiguiente frustración de la mujer.

A continuación va a leer un fragmento de la obra de teatro *La zapatera prodigiosa* de Federico García Lorca. Muchos de los temas mencionados antes aparecen en esta selección. La zapatera es una mujer joven, bonita y coqueta. El zapatero es mucho mayor que ella, muy tradicional y buen trabajador, pero no tiene la vitalidad de su compañera. La zapatera tiene una actitud muy independiente y se siente frustrada en este matrimonio por conveniencia *(arranged marriage)*. Siempre está criticando al zapatero y hablando de los novios que tuvo. El zapatero no es feliz pero no se lo dice a su esposa. Ella coquetea con todos y el zapatero aguanta *(bears)* esta conducta porque le preocupa lo que dirá la gente. Pero finalmente, un día, el zapatero, sin decir nada, se va de la casa y no regresa. Entonces la zapatera empieza a extrañar a su marido. Para sobrevivir, la zapatera abre una taberna. Ahora habla del zapatero como antes hablaba de sus otros novios. Un día el zapatero regresa disfrazado y va a la taberna de la zapatera. Ella le empieza a hablar de cuánto quiere a su marido. Entonces él confiesa que es su marido. Inmediatamente, ella lo empieza a tratar mal, como al principio.

En el fragmento que vamos a leer, la zapatera le habla a un niño vecino de la ropa del zapatero.

Estrategia: hacer una lista de temas

Antes de leer un texto es importante enterarse de los temas principales de la obra del autor y anotarlos en una lista. Si conoce al autor y sus obras, le será más fácil entender el texto. Con su compañero(a), hagan una lista de los temas de García Lorca que encuentran en *La zapatera prodigiosa*. Incluyan ejemplos concretos de cada tema.

La zapatera prodigiosa

Federico García Lorca

ESCENA 2.ª

ZAPATERA Y NIÑO
(Por la puerta entra el Niño que se dirige a la Zapaterita y le tapa los ojos.°)

NIÑO

¿Quién soy yo?

ZAPATERA

Mi niño pastorcillo° de Belén.

NIÑO

¡Ya estoy aquí! *(Se besan.)*

ZAPATERA

¿Vienes por la meriendita?

NIÑO

¡Si tú me la quieres dar!

ZAPATERA

Hoy tengo una onza de chocolate.

NIÑO

¿Sí? ¡A mí me gusta mucho estar en tu casa!

ZAPATERA

(Dándole la onza.) Porque eres interesadillo.

NIÑO

¿Interesadillo? ¿Ves este cardenal° que tengo en la rodilla?

ZAPATERA

¿A ver? *(Se sienta en una silla baja y toma al Niño en sus brazos.)*

NIÑO

Pues me lo ha hecho el Lunillo porque estaba cantando... las coplas° que te han sacado, y yo le pegué en la cara, y entonces él me tiró una piedra que ¡plaf!, mira.

ZAPATERA

¿Te duele mucho?

NIÑO

Ahora no, pero he llorado.

ZAPATERA

No hagas caso ninguno de lo que dicen.

NIÑO

Es que eran cosas muy indecentes. Cosas indecentes que yo sé decir, ¿sabes?, pero que no quiero decir.

ZAPATERA

(Riéndose.) Porque si lo dices, cojo un pimiento picante y te pongo la lengua como un ascua.° *(Ríen.)*

NIÑO

Pero, ¿por qué te echarán a ti la culpa de que tu marido se haya marchado?

ZAPATERA

Ellos, ellos son los que la tienen y los que me hacen desgraciada.°

NIÑO

(Triste.) No digas, zapaterita.

ZAPATERA

Yo me miraba en sus ojos. Cuando lo veía venir montado en su jaca° blanca...

NIÑO

(Interrumpiendo.) ¡Ja, ja, ja, ja! Me estás engañando. El señor zapatero no tenía jaca.

ZAPATERA

Niño, sé más respetuoso. Tenía jaca, claro que la tuvo pero es... es que tú no habías nacido.

NIÑO

(Pasándole la mano por la cara.) ¡Ah! ¡Eso sería!

ZAPATERA

Ya ves tú... Cuando lo conocí estaba yo lavando en el arroyo del pueblo. Medio metro de agua y las chinas° del fondo se veían reír con el temblorcillo. Él venía con su traje negro entallado,° corbata roja de seda buenísima y cuatro anillos de oro que relumbraban como cuatro soles.

NIÑO

¡Qué bonito!

ZAPATERA

Me miró, y lo miré. Yo me recosté° en la hierba. Todavía me parece sentir en la cara aquel aire tan fresquito que venía por los árboles. Él paró su caballo y la cola del caballo era blanca y tan larga que llegaba al agua del arroyo. *(La Zapatera está casi llorando. Empieza a oírse un canto lejano.)* Me puse tan azarada° que se me fueron dos pañuelos preciosos, así de pequeñitos, en la corriente.

NIÑO

¡Qué risa!

ZAPATERA

Entonces me dijo... *(El canto se oye muy cerca. Pausa.)* Chisss...

NIÑO

(Se levanta.) ¡Las coplas!

ZAPATERA

¡Las coplas! *(Pausa. Los dos escuchan.)* ¿Tú sabes lo que dicen?

NIÑO

(Con la mano.) Medio, medio.

ZAPATERA

Pues cántalas, que quiero enterarme.

NIÑO

¿Para qué?

ZAPATERA

Para que yo sepa de una vez lo que dicen.

NIÑO

(Cantando y siguiendo el compás.) Verás:
La señora Zapatera,
al marcharse su marido,
ha montado una taberna
donde acude el señorío.°

ZAPATERA

¡Me la pagarán!°
(El Niño lleva el compás con la mano en la mesa.)

NIÑO

¿Quién te compra, Zapatera,
el paño° de tus vestidos
y esas chambras° de batista°
con encaje de bolillos?°
Ya la corteja° el Alcalde,
ya la corteja don Mirlo,
Zapatera, Zapatera,
Zapatera, te has lucido.°

le tapa los ojos *covers her eyes* **el pastorcillo** *little shepherd* **el cardenal** *bruise* **las coplas** *songs* **como un ascua** *red hot (iron)* **desgraciada** *unhappy* **la jaca** *horse* **las chinas** *pebbles* **entallado** *tight fitting* **recosté** *lay down* **azarada** *nervous* **el señorío** *important people* **Me la pagarán** *I'll get them* **el paño** *woolen cloth* **la chambra** *white short blouse* **batista** *very thin linen* **el encaje de bolillos** *hand-made lace* **corteja** *courts* **te has lucido** *you have outshined yourself*

 ¿Qué comprendió Ud.?

1. La zapatera exagera las cualidades del zapatero. Dé tres ejemplos y explique por qué cree usted que son exageraciones.
2. García Lorca mezcla prosa y poesía en todas sus obras de teatro. En este caso aparece en forma de coplas (un tipo de canción). ¿Puede usted decir, con sus propias palabras, lo que dicen las coplas?
3. La gente habla mal de la zapatera. ¿Cómo reacciona ella?
4. El alcalde y Don Mirlo son dos señores importantes del pueblo, sin embargo tratan de seducir a la zapatera. ¿Qué cree usted que García Lorca trata de decir con esto?

 Charlando

En grupos usen los siguientes temas de la lectura para hacer debates. Unos defienden un punto y los otros lo atacan.

- **Los matrimonios de conveniencia (por razones económicas, por ejemplo), son tradicionales en muchas culturas.**
- **La conducta de la zapatera es producto de las presiones de la sociedad.**

a escribir

Estrategia

Dar ejemplos concretos

En *La zapatera prodigiosa*, la gente del pueblo inventa una canción (unas coplas) donde expresan lo que piensan de la zapatera. Muchas veces, la gente dice en las canciones lo que no se atrevería a decir personalmente. En las coplas sobre la zapatera, se expresa su carácter a través de ejemplos concretos. A partir de los ejemplos, se puede llegar a conclusiones generales sobre la zapatera (o sobre lo que la gente piensa de ella).

Dar ejemplos concretos es una estrategia que se usa mucho en literatura. Pero los ejemplos tienen que tener mucha lógica con la idea que intentan ilustrar. También es importante el uso correcto de los adjetivos.

Imagine, por ejemplo, que se quiere ilustrar la idea "La habitación estaba muy desordenada" a través de ejemplos concretos. No podemos limitarnos a escribir cualquier cosa que hubiera en la habitación, sino cosas que ayuden a reforzar la idea de que estaba desordenada. Es decir: "Había ropa por el suelo, la cama no estaba hecha, el armario estaba abierto, la cortina estaba atrapada en la ventana, había un plato sucio en la silla, un trozo de pan en la almohada, etc."

En una hoja de papel, escriba uno o dos párrafos describiendo a una persona, o una cosa, a través de ejemplos concretos. En la parte de atrás de la hoja, escriba la idea principal que quiere ilustrar con los ejemplos. Cuando termine, cambie la hoja con su compañero(a) y pídale que lea la descripción con ejemplos. Después pregúntele cuál cree que es la idea general que usted intentó ilustrar y compruebe si acertó. Cuanto más detallada y orientada sea su descripción, más fácil le va a resultar a su compañero(a) llegar a la idea general.

repaso

Now that I have completed this chapter, I can...

✓ describe hair styles

✓ express what I would have done in hypothetical situations

✓ describe clothes and accessories

✓ describe colors

✓ say to whom things belong

✓ express affection for people

✓ specify conditions under which things will be done

✓ talk about jewelry

✓ make suggestions

✓ describe how something was done

I can also...

✓ name some Mexican fashion magazines for young people

✓ talk about famous Mexican muralists and their work

✓ name some Hispanic designers

✓ talk about Mexican arts and crafts

El
futuro

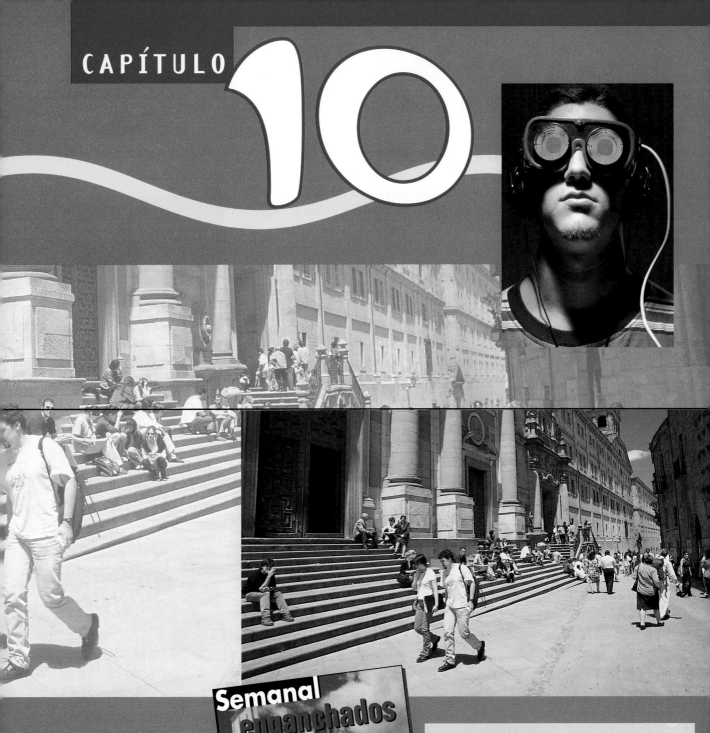

CAPÍTULO

10

Semanal

enganchados al chip

Fotógrafos de todo el mundo retratan cómo ha cambiado nuestra vida en el invento del siglo

In this chapter you will be able to:
- talk about projects for the future
- evaluate work conditions
- write formal and informal letters
- express wishes and hopes for the future
- make speculations about the future

439

Lección 37

¡El futuro ya está aquí!

Les preguntamos a chicos y chicas de varios países qué es lo que quieren hacer en el futuro. ¿En qué quieren trabajar? ¿Qué les preocupa?

Raquel Sereno

España

Mi sueño es ser escritora de novelas. De pequeña siempre escribía en un diario todo lo que me pasaba. Ahora tomo muchas notas sobre todo tipo de temas, como mis amigos, personas que veo en la calle o películas. Tengo muchas ideas, pero sé que todavía no estoy lista para empezar a escribir. Antes tengo que ir a la universidad. Voy a seguir la carrera de **filología hispana°** y literatura en la universidad de Salamanca.

Lo único que me preocupa de ser escritora es **trabajar por mi cuenta°** en casa. Además, es difícil vivir de tus novelas y saber si verdaderamente **vales para°** escribir. Por eso me gustaría también trabajar en una **editorial°** y tener allí un **puesto fijo.°** Siempre es bueno tener otras opciones. Sé que no va a ser fácil, pero no me importa. Tengo talento y no le temo al **fracaso.°**

Fernando Sandiego

San Antonio, Texas

Me fascina el mundo de la **publicidad,°** aunque todavía no sé exactamente a qué aspecto de la publicidad me gustaría dedicarme. Soy muy creativo y quizá sea bueno para trabajar en las **campañas publicitarias.°** Me gusta **trabajar en equipo°** con otras personas. En cuanto termine la escuela pienso buscar un trabajo de verano o **hacer prácticas°** en una **agencia de publicidad.°** Esto me ayudará a tomar la decisión. No me importa si el **sueldo°** no es muy alto, lo importante es ganar experiencia.

Margarita Teruel

Colombia

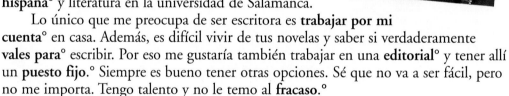

Yo sé muy bien lo que quiero hacer: voy a ser diseñadora de modas. Descubrí mi **pasión por°** la moda hace poco. En realidad, yo quería estudiar derecho para ser abogada. Me fascinan los programas de juicios en la televisión, pero después de hablar con algunos abogados me di cuenta de que la realidad no es como la televisión. Antes de un juicio tienes que pasar muchas horas en una oficina y estoy segura de que eso me aburriría mucho. Yo soy muy **activa°** y bastante creativa. Siempre me ha gustado mucho la ropa y hace poco empecé a dibujar trajes. Se los enseñé a una amiga de mi madre y dijo que los diseños eran buenos. Quiero empezar a estudiar en una escuela de diseño en Santa Fe de Bogotá el año que viene. ¡Y no voy a **cambiar de opinión!°**

Ramón Castro

Puerto Rico

Aunque no haya tomado una decisión definitiva sobre mi futuro trabajo, sé qué va a ser algo relacionado con las computadoras, como programador o diseñador de páginas Web. Primero quiero estudiar **informática**° porque me fascinan las computadoras y sé que es un **campo**° que **tiene muchas salidas.**° Me gusta hacer surf por Internet y explorar cosas nuevas. Tengo mucha **facilidad para**° aprender programas nuevos. En poco tiempo hice mi propia página Web. Me gusta mucho experimentar con nuevos diseños y aprender cosas nuevas.

Ester Gómez

México

¡No tengo ni idea de qué hacer en el futuro! Aún no lo he pensado. Hasta ahora he trabajado de cajera y de ayudante en una agencia de **relaciones públicas.**° Este último trabajo no estaba mal. Era de **media jornada**° y me daba tiempo para hacer otras cosas. Si hubiera sido de **jornada completa**° no hubiera durado mucho. Era un trabajo muy duro. Me gustaría hacer algo relacionado con el cine, como ayudante de **producción**° o camarógrafa.° Soy muy organizada y aprendo muy rápido. ¡Quizás un día sea **directora**° de cine! No sé qué hacer, pero no estoy preocupada. Aún tengo tiempo para pensarlo.

la filología hispana *Spanish studies* **trabajar por mi cuenta** *to be self-employed* **vales para** *(you) are good at* **la editorial** *publishing house* **el puesto fijo** *permanent job* **el fracaso** *failure* **la publicidad** *advertising* **las campañas publicitarias** *advertising campaigns* **trabajar en equipo** *to work as a team* **hacer prácticas** *to do an internship* **la agencia de publicidad** *advertising agency* **el sueldo** *salary* **la pasión por** *passion for* **activa** *active* **cambiar de opinión** *to change one's mind* **la informática** *computer science* **el campo** *field of study* **tiene muchas salidas** *has many openings* **la facilidad para** *a gift/talent for* **las relaciones públicas** *public relations* **la media jornada** *part-time work* **la jornada completa** *full-time work* **la producción** *production* **la camarógrafa** *cameraperson* **la directora** *director*

1 ¿Qué comprendió Ud.?

1. ¿Qué va a estudiar Raquel? ¿Por qué? ¿Qué le preocupa?
2. ¿En qué campo quiere trabajar Fernando?
3. ¿Qué no le importa a Fernando? ¿Qué es lo más importante para él?
4. ¿Desde hace cuánto tiempo quiere Margarita ser diseñadora de modas?
5. ¿Qué quería ser antes? ¿Por qué cambió de opinión?
6. ¿Qué quiere hacer Ramón? ¿Para qué tiene facilidad?
7. ¿Qué quiere hacer Ester?

2 Charlando

1. ¿En qué quiere trabajar usted? ¿Por qué?
2. ¿Le preocupa algo de su elección?
3. ¿Con cuál de estos jóvenes se identifica usted más? ¿Por qué?

3 ¿Qué trabajo?

Con su compañero(a) digan qué trabajos escogerían si se encontraran en las siguientes situaciones:

Le fascinan las computadoras.
programador, diseñador de páginas Web, reparador de computadoras, etc.

1. Tiene facilidad para los idiomas y le gusta trabajar con niños.
2. Le interesan mucho los edificios modernos y dibuja muy bien.
3. Sabe mucho de deportes y tiene buena voz.
4. Es usted creativo(a) y tiene facilidad para escribir.
5. Le interesan mucho la economía y las finanzas.
6. Su pasión es el mundo de la moda y dibuja usted muy bien.
7. Es usted muy bueno(a) con los números y muy organizado(a).
8. Es usted un(a) buen(a) vendedor(a) y le fascina viajar.

4 ¿Qué quieren hacer?

Con su compañero(a), hablen del trabajo que les gustaría tener.

A: ¿Qué trabajo te gustaría tener?
B: Me gustaría ser escritor, porque me encanta leer y tengo facilidad para escribir. ¿Y a ti?

5 Las profesiones de la clase

Hagan una encuesta en clase sobre qué carreras o trabajos les gustaría tener en el futuro. ¿Qué trabajo es el más popular? ¿Qué resultado les sorprendió?

profesor(a)	IIII
abogado(a)	II
agente de viajes	III
recepcionista	I

Estudios

el derecho	law
la ingeniería	engineering
la informática	computer science
la filología hispana	Spanish literature studies
la medicina	medicine

Más trabajos y profesiones

el/la agente de viajes	travel agent
el/la albañil	bricklayer
el/la arquitecto(a)	architect
el/la bombero	fireman(woman)
el/la cajero(a)	cashier
el/la camionero(a)	truck driver
el/la comerciante	businessperson
el/la conserje	concierge
el/la contador(a)	accountant
el/la disc jockey	disc jockey
el/la entrenador(a)	coach
el/la juez	judge
el/la locutor(a)	radio announcer
el/la médico(a)	doctor
el/la músico(a)	musician
el/la periodista	journalist
el/la político(a)	politician
el/la recepcionista	recepcionist
el/la veterinario(a)	veterinarian

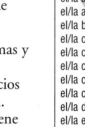

Repaso rápido

El pretérito y el imperfecto

The preterite is used to report completed events in the past.

Viví dos años en México.	I lived in Mexico for two years.
Allí aprendí mucho español.	I learned a lot of Spanish there.

The imperfect is used to describe conditions and ongoing circumstances or events in the past. It is often used when narrating a series of related events.

Cuando vivía en México trabajaba en una editorial.	When I lived in Mexico I worked in a publishing house.

Actions that were habitual require the imperfect.

Iba a clase de informática los martes.	I used to go to computer class on Tuesdays.

The imperfect is also used to describe past conditions or ongoing actions that do not have a stated beginning or end.

Andrés vivía en Acapulco.	Andres was living in Acapulco.
Yo iba a ser programador.	I was going to be a programmer.

Conexión Cultural

Las primeras universidades de España

En la Edad Media, moros, judíos y cristianos habitaban las tierras que hoy forman España. Habían pasado ya varios siglos desde la invasión musulmana y los habitantes se habían mezclado y asentado *(settled down)*. Granada, Córdoba y Toledo se convirtieron en las capitales de la cultura mundial. Estudiosos de todo el mundo venían a estas ciudades a expresar sus ideas y aprender del conocimiento de otros sabios.

Fue en esta época cuando el rey Alfonso IX creó la Universidad de Salamanca, la primera de España y una de las más antiguas de Europa. Años después, el rey Alfonso X, cuyo apodo era El Sabio, fomentó la Escuela de Traductores de Toledo. En esta escuela se traducían documentos y textos literarios de idiomas diversos. Alfonso X tenía una importante biblioteca, considerada como la más grande del mundo. También fue esencial su labor de apoyar el cambio del latín al romance a la hora de crear nuevos documentos. Siguiendo esta larga tradición de traductores, la Universidad de Alcalá de Henares se hizo famosa en el siglo XVI por su traducción multilingüe paralela de la Biblia.

La universidad de Salamanca, España.

6 ¿Qué trabajo?

Imagine que trabaja usted en una agencia de trabajo *(job agency)* y que hoy entrevistó a cuatro jóvenes para cuatro puestos disponibles *(available jobs)*: actor o actriz secundario(a) para una película de terror para jóvenes, ayudante bilingüe en una editorial, diseñador(a) de páginas Web y ayudante en una agencia de publicidad. Tiene que contarle a su jefe a quién entrevistó y qué trabajo le daría. Lea los párrafos y cambie el verbo entre paréntesis al pretérito o al imperfecto, según corresponda.

Luisa Gómez

Luisa (ser) (1) una chica muy interesante. Aunque no (tener) (2) ninguna experiencia en películas, (hacer) (3) dos anuncios para la televisión. Su voz (ser) (4) buena y (tener) (5) unos ojos muy grandes. Cuando le (pedir) (6) que gritara, ¡lo hizo muy bien! Luisa es perfecta para la película de terror.

Antonio Soler

Antonio dijo que (hablar) (1) español muy bien. (estudiar) (2) filología hispana en la universidad y (vivir) (3) en México dos años. Allí (trabajar) (4) para una revista y (conseguir) (5) algo de experiencia en el mundo editorial.

Teresa García

Teresa dijo que antes (trabajar) (1) en una empresa de computación, pero como ésta (cerrar) (2) (tener) (3) que empezar a buscar otra cosa. En aquel trabajo (tener) (4) que ayudar a otra persona a hacer páginas Web para programas de televisión. (parecer) (5) sincera y que (saber) (6) del tema.

Luis Romero

Luis (estudiar) (1) publicidad en la universidad de México y, después de graduarse, (viajar) (2) a Nueva York. Allí (hacer) (3) prácticas en una agencia de publicidad por dos meses. Desde pequeño le (fascinar) (4) los anuncios publicitarios, y (querer) (5) aprender cómo se hacían.

Rosana quiere ser actriz.

Repaso *rápido*

De femenino a masculino

Feminine nouns that begin with a stressed *a* require a masculine article when they are singular, and a feminine article when they are plural: *el ala* → *las alas*. Words that begin with *ha* may follow this pattern because the *h* is silent: *el hambre*. However, when an adjective precedes the noun the article does not change to the masculine form. Look at the following:

El águila negra voló alto en el cielo.	**The black eagle** flew up in the sky.
La negra águila desapareció en el cielo.	**The black eagle** disappeared in the sky.

Other words that follow this pattern include *el agua* (water), *el alma* (soul), *el arte* (art) and *el hacha* (ax). Adjectives that begin with a stressed *a-* do not require a change of article.

Abrieron la ancha puerta.	They opened the wide door.

There are some words for professions that have a feminine form and a masculine form. If the word refers to a feminine subject, it ends in *-a*. If the word refers to a masculine subject, it ends in *-o* or a consonant (*-n* or *-r*).

el arquitecto	→	la arquitecta
el diseñador	→	la diseñadora
el abogado	→	la abogada

Note that there are some words that can be used for both feminine and masculine that don't change their ending. For example: *la juez, el juez, el periodista, la periodista, el recepcionista, la recepcionista.*

7 ¿El o la?

Complete las siguientes oraciones con el artículo que corresponda. A veces hay dos posibilidades.

 El doctor revisó a todos sus pacientes.

1. (1) abogada tuvo que hablar con (2) juez.
2. (3) carpintero estaba buscando (4) hacha.
3. ¿Quién se comió (5) ala de pollo?
4. Me gustan mucho (6) artes plásticas.
5. (7) contador de la empresa llegó con (8) secretaria.
6. (9) recepcionista es un hombre muy atlético.
7. (10) disc jockey de este lugar se llama Elena.

Oportunidades

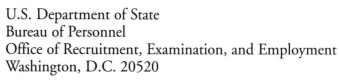

Otras profesiones

Una de las mejores maneras de decidir qué estudiar y en qué trabajar es hablar con personas que hayan estudiado o que trabajen en la carrera que a usted le interesa. Dentro de una empresa, hay muchísimos tipos de trabajos. Es probable que no conozca muchos de ellos. Hable con alguien que trabaje en el campo que a usted le interesa y haga todas las preguntas que se le ocurran. Por ejemplo: ¿Qué trabajos ofrecen? ¿Qué aptitudes se necesitan para esos trabajos?¿Cuál cree que sería bueno para mí?

Bibliotecas

Aunque el sistema de las bibliotecas varía *(varies)* de ciudad a ciudad, muchas están experimentando los mismos cambios. Las computadoras juegan un papel cada vez más importante. La mayoría de las bibliotecas ofrecen cursos de entrenamiento *(training courses)*. Para más información vaya a la biblioteca de su ciudad.

Trabajos con el gobierno

Algunas de las agencias del estado requieren personas que hablen español u algún otro idioma extranjero. Entre ellas están el Servicio Exterior *(Foreign Service)* y el Departamento de Derechos Humanos *(Human Rights and Humanitarian Affairs)*. Dentro de esas agencias hay una gran variedad de puestos de trabajo. Muchas de ellas ofrecen prácticas. Para más información, escriba al:

U.S. Department of State
Bureau of Personnel
Office of Recruitment, Examination, and Employment
Washington, D.C. 20520

Trabajo en las Naciones Unidas

¿En qué lugar del mundo se hablan más idiomas en una mismo edificio? La respuesta es, seguramente, en las Naciones Unidas. Esta institución ofrece cientos de puestos de trabajo para personas que hablan muy bien dos o más idiomas. Entre éstos están los puestos de traductor, intérprete y corrector de textos. Para más información escriba a:

United Nations Recruitment and Placement Division
1 U.N. Plaza
New York, N.Y. 10017

Estrategia

Para hablar mejor: organizar las ideas

Cuando uno tiene que hablar frente a la clase, especialmente en un idioma que no es el suyo, es posible que no logre expresar las ideas de una forma clara. Una de las maneras más eficaces de organizar ideas es hacer una lista de ventajas y desventajas *(pros and cons)*. Cuantas más notas pueda tomar antes de hablar en clase, más facilidad tendrá usted luego para expresarse. Prepare una lista con expresiones que use para expresar su opinión. Le será muy útil cada vez que quiera hablar de un tema.

En mi opinión...
Me parece bien/mal, porque...
Es importante que + subjuntivo

Después, organice sus ideas. Por ejemplo:

Trabajar media jornada

Ventajas	Desventajas
más tiempo para divertirme	si me levanto tarde pierdo el día
no tener que levantarme temprano	sueldo más bajo

8 Su futuro

Decida si las siguientes oraciones son ciertas o falsas. Después, en grupos, decidan cuáles son las ventajas y desventajas de cada una. Finalmente, hagan un pequeño debate en clase.

1. Lo más importante de un trabajo es que ofrezca un sueldo muy alto.
2. Trabajar por su cuenta en casa es mejor que trabajar en una oficina.
3. Al elegir una carrera, es importante pensar si tiene salidas para el futuro.
4. No debe ir a la universidad si no está seguro(a) de lo que quiere hacer.
5. Nunca me mudaría a otra ciudad por un trabajo.
6. Es importante hablar más de un idioma a la hora de buscar ciertos trabajos.
7. No se aprende mucho en las prácticas. Las prácticas no son útiles.

Autoevaluación. Compruebe lo que ha aprendido. Conteste las siguientes preguntas.
1. Nombre cuatro carreras que se estudian en la universidad.
2. ¿Qué tipo de trabajo puede hacer una persona que acaba de terminar de estudiar y tiene que decidir qué carrera seguir?
3. Lo contrario de un trabajo de jornada completa es uno de...
4. ¿Qué trabajo escogería si hubiera estudiado informática y tuviera mucha facilidad para programar?
5. Escriba una oración usando el pretérito del verbo *ser* y el imperfecto del verbo *querer*.

¡La práctica hace al maestro!

A Comunicación

En grupos de tres, creen un diálogo sobre las carreras que les gustaría estudiar o los trabajos u ocupaciones que les gustaría tener. Acuérdense de incluir en el diálogo:

- la profesión o trabajo que le gustaría tener a cada uno
- en el caso de una profesión, el lugar donde se puede estudiar
- qué salidas de trabajo tienen
- si se pueden hacer prácticas
- si se puede trabajar media jornada o jornada completa
- si hay que trabajar en equipo
- cómo es el sueldo

B Conexión con la tecnología

Hoy en día podemos encontrar en Internet información sobre todas las universidades y escuelas que existen en el mundo. Un ejemplo es la página Web de la Universidad Autónoma de Yucatán, México, donde ofrecen información sobre la organización de la universidad, los programas, fotos de los edificios y los profesores, mapas de la universidad, comentarios de los estudiantes, y muchas otras cosas más. Además es posible inscribirse *(register)* directamente en Internet.

Con su compañero(a) busquen en Internet la página Web de alguna universidad de un país hispano. Pueden buscar primero por la palabra *universidad* y luego elegir una de las opciones que aparecen. Lean toda la página y hagan un resumen de la información que contiene. Escriban sólo los datos más importantes e indiquen si hay fotos de la universidad.

VOCABULARIO

Ramón quiere ser arquitecto
y hace prácticas en verano.

Estudios
la filología hispana
la informática
la medicina

Trabajos y profesiones
el/la agente de viajes
el/la camarógrafo(a)
el/la contador(a)
el/la director(a)
el/la locutor(a)
el/la recepcionista

Campos de trabajo
el campo
la informática
la producción
la publicidad
las relaciones públicas

Lugares de trabajo
la agencia de publicidad
la editorial

Verbos
cambiar de opinión
hacer prácticas
tener salidas
trabajar en equipo
trabajar por su cuenta
valer para

Expresiones y otras palabras
activo(a)
la campaña publicitaria
la facilidad para
el fracaso
la jornada completa
la media jornada
la pasión
el puesto fijo
el sueldo

Teresa trabaja en una agencia de publicidad.

Lección 38

En busca de trabajo

Alfonso está leyendo la sección de anuncios clasificados del periódico porque está a punto de graduarse° de la universidad y quiere buscar un trabajo. Su hermana Tere lo está ayudando. A ella también le interesa conocer lo que hay en el mercado. Está pensando en trabajar en el verano, antes de ir a la universidad.

ALFONSO: Mira, esta agencia de publicidad **anuncia°** un puesto para alguien joven con **iniciativa°** y mucha energía. A mí siempre me ha gustado el campo de la publicidad. Es muy creativo y creo que pagan bien.

TERE: Pero tú no tienes experiencia en ese campo, ¿no?

ALFONSO: No es necesario **cumplir con todos los requisitos.°** Aquí dice que te entrenarán y que **evaluarán°** tu trabajo después de tres meses. Si están contentos contigo te ofrecerán un puesto fijo.

TERE: No está mal. Es una buena oportunidad para entrar en el campo de la publicidad. Yo no estoy segura de qué **profesión°** me gustaría seguir. Me gustaría estudiar arquitectura o quizá pintura. Si no cambio de opinión antes.

ALFONSO: Todavía tienes tiempo para decidirte.

TERE: Oye, ¿qué tienes que hacer para **solicitar°** ese puesto?

ALFONSO: Me piden que les envíe mi **currículum.°**

TERE: ¿Tu "curri-qué"?

ALFONSO:	Un **historial personal**° **detallado**° donde les cuente qué experiencia tengo. También tengo que enviar una carta de presentación con una descripción de mis cualidades y por qué me interesa el puesto.
TERE:	Bueno, eso es fácil. Tú eres una persona con **buena presencia**,° con buenas ideas y con mucha iniciativa. Además eres **responsable**,° trabajador y muy puntual. Y tienes un **carácter**° muy alegre.
ALFONSO:	Muchas gracias. *(Sonriendo.)* Si necesito **referencias**° te pondré a ti.
TERE:	Incluye también tus pasatiempos favoritos, como la fotografía, la lectura y los **trabajos manuales**.° Así verán que eres muy creativo.
ALFONSO:	También tengo que incluir una descripción de los estudios, como el curso de español que hice en México. Es importante que incluya todos los trabajos que he tenido, aunque no estén relacionados con la publicidad. Trabajé de mesero, de entrenador de fútbol para niños...
TERE:	No te olvides de las prácticas que hiciste en la revista de la escuela. Eso les mostrará que estás acostumbrado a trabajar en equipo.
ALFONSO:	Voy a escribirlo en la computadora e imprimirlo en un **papel de carta**° elegante. Lo primero es mi nombre. Si tuviera un papel con **membrete**,° ya no tendría que escribir mi nombre y dirección y quedaría muy bien. Luego va el nombre del **destinatario**,° o sea, el de la compañía o persona a quien le estoy escribiendo.
TERE:	Si quieres te ayudo a hacerlo en mi computadora. Tengo mucha facilidad para las computadoras.
ALFONSO:	Hermanita, eres una gran ayuda. Creo que les va a gustar este historial personal. De todas maneras, también voy a responder a otros anuncios para tener más posibilidades. Y ahora busquemos algo para ti.

graduarse *to graduate* **anuncia** *announces* **la iniciativa** *initiative* **cumplir con todos los requisitos** *to meet the requirements* **evaluarán** *(they) will evaluate* **la profesión** *profession* **solicitar** *to apply for* **el currículum** *resume* **el historial personal** *personal history* **detallado** *detailed* **la buena presencia** *good appearance* **responsable** *responsible* **el carácter** *character* **las referencias** *references* **los trabajos manuales** *handicrafts* **el papel de carta** *stationery* **el membrete** *letterhead* **el destinatario** *addressee*

¿Qué comprendió Ud.?

1. ¿Qué parte del periódico está leyendo Alfonso?
2. ¿Por qué Tere también quiere ver esa sección?
3. ¿Qué anuncio han encontrado en el periódico?
4. ¿Qué le gustaría estudiar a Tere cuando se gradúe?
5. ¿Por qué debe poner Alfonso que trabajó en la revista de la escuela?

Charlando

1. ¿Ha leído alguna vez la sección de anuncios clasificados para trabajos en el periódico? ¿Por qué?
2. ¿Ha escrito alguna vez su currículum o historial personal? ¿Para qué tipo de trabajo? ¿Fue difícil escribir el currículum? ¿Por qué?
3. ¿Qué tipo de trabajo le gustaría hacer a usted?

Algo más

Correspondencia en español

Existen algunas diferencias entre el formato *(format)* de las cartas en español y el de las cartas en inglés. En español, la dirección del remitente *(sender)* se escribe en la parte de atrás del sobre y en la hoja de la carta, la fecha se escribe en la parte alta de la página, a la derecha. Primero se escribe el lugar de donde procede la carta, seguido de la fecha. Por ejemplo: Lima, 2 enero de 1999, o Montevideo, 12 de julio de 2000.

Las cartas a amigos o conocidos se empiezan con **Querido** o **Querida** seguidos del nombre. En una carta formal, a menudo se empieza con **Estimado señor** *(Dear Sir)* **Estimada señora** *(Dear Madam)* o **Estimados señores** *(Dear Sir/Madam)*. Estas expresiones pueden ir solas o seguidas del apellido del destinatario. En una carta muy formal puede escribir **Distinguido señor, Distinguida señora** o **Distinguidos señores,** o **Muy señores míos.** A continuación tiene algunas oraciones que se usan para terminar una carta.

Cartas a amigos o familiares

Un abrazo de,	*Hugs and kisses,*
Cariños,	*Love,*

Cartas formales

Lo/La/Los saludo atentamente,	*Sincerely yours,*
Atentamente,	*Sincerely,*
Atentos saludos de	*Yours sincerely,*

Otras oraciones que se usan en cartas son:

En espera de su respuesta.	*Waiting for your reply.*
Agradeciendo de antemano su atención.	*Thanks in advance.*
Quedo a la espera de su respuesta.	*Waiting for your reply.*

En las cartas

la fecha	*date*
el membrete	*letterhead*
la dirección	*address*
la posdata	*postscript*
el remitente	*sender*
la firma	*signature*

Algo más

Solicitar y solicitud

Solicitar un trabajo equivale a *"to apply for a job"*. Sin embargo, **se solicita** equivale a "se busca" o, en inglés, *"We are looking for..."* Una solicitud es un **formulario** en el que tiene que incluir sus datos personales. Se **llena una solicitud** al solicitar un trabajo, un puesto en la universidad, un carnet de conducir, etc. Algunas maneras de empezar una carta para solicitar un trabajo son: Le escribo en respuesta al anuncio publicado en... *I am writing to you in response to the ad published in...* En respuesta al anuncio que salió en... *In response to the ad in ...*

3 Las partes de la carta

Asocie las palabras de la columna de la izquierda con su definición en la columna de la derecha.

1. el destinatario
2. la despedida
3. el remitente
4. la posdata
5. el comienzo

a. la persona que escribe la carta
b. "Atentamente"
c. una nota después de la carta
d. persona a quién va dirigida la carta
e. Estimado señor García:

4 La carta

Luisa vio el aviso del periódico y decidió solicitar el trabajo en el hotel, pero necesita su ayuda para poder terminar la carta. Complete los espacios en blanco con las siguientes palabras.

requisitos   gradúo
Estimados   anuncio
iniciativa   solicitar

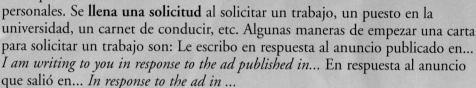

Hotel Plaza   Barcelona, 14 de junio
Apartado Postal 555
Madrid

(1) señores,

En respuesta al (2) que salió en El País del 10 de junio, me apresuro a escribirles para (3) el trabajo de recepcionista.

Estoy en el último año de secundaria y me (4) el mes que viene. Cumplo todos los (5) que ustedes piden. Hablo español y he trabajado con computadoras. Además tengo (6) y buena presencia y soy muy responsable.

Les envío mi currículum que incluye un historial detallado y mi experiencia. En espera de su respuesta, los saludo atentamente,

Luisa Sánchez

IDIOMA

Verbos que terminan en *-iar* y en *-uar*

Most verbs ending in *-iar* and *-uar* are regular verbs.

Ella **averigua** cuándo es la entrevista.	She **finds out** when the interview is.
Ellos **anunciaron** el puesto en el periódico.	They **advertised** the position in the newspaper.

Some verbs break the dipthong and add an accent mark in all the present indicative, command, and present subjunctive forms except the *nosotros* form.

Envío el historial personal por correo electrónico.	I **am sending** the resume by E-mail.
Evalúe el trabajo.	**Evaluate** the work.
Nosotros **fotografiamos** la graduación.	We **take photos** of the graduation.

-iar	
confiar en *(to trust)*	yo confío
criar *(to raise)*	tú crías
enfriar *(to cool)*	él enfría
enviar *(to send)*	nosotros enviamos
fotografiar *(to photograph)*	vosotros fotografiáis
esquiar *(to ski)*	ellos esquían
guiar *(to guide)*	yo guío
vaciar *(to empty)*	tú vacías
variar *(to vary)*	ella varía

Ana y sus hermanos esquían todos los inviernos.

-uar	
acentuar *(to accent)*	yo acentúo
actuar *(to act)*	tú actúas
atenuar *(to lessen)*	él atenúa
evaluar *(to evaluate)*	ellos evalúan
graduarse *(to graduate)*	vosotros os graduáis
insinuar *(to insinuate)*	ellos insinúan
situar *(to locate)*	yo sitúo

Verbs that end in *-eír*, like *reírse* and *freír*, keep their written accent.

Todos **se ríen** en la foto.	Everybody **is laughing** in the picture.

5 Unos sí y otros no

Complete las oraciones con el verbo indicado y la tilde cuando sea necesario.

La compañía __ que necesita tres estudiantes. (anunciar)
La compañía anuncia que necesita tres estudiantes.

1. Claudia (1) los requisitos antes de llenar la solicitud. (evaluar)
2. Ella (2) su currículum completo. (enviar)
3. Roberto escribe que (3) un grupo de chicos todos los veranos. (guiar)
4. Marta (4) su buena presencia para el puesto de recepcionista. (acentuar)
5. Nosotros (5) en que las referencias nos sirvan para ese puesto. (confiar)
6. La secretaria (6) que el entrenamiento era en otra ciudad. (insinuar)
7. Tú (7) si el membrete está listo para imprimir las cartas. (averiguar)

IDIOMA

Repaso del subjuntivo con sujeto indefinido

The subjunctive is used to refer to an indefinitive or unknown person or object.

Necesitamos una persona que ***sepa*** *español.*	We need someone who **knows** Spanish.
Quiero un trabajo donde no ***haya*** *que viajar.*	I want a job that **does not require** traveling.

6 Se solicita

Imagine que trabaja usted en la sección de anuncios clasificados de un periódico. Escriba los anuncios siguiendo las indicaciones.

arquitecto/tener experiencia/diseño de casas de campo/gustar trabajar en equipo.
Se necesita arquitecto que tenga experiencia en el diseño de casas de campo y le guste trabajar en equipo.

1. disc jockey/conocer música latina/tener su propio sistema de audio
2. agente de viajes/poder viajar con frecuencia/trabajar por su cuenta
3. recepcionista/tener buena presencia/ser muy responsable
4. botones/presentar tres referencias/demostrar buenas maneras
5. reportero/trabajar media jornada/manejar cámaras de video
6. camarógrafo/ser dueño de su equipo/tener pasión por los animales
7. ayudante de cocina/tener iniciativa/querer hacer prácticas
8. peluquero/tener tres años de experiencia/saber maquillar

Quiero que revises esta zona.

Oportunidades

Cómo escribir un currículum vitae

Cuando solicite un trabajo, es necesario que envíe su currículum. A diferencia de los *resumes* que se hacen en Estados Unidos, los currículum son a menudo más largos de una página. Además de la experiencia de trabajo y los estudios, los currículums incluyen también información como la fecha y el lugar de nacimiento, el lugar donde se realizaron los estudios (escuela y universidad), una descripción de los estudios realizados y las calificaciones.

CURRÍCULUM VITAE
Nombre y apellidos: Gonzalo Sánchez Gómez
Fecha de nacimiento: 4 de febrero de 1970
Lugar de nacimiento: Cartagena
Estado civil: Soltero
Domicilio actual: Calle Principal 68
Teléfono: (967) 451001

Educación
1998   Bachillerato Clásico Superior. Fecha de grado: 30 de mayo 1998.
1999   Instituto Politécnico de la Provincia. Escuela de Administración de Negocios. (Macroeconomía, microeconomía, principios generales de administración, estadística.)

Otros estudios
1998   Curso de informática: Microsoft Word y Excel
1997   Curso de mecanografía y teclado de computadora
1997   Seminario de liderazgo y participación comunitaria

Experiencia de trabajo
Desde septiembre de 1998
        Supermercado El Emperador. Cajero y asistente de oficina.
        Responsabilidades: Manejar la caja registradora, atender a los clientes, clasificar y archivar correspondencia y recibos.

1996 a 1998
        Campo de verano Los Pinos. Consejero. Responsabilidades: Planear y dirigir actividades en el gimnasio y enseñar natación a niños de 5 a 10 años. Organizar archivos en las oficinas.

Idiomas

Inglés: Dominio total, hablado y escrito
Francés: Hablado y escrito

Aficiones

Leer, escribir, viajar, montañismo, nadar, tocar el órgano y cocinar.

Actividades como voluntario

Desde 1996 Miembro de la Cruz Roja Juvenil. Miembro de la patrulla de rescate en los parques durante los fines de semana.

Honores y premios

1995	1er lugar Concurso de Cuento Juvenil.
1997	2° lugar Campeonato Estatal de Natación - estilo libre.
1999	Beca estudiantil.

7 ¿Que comprendió Ud.?

1. ¿Qué hacía Gonzalo en el campo de verano?
2. ¿Qué materias estudió en el Politécnico?
3. ¿Para qué sirve incluir el trabajo como voluntario?
4. Diga tres cosas que le gusta hacer a Gonzalo en su tiempo libre.
5. ¿Qué tipo de trabajo puede buscar él?

8 ¿Y usted quién es?

Usando como muestra la información anterior, haga su propio currículum. Piense en sus aficiones como algo que complementa sus estudios y entrenamientos más formales. No se olvide de los premios que ha recibido.

El currículum le permite a quien lo lee tener una idea de quién es usted antes de llamarlo a una entrevista. Revíselo bien para que no tenga errores y fíjese en la presentación.

Es importante que incluyas toda tu experiencia.

IDIOMA

¿Cómo se pronuncia?

Knowing when to use an accent mark in Spanish will help you spell words correctly and will help you improve your pronunciation. The following rules apply to names of people as well.

- Most words in Spanish, and therefore most names, end in a vowel and have the stress on the next-to-last syllable. You use the accent mark when they end in a consonant other than -n or -s.
  Machado Fernando Roberto Martínez

- When a name or surname ends in a vowel or in the consonants *n* or *s*, and the stress in pronunciation falls on the last syllable, an accent mark should be used in the last syllable. *Colón Dalí Valdés Raquel*

- The strong vowels *a*, *e*, and *o* carry the stress when they join the weak vowels *i* and *u* within a syllable. If the weaker vowel happens to carry the stress, an accent mark is required. *María Mario Raúl Laura Lucía Mariana*

- The letter *u* is silent in the syllables *que*, *qui*, *gue*, and *gui*. When the *u* is pronounced, it requires a *diéresis* (two dots). *Quesada Vázquez Aguiar Domínguez Guevara Agüero*

Algo más

El orden alfabético

En el mundo hispano las personas usan dos apellidos. El del padre va primero y se usa para identificar a las personas. El de la madre va último. En una lista en orden alfabético se tiene en cuenta el primer apellido.

Mario **Acevedo** y Góngora   Jorge **Restrepo** Arbelaez
Gabriel **García** Márquez   Isabel **Vázquez** Herrero

9 Pase, por favor, señor...

Imagine que es usted el/la recepcionista y debe anunciar a los clientes antes de pasar a las oficinas. Lea los siguientes nombres en voz alta.

Mendoza Goya Fernando Roberto Juárez Bolívar Moreno Padilla Estévez Dávila Sánchez Carrillo Calderón Ginger Quiñones Pastrana Crespi Beltrán Menem Díaz Trujillo Salazar Mendoza Ceballos

Guía por un día

Imagine que va a presentarse para trabajar como guía en el Museo del Prado de Madrid. Sabe que le van a hacer una prueba y usted tiene que estar bien preparado(a). Consulte la siguiente dirección de Internet *(http://museoprado. mcu.es)* y prepare qué le diría a los turistas en un itinerario en español por las salas del museo.

No olvide dar información sobre:
- el nombre de los artistas principales
- algunos datos sobre la vida de los artistas
- las obras más importantes
- cómo se llaman las personas retratadas en los cuadros

Museo del Prado

| Back | Reload | Forward | Favorite Places | Prefs | Home | Help | Stop |

Address ▼ http://museoprado.mcu.es/

MUSEO DEL PRADO

VISITAS

LO QUE HAY QUE VER:
Le proponemos un recorrido para ver las 50 obras más importantes del museo.

MIRAR UN CUADRO:
Cada mes le invitamos a participar en esta visita guiada. "Una obra, un artista", en la que enseñaremos a mirar un cuadro analizándolo con todo detalle.

COLECCIONES:
Podrá comprobar la riqueza de las colecciones del Museo buscando lo que más le interesa (por pintores, escuelas, épocas, etc).

MUSEO DEL PRADO
P° del Prado s/n.28014 Madrid
museo.nacional@prado.mcu.es

Historia | Información general | Visitas y actividades | Productos | Noticias

---

Autoevaluación. Compruebe lo que ha aprendido. Conteste las siguientes preguntas.
1. ¿Qué es un currículum?
2. ¿Quién puede dar referencias sobre usted?
3. Diga dos maneras de empezar una carta formal.
4. ¿Qué es una referencia?
5. Ponga el acento a las palabras que lo necesiten: *yo envidio, tu insinuas, el anuncia, nosotros averiguamos, ellos confian.*
6. Complete la siguiente oración: *Me gustaría tener un jefe que...*
7. Haga una lista en orden alfabético con los siguientes nombres: *Andrés Villa Leyva, Miguel López Portillo, Gustavo Álvarez Gardeazábal.*

¡La práctica hace al maestro!

A Comunicación

En parejas creen un diálogo usando el vocabulario de esta lección. Sigan las indicaciones.

A: *(Pregúntele a su compañero(a) qué tipo de trabajo le gustaría conseguir para el verano.)*
B: *(Conteste y pregunte lo mismo.)*
A: *(Pregunte si ha hecho prácticas y de qué.)*
B: *(Conteste y pregunte si ha hecho prácticas y si le ha gustado.)*
A: *(Conteste. Pregunte si le gusta trabajar en lugares abiertos o en oficinas.)*
B: *(Conteste y pregunte si le gusta trabajar solo(a) o con otras personas.)*
A: *(Conteste y pregunte si le molesta que le den instrucciones.)*
B: *(Conteste y pregunte lo mismo.)*
A: *(Conteste.)*

B Conexión con la tecnología

Hay muchos anuncios de empleos en Internet. Con un compañero(a) entren en Internet y busquen en uno de los buscadores como *hotbot.com.* Empiecen la búsqueda con las palabras *español* y *empleo.* Continúen limitando la búsqueda por país o ciudad.

Después especifiquen el trabajo como: contabilidad, computadoras, ingeniería, trabajo social, arquitectura, enseñanza, medicina.

Escriban un informe sobre los anuncios que encontraron. Incluyan datos sobre qué tipos de trabajo se ofrecen, cuáles son los requisitos, cuál es el salario y cómo pueden contestar el anuncio. Escojan un anuncio y escriban una carta de respuesta como si estuvieran interesados en el empleo que ofrece.

En el currículum
    el currículum
    el historial personal
    la profesión
    la referencia
    el requisito
    el trabajo manual

Características personales
    la buena presencia
    el carácter
    la iniciativa
    responsable

En la carta
    el destinatario
    el membrete
    el papel de carta
    la posdata

Verbos
    anunciar
    cumplir con
    evaluar
    graduarse
    solicitar

Expresiones y otras palabras
    detallado(a)

Julián tiene mucha iniciativa.
La entrevista fue muy buena.

Lección 39

La primera entrevista

Alfonso tiene hoy la entrevista de trabajo con la agencia de publicidad a la que mandó su currículum. Está un poco nervioso porque es su primera entrevista. De todas maneras, tratará de contestar todas las preguntas que el jefe de personal° le haga. Cuando entra a su oficina, el jefe de personal lo saluda dándole la mano.°

JEFE: Ante todo debo felicitarle por el currículum tan detallado que nos envió. Me gustaría hacerle algunas preguntas. ¿Ha trabajado alguna vez en el campo de la publicidad?

ALFONSO: No, pero como el anuncio del periódico decía que la experiencia no era un requisito, decidí venir porque me parece un trabajo muy interesante. Estoy seguro de que puedo tener un buen futuro aquí.

JEFE: Me gusta la **confianza en sí mismo°** que tiene. Es algo muy importante en un campo como éste, en donde hay que escuchar **críticas°** todos los días. Las otras cualidades que indica en su currículum son también muy interesantes. Nuestra empresa está ofreciendo un puesto de ayudante de escritor de anuncios. Necesitamos a una persona con mucha creatividad y que conozca bien lo que está pasando en la actualidad.

ALFONSO: Yo leo los periódicos todos los días y trato de **mantenerme al día°** de todo lo que ocurre en el mundo. Me gustaría mucho intentarlo. Si quiere puedo hacer una **prueba**° para ustedes.

JEFE: Eso mismo iba a pedirle. Necesitamos que llene este **formulario**° y que luego escriba un anuncio sobre un **comercio**° nuevo que va a abrir en un mes. Recuerde que lo más importante es que al leerlo la gente quiera comprar en ese comercio. Hay que indicar que tiene los mejores productos y los mejores precios.

ALFONSO: Sí, por supuesto. Eso me servirá para **adquirir**° experiencia. ¿Cuándo cree que podría avisarme si me van a **contratar**° o no?

JEFE: Primero, tenemos que evaluar su prueba, lo cual puede tomar una semana, y luego lo llamaremos si consideramos que usted es el mejor **candidato.**°

ALFONSO: Le agradezco que me haya dado la oportunidad de conocerlo. Ojalá pueda trabajar con ustedes muy pronto.

el personal *personnel* **dándole la mano** *shaking hands* **la confianza en sí mismo** *self-confidence* **las críticas** *criticisms* **mantenerme al día** *to keep up to date* **la prueba** *test* **el formulario** *form* **el comercio** *store, business* **adquirir** *to acquire* **contratar** *to hire* **el candidato** *candidate*

1 ¿Qué comprendió Ud.?

1. ¿Dónde tiene una entrevista Alfonso?
2. ¿Qué puesto ofrece la agencia de publicidad?
3. ¿Por qué cree Alfonso que él puede hacer el trabajo?
4. ¿Qué prueba tiene que hacer Alfonso?
5. ¿Qué tiene que tener en cuenta Alfonso cuando escriba el anuncio?
6. ¿Cuándo recibirá Alfonso una respuesta?

2 Charlando

1. ¿Ha tenido alguna vez una entrevista de trabajo? ¿Cómo le fue?
2. ¿Cree usted que es imposible conseguir un trabajo sin experiencia de trabajo? ¿Por qué?
3. Si no tiene experiencia de trabajo, ¿cómo puede adquirirla antes de conseguir un puesto fijo?
4. ¿Con qué empresa le gustaría tener una entrevista de trabajo? ¿Por qué?
5. ¿Qué haría usted para aumentar sus posibilidades de conseguir un trabajo antes de una entrevista?
6. ¿Cree que es bueno que le hagan una prueba al candidato antes de darle el trabajo? ¿Por qué?

IDIOMA

Repaso del subjuntivo

The present subjunctive of most verbs is formed by dropping the *-o* from the *yo* form of the present tense and adding the following endings:

For -ar verbs (hablar)		For -er and -ir verbs (leer, escribir)		
-e	yo habl**e**	-a	l**ea**	escrib**a**
-es	tú habl**es**	-as	l**eas**	escrib**as**
-e	él/ella, usted habl**e**	-a	l**ea**	escrib**a**
-emos	ellos/as habl**en**	-amos	l**eamos**	escrib**amos**
-éis	vosotros/as habl**éis**	-áis	l**eáis**	escrib**áis**
-en	ellos/as, ustedes habl**en**	-an	l**ean**	escrib**an**

Stem changes, irregularities, and spelling changes that occur in the present tense indicative also occur in the present subjunctive.

*Quiero que **tenga** confianza en sí mismo.*	I want **you to have** self-confidence.
*Espero que **puedan** contratarme.*	I hope **they can** hire me.

The following verbs have irregular present subjunctive forms: *estar (esté), saber (sepa), haber (haya), ser (sea), ir (vaya), ver (vea).*

*No creo que **sea** fácil.*	I don't think **it is** easy.
*Es posible que **haya** un puesto fijo.*	It is possible that **there is** a permanent job.

The subjunctive is most often used in sentences having two different subjects and two different verbs. The action of the subjunctive verb has not occured yet and may or may not occur.

subject 1	+	indicative verb	+	que	+	subject 2	+	subjunctive verb

The most common uses of the subjunctive indicate volition, desire, and giving advice.

*Quiero que usted **haga** una prueba.*	I want **you to do** a test.
*Espero que **pueda** trabajar en su empresa.*	I hope **I can** work in your company.
*Te sugiero que **contestes** ese anuncio.*	I suggest that **you answer** that ad.

Es importante que tenga confianza en sí misma al hacer la prueba.

3 Consejos y órdenes

Antonio va a buscar trabajo este verano. Es la primera vez que va a trabajar y todo el mundo le da consejos y le dice lo que tiene que hacer. Escriba lo que cada persona del dibujo quiere que Antonio haga, usando los verbos *querer*, *esperar*, *aconsejar*, *desear* y *preferir*. Siga el modelo.

la profesora/buscar trabajo como voluntario
La profesora quiere que busque trabajo como voluntario.

1. Susana/buscar en los clasificados
2. Pedro/pedir una entrevista
3. mis hermanos/ preparar un buen historial personal
4. mi padrino/ser ayudante de abogado

4 ¿Qué les aconseja?

Los amigos de Antonio tienen muchas cualidades buenas pero todavía no saben qué trabajo escoger. Aconséjelos usando las palabras del recuadro. Use los verbos *aconsejar* y *recomendar*.

seguir la carrera de veterinaria	pedir trabajo de periodista
buscar trabajo de locutor(a)	ser albañil
estudiar derecho	ser maestro(a)
trabajar en una empresa de informática	

 Emilio es muy bueno construyendo cosas.
Le aconsejo que sea albañil.

1. A María le gusta enseñarle a los niños.
2. Ginés es muy bueno con las computadoras.
3. Eduardo y Ana quieren ser abogados.
4. Tú escuchas la radio todo el día.
5. Ernesto explica muy bien las cosas que pasan.
6. Sandra adora los animales.

IDIOMA

Repaso del subjuntivo (continuación)

The subjunctive may be used in a number of additional situations, as follows:

- as an indirect command

  *Dile a María **que busque** trabajo.*   Tell María **to look for** a job.

- as a quote of a direct command

  *Dice **que vaya** a las seis para una entrevista.*   He says I (should) **go** at six for an interview.

- with verbs indicating preference and liking

  Prefiero que tú trabajes en grupo.   I **prefer that** you **work** as a team.
  *A mis padres **les encanta que** yo **estudie** y **trabaje** al mismo tiempo.*   My parents **love that** I **study** and **work** at the same time.

- with verbs of emotion, such as *sentir, esperar, molestar, complacer, agradar, tener miedo de* and *alegrarse de*

  Siento que no te den el puesto.   I **am sorry that** they **don't give you** the position.

  Espero que tengas más suerte.   I **hope that** you **have** better luck.

- with verbs of doubt

  Dudo que me den el trabajo.   I **doubt** they **will give me** the job.

- with impersonal expressions

  Es necesario que prepares un buen currículum.   It **is necessary that** you **prepare** a good resume.
  No es importante que tengas experiencia en este campo.   It **is not important that you have** experience in this field.

- with expressions such as *ojalá (que)* and sometimes with *tal vez* and *quizá* to indicate uncertainty

  Ojalá que puedas venir.   I **hope you can** come.
  Tal vez siga estudiando.   **Maybe I'll keep on** studying.

- with words such as *cuando, como,* and *donde,* when there is uncertainty about the future

  *Lo llamaremos **cuando leamos** su prueba.*   We'll call you **when we have read** your test.
  *Trabajaré **como** y **donde** ustedes me **pidan**.*   I'll work **how** and **where you ask** me to.

- with expressions such as *dondequiera, quienquiera, cualquiera/cualesquiera* and *lo que* (when meaning "whatever")

*Buscaré trabajo **dondequiera** que haya.*	I'll look for work **wherever it might be**.
*Puedes estudiar **lo que quieras**.*	You can study **whatever you want**.

- with the word *aunque* when there is uncertainty about the facts

*Dales el currículum **aunque** no te lo **pidan**.*	Give them your resume **even if** they don't **ask** for it.

- with expressions such as *antes (de) que, después (de) que, en cuanto, hasta que, mientras que,* and *tan pronto como* when they indicate uncertainty about when an action may or may not take place

*Me quedaré en la empresa **mientras no encuentre** otro trabajo.*	I'll stay in the company **as long as I don't find** another job.
*Escríbeme **tan pronto como consigas** el puesto.*	Write me **as soon as you get** the position.

- with phrases indicating intention or purpose in which an action may or may not happen

*Te doy el trabajo **para que adquieras** experiencia.*	I am giving you the job **so that you acquire** experience.

- with clauses that describe what is indefinite or hypothetical

*No **tengo** disponible ningún puesto **que sea** de media jornada.*	**I have no** part-time job available.

- with clauses that describe somebody who may not exist, as in classified ads

*Buscamos un editor **que sepa** de derecho.*	**We are looking for** an editor **who knows** about law.

 5 El jefe nuevo

Estela le cuenta cómo es su jefe nuevo. Complete las respuestas siguiendo las indicaciones.

 ¿Qué le gusta? (Estela llega temprano.)
Le gusta que llegue temprano.

1. ¿Qué le molesta? (Pedro come en el escritorio.)
2. ¿Qué le agrada? (Todos obedecemos.)
3. ¿Qué le enoja? (Eva habla mucho por teléfono.)
4. ¿Qué la pone contenta? (Los empleados tienen buenos modales.)
5. ¿Qué no le gusta mucho? (Estela trabaja sólo media jornada.)

Andrés le pide a Lucía que tome notas en la reunión.

La entrevista en la agencia de viajes

*Después de varias entrevistas, Alfonso se siente un poco triste porque todavía no ha conseguido trabajo. Pero no **se desanima.**° Esta vez tiene una entrevista con una agencia de viajes. La agencia quiere un **suplente**° para unos meses. Al entrar, la señora Gómez, la dueña de la empresa, le ofrece un café y le pide que **tome asiento.**°*

SRA. GÓMEZ:	Me alegro de tener la oportunidad de conocerlo. En estos momentos, necesitamos a alguien que **sustituya**° a nuestra querida Carolina. Se ha ido unos meses de vacaciones y necesitamos a alguien joven con muchas ganas de trabajar. Veo aquí que usted habla otros idiomas. Esto le será muy útil. En cuanto leí su currículum, me dí cuenta de que usted era un buen candidato.
ALFONSO:	Se lo podré demostrar en cuanto empiece a trabajar.
SRA. GÓMEZ:	Me gusta su entusiasmo, pero antes tengo que hacerle unas preguntas. ¿Por qué quiere trabajar en nuestra agencia de viajes?
ALFONSO:	Me parece un trabajo fascinante, en el que se está en contacto con personas de otras ciudades y países. Además me gusta mucho viajar y en la escuela siempre fui muy bueno en geografía.
SRA. GÓMEZ:	Me parece bien. ¿Sabe usted informática?
ALFONSO:	Sí, por supuesto. Trabajé mucho con computadoras en la escuela y en la universidad. Además, en mi tiempo libre también me gusta hacer surf en Internet.
SRA. GÓMEZ:	Muy bien. ¿Tiene usted alguna pregunta?
ALFONSO:	Sí. ¿Cuánto tiempo cree que durará este trabajo?
SRA. GÓMEZ:	En principio el trabajo durará dos meses. Pero seré sincera con usted. Tenemos mucho trabajo y, si todo va bien, es posible que cuando termine haya un puesto fijo para usted.
ALFONSO:	Me interesa conseguir un puesto fijo. ¿Qué tipo de **beneficios**° tienen?

SRA. GÓMEZ: Si trabaja de suplente no tiene **seguro médico**,° pero en cuanto tenga un puesto fijo tendrá seguro médico y un **seguro de vida**.° Además tendrá la tarjeta de agente de viajes, con la que recibe descuentos para viajar. El sueldo no es muy alto, pero si decidimos contratarlo, más tarde recibirá un **aumento**.°

ALFONSO: Por ahora eso no me preocupa. Lo más importante para mí es aprender el trabajo y demostrar que lo puedo hacer bien. Sólo quiero saber algo, ¿cuándo puedo empezar?

SRA. GÓMEZ: ¿Qué tal ahora mismo?

se desanima *gets discouraged* **el suplente** *substitute* **tome asiento** *take a seat* **sustituya** *substitute* **los beneficios** *benefits* **el seguro médico** *medical insurance* **el seguro de vida** *life insurance* **el aumento** *raise*

6 ¿Qué comprendió Ud.?

1. ¿Por qué Alfonso no se desanima porque no ha conseguido trabajo?
2. ¿Para qué tipo de trabajo es la entrevista?
3. ¿Qué pasará cuando vuelva Carolina?
4. ¿Qué beneficios tendrá Alfonso si recibe el puesto fijo?
5. ¿Qué es lo más importante para Alfonso en este momento?
6. ¿Cuándo tiene Alfonso que empezar a trabajar?

7 En una entrevista de trabajo

Con su compañero(a), imaginen que están en una entrevista de trabajo. Uno de ustedes es el entrevistador, y el otro, el entrevistado. Creen un diálogo en base a la entrevista de Alfonso. No se olviden de incluir en el diálogo:

- para qué puesto de trabajo es la entrevista
- si es para un puesto de suplente o para un puesto fijo
- si tiene o no experiencia en ese campo
- por qué quiere trabajar en ese campo
- cuánto será el sueldo
- si el trabajo será de media jornada o de jornada completa

Proverbio

A la hora de buscar trabajo, de estudiar y de hacer casi cualquier cosa es muy útil recordar el proverbio en español "No dejes para mañana lo que puedas hacer hoy". Es especialmente bueno acordarse de él cuando tenemos que hacer algo que no nos gusta y que siempre dejamos para último momento. Lo mejor es quitarse las cosas de en medio *(get things out of the way)*. Así tendremos la satisfacción de tener tiempo para hacer las cosas que nos gustan.

8 Preparándose para una entrevista

Imagine que mandó su currículum para el siguiente aviso y lo/la llamaron para hacer una entrevista. Explique al jefe de personal qué tipo de puesto está buscando. Siga el modelo.

buscar un trabajo/media jornada
Busco un trabajo que sea de media jornada.

EMPRESA INTERNACIONAL
busca personal con conocimientos en computación. Se ofrecen puestos de media jornada y jornada completa. Los interesados deben enviar su curriculum por fax al: 555-5555

1. buscar un puesto/pagar bien
2. gustar los trabajos/tener que hablar varios idiomas
3. preferir un puesto/poder trabajar con computadoras
4. querer aprender los programas/no saber
5. querer un trabajo/tener seguro de vida
6. esperar/el sueldo ser razonable
7. gustar un ambiente/ser bueno para trabajar
8. querer trabajar en una empresa/haber oportunidades de superación

9 Dudo que...

Muchas personas dudan todo lo que oyen. Imagine que es una de ellas y ponga en duda las siguientes oraciones. Use *No creo que* o *Dudo que*.

Va a salir mi reportaje en el periódico.
Dudo que salga mi reportaje en el periódico.

Se necesita recepcionista con conocimientos de inglés para trabajar en una agencia de publicidad. Se ofrecen beneficios y buen sueldo. Informes: 555-6999

1. Marta tiene una entrevista hoy.
2. Vicente siempre lee los clasificados.
3. Juan busca trabajo todos los lunes.
4. Leonor estudia diseño en la universidad.
5. Todos van a la fiesta de graduación de Elena.
6. Juan trabaja como recepcionista.

10 Es mejor que empecemos a buscar trabajo

Marta y Luis están buscando trabajo en el mismo campo. Necesitan decidir qué es lo que tienen que hacer para conseguir trabajo más rápidamente. Complete las siguientes oraciones usando el subjuntivo. Siga el modelo.

Es necesario que... (comprar el periódico todos los días)
Es necesario que compremos el periódico todos los días.

1. Es importante que... (hacer bien el currículum)
2. Es mejor que... (elegir empresas grandes)
3. Es dudoso que... (encontrar trabajo los dos al mismo tiempo)
4. Es posible... (tener que ir a la entrevista por separado)
5. Es preciso... (ir a la entrevista elegante)
6. Ojalá... (no tener que hacer una prueba en la entrevista)

Tan pronto como...

Complete las siguientes oraciones con el subjuntivo del verbo entre paréntesis. Siga el modelo.

 Te lo doy tan pronto como ella (leerlo) ___.
Te lo doy tan pronto como ella <u>lo lea</u>.

1. Contesta el anuncio antes de que ellos (contratar) <u>(1)</u> a otro empleado.
2. Envía el currículum en cuanto tú (saber) <u>(2)</u> la dirección.
3. Estudia a fin de que (poder) <u>(3)</u> conseguir un buen trabajo.
4. Mejor llama por teléfono aunque ellos (no llamar) <u>(4)</u>.
5. ¿Quieres los clasificados después de que yo (leerlos) <u>(5)</u>?
6. Envía la carta tan pronto como tú (recibir) <u>(6)</u> el formulario.

 Buscando trabajo...

Complete las siguientes oraciones usando las palabras del recuadro.

aumento   personal
confianza   seguro de vida
contratar   suplente
críticas   puesto fijo
desanima   formulario
seguro médico   sustituir

Ojalá encuentre un trabajo que me guste en los clasificados.

1. Ayer tuve una entrevista con el jefe de <u>(1)</u>.
2. Raúl todavía tiene <u>(2)</u> en sí mismo.
3. Elena no le hace caso a las <u>(3)</u>.
4. En su empresa buscan a una persona <u>(4)</u> para <u>(5)</u> a Susana.
5. Alfonso no se <u>(6)</u> y sigue buscando trabajo.
6. Cuando obtenga el <u>(7)</u> va a recibir <u>(8)</u> y <u>(9)</u>.
7. En la entrevista me pidieron que llene un <u>(10)</u>.
8. A Juan le dieron un <u>(11)</u> de veinte dólares.
9. Van a <u>(12)</u> a tres personas para trabajar media jornada.

Autoevaluación. Compruebe lo que ha aprendido. Conteste las siguientes preguntas.

1. ¿Qué hay que hacer muchas veces en una entrevista?
2. Escriba dos oraciones con los verbos *saber* y *haber* en subjuntivo.
3. Escriba dos oraciones que expresen un consejo y una orden para alguien.
4. Haga una oración que empiece con *Tal vez...*
5. ¿Cómo se le llama a la persona que sustituye a otra por un tiempo?
6. ¿Qué beneficios tiene una persona que trabaja en un puesto fijo?

¡La práctica hace al maestro!

A Comunicación

Imagine que usted y su compañero(a) han regresado de dos entrevistas de trabajo. Creen un diálogo sobre cómo les fue en las entrevistas a cada uno. Sigan las indicaciones.

A: *(Pregúntele a su compañero(a) cómo le fue en la entrevista.)*
B: *(Cuente cómo le fue y pregunte lo mismo.)*
A: *(Cuente cómo le fue y pregunte si le hicieron hacer una prueba y cómo era.)*
B: *(Conteste. Pregunte lo mismo.)*
A: *(Conteste. Pregunte si sabe qué tipo de trabajo tendría que hacer.)*
B: *(Conteste. Pregunte lo mismo.)*
A: *(Conteste. Diga si le gustaría trabajar en ese lugar y por qué.)*
B: *(Explique lo mismo.)*

B Conexión con la tecnología

Uno de los requisitos que más se piden hoy en día en los trabajos es saber computación. Cada vez más es indispensable *(essential)* saber cómo manejar una computadora y cómo trabajar con los diferentes programas que existen.

La mayoría de las veces, en las entrevistas de trabajo, se pregunta a los candidatos qué programas de computación conocen. Con su compañero(a), busquen en los avisos clasificados de Internet o del periódico qué programas de computación piden las empresas, que deben conocer los candidatos para los puestos de trabajo. Hagan una lista de los programas que más se piden y coméntenlos luego al resto de la clase.

Verbos

adquirir
contratar
dar la mano
desanimarse
mantenerse al día
sustituir
tomar asiento

Vocabulario del trabajo

el aumento
el beneficio

el/la candidato(a)
el formulario
el personal
la prueba
el seguro médico
el seguro de vida
el/la suplente

Expresiones y otras palabras

el comercio
la confianza en sí mismo(a)
la crítica

Conexión *Cultural*

Dos enigmas por resolver

Sudamérica y sus ancestrales culturas encierran muchos enigmas. Uno de ellos es el de la Isla de Pascua. En esta isla, que pertenece a Chile, hay unas gigantescas estatuas de piedra que los nativos llaman moais. Las esculturas, que tienen más de 1.600 años, representan unos enormes bustos, con caras serias y ojos grandes. Algunos moais miden más de diez metros de altura y pueden pesar de 25 a 80 toneladas, según su tamaño. En la Isla de Pascua hay más de 600 moais, pero nadie sabe quién los construyó ni cómo lo hicieron, porque en la isla no hay piedras de ese tamaño.

(Arriba) Las líneas de Nazca, Perú.

(Abajo) Moais en la Isla de Pascua, Chile.

Otro de los enigmas de Sudamérica son las líneas del desierto de Nazca en Perú. Estas líneas se vieron por primera vez en 1939, desde un avión. Las líneas forman figuras de animales y formas geométricas. Tienen más de 300 metros de largo cada una y sólo se pueden ver desde el aire. Hay muchas teorías sobre las líneas de Nazca. Algunos opinan que los indígenas hicieron estos dibujos para comunicarse con los dioses. Se piensa que Nazca era un campo de aterrizaje extraterrestre. Por ahora, las líneas de Nazca son un enigma por resolver.

Lección 40

El mundo del futuro

*Alicia, Francisco y Daniel, tres chicos de Buenos Aires, tienen que hacer un informe para la escuela sobre el mundo en el siglo XXI. Hoy se han reunido en casa de Francisco para hablar sobre los **adelantos**° que existen y los **inventos**° que existirán en el futuro.*

ALICIA:	Seguro que nuestros padres no imaginaban que hoy en día se usaría Internet para mandar mensajes por correo electrónico de un lado a otro del planeta.
DANIEL:	Ni que lo usaríamos para hacer la tarea.
FRANCISCO:	Yo casi no me lo creo todavía. Antes, una carta a mi amigo en España tardaba al menos dos semanas en llegar. Hoy, con el correo electrónico, mandamos mensajes en un minuto.
ALICIA:	Y si tuvieran los equipos necesarios, también podrían hablar y verse a la vez, en la computadora.
DANIEL:	Ya verán como muy pronto, eso será lo más normal del mundo. Las **innovaciones**° cada vez se conocen con más **rapidez.**°
ALICIA:	¿Qué más podemos poner en el informe?
DANIEL:	¿Algo sobre la televisión, quizá? Hablemos de las **antenas parabólicas**° y de cómo hoy uno puede ver programas de todo el mundo.
FRANCISCO:	Sí, con los **satélites,**° las comunicaciones **han avanzado**° muchísimo. ¿Qué creen que pasará en el siglo XXI?

ALICIA:	A lo mejor, habrá televisión en **tres dimensiones.°**
DANIEL:	¡Si yo tuviera una tele en tres dimensiones en casa, no saldría nunca!
FRANCISCO:	Eso dices ahora, pero a lo mejor en diez años, todo el mundo tendrá la tele en tres dimensiones y lo último sería una televisión de **realidad virtual.°**
DANIEL:	En la actualidad, tenemos los DVD, o **videos digitales.°**
FRANCISCO:	Eso tampoco nos lo hubiéramos imaginado hace un tiempo.
ALICIA:	Seguramente se van a desarrollar mucho más esas **tecnologías°** para usarlas con **fines°** científicos y para entretener a la gente, como sucede con los **simuladores de vuelo.°**
DANIEL:	Tienes razón. Antes la realidad virtual sólo se usaba para entrenar personal militar. Nadie creía que podría usarse en la educación universitaria, ni que serviría para jugar y divertirse.
FRANCISCO:	Yo diría que en el futuro todo se va a hacer a través de Internet.
ALICIA:	¿Tú crees?
FRANCISCO:	Sí. La gente trabajará desde sus casas, y todos estaremos **conectados.°**
DANIEL:	Yo creo que el **desarrollo°** de los nuevos inventos será tan rápido que no podemos ni imaginarnos los avances que tendrán nuestros hijos.
ALICIA:	Y... ¿ustedes piensan que **seremos capaces°** de **aprovecharnos°** de tantos **avances?°**

los adelantos *advances* **los inventos** *inventions* **las innovaciones** *innovations* **la rapidez** *speed* **las antenas parabólicas** *satellite dishes* **los satélites** *satellites* **han avanzado** *have advanced* **tres dimensiones** *three-dimensional* **la realidad virtual** *virtual reality* **los videos digitales (DVD)** *digital video drive (DVD)* **las tecnologías** *technologies* **los fines** *purposes* **los simuladores de vuelo** *flight simulators* **conectados** *connected* **el desarrollo** *development* **seremos capaces** *we will be able* **aprovecharnos** *to take advantage* **los avances** *advances*

 ## ¿Qué comprendió Ud?

1. ¿Por qué están los chicos hablando del futuro?
2. ¿Qué es lo que casi no se cree Francisco?
3. ¿Qué se puede hacer ya hoy en Internet, según Alicia?
4. ¿Para qué sirven las antenas parabólicas según Daniel?
5. ¿Qué cree Alicia que pasará con la realidad virtual?
6. Según Francisco, ¿qué se va a hacer en el futuro?

 ## Charlando

1. De los adelantos tecnológicos mencionados en la lectura, ¿cuál le parece más importante?
2. ¿Qué innovaciones usa usted más? ¿Y sus padres?
3. ¿Cómo afectan su vida? ¿La han cambiado en algo?
4. ¿Qué avance le gustaría que ocurriera en el futuro? ¿Por qué?

Palabras y expresiones sobre el futuro

la energía	energy
los recursos naturales	natural resources
los fines benéficos	beneficial purposes
la escasez de...	shortage of...
empleo	employment
oxígeno	oxygen
petróleo	oil
el medio ambiente	environment

IDIOMA

Más sobre el imperfecto de subjuntivo

Use the imperfect subjunctive:

- when the verb in the independent clause is in the past (preterite or imperfect) or in the conditional

  Quería que escribieras un informe. **I wanted you to write** a report.
  Si tuviera una antena parabólica, **If I had** a satellite dish, **I could** watch
  podría ver más programas. more programs.

- with *quisiera* and *me gustaría que*

  Me gustaría que existiera **I would like** 3-D television
  la televisión en tres dimensiones. **to exist.**

- in contrary-to-fact *si* clauses

  Si me invitaran, subiría a un **If they invited** me, **I would go** on a
  simulador de vuelo. flight simulator.

- always after *como si* (as if)

  Él habla del video digital como He talks about DVD **as if he had** one.
  si tuviera uno.

el imperfecto del subjuntivo
hablar: hablara, hablaras, hablara, habláramos, hablarais, hablaran
comer: comiera, comieras, comiera, comiéramos, comierais, comieran
vivir: viviera, vivieras, viviera, viviéramos, vivierais, vivieran

Stem changes for -ir verbs (o->u, e->i) and irregularities that appear in the preterite occur in the imperfect subjunctive.

Quería que tú vinieras. **I wanted** you **to come.**

3 ¿Qué pasaría?

¿Qué pasaría si los inventos de este siglo fueran diferentes? Complete las oraciones con la forma apropiada del verbo entre paréntesis.

1. Enviaríamos más cartas si no (existir) (1) el correo electrónico.
2. Si no (haber) (2) videos, más personas irían al cine.
3. Si las computadoras no (funcionar) (3) bien, en muchos trabajos se usarían las máquinas de escribir.
4. Si los precios de las compañías de teléfono (ser) (4) más bajos, más personas se comunicarían por teléfono.
5. Si (haber) (5) menos fábricas habría menos contaminación.
6. La gente trabajaría menos, si (inventar) (6) nuevas computadoras.

4 Hasta que...

Conecte las dos oraciones por medio de las palabras entre paréntesis.

 Querían instalar la antena parabólica./Yo llego. (antes de que)
Querían instalar la antena parabólica antes de que yo llegara.

1. Había muchas innovaciones tecnológicas./Nosotros las aprovechamos. (a fin de que)
2. El desarrollo era más lento./Hay innovaciones. (antes de que)
3. Quería comprarme un simulador de vuelo./Las tiendas lo venden. (en cuanto)
4. Los avances eran buenos./Podemos aprovecharlos. (con tal de que)
5. Yo quisiera./Mis padres me regalan un video digital. (que)
6. Él manejaba el simulador de vuelo./Es un piloto profesional. (como si)

IDIOMA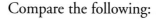

Resumen de los tiempos perfectos del subjuntivo

Pretérito perfecto del subjuntivo: **haya + participio pasado**

Espero que **hayan recibido** *mi carta.*	I hope they **have received** my letter.

Pluscuamperfecto del subjuntivo: **hubiera/hubiese + participio pasado**

*Si se **hubiera sentido** mejor, ella habría subido en el simulador de vuelo.*	If she **had felt** better, she would have ridden on the flight simulator.

The *si* clause, indicating a condition contrary to fact in the past, is usually paired with a clause in the conditional, indicating probability or inclination.

*Si ellos **quisieran**, aprenderían a usar un video digital.*	If they **wanted to**, they **would learn** to use a digital video.

Compare the following:

Espero que hayan venido.	I hope they have come.
Esperaba que hubieran venido.	I was hoping they had come.
Esperaba que vinieran.	I hoped they would come.
Espero que vengan.	I hope (that) they (will) come. (I expect them to come.)

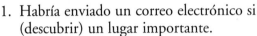

5 Cristóbal Colón en el siglo XXI

Complete las oraciones usando el pluscuamperfecto del subjuntivo del verbo entre paréntesis.

 Las cosas habrían sido muy diferentes si Colón hubiera vivido en el siglo XXI.

1. Habría enviado un correo electrónico si (descubrir) un lugar importante.
2. Habría hablado con la reina por video-teléfono en cuanto (llegar) a una isla.
3. Habría hecho un mapa en tres dimensiones tan pronto como (estudiar) la región.
4. Habría enviado imágenes por satélite si (tener) una cámara.
5. A su regreso, habría visto su viaje en video digital si alguien (saber) usar una cámara de DVD.

6 Historias increíbles

Hubo tantos cambios en los últimos años que nuestros abuelos no creían todo lo que había pasado. Cree oraciones explicando las cosas que no creían. Use el pluscuamperfecto del subjuntivo.

 poder ver programas de otros países por satélite.
Mis abuelos no creían que hubieran podido ver programas de otros países por satélite.

1. grabar películas en video digital
2. inventar un simulador de vuelo
3. encontrar nuevas fuentes de energía
4. haber escasez de petróleo
5. comprar una antena parabólica
6. ver tantos avances

7 Demasiados mensajes

Usted llega a casa después de un día largo y recibe varios mensajes en el contestador automático. Malas noticias: esperaba usted exactamente lo contrario. Haga oraciones con el pluscuamperfecto del subjuntivo.

 "Soy Rita. No conseguí el trabajo en la agencia de viajes".
Esperaba que Rita hubiera conseguido el trabajo.

1. "Lo llamamos de la escuela para decirle que mañana tiene que venir una hora antes, o sea a las siete y media".
2. "Soy Julia, lo siento pero me olvidé de comprarle un regalo de cumpleaños a la tía Josefina".
3. "Hola, soy Javier. Aún no he recibido esa carta tan larga que dijiste que me escribiste. ¿La enviaste de verdad?"

8 Profesiones del futuro

Algunas de las profesiones del futuro estarán orientadas a mejorar el medio ambiente. Lea este artículo y diga si las siguientes oraciones son ciertas o falsas. Corrija las que son falsas.

VERDE, QUE TE QUIERO VERDE

Estudios internacionales recientes han revelado las actividades con más futuro en los distintos sectores económicos. Entre ellas figuran las siguientes alternativas medioambientales.

SECTOR AGRARIO

- Conservación de suelos para la agricultura
- Recuperación de suelos (minas y canteras)
- Conservación de masas forestales
- Obras y servicios de mantenimiento del equilibrio ecológico
- Producción de semillas, plantones, frutales, plantas aromáticas y ornamentales y flores
- Cultivos hidropónicos y Agricultura biológica
- Ingeniería genética para combatir plagas y clonar vegetales

SECTOR INDUSTRIAL

- Energía solar y energía eólica
- Equipos para la racionalización del consumo eléctrico
- Geotermismo
- Bioenergía: biomasa y biogás de residuos ganaderos
- Tratamiento de residuos y biomasas (urbanos, industriales y agrícolas)

SECTOR SERVICIOS

- Turismo ecológico
- Deportes en la naturaleza
- Termalismo y balnearios
- Sanidad medioambiental
- Sanidad preventiva en alimentación
- Servicios jurídicos, fiscales y comerciales para las actividades medioambientales

---

1. Los trabajos del sector industrial se relacionan con el consumo de energía.
2. El turismo ecológico no es un servicio.
3. Los trabajos del sector agrario se relacionan con el equilibrio ecológico.
4. Los trabajos de sanidad preventiva en alimentación conservarían los árboles.
5. La agricultura biológica estaría en el sector de servicios.
6. Los deportes en la naturaleza se harían en el sector agrario.
7. Los programas de ahorro energético no pertenecerían al sector agrario.
8. Los trabajos de bioenergía podrían ser del sector industrial y del sector agrario.

Autoevaluación. Compruebe lo que ha aprendido. Conteste las siguientes preguntas.

1. Diga dos avances tecnológicos que le parecen muy especiales.
2. ¿Para qué se usa la realidad virtual?
3. ¿Qué tiempo verbal se usa en la cláusula dependiente si en la cláusula independiente el verbo está en condicional o en pasado?
4. Diga tres expresiones después de las cuales siempre se usa el subjuntivo.
5. Escriba la forma correcta del verbo en la oración siguiente: *Habría llamado si (saber) ___ que estabas en la ciudad.*
6. Diga tres profesiones del futuro.

¡La práctica hace al maestro!

A El año 2040

Con su compañero(a), hablen de cómo creen que serán las cosas en el año 2040. Comenten los adelantos y las innovaciones siguientes y digan cómo habrán cambiado en el futuro.

las escuelas
No existirán, se estudiará en casa con la computadora.

1. las tiendas
2. las bibliotecas
3. los bancos
4. las casas
5. los coches
6. las fábricas

B Conexión con la tecnología

Con un grupo pequeño de compañeros visiten tiendas donde haya juegos de realidad virtual y observen cómo funcionan. Luego hagan una pequeña investigación sobre el uso de la realidad virtual en programas de entrenamiento militar y de cirugía. Después conversen sobre otras cosas que se pueden aprender con esta tecnología y diseñen un juego para enseñar una destreza. Por ejemplo con el uso de la realidad virtual se pueden hacer experimentos de química sin correr el riesgo de que el laboratorio de la escuela explote. No se olviden de escribir lo que quieren enseñar, lo que se vería, qué instrumentos habría que usar y cómo funcionaría el juego.

Los avances de hoy
el adelanto
la antena parabólica
el avance
el desarrollo
la escasez
la innovación
el invento
la rapidez
la realidad virtual
el satélite
el simulador de vuelo
la tecnología
las tres dimensiones
el video digital (DVD)

Verbos
aprovecharse
avanzar

Tenemos que cuidar...
la energía
el medio ambiente
el oxígeno
el petróleo
el recurso natural

Expresiones y otras palabras
benéfico(a)
conectado(a)
el fin
ser capaz/capaces de

a leer

Estrategia

Preparación

Jorge Luis Borges nació en Buenos Aires en 1899. Era un niño enfermizo y miope. Lo que más le gustaba hacer era leer. Pasaba mucho tiempo en la biblioteca de su padre. En 1914 la familia se fue a Europa y Borges y su hermana se educaron en Suiza durante cuatro años. Allí aprendió francés y alemán. Después vivió en España donde conoció a muchos escritores y poetas. Regresó a Buenos Aires durante los años 20. Escribió ensayos, cuentos y poesía. Borges tuvo siempre problemas con los ojos, y eventualmente se quedó ciego. Recibió homenajes y premios en América y en Europa. Murió en junio de 1986.

Temas principales en Borges

Es muy difícil encontrar uniformidad en un autor que escribió durante 60 años. En su poesía temprana le interesan los temas argentinos mientras que la poesía de su madurez tiene temas metafísicos. Los cuentos que escribió durante los años 40 son literatura fantástica. En los años 60 y 70 rara vez se aleja de lo verosímil. Su poesía y sus ensayos son más personales, mientras que sus cuentos son más impersonales. En la fase de narrativa fantástica esconde su propia voz detrás de narradores ficticios. Sus personajes son esquemáticos. Una característica general de su escritura es la brevedad. Le interesan:

- La metafísica
- El tiempo circular
- El laberinto
- El doble
- El infinito o la eternidad
- La negación de la personalidad individual

Estrategia: buscar las palabras claves

Vamos a leer dos cuentos de Borges en los que se pueden ver muchas de las características mencionadas. Borges juega con las palabras para sugerir sus temas favoritos. Busque en los dos cuentos palabras claves que se refieren a los temas anteriores y anótelas en una lista.

Leyenda

Jorge Luis Borges

Abel y Caín se encontraban después de la muerte de Abel. Caminaban por el desierto y se reconocieron desde lejos, porque los dos eran muy altos. Los hermanos se sentaron en la tierra, hicieron un fuego° y comieron. Guardaban silencio,° a la manera de la gente cansada cuando declinaba el día.° En el cielo asomaba° alguna estrella, que aún no había recibido su nombre. A la luz de las llamas,° Caín advirtió° en la frente de Abel la marca de la piedra y dejó caer el pan que estaba por° llevarse a la boca y pidió que le fuera perdonado su crimen. Abel contestó:

—¿Tú me has matado o yo te he matado? Ya no recuerdo, aquí estamos juntos como antes.

—Ahora sé que en verdad me has perdonado —dijo Caín—, porque olvidar es perdonar. Yo trataré también de olvidar.

Abel dijo despacio:

—Así es. Mientras dura el remordimiento° dura la culpa.°

hicieron un fuego *lit a fire* **guardaban silencio** *remained silent* **declinaba el día** *the day came to an end* **asomaba** *appeared* **las llamas** *flames* **advirtió** *noticed* **estaba por** *was about to* **el remordimiento** *remorse* **la culpa** *guilt*

Los dos reyes y los dos laberintos

Jorge Luis Borges

Cuentan los hombres dignos de fe° (pero Alá sabe más) que en los primeros días hubo un rey de las islas de Babilonia que congregó a sus arquitectos y magos° y les mandó construir un laberinto tan perplejo° y sutil° que los varones más prudentes no se aventuraban a entrar, y los que entraban se perdían. Esa obra era un escándalo, porque la confusión y la maravilla° son operaciones propias° de Dios y no de los hombres. Con el andar del tiempo vino a su corte un rey de los árabes, y el rey de Babilonia (para hacer burla de la simplicidad de su huésped) lo hizo penetrar en el laberinto, donde vagó° afrentado° y confundido hasta la declinación de la tarde. Entonces imploró socorro divino y dio con la puerta.° Sus labios no profirieron° queja ninguna, pero le dijo al rey de Babilonia que él en Arabia tenía un laberinto mejor y

que, si Dios era servido, se lo daría a conocer algún día. Luego regresó a Arabia, juntó sus capitanes y sus alcaides° y estragó° los reinos° de Babilonia con tan venturosa° fortuna que derribó° sus castillos, rompió sus gentes e hizo cautivo° al mismo rey. Lo amarró° encima de un camello veloz° y lo llevó al desierto. Cabalgaron° tres días, y le dijo: "¡Oh, rey del tiempo y substancia y cifra° del siglo!, en Babilonia me quisiste perder en un laberinto de bronce con muchas escaleras, puertas y muros; ahora el Poderoso° ha tenido a bien° que te muestre el mío, donde no hay escaleras que subir, ni puertas que forzar, ni fatigosas galerías que recorrer, ni muros que te veden° el paso".

Luego le desató° las ligaduras° y lo abandonó en mitad del desierto, donde murió de hambre y de sed. La gloria sea con Aquel que no muere.

los hombres dignos de fe *credible people* **los magos** *wise men* **perplejo** *perplexing, puzzling* **sutil** *subtle* **la maravilla** *wonderment* **las operaciones propias** *actions belonging* **vagó** *wandered* **afrentado** *insulted* **dio con la puerta** *he found the door* **profirieron** *uttered* **los alcaides** *governors of a castle or fort* **estragó** *ravaged* **los reinos** *kingdoms* **venturosa** *fortunate* **derribó** *destroyed* **hizo cautivo** *captured* **amarró** *tied* **veloz** *fast* **cabalgaron** *rode* **la cifra** *a key to a code* **el Poderoso** *the Almighty* **ha tenido a bien** *has granted* **veden** *prevent* **desató** *untied* **las ligaduras** *ropes*

¿Qué comprendió Ud.?

1. *Leyenda* Conteste las preguntas con sus propias palabras. No copie las respuestas directamente del texto.

1. ¿Dónde se encontraron Caín y Abel?
2. ¿Por qué se reconocieron?
3. ¿Por qué no hablaban?
4. ¿Qué vio Caín en la frente de Abel?
5. ¿De qué crimen habla Caín?
6. ¿Por qué sabe Caín que Abel lo ha perdonado?
7. Al final, ¿qué le dice Abel a Caín? ¿Por qué?

2. *Los dos reyes y los dos laberintos* Conteste las preguntas con sus propias palabras.

1. ¿Para qué reunió el rey de las islas de Babilonia a sus arquitectos?
2. Describa el laberinto con palabras diferentes a las del texto.
3. ¿Quién visitó al rey de Babilonia?
4. ¿Cómo se burla el rey de Babilonia del huésped? ¿Por qué?
5. ¿Cómo sale del laberinto el rey de los árabes?
6. ¿Qué le dijo al rey de Babilonia el rey de los árabes?
7. ¿Contra quién hizo una guerra el rey de los árabes?
8. ¿Qué es el laberinto del rey de los árabes?

 ## Charlando

En grupos, den ejemplos concretos de temas y características de la escritura de Borges que aparecen en los cuentos. Comparen los ejemplos entre ustedes y expliquen por qué han elegido esas partes del texto. Usen la siguiente lista para orientarse:

- Borges elabora sobre el Génesis.
- El narrador de *Los dos reyes y los dos laberintos* habla como un devoto de Alá.
- Borges usa un vocabulario poético y poco usual, especialmente en *Los dos reyes y los dos laberintos*.
- Los personajes de Borges son esquemáticos.

Escoja uno de los siguientes temas y preséntelo a la clase.

1. ¿Qué lección le enseña Abel a Caín? ¿Cómo se puede aplicar esa lección a todos los hombres?
2. ¿Qué lección le da el rey de los árabes al rey de Babilonia? ¿Cómo se aplica esa lección a toda la humanidad?

a escribir

Estrategia

Estrategia: usar metáforas

La metáfora es una figura literaria en la que una cosa o persona se identifica con otra, para expresar un parecido o una cualidad. Por ejemplo, si decimos "boca de fresa", no hablamos de la boca de una fresa, ni de que alguien tiene la boca de ese sabor, sino que hablamos de una boca que por su forma y su color parece o nos recuerda a una fresa.

Para crear una metáfora el elemento o idea que se compara tiene que tener alguna característica en común con el elemento o idea al que se compara. A veces, en la metáfora no aparece la palabra a la que se refiere, sino sólo a qué se le compara. Por ejemplo, al decir "la dama blanca de la noche", no referimos a la luna. La luna es, en esta metáfora, la dama blanca, aunque el nombre luna no aparece en el texto.

En sus cuentos, Jorge Luis Borges usa muchas metáforas. Las metáforas ayudan a describir personas, cosas, situaciones. Pueden ilustrar cosas concretas o abstractas, como cuando Caín dice "olvidar es perdonar".

Escriba un párrafo en el que haya, al menos, tres metáforas diferentes. Éstas tienen que describir un objeto o una persona. Intercambien su párrafo con un(a) compañero(a), y busquen las metáforas que escribió. Después contesten las siguientes preguntas:

- ¿Por qué creen que se usan metáforas en la literatura?
- ¿Qué tipo de literatura creen que usa más metáforas? ¿Por qué?
- ¿Conocen algunas expresiones que estén basadas en metáforas?
- Inventen una metáfora que se podría usar como expresión y expliquen su significado.

repaso

Now that I have completed this chapter, I can...

✓ talk about the future
✓ make plans
✓ prepare for a job interview
✓ write my resume
✓ write formal and informal letters
✓ describe my aptitudes
✓ state conditions and express wishes in the past
✓ express what I would do in a specific situation

I can also...

✓ name some popular careers for young people
✓ talk about inventions and new technologies
✓ talk about the Nazca desert in Peru
✓ talk about the moais on Isla de Pascua, Chile

Appendices

Appendix A

Grammar Review

Definite articles

	Singular	Plural
Masculine	el	los
Feminine	la	las

Indefinite articles

	Singular	Plural
Masculine	un	unos
Feminine	una	unas

Adjective/noun agreement

	Singular	Plural
Masculine	El chico es alto.	Los chicos son altos.
Feminine	La chica es alta.	Las chicas son altas.

Pronouns

Singular	Subject	Direct object	Indirect object	Object of preposition	Reflexive	Reflexive object of preposition
1st person	yo	me	me	mí	me	mí
2nd person	tú	te	te	ti	te	ti
	Ud.	lo/la	le	Ud.	se	sí
3rd person	él	lo	le	él	se	sí
	ella	la	le	ella	se	sí
Plural						
1st person	nosotros	nos	nos	nosotros	nos	nosotros
	nosotras	nos	nos	nosotras	nos	nosotras
2nd person	vosotros	os	os	vosotros	os	vosotros
	vosotras	os	os	vosotras	os	vosotras
	Uds.	los/las	les	Uds.	se	sí
3rd person	ellos	los	les	ellos	se	sí
	ellas	las	les	ellas	se	sí

Demonstrative pronouns

| Singular | | Plural | | |
Masculine	Feminine	Masculine	Feminine	Neuter forms
éste	ésta	éstos	éstas	esto
ése	ésa	ésos	ésas	eso
aquél	aquélla	aquéllos	aquéllas	aquello

Relative pronouns

que	who, whom, which, that
quien	who
quienes	who
a quien	whom
a quienes	whom
cuyo,-a	whose
el que, la que	who, which
el cual, la cual	who, which
lo que	what, that which

Possessive pronouns

Singular	Singular form	Plural form
1st person	el mío la mía	los míos las mías
2nd person	el tuyo la tuya	los tuyos las tuyas
3rd person	el suyo la suya	los suyos las suyas
Plural	**Singular form**	**Plural form**
1st person	el nuestro la nuestra	los nuestros las nuestras
2nd person	el vuestro la vuestra	los vuestros las vuestras
3rd person	el suyo la suya	los suyos las suyas

Interrogatives

qué	what
cómo	how
dónde	where
cuándo	when
cuánto,-a,-os,-as	how much, how many
cuál/cuáles	which (one)
quién/quiénes	who, whom
por qué	why
para qué	why, what for

Demonstrative adjectives

Singular		Plural	
Masculine	**Feminine**	**Masculine**	**Feminine**
este	esta	estos	estas
ese	esa	esos	esas
aquel	aquella	aquellos	aquellas

Possessive adjectives: short form

Singular	Singular nouns	Plural nouns
1st person	mi hermano mi hermana	mis hermanos mis hermanas
2nd person	tu hermano tu hermana	tus hermanos tus hermanas
3rd person	su hermano su hermana	sus hermanos sus hermanas
Plural	**Singular nouns**	**Plural nouns**
1st person	nuestro hermano nuestra hermana	nuestros hermanos nuestras hermanas
2nd person	vuestro hermano vuestra hermana	vuestros hermanos vuestras hermanas
3rd person	su hermano su hermana	sus hermanos sus hermanas

Possessive adjectives: long form

Singular	Singular nouns	Plural nouns
1st person	un amigo mío una amiga mía	unos amigos míos unas amigas mías
2nd person	un amigo tuyo una amiga tuya	unos amigos tuyos unas amigas tuyas
3rd person	un amigo suyo una amiga suya	unos amigos suyos unas amigas suyas
Plural	**Singular nouns**	**Plural nouns**
1st person	un amigo nuestro una amiga nuestra	unos amigos nuestros unas amigas nuestras
2nd person	un amigo vuestro una amiga vuestra	unos amigos vuestros unas amigas vuestras
3rd person	un amigo suyo una amiga suya	unos amigos suyos unas amigas suyas

Appendix B

Verbs

Present tense (indicative)

Regular present tense		
hablar *(to speak)*	hablo hablas habla	hablamos habláis hablan
comer *(to eat)*	como comes come	comemos coméis comen
escribir *(to write)*	escribo escribes escribe	escribimos escribís escriben

Present tense of reflexive verbs (indicative)

lavarse *(to wash oneself)*	me lavo te lavas se lava	nos lavamos os laváis se lavan

Preterite tense (indicative)

hablar *(to speak)*	hablé hablaste habló	hablamos hablasteis hablaron
comer *(to eat)*	comí comiste comió	comimos comisteis comieron
escribir *(to write)*	escribí escribiste escribió	escribimos escribisteis escribieron

Imperfect tense (indicative)

hablar *(to speak)*	hablaba hablabas hablaba	hablábamos hablabais hablaban
comer *(to eat)*	comía comías comía	comíamos comíais comían
escribir *(to write)*	escribía escribías escribía	escribíamos escribíais escribían

Future tense (indicative)

hablar *(to speak)*	hablaré hablarás hablará	hablaremos hablaréis hablarán
comer *(to eat)*	comeré comerás comerá	comeremos comeréis comerán
escribir *(to write)*	escribiré escribirás escribirá	escribiremos escribiréis escribirán

Conditional tense (indicative)

hablar *(to speak)*	hablaría hablarías hablaría	hablaríamos hablaríais hablarían
comer *(to eat)*	comería comerías comería	comeríamos comeríais comerían
escribir *(to write)*	escribiría escribirías escribiría	escribiríamos escribirías escribirían

Present participle

The present participle is formed by replacing the *-ar* of the infinitive with *-ando* and the *-er* or *-ir* with *-iendo*.

hablar comer vivir	hablando comiendo viviendo

Progressive tenses

The present participle is used with the verbs *estar, continuar, seguir, andar* and some other motion verbs to produce the progressive tenses. They are reserved for recounting actions that are or were in progress at the time in question.

Present tense of stem-changing verbs

Stem-changing verbs are identified in this book by the presence of vowels in parentheses after the infinitive. If these verbs end in *-ar* or *-er*, they have only one change. If they end in *-ir*, they have two changes. The stem change of *-ar* and *-er* verbs and the first stem change of *-ir* verbs occur in all forms of the present tense, except *nosotros* and *vosotros*.

cerrar *(ie)*
(to close)

e ⇨ ie

cierro	cerramos
cierras	cerráis
cierra	cierran

Verbs like **cerrar**: apretar *(to tighten)*, atravesar *(to cross)*, calentar *(to heat)*, comenzar *(to begin)*, despertar *(to wake up)*, despertarse *(to awaken)*, empezar *(to begin)*, encerrar *(to lock up)*, negar *(to deny)*, nevar *(to snow)*, pensar *(to think)*, quebrar *(to break)*, recomendar *(to recommend)*, regar *(to water)*, sentarse *(to sit down)*, temblar *(to tremble)*, tropezar *(to trip)*

contar *(ue)*
(to tell)

o ⇨ ue

cuento	contamos
cuentas	contáis
cuenta	cuentan

Verbs like **contar**: acordar *(to agree)*, acordarse *(to remember)*, acostar *(to put to bed)*, acostarse *(to lie down)*, almorzar *(to have lunch)*, colgar *(to hang)*, costar *(to cost)*, demostrar *(to demonstrate)*, encontrar *(to find, to meet someone)*, mostrar *(to show)*, probar *(to taste, to try)*, recordar *(to remember)*, rogar *(to beg)*, soltar *(to loosen)*, sonar *(to ring, to sound)*, soñar *(to dream)*, volar *(to fly)*, volcar *(to spill, to turn upside down)*

jugar *(ue)*
(to play)

u ⇨ ue

juego	jugamos
juegas	jugáis
juega	juegan

perder *(ie)*
(to lose)

e ⇨ ie

pierdo	perdemos
pierdes	perdéis
pierde	pierden

Verbs like **perder**: defender *(to defend)*, descender *(to descend, to go down)*, encender *(to light, to turn on)*, entender *(to understand)*, extender *(to extend)*, tender *(to spread out)*

volver *(ue)*
(to return)

o ⇨ ue

vuelvo	volvemos
vuelves	volvéis
vuelve	vuelven

Verbs like **volver**: devolver *(to return something)*, doler *(to hurt)*, llover *(to rain)*, morder *(to bite)*, mover *(to move)*, resolver *(to resolve)*, soler *(to be used to)*, torcer *(to twist)*

pedir *(i, i)*
(to ask for)

e ⇨ i

pido	pedimos
pides	pedís
pide	piden

Verbs like **pedir**: conseguir *(to obtain)*, despedirse *(to say good-bye)*, elegir *(to choose, to elect)*, medir *(to measure)*, perseguir *(to pursue)*, repetir *(to repeat)*, seguir *(to follow)*, vestirse *(to get dressed)*

sentir *(ie, i)*		siento	sentimos
(to feel)	e ⇨ ie	sientes	sentís
		siente	sienten

Verbs like **sentir**: advertir *(to warn)*, arrepentirse *(to regret)*, convertir *(to convert)*, convertirse *(to become)*, divertirse *(to have fun)*, herir *(to wound)*, invertir *(to invest)*, mentir *(to lie)*, preferir *(to prefer)*, requerir *(to require)*, sugerir *(to suggest)*

dormir *(ue, u)*		duermo	dormimos
(to sleep)	o ⇨ ue	duermes	dormís
		duerme	duermen

Another verb like **dormir**: morir *(to die)*

Present participle of stem-changing verbs

Stem-changing verbs that end in *-ir* use the second stem change in the present participle.

dormir *(ue, u)*	durmiendo
seguir *(i, i)*	siguiendo
sentir *(ie, i)*	sintiendo

Preterite tense of stem-changing verbs

Stem-changing verbs that end in *-ar* and *-er* are regular in the preterite tense. That is, they do not require a spelling change, and they use the regular preterite endings.

pensar *(ie)*	
pensé	pensamos
pensaste	pensasteis
pensó	pensaron

volver *(ue)*	
volví	volvimos
volviste	volvisteis
volvió	volvieron

Stem-changing verbs ending in *-ir* change their third-person forms in the preterite tense, but they still require the regular preterite endings.

sentir *(ie, i)*	
sentí	sentimos
sentiste	sentisteis
sintió	sintieron

dormirse *(ue, u)*	
me dormí	nos dormimos
te dormiste	os dormisteis
se durmió	se durmieron

Regular command forms

	Affirmative		Negative
hablar *(to speak)*	habla hablad hable Ud. hablen Uds. hablemos	(tú) (vosotros) (Ud.) (Uds.) (nosotros)	no hables no habléis no hable Ud. no hablen Uds. no hablemos
comer *(to eat)*	come comed coma Ud. coman Uds. comamos	(tú) (vosotros) (Ud.) (Uds.) (nosotros)	no comas no comáis no coma Ud. no coman Uds. no comamos
escribir *(to write)*	escribe escribid escriba Ud. escriban Uds. escribamos	(tú) (vosotros) (Ud.) (Uds.) (nosotros)	no escribas no escribáis no escriba Ud. no escriban Uds. no escribamos

Commands of stem-changing verbs

The stem change also occurs in *tú*, *Ud.* and *Uds.* commands, and the second change of *-ir* stem-changing verbs occurs in the *nosotros* command and in the negative *vosotros* command, as well.

cerrar	cierra cerrad cierre Ud. cierren Uds. cerremos	(tú) (vosotros) (Ud.) (Uds.) (nosotros)	no cierres no cerréis no cierre Ud. no cierren Uds. no cerremos
volver	vuelve volved vuelva Ud. vuelvan Uds. volvamos	(tú) (vosotros) (Ud.) (Uds.) (nosotros)	no vuelvas no volváis no vuelva Ud. no vuelvan Uds. no volvamos
dormir	duerme dormid duerma Ud. duerman Uds. durmamos	(tú) (vosotros) (Ud.) (Uds.) (nosotros)	no duermas no durmáis no duerma Ud. no duerman Uds. no durmamos

Past participle

The past participle is formed by replacing the -*ar* of the infinitive with -*ado* and the -*er* or -*ir* with -*ido*.

hablar	hablado
comer	comido
vivir	vivido

Irregular past participles

abrir	abierto
cubrir	cubierto
decir	dicho
escribir	escrito
hacer	hecho
morir	muerto
poner	puesto
romper	roto
volver	vuelto
ver	visto

Present perfect tense (indicative)

The present perfect tense is formed by combining the present tense of *haber* and the past participle of a verb.

hablar (*to speak*)	he hablado has hablado ha hablado	hemos hablado habéis hablado han hablado
comer (*to eat*)	he comido has comido ha comido	hemos comido habéis comido han comido
vivir (*to live*)	he vivido has vivido ha vivido	hemos vivido habéis vivido han vivido

Pluperfect tense (indicative)

hablar	había hablado habías hablado había hablado	habíamos hablado habíais hablado habían hablado

Preterite perfect tense (indicative)

hablar	hube hablado	hubimos hablado
	hubiste hablado	hubisteis hablado
	hubo hablado	hubieron hablado

Future perfect tense (indicative)

hablar	habré hablado	habremos hablado
	habrás hablado	habréis hablado
	habrá hablado	habrán hablado

Conditional perfect tense (indicative)

hablar	habría hablado	habríamos hablado
	habrías hablado	habríais hablado
	habría hablado	habrían hablado

Present tense (subjunctive)

hablar (to speak)	hable	hablemos
	hables	habléis
	hable	hablen
comer (to eat)	coma	comamos
	comas	comáis
	coma	coman
escribir (to write)	escriba	escribamos
	escribas	escribáis
	escriba	escriban

Imperfect tense (subjunctive)

hablar (to speak)	hablara (hablase)	habláramos (hablásemos)
	hablaras (hablases)	hablarais (hablaseis)
	hablara (hablase)	hablaran (hablasen)
comer (to eat)	comiera (comiese)	comiéramos (comiésemos)
	comieras (comieses)	comierais (comieseis)
	comiera (comiese)	comieran (comiesen)
escribir (to write)	escribiera (escribiese)	escribiéramos (escribiésemos)
	escribieras (escribieses)	escribierais (escribieseis)
	escribiera (escribiese)	escribieran (escribiesen)

Present perfect tense (subjunctive)

hablar	haya hablado	hayamos hablado
	hayas hablado	hayáis hablado
	haya hablado	hayan hablado

Pluperfect tense (subjunctive)

hablar	hubiera (hubiese) hablado	hubiéramos (hubiésemos) hablado
	hubieras (hubieses) hablado	hubierais (hubieseis) hablado
	hubiera (hubiese) hablado	hubieran (hubiesen) hablado

Verbs with irregular forms

The following charts provide irregular forms of some frequently used Spanish verbs.

abrir *(to open)*	
past participle	abierto
Similar to:	cubrir *(to cover)*, descubrir *(to discover)*

actuar *(to act)*	
present	actúo, actúas, actúa, actuamos, actuáis, actúan
present subjunctive	actúe, actúes, actúe, actuemos, actuéis, actúen
Similar to:	continuar *(to continue)*, graduarse *(to graduate)*

adquirir *(to acquire)*	
present	adquiero, adquieres, adquiere, adquirimos, adquirís, adquieren

andar *(to walk, to ride)*	
preterite	anduve, anduviste, anduvo, anduvimos, anduvisteis, anduvieron

buscar *(to look for)*

preterite	busqué, buscaste, buscó, buscamos, buscasteis, buscaron
present subjunctive	busque, busques, busque, busquemos, busquéis, busquen
Similar to:	acercarse *(to get close, to approach)*, arrancar *(to start a motor)*, colocar *(to place)*, criticar *(to criticize)*, chocar *(to crash)*, equivocarse *(to make a mistake)*, explicar *(to explain)*, marcar *(to score a point)*, pescar *(to fish)*, platicar *(to chat)*, practicar *(to practice)*, sacar *(to take out)*, tocar *(to touch, to play an instrument)*

caber *(to fit into, to have room for)*

present	quepo, cabes, cabe, cabemos, cabéis, caben
preterite	cupe, cupiste, cupo, cupimos, cupisteis, cupieron
future	cabré, cabrás, cabrá, cabremos, cabréis, cabrán
present subjunctive	quepa, quepas, quepa, quepamos, quepáis, quepan

caer *(to fall)*

present	caigo, caes, cae, caemos, caéis, caen
preterite	caí, caíste, cayó, caímos, caísteis, cayeron
present participle	cayendo
present subjunctive	caiga, caigas, caiga, caigamos, caigáis, caigan
past participle	caído

conocer *(to know)*

present	conozco, conoces, conoce, conocemos, conocéis, conocen
present subjunctive	conozca, conozcas, conozca, conozcamos, conozcáis, conozcan
Similar to:	agradecer *(to thank)*, aparecer *(to appear)*, complacer *(to please)*, crecer *(to grow, to increase)*, desaparecer *(to disappear)*, merecer *(to deserve)*, nacer *(to be born)*, obedecer *(to obey)*, ofrecer *(to offer)*, permanecer *(to remain)*, pertenecer *(to pertain)*, reconocer *(to recognize)*

construir *(to build)*

present	construyo, construyes, construye, construimos, construís, construyen
preterite	construí, construiste, construyó, construimos, construisteis, construyeron
present participle	construyendo
present subjunctive	construya, construyas, construya, construyamos, construyáis, construyan
Similar to:	destruir *(to destroy)*, distribuir *(to distribute)*, huir *(to flee)*

convencer *(to convince)*

present	convenzo, convences, convence, convencemos, convencéis, convencen
present subjunctive	convenza, convenzas, convenza, convenzamos, convenzáis, convenzan
Similar to:	vencer *(to win, to expire)*

cubrir *(to cover)*

past participle	cubierto
Similar to:	abrir *(to open)*, descubrir *(to discover)*

dar *(to give)*

present	doy, das, da, damos, dais, dan
preterite	di, diste, dio, dimos, disteis, dieron
present subjunctive	dé, des, dé, demos, deis, den

decir *(to say, to tell)*

present	digo, dices, dice, decimos, decís, dicen
preterite	dije, dijiste, dijo, dijimos, dijisteis, dijeron
present participle	diciendo
command	di (tú)
future	diré, dirás, dirá, diremos, diréis, dirán
present subjunctive	diga, digas, diga, digamos, digáis, digan
past participle	dicho
Similar to:	predecir *(to predict)*

dirigir *(to direct)*

present	dirijo, diriges, dirige, dirigimos, dirigís, dirigen
present subjunctive	dirija, dirijas, dirija, dirijamos, dirijáis, dirijan
Similar to:	corregir *(to correct)*, elegir *(to elect)*, exigir *(to demand)*, fingir *(to pretend)*

distinguir *(to distinguish)*

present	distingo, distingues, distingue, distinguimos, distinguís, distinguen
present subjunctive	distinga, distingas, distinga, distingamos, distingáis, distingan
Similar to:	conseguir *(to obtain)*, perseguir *(to pursue)*, seguir *(to follow)*

empezar *(to begin)*	
present	empiezo, empiezas, empieza, empezamos, empezáis, empiezan
present subjunctive	empiece, empieces, empiece, empecemos, empecéis, empiecen
Similar to:	alcanzar *(to reach)*, almorzar *(to eat lunch)*, alzar *(to raise)*, amenazar *(to threaten)*, analizar *(to analyze)*, aterrizar *(to land)*, avanzar *(to advance)*, comenzar *(to begin)*, cruzar *(to cross)*, gozar *(to enjoy)*, realizar *(to attain, to bring about)*, tropezar *(to stumble, to trip)*, utilizar *(to use)*

enviar *(to send)*	
present	envío, envías, envía, enviamos, enviáis, envían
present subjunctive	envíe, envíes, envíe, enviemos, enviéis, envíen
Similar to:	confiar *(to trust)*, desafiar *(to challenge)*, esquiar *(to ski)*, vaciar *(to empty)*, variar *(to vary)*

escribir *(to write)*	
past participle	escrito
Similar to:	describir *(to describe)*

escoger *(to choose)*	
present	escojo, escoges, escoge, escogemos, escogéis, escogen
Similar to:	coger *(to pick)*, proteger *(to protect)*, recoger *(to pick up)*

estar *(to be)*	
present	estoy, estás, está, estamos, estáis, están
preterite	estuve, estuviste, estuvo, estuvimos, estuvisteis, estuvieron
present subjunctive	esté, estés, esté, estemos, estéis, estén

haber *(to have)*	
present	he, has, ha, hemos, habéis, han
preterite	hube, hubiste, hubo, hubimos, hubisteis, hubieron
future	habré, habrás, habrá, habremos, habréis, habrán
present subjunctive	haya, hayas, haya, hayamos, hayáis, hayan

hacer *(to do, to make)*

present	hago, haces, hace, hacemos, hacéis, hacen
preterite	hice, hiciste, hizo, hicimos, hicisteis, hicieron
command	haz (tú)
future	haré, harás, hará, haremos, haréis, harán
present subjunctive	haga, hagas, haga, hagamos, hagáis, hagan
past participle	hecho
Similar to:	satisfacer *(to satisfy)*, deshacer *(to undo)*

ir *(to go)*

present	voy, vas, va, vamos, vais, van
preterite	fui, fuiste, fue, fuimos, fuisteis, fueron
imperfect	iba, ibas, iba, íbamos, ibais, iban
present participle	yendo
command	ve (tú)
present subjunctive	vaya, vayas, vaya, vayamos, vayáis, vayan

leer *(to read)*

preterite	leí, leíste, leyó, leímos, leísteis, leyeron
present participle	leyendo
past participle	leído
Similar to:	creer *(to believe)*

llegar *(to arrive)*

preterite	llegué, llegaste, llegó, llegamos, llegasteis, llegaron
present subjunctive	llegue, llegues, llegue, lleguemos, lleguéis, lleguen
Similar to:	agregar *(to add)*, apagar *(to turn off)*, asegurar *(to fasten securely)*, colgar *(to hang up)*, despegar *(to take off)*, entregar *(to hand in)*, jugar *(to play)*, negar *(to deny)*, pagar *(to pay for)*, pegar *(to hit)*, regar *(to water)*, rogar *(to beg)*, tragar *(to swallow)*

morir *(to die)*

past participle	muerto

oír *(to hear)*

present	oigo, oyes, oye, oímos, oís, oyen
preterite	oí, oíste, oyó, oímos, oísteis, oyeron
present participle	oyendo
present subjunctive	oiga, oigas, oiga, oigamos, oigáis, oigan
past participle	oído

poder *(to be able)*	
present	puedo, puedes, puede, podemos, podéis, pueden
preterite	pude, pudiste, pudo, pudimos, pudisteis, pudieron
present participle	pudiendo
future	podré, podrás, podrá, podremos, podréis, podrán
present subjunctive	pueda, puedas, pueda, podamos, podáis, puedan

poner *(to put, to place, to set)*	
present	pongo, pones, pone, ponemos, ponéis, ponen
preterite	puse, pusiste, puso, pusimos, pusisteis, pusieron
command	pon (tú)
future	pondré, pondrás, pondrá, pondremos, pondréis, pondrán
present subjunctive	ponga, pongas, ponga, pongamos, pongáis, pongan
past participle	puesto
Similiar to:	componer *(to fix)*, oponerse a *(to oppose)*, proponer *(to propose)*, suponer *(to suppose)*

producir *(to produce)*	
present	produzco, produces, produce, producimos, producís, producen
preterite	produje, produjiste, produjo, produjimos, produjisteis, produjeron
present subjunctive	produzca, produzcas, produzca, produzcamos, produzcáis, produzcan
Similar to:	conducir *(to drive)*, traducir *(to translate)*

proteger *(to protect)*	
present	protejo, proteges, protege, protegemos, protegéis, protegen
present subjunctive	proteja, protejas, proteja, protejamos, protejáis, protejan

querer *(to wish, to want, to love)*	
present	quiero, quieres, quiere, queremos, queréis, quieren
preterite	quise, quisiste, quiso, quisimos, quisisteis, quisieron
future	querré, querrás, querrá, querremos, querréis, querrán
present subjunctive	quiera, quieras, quiera, querramos, querráis, quieran

reír *(to laugh)*	
present	río, ríes, ríe, reímos, reís, ríen
preterite	reí, reíste, rió, reímos, reísteis, rieron
present participle	riendo
present subjunctive	ría, rías, ría, ríamos, riáis, rían
Similar to:	freír *(to fry)*, sonreír *(to smile)*

romper (to break)	
past participle	roto

saber (to know, to know how)	
present	sé, sabes, sabe, sabemos, sabéis, saben
preterite	supe, supiste, supo, supimos, supisteis, supieron
future	sabré, sabrás, sabrá, sabremos, sabréis, sabrán
present subjunctive	sepa, sepas, sepa, sepamos, sepáis, sepan

salir (to leave)	
present	salgo, sales, sale, salimos, salís, salen
command	sal (tú)
future	saldré, saldrás, saldrá, saldremos, saldréis, saldrán
present subjunctive	salga, salgas, salga, salgamos, salgáis, salgan

seguir (to follow)	
present	sigo, sigues, sigue, seguimos, seguís, siguen
present subjunctive	siga, sigas, siga, sigamos, sigáis, sigan

ser (to be)	
present	soy, eres, es, somos, sois, son
preterite	fui, fuiste, fue, fuimos, fuisteis, fueron
imperfect	era, eras, era, éramos, erais, eran
command	sé (tú)
present subjunctive	sea, seas, sea, seamos, seáis, sean

tener (to have)	
present	tengo, tienes, tiene, tenemos, tenéis, tienen
preterite	tuve, tuviste, tuvo, tuvimos, tuvisteis, tuvieron
command	ten (tú)
future	tendré, tendrás, tendrá, tendremos, tendréis, tendrán
present subjunctive	tenga, tengas, tenga, tengamos, tengáis, tengan
Similar to:	contener (to contain), detener (to stop), mantener (to maintain), obtener (to obtain)

torcer (to twist)	
present	tuerzo, tuerces, tuerce, torcemos, torcéis, tuercen
present subjunctive	tuerza, tuerzas, tuerza, torzamos, torzáis, tuerzan

traer *(to bring)*

present	traigo, traes, trae, traemos, traéis, traen
preterite	traje, trajiste, trajo, trajimos, trajisteis, trajeron
present participle	trayendo
present subjunctive	traiga, traigas, traiga, traigamos, traigáis, traigan
past participle	traído
Similar to:	atraer *(to attract)*

valer *(to be worth)*

present	valgo, vales, vale, valemos, valéis, valen
preterite	valí, valiste, valió, valimos, valisteis, valieron
future	valdré, valdrás, valdrá, valdremos, valdréis, valdrán
present subjunctive	valga, valgas, valga, valgamos, valgáis, valgan

venir *(to come)*

present	vengo, vienes, viene, venimos, venís, vienen
preterite	vine, viniste, vino, vinimos, vinisteis, vinieron
present participle	viniendo
command	ven (tú)
future	vendré, vendrás, vendrá, vendremos, vendréis, vendrán
present subjunctive	venga, vengas, venga, vengamos, vengáis, vengan
Similar to:	convenir *(to suit, to agree)*

ver *(to see)*

present	veo, ves, ve, vemos, veis, ven
preterite	vi, viste, vio, vimos, visteis, vieron
imperfect	veía, veías, veía, veíamos, veíais, veían
present subjunctive	vea, veas, vea, veamos, veáis, vean
past participle	visto

volver *(to return)*

past participle	vuelto
Similar to:	devolver *(to return something)*, resolver *(to solve)*

Appendix C

Numbers

Ordinal numbers

1—primero,-a (primer)	6—sexto,-a
2—segundo,-a	7—séptimo,-a
3—tercero,-a (tercer)	8—octavo,-a
4—cuarto,-a	9—noveno,-a
5—quinto,-a	10—décimo,-a

Cardinal numbers 0-1.000

0—cero	25—veinticinco
1—uno	26—veintiséis
2—dos	27—veintisiete
3—tres	28—veintiocho
4—cuatro	29—veintinueve
5—cinco	30—treinta
6—seis	31—treinta y uno
7—siete	32—treinta y dos
8—ocho	33—treinta y tres, etc.
9—nueve	40—cuarenta
10—diez	50—cincuenta
11—once	60—sesenta
12—doce	70—setenta
13—trece	80—ochenta
14—catorce	90—noventa
15—quince	100—cien/ciento
16—dieciséis	200—doscientos,-as
17—diecisiete	300—trescientos,-as
18—dieciocho	400—cuatrocientos,-as
19—diecinueve	500—quinientos,-as
20—veinte	600—seiscientos,-as
21—veintiuno	700—setecientos,-as
22—veintidós	800—ochocientos,-as
23—veintitrés	900—novecientos,-as
24—veinticuatro	1.000—mil

Vocabulary Spanish/English

This section provides a summary of the vocabulary for *Somos así EN SUS MARCAS, Somos así LISTOS* and *Somos así ¡YA!* The number following an entry indicates the lesson in which an item is first actively used in *Somos así ¡YA!* The vocabulary from *Somos así EN SUS MARCAS, Somos así LISTOS* and additional words and expressions are included for reference and have no number. Obvious cognates and expressions that occur as passive vocabulary for recognition only have been excluded from this end vocabulary.

Abbreviations:

d.o. direct object	*i.o.* indirect object	*pl.* plural
f. feminine	*m.* masculine	*s.* singular

A

a to, at, in; *a caballo* on horseback; *a capas* in layers (hair) *33; a causa de* because of, due to; *a crédito* on credit; *a cuadros* plaid, checkered; *a favor (de)* in favor (of); *a fin de que* so that; *a la derecha* to the right; *a la izquierda* to the left; *a la parrilla* grilled *28; a la(s)...* at...o'clock; *a lo mejor* maybe; *a mediados de* in the middle of *21; a medida* custom-made *35; a menudo* frequently *33; a navaja* razor cut *33; a pie* on foot; *a propósito* by the way; *a punto de* about to *24; ¿a qué hora?* at what time?; *a rayas* striped; *a tiempo* on time; *a una cuadra (de)...* one block from *18; a veces* sometimes, at times; *a ver* let's see, hello (telephone greeting)

abajo downstairs, down

los **abdominales** sit-ups, abs *30*

abierto,-a open; *vocales abiertas* open vowels

el **abogado, la abogada** lawyer

abordar to board

abran: see *abrir*

abrazarse to hug each other *6*

el **abrazo** hug

abre: see *abrir*

el **abrelatas** can opener *26*

la **abreviatura** abbreviation

el **abrigo** coat

abril April

abrir to open; *abran (Uds.* command) open; *abre (tú* command) open

abrochar(se) to fasten

la **abuela** grandmother

el **abuelo** grandfather

aburrido,-a bored, boring

aburrir to bore

acabar to finish, to complete, to terminate; *acabar de (+ infinitive)* to have just

el **accidente** accident

el **aceite** oil

la **aceituna** olive *25*

el **acelerador** gas pedal *17*

acelerar to speed up *17*

el **acento** accent

la **acentuación** accentuation

aceptado,-a accepted

la **acera** sidewalk

acerca de about

ácido acid, sour *15*

aclarar to make clear, to explain; to clarify *10*

aconsejar to advise, to suggest

el **acontecimiento** event, happening

acordar(se) (de) (ue) to remember

acostar (ue) to put (someone) in bed; *acostarse* to go to bed, to lie down

acostumbrar(se) to get used to

el **acróbata, la acróbata** acrobat

la **actitud** attitude

la **actividad** activity

activo,-a active *37*

el **actor** actor (male)

la **actriz** actor (female), actress

actuar to act *4*

acuático,-a aquatic, pertaining to water

el **acuerdo** accord; *de acuerdo* agreed, okay; *estar de acuerdo* to agree

adelante ahead, farther on

el **adelanto** advance *40*

además besides, furthermore

adentro inside

el **aderezo** seasoning, flavoring, dressing

adiós good-bye

adivinar to guess *5*

el **adjetivo** adjective; *adjetivo posesivo* possessive adjective

admitir to accept *10*

adonde where

¿adónde? (to) where?

adornar to decorate

adquirir to acquire *39*

la **aduana** customs

el **adverbio** adverb

aéreo,-a air, pertaining to air

los **aeróbicos** aerobics; *hacer aeróbicos* to do aerobics

la **aerolínea** airline

el **aeropuerto** airport

afectar to affect *15*

afeitar(se) to shave; *crema de afeitar* shaving cream

el **aficionado, la aficionada** fan

afortunado,-a lucky *9*

el **África** Africa

africano,-a African

afuera outside

la **agencia** agency; *agencia de publicidad* advertising agency *37; agencia de viajes* travel agency

el **agente, la agente** agent; *agente de viajes* travel agent *37*

agosto August

agotado,-a exhausted *19*

agradable nice, pleasing, agreeable

agradar to please

agradecer to thank *10*

agregar to add

el **agricultor, la agricultora** farmer

el **agua** (*f.*) water; *agua mineral* mineral water

el **aguacate** avocado

el **aguacero** (heavy) shower *22*

ahora now; *ahora mismo* right now

ahorrar to save

ahumado,-a smoked *28*

el **aire** air; *aire acondicionado* air conditioning; *al aire libre* outdoors

el **ajedrez** chess

el **ajo** garlic

ajustar to adjust *17*

al to the; *al aire libre* outdoors; *al extranjero* overseas *20; al fin y al cabo* after all *33; al lado (de)* next (to), beside; next door (to) *18*

el **ala** (*f.*) wing *26*

la **alacena** cupboard/small room used for storing food *7*

la **alarma** alarm, alarm clock; *alarma de incendios* fire alarm, smoke alarm

el **albatros** albatros *11*

el **albergue juvenil** youth hostel *23*

alegrar (de) to make happy; *alegrarse (de)* to be glad

alegre happy, merry, lively

alemán, alemana German

Alemania Germany

la **alergia** allergy *32*

el **alfabeto** alphabet

la **alfombra** carpet, rug

el **álgebra** algebra

algo something, anything

el **algodón** cotton

alguien someone, anyone, somebody, anybody

algún, alguna some, any

alguno,-a some, any

alimentarse bien to eat right *30*

el **alimento** food *25*

alisarse to straighten (hair) *33*

el **alivio** relief *36*

allá over there

allí there

el **almacén** department store, grocery store; warehouse

la **almeja** clam

la **almendra** almond *28*

la **almohada** pillow *23*

almorzar (ue) to have lunch, to eat lunch

el **almuerzo** lunch

aló hello (telephone greeting)

alojar(se) to lodge; *alojarse* to stay

alquilar to rent

alrededor de around

alterna (*tú* command) alternate *1*

el **alto** stop

alto,-a tall, high

el **alumno, la alumna** student *14*

amable kind, nice

amargo,-a bitter *28*

amarillo,-a yellow

ambiguo,-a ambiguous

la **ambición** ambition *14*

la **ambulancia** ambulance *16*

la **América** America; *América Central* Central America; *América del Norte* North America; *América del Sur* South America

americano,-a American; *fútbol americano* football

el **amigo, la amiga** friend; *amigo/a por correspondencia* pen pal

la **amistad** friendship

el **amor** love

el **amuleto** amulet *11*

anaranjado,-a orange (color)

ancho,-a loose *34*

andar to walk, to go; to be

el **andén** (train) platform *24*

andino,-a Andean, of the Andes Mountains

el **anillo** ring

el **animal** animal

anoche last night

anochecer to get dark, to turn to dusk

anteayer the day before

yesterday

la **antena parabólica** satellite dish *40*

anterior preceding

antes de before; *antes de llegar a...* before getting to *18*

el **antibiótico** antibiotic *31*

antiguo,-a antique, ancient, old

antipático,-a unpleasant *2*

anunciar to announce *38*

el **anuncio** announcement, advertisement; *anuncio comercial* commercial announcement, commercial, advertisement

añade: see *añadir*

añadir to add; *añade (tú command)* add

el **año** year; *Año Nuevo* New Year's Day; *¿Cuántos años tienes?* How old are you?; *cumplir años* to have a birthday; *tener (+ number) años* to be (+ number) years old

apagar to turn off

el **aparato** appliance, apparatus

aparecer to appear, to turn up *1*

el **apartamento** apartment

el **apellido** last name, surname

el **apodo** nickname *1*

aprender to learn

apropiado,-a appropriate

aprovecharse to take advantage *40*

apunta: see *apuntar*

apuntar to point; to write down *15; apunta (tú command)* point (at); *apunten (Uds. command)* point (at)

el **apunte** note *3*

apunten: see *apuntar*

apurado,-a in a hurry

apurar(se) to hurry up

el **apuro** haste *36*

aquel, aquella that (far away)

aquél, aquélla that (one)

aquello that

aquellos, aquellas those (far away)

aquéllos, aquéllas those (ones)

aquí here; *Aquí se habla español.* Spanish is spoken here.

árabe Arab

Arabia Saudita Saudi Arabia

el **árbitro, la árbitro** referee, umpire

el **árbol** tree; *árbol genealógico* family tree

la **arena** sand

el **arete** earring

la **Argentina** Argentina

argentino,-a Argentinean

el **armario** closet, wardrobe; cupboard

el **arquitecto, la arquitecta** architect *2*

la **arquitectura** architecture *11*

arrepentirse to regret *21*

arruinar to ruin *27*

el **arte** art

el **artículo** article

el **artista, la artista** artist

arreglar to arrange, to straighten, to fix

arriba upstairs, up, above

la **arroba** at (the symbol @ used for e-mail addresses)

el **arroz** rice

el **ascensor** elevator

el **asesino, la asesina** murderer *13*

así thus, that way

el **Asia** Asia

asiático,-a Asian

la **asignatura** subject

asistir a to attend

el **asma** asthma *32*

la **aspiración** aspiration, hope

la **aspiradora** vacuum; *pasar la aspiradora* to vacuum

la **aspirina** aspirin *31*

el **asunto** subject *15*

asustarse to get scared *29*

atentamente respectfully, yours truly

aterrizar to land

el **ático** attic

el **Atlántico** Atlantic Ocean

la **atracción** attraction; (amusement) ride; *parque de atracciones* amusement park

atravesado,-a crossed

atravesar to go across *23*

el **aumento** increase; raise *39*

aun even

aunque although

Australia Australia

australiano,-a Australian

el **autobús** bus; *estación de autobuses* bus station

el **autógrafo** autograph

automático,-a automatic; *escalera automática* escalator

el **auxiliar de vuelo, la auxiliar de vuelo** flight attendant

el **avance** advance *40*

avanzar to advance *40*

el **ave** *(f.)* fowl, bird

la **avenida** avenue

averiguar to find out *13*

el **avión** airplane

el **aviso** printed advertisement

¡ay! oh!

ayer yesterday

la **ayuda** help

ayudar to help

el **azafrán** saffron

la **azotea** flat roof

los **aztecas** Aztecs

el **azúcar** sugar

la **azucarera** sugar bowl

azul blue; *azul marino* navy blue *34*

B

el **bacalao** cod fish *25*

bailar to dance

el **bailarín, la bailarina** (ballet)

dancer *14*

el **baile** dance, dancing

bajar de peso to lose weight *30*; *bajar (un programa)* to download (a software program)

bajo under

bajo,-a short (not tall), low; *planta baja* ground floor; *zapato bajo* low-heel shoe

balanceado,-a balanced

el **ballet** ballet *14*

el **baloncesto** basketball

el **banco** bank

la **banda** band

bañar(se) to bathe

la **bañera** bathtub *23*

el **baño** bathroom; *baño de las damas* women's restroom; *baño de los caballeros* men's restroom; *cuarto de baño* bathroom; *traje de baño* swimsuit

barato,-a cheap

la **barba** beard *5*

el **barco** boat, ship

barrer to sweep

la **barriga** belly *29*

el **barril** barrel

el **barrio** neighborhood

basado,-a based

el **básquetbol** basketball

el **basquetbolista, la basquet-bolista** basketball player

bastante rather, fairly, sufficiently; enough, sufficient

la **basura** garbage

la **batidora** mixer *26*

batir to beat *26*

el **baúl** trunk

la **bebida** drink

la **beca** scholarship *14*

el **béisbol** baseball

el **beneficio** benefit *39*

las **bermudas** bermuda shorts

el **beso** kiss

la **biblioteca** library

el **bibliotecario, la bibliotecaria**

librarian

la **bicicleta** bicycle, bike

bien well; *quedarle bien a uno* to fit, to be becoming

la **bienvenida** welcome

bienvenido,-a welcome

el **bigote** mustache *5*

el **billete** airline ticket *22*

la **billetera** wallet

la **biografía** biography *36*

la **biología** biology

la **bisabuela** great-grandmother

el **bisabuelo** great-grandfather

el **bistec** beefsteak *28*

blanco,-a white

blando,-a soft *23*

la **blusa** blouse

la **boca** mouth

la **bocacalle** intersection *18*

la **boda** wedding

el **boletín** report *22*

el **boleto** ticket; *boleto aéreo* airline ticket *22*

el **bolígrafo** pen

Bolivia Bolivia

boliviano,-a Bolivian

el **bolsillo** pocket *35*

el **bolso** handbag, purse; bag *36*

el **bombero, la bombera** fire fighter

la **bombilla** light bulb

bonito,-a pretty, good-looking, attractive

borra: see *borrar*

el **borrador** eraser

borrar to erase; *borra (tú command)* erase; *borren (Uds. command)* erase

borren: see *borrar*

el **bosque** forest

bostezar to yawn

la **bota** boot

el **bote** boat

la **botella** bottle *28*

el **botiquín de primeros auxilios** first-aid kit *29*

el **botones** bellhop

el **Brasil** Brazil

brasileño,-a Brazilian

el **brazo** arm

la **broma** joke

bromear to joke *28*

broncear(se) to tan

el **buceo** scuba diving

buen good (form of *bueno* before a *m., s.* noun); *hace buen tiempo* the weather is nice

la **buena presencia** good appearance *38*

bueno well, okay (pause in speech); hello (telephone greeting)

bueno,-a good; *buena suerte* good luck; *buenas noches* good night; *buenas tardes* good afternoon; *buenos días* good morning; *buenos ratos* good times *24*

la **bufanda** scarf

el **burro** burro, donkey

buscar to look for

el **buzón** mailbox *20*

C

el **caballero** gentleman; *baño de los caballeros* men's restroom

el **caballo** horse; *a caballo* on horseback

caber to fit (into)

la **cabeza** head

la **cabina telefónica** telephone booth *12*

cada each, every

la **cadena** chain *35*

caer(se) to fall (down)

café brown (color)

el **café** coffee

la **cafetera** coffee pot, coffee maker

la **cafetería** cafeteria

la **caída** fall *29*

la **caja** cashier's desk

el **cajero, la cajera** cashier

el **calcetín** sock

el **calendario** calendar

la **calidad** quality

caliente hot

callado,-a quiet *19*

la **calle** street

el **callejón sin salida** dead-end street *18*

calmar(se) to calm down

el **calor** heat; *hace calor* it is hot; *tener calor* to be hot

calvo,-a bald

el **calzado** footwear *34*

calzar to wear (a size of shoes) *36*

la **cama** bed; *cama doble* double bed *23*; *cama sencilla* single bed *23*

la **cámara** camera

el **camarero, la camarera** food server; *camarera* maid *23*

el **camarógrafo, la camarógrafa** camera person *37*

el **camarón** shrimp

cambiar to change; *cambiar de opinión* to change one's mind *37*

el **cambio** change; *en cambio* on the other hand

el **camello** camel

caminar to walk

el **camino** road, path

el **camión** truck

la **camisa** shirt

la **camiseta** t-shirt; jersey, polo shirt, undershirt

la **campaña publicitaria** advertising campaign *37*

el **campeonato** championship

el **camping** camping

el **campo** field (of study) *37*

el **Canadá** Canada

canadiense Canadian

el **canal** channel

cancelar to cancel *21*

el **cáncer** cancer *32*

la **canción** song

el **candidato, la candidata** candidate *39*

el **cangrejo** crab

canoso,-a white-haired

cansado,-a tired

el **cantante, la cantante** singer

cantar to sing

la **cantidad** quantity

la **capital** capital

el **capitán** captain

el **capítulo** chapter

el **capó** hood

la **cara** face

el **carácter** character *38*

la **característica** characteristic, trait; *características de personalidad* personality traits; *características físicas* physical traits

¡caramba! wow!

la **cárcel** jail *13*

cargar to charge

el **Caribe** Caribbean

cariñoso,-a affectionate

el **carnaval** carnival

la **carne** meat; *carne de res* beef

la **carnicería** meat market, butcher shop

caro,-a expensive

el **carpintero, la carpintera** carpenter

la **carta** letter; playing card

la **carrera** career

la **carretera** highway

el **carro** car; *en carro* by car

la **cartelera de espectáculos** entertainment section *19*

la **cartera** purse *36*

el **cartero, la cartera** mail carrier *2*

la **casa** home, house; *en casa* at home

el **casete** cassette

casi almost

castaño,-a brown *5*

la **catarata** waterfall

el **catarro** cold *31*

la **catástrofe** catastrophe

la **catedral** cathedral

catorce fourteen

la **cebolla** onion

la **cebra** zebra

ceda el paso yield *17*

la **celebración** celebration

celebrar to celebrate

el **celular** cellular phone

la **cena** dinner, supper

cenar to have dinner, to have supper

el **centavo** cent

el **centro** downtown, center; *centro comercial* shopping center, mall

centroamericano,-a Central American

cepillar(se) to brush

el **cepillo** brush; *cepillo de dientes* toothbrush *6*

la **cerca** fence

cerca (de) near

el **cereal** cereal

la **cereza** cherry *25*

cero zero

cerrado,-a closed; *vocales cerradas* closed vowels

la **cerradura** lock

cerrar (ie) to close; *cierra (tú command)* close; *cierren (Uds. command)* close

el **certificado** certified *20*

el **césped** lawn, grass

el **cesto de papeles** wastebasket, wastepaper basket

el **champú** shampoo

chao good-bye

la **chaqueta** jacket

charlando talking, chatting

el **cheque** check; *cheque de viajero* traveler's check *21*; *cheque regalo* gift certificate *36*

¡Chévere! Great! *3*

la **chica** girl

el **chico** boy, man, buddy

Chile Chile

chileno,-a Chilean

la **chimenea** chimney, fireplace

la **China** China

chino,-a Chinese

el **chisme** gossip

chismoso,-a gossipy *2*

el **chiste** joke

chistoso,-a funny

el **choclo** corn *26*

el **chocolate** chocolate

el **chofer, la chofer** chauffeur, driver

el **choque** crash *15*

el **chorizo** sausage (seasoned with red peppers)

ciego,-a blind *9*

el **cielo** sky

cien one hundred

la **ciencia** science

ciento one hundred (when followed by another number)

cierra: see *cerrar*

cierren: see *cerrar*

el **cigarrillo** cigarette

cinco five

cincuenta fifty

el **cine** movie theater

la **cinta (de correr)** treadmill *30*

el **cinturón** belt; *cinturón de seguridad* seat belt, safety belt

el **circo** circus

la **ciruela** plum

el **cirujano, la cirujana** surgeon *9*

la **cita** appointment, date

la **ciudad** city

la **civilización** civilization

la **clara** egg white *26*

claro,-a clear; light *34*

¡claro! of course!

la **clase** class

clasificar to classify

el **claxon** horn

el **clima** climate

el **club** club

la **cocina** kitchen

cocinar to cook

el **cocinero, la cocinera** cook

el **coche** car; *coche cama* sleeping car *24; en coche* by car

cocinar to cook *25*

el **código del país** country code *12*

el **codo** elbow

el **cognado** cognate

la **cola (de caballo)** pony tail *33*

la **colcha** bedcover *23*

el **colchón** mattress *23*

la **colección** collection

el **colegio** school

colgar (ue) to hang; to hang up (the phone) *12*

la **coliflor** cauliflower *25*

la **colina** hill

el **collar** necklace

colocar to put, to place

Colombia Colombia

colombiano,-a Colombian

la **colonia** colony

colonial colonial *11*

el **color** color

la **columna** column

combinar to combine

la **comedia** comedy, play

el **comedor** dining room

el **comentarista, la comentarista** commentator

comenzar (ie) to begin, to start

comer to eat; *dar de comer* to feed

comercial commercial; *anuncio comercial* commercial announcement, commercial, advertisement; *centro comercial* shopping center, mall

el **comerciante, la comerciante** businessperson *2*

el **comercio** store, business *39*

comerse to eat up, to eat completely

cómico,-a comical, funny; comedy (film) *4*

la **comida** food; dinner

la **comisaría** precinct *16*

como like, since; such as

¿cómo? how?, what?; *¿Cómo?* What (did you say)?; *¿Cómo está (Ud.)?* How are you (formal)?; *¿Cómo están (Uds.)?* How are

you (pl.)?; *¿Cómo estás (tú)?* How are you (informal)?; *¡Cómo no!* Of course!; *¿Cómo se dice...?* How do you say...?; *¿Cómo se escribe...?* How do you write (spell)...?; *¿Cómo se llama (Ud./él/ella)?* What is (your/his/her) name?; *¿Cómo te llamas?* What is your name?

cómodo,-a comfortable

el **compañero, la compañera** classmate, partner

la **compañía** company; *compañía telefónica* telephone company *12*

comparando comparing

el **compartimiento** compartment

compartir to share

la **competencia** competition

complacer to please

el **complemento** accessory *21*

completa: see *completar*

completar to complete; *completa (tú* command) complete

completo,-a complete

comportarse to behave *27*

la **composición** composition *9*

la **compra** purchase; *ir de compras* to go shopping

comprar to buy

comprender to understand; *comprendo* I understand

comprendo: see *comprender*

comprensivo,-a understanding *9*

la **computadora** computer (machine)

la **comunicación** communication

con with; *con anticipación* in advance *21; con (mucho) gusto* I would be (very) glad to; *con permiso* excuse me (with your permission), may I; *con tal de que* provided that *35*; *siempre salirse con la suya* to always get one's way

el **concierto** concert

el **concurso** contest, competition; quiz show *15*; *programa de concurso* game show

conducir to drive, to conduct, to direct

el **conductor, la conductora** driver *17*

conectado,-a connected

el **conejo** rabbit

la **confianza en sí mismo** self-confidence *39*

confiar to trust *9*

confidencial confidential *8*

la **confirmación** confirmation *21*

congelado,-a frozen *26*

la **congestión** congestion *32*

la **conjunción** conjunction

el **conjunto** woman's suit, set (of clothes) *36*

conmigo with me

conocer to know, to be acquainted with, to be familiar with; to meet

conocido,-a known, famous

el **conocimiento** knowledge *31*

conseguir (i, i) to obtain, to attain, to get

el **consejo** advice

el **conserje** concierge *23*

considerado,-a considerate *9*

consigo mismo,-a to himself/herself *6*

el **consultorio** doctor's office *32*

el **contador, la contadora** accountant *37*

la **contaminación** contamination, pollution; *contaminación ambiental* environmental pollution

contar (ue) to tell (a story); *contar secretos* to tell secrets *9*; *cuenta (tú*

command) tell; *cuenten (Uds.* command) tell

contener to contain

contento,-a happy, glad; *estar contento,-a (con)* to be satisfied (with)

contesta: see *contestar*

el **contestador automático** answering machine *12*

contestar to answer; *contesta (tú* command) answer; *contesten (Uds.* command) answer

contesten: see *contestar*

el **contexto** context

contigo with you (*tú*)

continúa: see *continuar*

continuar to continue; *continúa (tú* command) continue; *continúen (Uds.* command) continue

continúen: see *continuar*

la **contracción** contraction

contratar to hire *39*

el **control remoto** remote control

convenir to be fitting, to agree

copiar to copy

el **copiloto, la copiloto** copilot *22*

el **corazón** heart; honey (term of endearment)

la **corbata** tie

el **corbatín** formal tie *35*

el **cordón** cord *8*

corriente regular (mail) *20*

cortar to cut, to mow

el **corte** haircut *33*

la **cortesía** courtesy

la **cortina** curtain

corto,-a short (not long)

correcto,-a right, correct

el **corredor** corridor, hallway

el **corredor, la corredora** runner

el **correo** mail; *correo electrónico* electronic mail; *oficina de correos* post office

correr to run

la **correspondencia** correspondence

la **corrida** bullfight

la **cosa** thing

la **costa** coast

Costa Rica Costa Rica

costar (ue) to cost

costarricense Costa Rican

la **costilla** rib

la **costura** sewing

crear to create

creativo,-a creative *8*

crecer to grow *7*

el **crédito** credit; *a crédito* on credit; *tarjeta de crédito* credit card

creer to believe

la **crema** cream; *crema de afeitar* shaving cream

la **crítica** criticism *39*

el **crucero** cruise ship; *crucero turístico* sightseeing cruise *19*

el **crucigrama** crossword puzzle *13*

crudo,-a raw *25*

cruzar to cross

el **cuaderno** notebook

la **cuadra** city block

el **cuadro** square; picture, painting; *a cuadros* plaid, checkered

¿cuál? which?, what?, which one?; *(pl. ¿cuáles?)* which ones?; *¿Cuál es el camino para llegar a...?* What's the way to get to...? *18*

la **cualidad** quality

cualquier, cualquiera any

cualquiera any at all

cuando when

¿cuándo? when?

¿cuánto,-a? how much?; *(pl. ¿cuántos,-as?)* how many?; *¿Cuánto (+ time expression) hace que (+ present tense of verb)...?* How long...?; *¿Cuántos años* *tienes?* How old are you?

cuarenta forty

el **cuarto** quarter; room, bedroom; *cuarto de baño* bathroom; *cuarto de charla* chat room; *menos cuarto* a quarter to, a quarter before; *servicio al cuarto* room service; *y cuarto* a quarter after, a quarter past

cuarto,-a fourth

cuatro four

cuatrocientos,-as four hundred

Cuba Cuba

cubano,-a Cuban

los **cubiertos** silverware

cubrir to cover

la **cuchara** tablespoon

la **cucharita** teaspoon

el **cuchillo** knife

el **cuello** neck; collar *35*

la **cuenta** bill, check

cuenta: see *contar*

el **cuerno** horn

el **cuero** leather

el **cuerpo** body

el **cuidado** care; *tener cuidado* to be careful

cuidar(se) to take care of

culto,-a cultured, well-read

la **cultura** culture, knowledge

el **cumpleaños** birthday; *¡Feliz cumpleaños!* Happy birthday!

cumplir to become, to become (+ number) years old, to reach; *cumplir años* to have a birthday; *cumplir con los requisitos* to meet the requirements *38*

la **cuñada** sister-in-law *5*

el **cuñado** brother-in-law *5*

curarse to get well *29*

curioso,-a curious *2*

la **curita** band-aid *31*

el **currículum** resume *38*

la **curva** curve

cuyo,-a of which, whose

D

la **dama** lady

las **damas** checkers; *el baño de las damas* women's restroom

dar to give; *dar de comer* to feed; *dar la mano* to shake hands *39*; *dar un paseo* to take a walk; *dar vueltas* to turn (around) *17*; *dé (Ud. command)* give

darse cuenta de to realize *9*

de from, of; *de acuerdo* agreed, okay; *de aventuras* action (film) *4*; *de cerca* close up, from a short distance; *de ciencia ficción* science fiction (film) *4*; *de dibujos animados* cartoons *4*; *¿de dónde?* from where?; *¿De dónde eres?* Where are you from?; *¿De dónde es (Ud./él/ella)?* Where are you (formal) from?, Where is (he/she/it) from?; *de habla hispana* Spanish-speaking; *de ida y vuelta* round-trip; *de la mañana* in the morning, A.M.; *de la mano* holding hands *12*; *de la noche* at night, P.M.; *de la tarde* in the afternoon, P.M.; *de misterio* mystery (film) *4*; *de nada* you are welcome, not at all; *de punta* spiked (hair) *33*; *de rebajas* on sale *34*; *de terror* horror (film) *4*; *de todos los días* everyday; *de vaqueros* western (film) *4*; *¿de veras?* really?; *¿Eres (tú) de...?* Are you

from...?

dé: see *dar*

deber should, to have to, must, ought (expressing a moral duty)

decidir to decide

décimo,-a tenth

decir to tell, to say; *¿Cómo se dice...?* How do you say...?; *decir la verdad* to tell the truth *9*; *decir mentiras* to tell lies *9*; *di (tú command)* tell, say; *díganme (Uds. command)* tell me; *dime (tú command)* tell me; *¡no me digas!* you don't say!; *¿Qué quiere decir...?* What is the meaning (of)...?; *querer decir* to mean; *quiere decir* it means; *se dice* one says

decorar to decorate *8*

el **dedo** finger, toe

el **defensor, la defensora** defender

dejar (de) to leave; to stop, to quit; to let, to allow; *dejar un recado* to leave a message *12*

del of the, from the

el **delantero, la delantera** forward

delgado,-a thin

delicioso,-a delicious

demasiado too (much)

demasiado,-a too many, too much

la **democracia** democracy

la **demora** delay

el **dentista, la dentista** dentist

el **departamento** department

el **dependiente, la dependiente** clerk

el **deporte** sport

el **deportista, la deportista** athlete

deportivo,-a sporty

depositar to deposit *12*

la **derecha** right; *a la derecha* to the right

derecho straight ahead

derecho,-a right

desanimarse to get discouraged *39*

desaparecido,-a missing

el **desarrollo** development *40*

el **desastre** disaster

el **desayunar(se)** to have breakfast

el **desayuno** breakfast

descansar to rest, to relax

describe: see *describir*

describir to describe; *describe (tú command)* describe

el **descuento de estudiante** student discount *21*

desde since, from; *desde luego* of course

desear to wish *19*

el **deseo** wish

desesperado,-a desperate *8*

el **desfile** parade

el **desierto** desert

desmayarse to faint *31*

desocupar to vacate *23*

el **desodorante** deodorant

el **desorden** mess *6*

la **despedida** farewell, good-bye

despedir(se) (i, i) to say good-bye

despegar to take off

el **despertador** alarm clock *8*

despertar(se) (ie) to wake up

después afterwards, later, then; *después de* after

destacar(se) to stand out

desteñido,-a faded

desteñir to fade *36*

el **destinatario** addressee *38*

el **destino** destination; destiny, fate

la **destreza** skill, expertise

la **desventaja** disadvantage *8*

desvestir(se) to undress

detallado,-a detailed *38*

detrás de behind, after

la **devolución** return *34*

la **devolver** to return *8*

di: see *decir*

el **día** day; *buenos días* good morning; *de todos los días* everyday; *todos los días* every day

la **diabetes** diabetes *32*

el **diálogo** dialog

el **diario** diary *6*

diario,-a daily

dibuja: see *dibujar*

dibujar to draw, to sketch; *dibuja (tú command)* draw; *dibujen (Uds. command)* draw

dibujen: see *dibujar*

el **dibujo** drawing, sketch

diciembre December

el **dictado** dictation

la **dicha** happiness

diecinueve nineteen

dieciocho eighteen

dieciséis sixteen

diecisiete seventeen

el **diente** tooth

la **dieta** diet *30*

diez ten

la **diferencia** difference

diferente different

difícil difficult, hard; *ser difícil que* to be unlikely that

diga hello (telephone greeting)

dígame tell me, hello (telephone greeting)

díganme: see *decir*

dime: see *decir*

el **dinero** money

la **dirección** instruction, guidance; address; direction

el **director, la directora** director *37*

dirigir to direct

el **disc jockey, la disc jockey** disc jockey (DJ) *27*

el **disco** record, disc; *disco compacto* compact disc

(CD), CD-ROM

discreto,-a discreet *21*

discutir to argue, to discuss

el **diseñador de modas, la diseñadora de modas** fashion designer *35*

disfrutar to enjoy *21*

disgustar to dislike *4*

el **diskette** diskette

disminuir to decrease *17*

disponible available *23*

distraerse to amuse oneself *36*

divertido,-a fun

divertir (ie, i) to amuse; *divertirse* to have fun

doblar to turn (a corner)

doble double; *doble vía* two-way (road) *17*

doce twelve

el **doctor, la doctora** doctor (abbreviation: *Dr., Dra.*)

el **documental** documentary *4*

el **dólar** dollar

doler (ue) to hurt

domingo Sunday; *el domingo* on Sunday

dominicano,-a Dominican

don title of respect used before a man's first name

donde where

¿dónde? where?; *¿de dónde?* from where?; *¿De dónde eres?* Where are you from?; *¿De dónde es (Ud./él/ella)?* Where are you (formal) from?, Where is (he/she/it) from?; *¿Dónde está...?* Where is...?; *¿Dónde queda...?* Where is...? *18*; *¿Dónde se encuentra...?* Where is...? *18*

dondequiera wherever

doña title of respect used before a woman's first name

dormir (ue, u) to sleep; *dormirse* to fall asleep

dos two

doscientos,-as two hundred

Dr. abbreviation for *doctor*

Dra. abbreviation for *doctora*

el **drama** drama *4*

la **droga** drug *32*

la **ducha** shower

duchar(se) to shower

dudar to doubt

dudoso,-a doubtful

dulce sweet

el **dulce** candy

la **dulcería** candy store

durante during

durar to last *22*

el **durazno** peach

E

e and (used before a word beginning with *i* or *hi*)

echar de menos to miss *30*

la **ecología** ecology

la **economía** economy; *economía y finanzas* business *13*

económico,-a economic

el **Ecuador** Ecuador

ecuatoriano,-a Ecuadorian

la **edad** age

el **edificio** building

el **editorial** editorial; editorial page *13*

la **editorial** publishing house *37*

la **educación física** physical education

el **efectivo** cash; *en efectivo* in cash

egoísta selfish

el **ejemplo** example; *por ejemplo* for example

el **ejercicio** exercise

el the *(m., s.)*

él he; him (after a preposition); *Él se llama....* His name is....

El Salvador El Salvador

las **elecciones** elections *16*

eléctrico,-a electric

el **elefante** elephant

elegante elegant

ella she; her (after a preposition); *Ella se llama....* Her name is....

ello it, that (neuter form)

ellos,-as they; them (after a preposition)

el **e-mail** e-mail

el **embajador, la embajadora** ambassador *21*

la **emigración** emigration

la **emisora (de radio)** radio station

emocionado,-a excited

emocionante exciting

el **emparedado** sandwich *27*

empatados: see *empate*

empatar to tie (the score of a game)

el **empate** tie; *partidos empatados* games tied

empezar (ie) to begin, to start

el **empleado, la empleada** employee

el **empleo** job; *los empleos* help wanted (classified ad) *13*

la **empresa** business

en in, on, at; *en* (+ vehicle) by (+ vehicle); *en avión* by plane *22*; *en cambio* on the other hand; *en carro* by car; *en casa* at home; *en coche* by car; *en cuanto* as soon as; *en efectivo* in cash; *en la esquina (de)* on the corner (of) *18*; *en medio de* in the middle of, in the center of; *en resumen* in short; *en seguida* immediately; *en vez de* instead of *30*; *en vivo* live

enamorado,-a in love *35*

encantado,-a delighted, the pleasure is mine

encantador, encantadora charming *19*

encantar to enchant, to delight

encargar (de) to make responsible (for), to put in charge (of); *encargarse (de)* to take care of, to take charge (of)

encender (ie) to light, to turn on (a light)

la **enchilada** enchilada

encima de above, over, on top of

encogerse to shrink *36*

encontrar (ue) to find

la **encuesta** survey, poll

la **energía** energy *40*

enero January

el **énfasis** emphasis

la **enfermedad** illness *32*; *enfermedad del corazón* heart disease *32*

el **enfermero, la enfermera** nurse

enfermo,-a sick

enfrente (de) in front (of), across from *18*

engordar to make fat; *engordarse* to get fat

enojarse to get angry *6*

la **ensalada** salad

enseñar to teach, to show

entender to understand *4*

enterar(se) de to find out about, to become aware, to learn about

entonces then

entrar to go in, to come in

entre between, among

la **entrega** delivery *20*

entregar to hand in

el **entrenador, la entrenadora** coach *16*

entrenar to train *7*

la **entrevista** interview

entrevistar to interview *13*

enviar to send

el **envío** shipment *20*

equilibrado,-a balanced *30*

el **equipaje** luggage; *equipaje de*

mano carry-on luggage

el **equipo** team

equivocar(se) to make a mistake

eres: see *ser*

la **erupción en la piel** *(skin)* rash *32*

es: see *ser; es importante que* it is important that *18; es mejor que* it is better that *18; es necesario que* it is necessary that *18*

la **escala** stopover

la **escalera** stairway, stairs; StairMaster® *30; escalera automática* escalator

el **escalón** step *23*

escapar(se) to escape

la **escasez** shortage *40*

la **escena** scene

la **escoba** broom

escoger to choose; *escogiendo* choosing

escogiendo: see *escoger*

escriban: see *escribir*

escribe: see *escribir*

escribir to write; *¿Cómo se escribe...?* How do you write (spell)...?; *escriban* (*Uds.* command) write; *escribe* (*tú* command) write; *se escribe* it is written

el **escritor, la escritora** writer

el **escritorio** desk

escucha: see *escuchar*

escuchar to hear, to listen (to); *escucha* (*tú* command) listen; *escuchen* (*Uds.* command) listen

escuchen: see *escuchar*

la **escuela** school

ese, esa that

ése, ésa that (one)

esencial essential *21*

el **esfuerzo** effort *30*

el **esmalte de uñas** nail polish *6*

eso that (neuter form); *eso mismo* precisely that *6*

esos, esas those

ésos, ésas those (ones)

el **espacio** space

la **espalda** back

España Spain

el **español** Spanish (language); *Aquí se habla español.* Spanish is spoken here.; *Se habla español.* Spanish is spoken.

español, española Spanish

la **especia** spice *28*

especial special

especializado,-a specialized

el **espectáculo** show

el **espectador, la espectadora** spectator

el **espejo** mirror; *espejo retrovisor* rear-view mirror *17*

esperar to wait (for); to hope

las **espinacas** spinach *25*

la **esposa** wife

el **esposo** husband

la **espuma** styling gel *33*

el **esquí** skiing

el **esquiador, la esquiadora** skier

esquiar to ski

la **esquina** corner

está: see *estar*

el **establo** stable

la **estación** season; station; *estación de autobuses* bus station; *estación del ferrocarril* train station *24; estación del metro* subway station; *estación del tren* train station

el **estacionamiento** parking *17*

el **estadio** stadium

el **Estado Libre Asociado** Commonwealth

los **Estados Unidos** United States of America

estadounidense something or someone from the United States

estampado,-a printed *34*

la **estampilla** stamp *20*

están: see *estar*

la **estancia** stay *23*

el **estante** bookcase *8*

estar to be; *¿Cómo está (Ud.)?* How are you (formal)?; *¿Cómo están (Uds.)?* How are you (pl.)?; *¿Cómo estás (tú)?* How are you (informal)?; *¿Dónde está...?* Where is...?; *está* you (formal) are, he/she/it is; *está nublado,-a* it is cloudy; *está soleado,-a* it is sunny; *están* they are; *estar contento,-a (con)* to be satisfied (with); *estar de acuerdo* to agree; *estar en oferta* to be on sale; *estar hospitalizado* to be hospitalized *32; estar listo,-a* to be ready; *estás* you (informal) are; *estoy* I am

estás: see *estar*

este well, so (pause in speech)

el **este** east

este, esta this; *esta noche* tonight

éste, ésta this (one)

el **estéreo** stereo

estimado,-a dear

estirarse to stretch *36*

esto this

el **estómago** stomach

estos, estas these

éstos, éstas these (ones)

estoy: see *estar*

estrecho,-a narrow; tight *34*

la **estrella** star

el **estreno** opening (of a show) *16*

el **estrés** stress *30*

estricto,-a strict *3*

estropearse to damage *36*

la **estructura** structure

estudia: see *estudiar*

el **estudiante, la estudiante** student

estudiar to study; *estudia*

(*tú* command) study; *estudien* (*Uds.* command) study

estudien: see *estudiar*

el **estudio** study

estudioso,-a studious *3*

la **estufa** stove

estupendo,-a wonderful, marvellous

la **etiqueta** label *34*

Europa Europe

europeo,-a European

evaluar to evaluate *38*

evidente evident

evitar to avoid *30*

exagerar to exaggerate

el **ex-alumno, la ex-alumna** former student *14*

el **examen** exam, test

excelente excellent

el **exceso de velocidad** speeding *17*

el **excusado** toilet

la **exhibición** exhibition

exigente demanding

el **éxito** success; *tener éxito* to be successful, to be a success

la **experiencia** experience

explica: see *explicar*

la **explicación** explanation, reason

explicar to explain; *explica* (*tú* command) explain

el **explorador, la exploradora** explorer

la **explosión** explosion *15*

la **exportación** exportation

exportador, exportadora exporting

la **exposición** (art) exhibit *19*

expresar to express

la **expresión** expression

la **extensión** extension

extranjero,-a foreign

extrañar to miss

F

fácil easy; *ser fácil que* to be likely that

la **facilidad para** gift/talent for *37*

la **facultad** school (of a university)

la **falda** skirt

falso,-a false

faltar to need, to be lacking *6*

la **familia** family

el **familiar** relative *2*

famoso,-a famous

fantástico,-a fantastic, great

el **faro** headlight; lighthouse; (car) light *17*

fascinante fascinating

fascinar to fascinate

fastidiar to tease *4*

el **favor** favor; *por favor* please

favorito,-a favorite

el **fax** fax

febrero February

la **fecha** date

felicitaciones congratulations

felicitar to congratulate *20*

feliz happy (*pl. felices*); *¡Feliz cumpleaños!* Happy birthday!

femenino,-a feminine

feo,-a ugly

feroz fierce, ferocious (*pl. feroces*)

el **ferrocarril** railway, railroad

el **festival** festival *14*

la **fiebre** fever *31*

la **fiesta** party

la **fila** line, row

el **filete** fillet, boneless cut of beef or fish

filmar to film

la **filología hispana** Spanish studies *37*

la **filosofía** philosophy

el **fin** end; purpose *40*; *a fin de que* so that; *fin benéfico* beneficial purpose *40*; *fin de semana* weekend; *por fin* finally

la **finca** ranch, farm

fino,-a delicate *35*

firmar to sign

la **física** physics

el **flamenco** flamingo; type of dance

el **flan** custard

la **flauta** flute

el **flequillo** bangs *33*

la **flor** flower

la **florcita** small flower

la **florería** flower shop

la **foca** seal *11*

el **folleto** brochure

la **forma** form

formal formal *27*

la **formalidad** formality *1*

el **formulario** form *39*

la **foto(grafía)** photo

el **fotógrafo, la fotógrafa** photographer

fracasar to fail

el **fracaso** failure *37*

la **fractura** fracture *29*

francés, francesa French

Francia France

la **frase** phrase, sentence

el **fregadero** sink

freír (i, i) to fry

el **freno** brake; brake pedal *17*

la **frente** forehead *33*

la **fresa** strawberry

el **fresco** cool; *hace fresco* it is cool

fresco,-a fresh, chilly

el **frijol** bean *25*

el **frío** cold; *hace frío* it is cold; *tener frío* to be cold

frío,-a cold

frito,-a fried *28*

la **fruta** fruit

la **frutería** fruit store

fue: see *ser*

el **fuego** fire; *los fuegos artificiales* fireworks

fueron: see *ser*

fuerte strong

fumar to smoke

funcionar to work *12*

fundar to found *3*

furioso,-a furious *6*

el **fútbol** soccer; *fútbol americano* football

el **futbolista, la futbolista** soccer player

el **futuro** future

G

las **gafas de sol** sunglasses
la **galleta** cookie, biscuit
la **gallina** hen
el **gallo** rooster
el **galón** gallon 25
la **gana** desire; *tener ganas de* to feel like
    ganados: see *ganar*
    ganar to win, to earn; *los partidos ganados* games won
la **ganga** bargain 34
el **garaje** garage
el **garbanzo** chickpea 25
la **garganta** throat
la **gasolinera** gas station 17
    gastar to spend 21
el **gasto** expense
el **gato, la gata** cat
el **gel** gel (hair) 33
los **gemelos, las gemelas** twins 5
el **género** gender
    generoso,-a generous
    ¡Genial! Great! 3
la **gente** people
la **geografía** geography
la **geometría** geometry
el **gerente, la gerente** manager
el **gerundio** present participle
el **gesto** gesture
el **gimnasio** gym 7
el **giro postal** money order 20
el **globo** balloon; globe
la **glorieta** traffic circle 17
el **gobernador, la gobernadora** governor
el **gobierno** government
el **gol** goal
la **golosina** sweets; candy 30
el **golpe** bump 29
    gordo,-a fat
el **gorila** gorilla
la **gorra** cap (baseball)
la **gota** drop 31
    gozar to enjoy
la **grabadora** tape recorder (machine)
    grabar to record

    gracias thanks; *muchas gracias* thank you very much
el **grado** degree
la **graduación** graduation 14
    graduarse to graduate 38
    gran big (form of *grande* before a *m., s.* noun); great
    grande big
la **grasa** fat 30
    grave serious 31
el **grifo** faucet
la **gripe** flu
    gris gray
    gritar to shout
el **grupo** group; *grupo musical* musical group
el **guante** glove
    guapo,-a good-looking, attractive, handsome, pretty
el **guardabarros** fender
    Guatemala Guatemala
    guatemalteco,-a Guatemalan
la **guerra** war 15
la **guía** guidebook
el **guía, la guía** guide
la **guirnalda** garland 27
el **guisante** pea
el **guiso** stew 28
la **guitarra** guitar
el **guitarrista, la guitarrista** guitarist 2
    gustar to like, to be pleasing to; *me/te/le/nos/os/les gustaría...* I/you/he/she/it/we/they would like...
    gustaría: see *gustar*
el **gusto** pleasure; *con (mucho) gusto* I would be (very) glad to; *el gusto es mío* the pleasure is mine; *¡Mucho gusto!* Glad to meet you!; *Tanto gusto.* So glad to meet you.

H

    haber to have (auxiliary verb)

    había there was, there were
la **habichuela** green bean
la **habitación** room; bedroom
el **habitante, la habitante** inhabitant
    habla: see *hablar*
el **habla** *(f.)* speech, speaking; *de habla hispana* Spanish-speaking
    hablar to speak; *Aquí se habla español.* Spanish is spoken here.; *habla (tú* command) speak; *hablen (Uds.* command) speak; *Se habla español.* Spanish is spoken.
    hablen: see *hablar*
    hace: see *hacer*
    hacer to do, to make; *¿Cuánto (+ time expression) hace que (+ present tense of verb)...?* How long...?; *hace buen (mal) tiempo* the weather is nice (bad); *hace fresco* it is cool; *hace frío (calor)* it is cold (hot); *hace (+ time expression) que* ago; *hace sol* it is sunny; *hace viento* it is windy; *hacer aeróbicos* to do aerobics; *hacer compañía* to keep company 29; *hacer daño* to hurt 10; *hacer ejercicio* to work out, to exercise 30; *hacer un error* to make a mistake 17; *hacer falta* to be necessary, to be lacking; *hacer prácticas* to do an internship 37; *hacer una llamada* to make a call 12; *hacer una pregunta* to ask a question; *hagan (Uds.* command) do, make; *haz (tú* command) do, make; *haz el papel* play the part; *hecha* made; *La práctica hace al maestro.* Practice makes perfect.; *¿Qué temperatura hace?* What is

the temperature?; ¿Qué
tiempo hace? How is the
weather?

hacerse miembro to join
(a club) *1*

hacia toward

hagan: see *hacer*

el **hambre** (*f.*) hunger; *tener
hambre* to be hungry

la **hamburguesa** hamburger *2*

la **harina** flour *26*

harto,-a de tired of, sick of *3*

hasta until, up to, down to;
hasta la vista so long, see
you later; *hasta luego* so
long, see you later; *hasta
mañana* see you tomor-
row; *hasta pronto* see you
soon

hay there is, there are; *hay
neblina* it is misting; *hay
sol* it is sunny

haz: see *hacer*

hecha: see *hacer*

la **heladería** ice cream parlor

el **helado** ice cream

la **herencia** heritage; inheritance

la **herida** wound *29*

herido,-a hurt *16*

la **hermana** sister

la **hermanastra** stepsister

el **hermanastro** stepbrother

el **hermano** brother

hermoso,-a beautiful, lovely

el **hielo** ice; *patinar sobre hielo*
to ice-skate

la **hija** daughter

el **hijo** son

el **hipopótamo** hippopotamus

hispano,-a Hispanic; *de
habla hispana* Spanish-
speaking

la **historia** history

el **historial personal** personal
history *38*

la **historieta cómica** comic
strip *13*

el **hogar** home

la **hoja** sheet; *hoja clínica* med-

ical history form *30; hoja
de papel* sheet of paper

hola hi, hello

el **hombre** man; *hombre de
negocios* businessman

el **hombro** shoulder

Honduras Honduras

hondureño,-a Honduran

la **hora** hour; *¿a qué hora?* at
what time?; *¿Qué hora es?*
What time is it?

el **horario** schedule

el **horno** oven; *horno microondas*
microwave oven

el **horóscopo** horoscope *13*

horrible horrible

horroroso,-a terrible *33*

el **hotel** hotel

hoy today

hubo there was, there were

la **huelga** strike *15*

el **hueso** bone *26*

el **huevo** egg

la **humedad** humidity *21*

el **huracán** hurricane

I

la **idea** idea

ideal ideal

la **iglesia** church

ignorar to not know; to
ignore *9*

la **iguana** iguana

igualmente me too, the
pleasure is mine *1*

la **iguana** iguana

imagina: see *imaginar(se)*

la **imaginación** imagination

imaginar(se) to imagine;
imagina (tú command)
imagine

el **imperio** empire

el **impermeable** raincoat

implicar to imply

importante important

importar to be important, to
matter

imposible impossible

la **inauguración** opening *33*

los **incas** Incas

el **incendio** fire; *alarma de
incendios* fire alarm,
smoke alarm

increíble incredible *9*

indefinido,-a indefinite

la **independencia** indepen-
dence

indica: see *indicar*

la **indicación** cue

indicado,-a indicated

indicar to indicate; *indica
(tú command)* indicate

indígena native

la **infección** infection *32*

la **inflamación** swelling *32*

la **información** information

informar to inform

la **informática** computer
science *37*

el **informe** report

el **ingeniero, la ingeniera**
engineer

Inglaterra England

el **inglés** English (language)

inglés, inglesa English

el **ingrediente** ingredient

inicial initial

la **iniciativa** initiative *38*

inmenso,-a immense

la **innovación** innovation *40*

insistir (en) to insist (on)

la **inspiración** inspiration

instalar to install

inteligente intelligent

interesante interesting

interesar to interest

internacional international

la **Internet** Internet

interrogativo,-a interrogative

inútil useless *14*

el **invento** invention *40*

el **invierno** winter

la **invitación** invitation *27*

invitar to invite

la **inyección** injection, shot *31*

ir to go; *ir a (+ infinitive)* to
be going to (do some-

thing); *ir a parar* to end up; *ir con* to go with, to match *34*; *ir de compras* to go shopping; *irse* to leave, to go away; *irse de viaje* to go away on a trip; *¡vamos!* let's go!; *¡vamos a (+ infinitive)!* let's (+ infinitive)!; *vayan (Uds. command)* go to; *ve (tú command)* go to

la **isla** island

Italia Italy

italiano,-a Italian

el **itinerario** itinerary

la **izquierda** left; *a la izquierda* to the left

izquierdo,-a left

J

el **jabón** soap

jamás never *3*

el **jamón** ham

el **Japón** Japan

japonés, japonesa Japanese

el **jarabe** syrup *31*

el **jardín** garden; *jardín zoológico* zoo, zoological garden

la **jaula** cage

la **jirafa** giraffe

la **jornada completa** full time *37*

joven young

la **joya** jewel

la **joyería** jewelry store

el **juego** game

jueves Thursday; *el jueves* on Thursday

el **juez** judge *13*

el **jugador, la jugadora** player

jugar (ue) to play; *jugar a (+ sport/game)* to play (+ sport/game)

el **jugo** juice

el **juicio** trial *16*

julio July

junio June

junto,-a together

K

Kenya Kenya

kenyano,-a Kenyan

el **kilo(gramo)** kilo(gram)

L

la **la** the *(f., s.)*; her, it, you *(d.o.)*; *a la una* at one o'clock

la **laca** hair spray *33*

lacio straight (hair) *5*

el **lado** side; *al lado de* next to, beside; *por todos lados* everywhere

ladrar to bark

el **ladrillo** brick

el **ladrón, la ladrona** thief *13*

el **lago** lake

la **lámpara** lamp

la **lana** wool

la **langosta** lobster

el **lápiz** pencil *(pl. lápices)*; *lápiz de labios* lipstick *6*

largo,-a long

las **las** the *(f., pl.)*; them, you *(d.o.)*; *a las...* at...o'clock

la **lástima** shame, pity; *¡Qué lástima!* What a shame!, Too bad!

lastimar(se) to injure, to hurt

la **lata** can

el **lavabo** bathroom sink

el **lavadero** laundry room

la **lavadora** washer *7*

el **lavaplatos eléctrico** dishwasher (machine)

lavar(se) to wash

le (to, for) him, (to, for) her, (to, for) it, (to, for) you (formal) *(i.o.)*

lean: see *leer*

la **lección** lesson

la **lectura** reading

la **leche** milk

la **lechería** milk store, dairy (store)

la **lechuga** lettuce

lee: see *leer*

leer to read; *lean (Uds. command)* read; *lee (tú command)* read

lejos (de) far (from)

la **lengua** tongue; language

la **lenteja** lentil *25*

el **lente de contacto** contact lense *6*

los **lentes** glasses *5*

lento,-a slow

el **león** lion; *león marino* sea lion *11*

les (to, for) them, (to, for) you *(i.o.)*

la **letra** letter

levantar to raise, to lift; *levantar pesas* to lift weights *30*; *levantarse* to get up; *levántate (tú command)* get up; *levántense (Uds. command)* get up

levántate: see *levantarse*

levántense: see *levantarse*

la **libertad** liberty, freedom

la **libra** pound

libre free; *al aire libre* outdoors

la **librería** bookstore

el **libro** book

la **licencia de conducir** driver's license *17*

la **licuadora** blender

el **líder** leader

limitar to limit

el **limón** lemon, lime

el **limpiaparabrisas** windshield wiper

limpiar to clean

limpio,-a clean

lindo,-a pretty

liso,-a solid *34*

la **lista** list

listo,-a ready; smart; *estar listo,-a* to be ready; *ser listo,-a* to be smart

la **literatura** literature;

literatura clásica classical literature *36*

el **litro** liter *25*

llama: see *llamar*

la **llamada de cobro revertido** collect call *12*; *llamada de larga distancia* long-distance call *12*; *llamada local* local call *12*

llamar to call, to telephone; *¿Cómo se llama (Ud./él/ella)?* What is (your/his/her) name?; *¿Cómo te llamas?* What is your name?; *llamaron* they called (preterite of *llamar*); *llamarse* to be called; *me llamo* my name is; *se llaman* their names are; *te llamas* your name is; *(Ud./Él/Ella) se llama....* (Your [formal]/His/Her) name is....

llamaron: see *llamar*

llamas: see *llamar*

llamo: see *llamar*

la **llanta** tire

la **llave** key

la **llegada** arrival

llegar to arrive; *llegó* arrived (preterite of *llegar*)

llegó: see *llegar*

llenar to fill *17*

lleno,-a full

llevar to take, to carry; to wear; to bring; *llevarse* to take away, to get along; *llevarse bien/mal* to get along well/badly *9*

llorar to cry *10*

llover (ue) to rain

la **lluvia** rain

lo him, it, you *(d.o.)*; *a lo mejor* maybe; *lo (+ adjective/adverb)* how *(+ adjective/adverb)*; *lo más (+ adverb) posible* as *(+ adverb)* as possible; *lo menos (+ adverb) posible*

as *(+ adverb)* as possible; *lo que* what, that which; *lo siento* I am sorry; *lo siguiente* the following; *por lo menos* at least

loco,-a crazy

la **locura** madness *26*

el **locutor, la locutora** radio announcer *37*

lógicamente logically

lógico,-a logical

los the *(m., pl.)*; them, you *(d.o.)*

luego then, later, soon; *desde luego* of course; *hasta luego* so long, see you later; *luego que* as soon as

el **lugar** place

el **lujo** luxury

la **luna** moon

lunes Monday; *el lunes* on Monday

la **luz** light *(pl. luces)*

M

la **madera** wood

la **madrastra** stepmother

la **madre** mother

la **madrina** godmother *5*

maduro,-a ripe

el **maestro** teacher, master; *La práctica hace al maestro.* Practice makes perfect.

magnífico,-a magnificent

el **maíz** corn

mal badly; bad; *hace mal tiempo* the weather is bad

el **malentendido** misunderstanding *21*

la **maleta** suitcase

el **maletín** overnight bag, handbag, small suitcase, briefcase

malo,-a bad

la **mamá** mother, mom

la **mancha** stain *36*

manchado,-a stained *36*

mancharse to stain *36*

mandar to order

manejar to drive

la **manera** manner, way

la **manga** sleeve *35*

la **mano** hand; *equipaje de mano* carry-on luggage

el **mantel** tablecloth

mantener to keep, to maintain; *mantenerse al día* to keep up-to-date *39*; *mantenerse en forma* to keep in shape *30*

la **mantequilla** butter

la **manzana** apple

mañana tomorrow; *hasta mañana* see you tomorrow; *pasado mañana* the day after tomorrow

la **mañana** morning; *de la mañana* A.M., in the morning; *por la mañana* in the morning

el **mapa** map

el **maquillaje** makeup

maquillar to put makeup on (someone); *maquillarse* to put on makeup

la **maquinita** little machine, video game

el **mar** sea

maravilloso,-a marvellous, fantastic

la **marca** brand *36*

el **marcador** score

marcar to score

la **marcha atrás** reverse gear *17*

marearse to feel dizzy *29*

el **mareo** dizziness *32*

mariachi popular Mexican music and orchestra

el **marido** husband

marinado,-a marinated *28*

el **marisco** seafood

marrón brown *5*

martes Tuesday; *el martes* on Tuesday

marzo March

marroquí Moroccan

Marruecos Morocco

más more, else; *el/la/los/las* (+ noun) *más* (+ adjective) the most (+ adjective); *lo más* (+ adverb) *posible* as (+ adverb) as possible; *más de* more than; *más* (+ noun/adjective/adverb) *que* more (+ noun/adjective/adverb) than; *más vale que* it is better that

el **masaje** massage *30*

masculino,-a masculine

matar to kill *13*

las **matemáticas** mathematics

el **material** material

máximo,-a maximum; *pena máxima* penalty

maya Mayan

los **mayas** Mayans

mayo May

la **mayonesa** mayonnaise

mayor older, oldest; greater, greatest

la **mayoría** majority

la **mayúscula** capital letter

me (to, for) me *(i.o.)*; me *(d.o.)*; *me dicen* people call me *1*; *me llaman* people call me *1*; *me llamo* my name is

el **mecánico, la mecánica** mechanic

la **medalla** medal *35*

la **media** stocking *34*

la **media jornada** part-time *37*

mediano,-a medium *34*

la **medianoche** midnight; *Es medianoche.* It is midnight.

la **medicina** medicine

el **médico, la médica** doctor

la **medida** measurement *35*

el **medio** means; middle, center; *medio ambiente* environment *40*; *medio de transporte* means of transportation *21*; *en medio de* in the middle of, in the center of

medio,-a half; *y media* half past

el **mediocampista, la mediocampista** midfielder

el **mediodía** noon; *Es mediodía.* It is noon.

mejor better; *a lo mejor* maybe; *el/la/los/las mejor/mejores* (+ noun) the best (+ noun)

mejorar to improve, to get better *3*

el **melón** melon, cantaloupe

el **membrete** letterhead *38*

menor younger, youngest; lesser, least

menos minus, until, before, to (to express time); less; *el/la/los/las* (+ noun) *menos* (+ adjective) the least (+ adjective + noun); *lo menos* (+ adverb) *posible* as (+ adverb) as possible; *menos* (+ noun/adjective/adverb) *que* less (+ noun/adjective/adverb) than; *menos cuarto* a quarter to, a quarter before; *menos mal* at least *24*; *por lo menos* at least

mentir (ie, i) to lie

la **mentira** lie

mentiroso,-a liar *2*

el **menú** menu

el **mercado** market

merecer to deserve *1*

el **merengue** merengue (dance music)

el **mes** month

la **mesa** table; *mesa de planchar* ironing board; *poner la mesa* to set the table; *recoger la mesa* to clear the table

el **mesero, la mesera** food server

la **mesita** tray table

el **metro** subway; *estación del*

metro subway station

mexicano,-a Mexican

México Mexico

la **mezcla** mix *26*

mi my; *(pl. mis)* my

mí me (after a preposition)

el **micrófono** microphone

el **miedo** fear; *tener miedo de* to be afraid of

el **miembro** member

mientras (que) while

miércoles Wednesday; *el miércoles* on Wednesday

mil thousand

mínimo,-a minimum

la **minúscula** lowercase

el **minuto** minute

mío,-a my, (of) mine; *el gusto es mío* the pleasure is mine

mira: see *mirar*

mirar to look (at); *mira (tú* command) look; *mira* hey, look (pause in speech); *miren (Uds.* command) look; *miren* hey, look (pause in speech)

miren: see *mirar*

mismo right (in the very moment, place, etc.); *ahora mismo* right now

mismo,-a same

el **misterio** mystery

los **modales** manners *27*

el **modelo** model

moderno,-a modern

mojado,-a wet *29*

molestar to bother

la **moneda** coin, money; *moneda (de un país)* currency *21*

el **mono** monkey

la **montaña** mountain; *montaña rusa* roller coaster

montar to ride

el **montón** pile *36*

el **monumento** monument

el **moño** bun *33*

morado,-a purple *34*

morder (ue) to bite

moreno,-a brunet, brunette, dark-haired, dark-skinned

morir(se) (ue, u) to die; *morirse de la risa* to die laughing

la **mostaza** mustard

el **mostrador** counter

mostrar (ue) to show

la **moto(cicleta)** motorcycle

el **motor** motor, engine; *motor de búsqueda* search engine

la **muchacha** girl, young woman

el **muchacho** boy, guy

muchísimo very much, a lot

mucho much, a lot, very, very much

mucho,-a much, a lot of, very; *(pl. muchos,-as)* many; *con (mucho) gusto* I would be (very) glad to; *muchas gracias* thank you very much; *¡Mucho gusto!* Glad to meet you!

mudar(se) to move

el **mueble** piece of furniture

la **muela** tooth *29*

el **muelle** concourse, pier

la **mujer** woman; wife; *mujer de negocios* business-woman

la **muleta** crutch *29*

la **multa** fine *17*

el **mundo** world; *todo el mundo* everyone, everybody

la **muralla** wall

el **muro** (exterior) wall

el **músculo** muscle *30*

el **museo** museum

la **música** music; *música clásica* classical music *27*; *música latina* Latin music *27*; *música lenta* slow music *27*; *música rock* rock music *27*; *música tecno* techno music *27*

el **musical** musical *4*

el **músico, la música** musician *2*

el **muslo** thigh *26*

muy very

N

nacer to be born

la **nación** nation

nacional national

nada nothing; *de nada* you are welcome, not at all

nadar to swim

nadie nobody

la **naranja** orange

la **nariz** nose

narrar to announce, to narrate

navegar to surf; to sail *19*

la **Navidad** Christmas

la **neblina** mist; *hay neblina* it is misting

necesario,-a necessary

necesitar to need

negar to deny *22*

negativo,-a negative

los **negocios** business; *hombre de negocios* businessman; *mujer de negocios* businesswoman

negro,-a black

nervioso,-a nervous

nevar (ie) to snow

ni not even; *ni...ni* neither...nor; *¡Ni hablar!* No way! *11*

Nicaragua Nicaragua

nicaragüense Nicaraguan

la **niebla** fog *22*

la **nieta** granddaughter

el **nieto** grandson

la **nieve** snow

ningún, ninguna none, not any

ninguno,-a none, not any

el **niño, la niña** child

el **nivel** level

no no; *¡Cómo no!* Of course!;

No contesta nadie. Nobody answers the phone. *12*; *¡No faltaba más!* It's the least I could do! *10*; *No lo/la veo.* I do not see him (it)/her (it).; *¡no me digas!* you don't say!; *No sé.* I do not know.; *¡No seas pesado/a!* Don't be a pain/bore! *2*; *no tener ni idea de* to have no idea of *36*

la **noche** night; *buenas noches* good night; *de la noche* P.M., at night; *esta noche* tonight; *por la noche* at night

el **nombre** name

el **noreste** northeast

normal normal

el **noroeste** northwest

el **norte** north; *América del Norte* North America

norteamericano,-a North American

nos (to, for) us *(i.o.)*; us *(d.o.)*

nosotros,-as we; us (after a preposition)

la **noticia** news; *noticia internacional* international news *13*; *noticia nacional* national news *13*

el **noticiero** news program *15*

novecientos,-as nine hundred

la **novela** novel *36*

noveno,-a ninth

noventa ninety

la **novia** girlfriend

noviembre November

el **novio** boyfriend

la **nube** cloud *22*

nublado,-a cloudy; *está nublado* it is cloudy

la **nuera** daughter-in-law *5*

nuestro,-a our, (of) ours

nueve nine

nuevo,-a new; *Año Nuevo*

New Year's Day

el **número** number; *número de teléfono* telephone number; *número equivocado* wrong number *12*

numeroso,-a large (in numbers) *7*

nunca never

O

o or; *o...o* either...or

obedecer to obey *1*

la **obra** work, play; *obra de teatro* theater play *19*

el **obrero, la obrera** worker

obvio,-a obvious

la **ocasión** occasion

el **océano** ocean

octavo,-a eighth

octubre October

ocupado,-a busy, occupied

ocupar to occupy; *ocuparse de* to take care of *27*

ocurrir to occur; *ocurrirse* to occur to someone *27*

ochenta eighty

ocho eight

ochocientos,-as eight hundred

odiarse to hate each other *6*

la **odisea** odyssey

el **oeste** west

la **oferta** sale; *estar en oferta* to be on sale

oficial official

la **oficina** office; *oficina de correos* post office; *oficina de turismo* tourist office *18*

ofrecer to offer

el **oído** (inner) ear; sense of hearing

oigan hey, listen (pause in speech)

oigo hello (telephone greeting)

oír to hear, to listen (to); *oigan* hey, listen (pause in speech); *oigo* hello (tele-phone greeting); *oye* hey, listen (pause in speech)

ojalá would that, if only, I hope

el **ojo** eye

olé bravo

la **olla** pot, saucepan

olvidar(se) to forget

el **omelet** omelet

la **omisión** omission

once eleven

la **onza** ounce *25*

la **operación** operation *32*

opinar to give an opinion; to form an opinion

la **opinión** opinion *9*

la **oportunidad** opportunity

el **opuesto** opposite

opuesto,-a opposite *21*

la **oración** sentence

el **orden** order

ordenado,-a tidy *8*

ordenar to order

la **oreja** (outer) ear

la **organización** organization

organizado,-a organized *8*

organizar to organize

el **órgano** organ

orgulloso,-a proud *3*

la **orilla** shore

el **oro** gold

os (to, for) you (Spain, infor-mal, *pl., i.o.*), you (Spain, informal, *pl., d.o.*)

el **oso** bear; *oso de peluche* teddy bear

el **otoño** autumn

otro,-a other, another *(pl. otros,-as)*; *otra vez* again, another time

la **oveja** sheep

el **oxígeno** oxygen *40*

oye hey, listen (pause in speech)

P

la **P.D.** P.S. *29*

la **paciencia** patience *17*

el **paciente, la paciente** patient *31*

el **Pacífico** Pacific Ocean

el **padrastro** stepfather

el **padre** father; *(pl. padres)* parents

¡Padrísimo! Great! *34*

el **padrino** godfather *5*

la **paella** paella (traditional Spanish dish with rice, meat, seafood and veg-etables)

pagar to pay

la **página** page

el **país** country

el **paisaje** landscape, scenery *24*

el **pájaro** bird

la **palabra** word; *palabra inter-rogativa* question word; *palabras antónimas* antonyms, opposite words

pálido,-a pale *34*

el **pan** bread

la **panadería** bakery

el **panadero, la panadera** baker *2*

Panamá Panama

panameño,-a Panamanian

el **pantalón** pants

la **pantalla** screen

la **pantera** panther

las **pantimedias** pantyhose, nylons

la **pantufla** slipper

el **pañuelo** handkerchief, hanky

la **papa** potato; *papas fritas* French fries *28*

el **papá** father, dad

los **papás** parents

la **papaya** papaya

el **papel** paper; role; *haz el papel* play the role; *hoja de papel* sheet of paper; *papel de carta* statio-nery *38*

la **papelería** stationery store

las **paperas** mumps *32*

el **paquete** package *20*

para for, to, in order to; *para que* so that, in order that

el **parabrisas** windshield

el **parador** inn

el **paraguas** umbrella

el **Paraguay** Paraguay

paraguayo,-a Paraguayan

parar to stop; *ir a parar* to end up; *pare* stop *17*

parecer to seem; to look *1*; *parecerse a* to resemble *1*; *¿Qué (te/le/les) parece?* What do/does you/he/she/they think?

la **pared** wall

la **pareja** pair, couple

el **pariente, la pariente** relative

el **parlante** speaker *27*

el **parque** park; *parque de atracciones* amusement park

la **parte** place, part

participar to participate

el **partido** game, match; *partidos empatados* games tied; *partidos ganados* games won; *partidos perdidos* games lost

el **párrafo** paragraph

pasado,-a past, last; *pasado mañana* the day after tomorrow

el **pasaje** ticket; fare *21*

el **pasajero** passenger

pásame: see *pasar*

el **pasaporte** passport

pasar to pass, to spend (time); to happen, to occur; *pásame* pass me; *pasar la aspiradora* to vacuum; *pasarla muy bien* to have a good time *24*; *¿Qué te pasa?* What is wrong with you?

el **pasatiempo** pastime, leisure activity

la **Pascua** Easter

el **paseo** walk, ride, trip; *dar un paseo* to take a walk

el **pasillo** hallway, corridor *7*

la **pasión por** passion for *37*

la **pasta** pasta *26*; *pasta de dientes* toothpaste *6*

el **pastel** cake, pastry

la **pastilla** pill *31*

la **pata** paw

la **patilla** sideburn *33*

el **patín** roller skate *36*

el **patinador, la patinadora** skater

patinar to skate; *patinar sobre hielo* to ice-skate

el **patio** courtyard, patio, yard

el **pato** duck

el **pavo** turkey

el **payaso** clown

la **paz** peace

el **pecho** chest; breast *29*

la **pechuga** chicken breast *26*

el **pedacito** small bit *26*

pedir (i, i) to ask for, to order, to request; *pedir perdón* to say you are sorry; *pedir permiso (para)* to ask for permission (to do something); *pedir prestado,-a* to borrow

el **peinado** hairdo *33*

peinar(se) to comb

el **peine** comb

pelear to fight *7*; *pelearse* to fight with each other *6*

la **película** movie, film

peligroso,-a dangerous *29*

pelirrojo,-a red-haired

el **pellejo** skin (of animal) *26*

el **pelo** hair; *tomar el pelo* to pull someone's leg

la **pelota** ball

el **peluquero, la peluquera** hairstylist; hairdresser *33*

la **pena** punishment, pain, trouble; *pena máxima* penalty

pensar (ie) to think, to intend, to plan; *pensar de* to think about (i.e., to

have an opinion); *pensar en* to think about (i.e., to focus one's thoughts on); *pensar en* (+ infinitive) to think about (doing something)

peor worse; *el/la/los/las peor/peores* (+ noun) the worst (+ noun)

pequeño,-a small

la **pera** pear

la **percha** hanger *8*

perder (ie) to lose *10*; to miss *22*; *partidos perdidos* games lost

perdido,-a lost *18*

perdidos: see *perder*

perdón excuse me, pardon me; *pedir perdón* to say you are sorry

perdonar to forgive *9*

perezoso,-a lazy

perfecto,-a perfect

el **perfume** perfume

el **periódico** newspaper

el **periodista, la periodista** journalist

el **período** period

la **perla** pearl

la **permanente** perm (permanent wave) *33*

el **permiso** permission, permit; *con permiso* excuse me (with your permission), may I; *pedir permiso (para)* to ask for permission (to do something)

permitir to permit

pero but

la **persona** person

el **personaje** character

personal personal; *pronombre personal* subject pronoun

el **personal** personnel *38*

pertenecer to belong *1*

el **Perú** Peru

peruano,-a Peruvian

el **perro, la perra** dog

pesar to weigh *11*

la pesca fishing

el pescado fish

pescar to fish; *pescar (un resfriado)* to catch (a cold)

el petróleo oil *40*

el piano piano

picado,-a ground, chopped *26*

el picnic picnic

picotear to nibble *27*

el pie foot; *a pie* on foot

la pierna leg

la pieza piece

el pijama pajamas

el piloto, la piloto pilot

el pimentero pepper shaker

la pimienta pepper (seasoning)

el pimiento bell pepper

pintar to paint; *pintarse las uñas* to polish one's nails *6*; *pintarse los labios* to put on lipstick *6*

la piña pineapple

la pirámide pyramid

pisar to step on *17*

la piscina swimming pool

el piso floor; *primer piso* first floor

la pista clue

la pista de aterrizaje landing strip *22*

la pizarra blackboard

la placa license plate

el placer pleasure

el plan plan

la plancha iron

planchar to iron; *mesa de planchar* ironing board

el plano (city) map *18*

la planta plant; *planta baja* ground floor

el plástico plastic

la plata silver

el plátano banana

el plato dish, plate; *plato de sopa* soup bowl

la playa beach

la plaza plaza, public square

plegable folding *21*

la pluma feather; pen

la población population

pobre poor

poco,-a not very, little; *un poco* a little (bit)

poder (ue) to be able (to)

podrido,-a rotten *25*

el policía, la policía police (officer)

policiaca detective *4*

políticamente politically

el pollo chicken

el polvo dust

poner to put, to place, to turn on (an appliance); *poner huevos* to lay eggs *11*; *poner la mesa* to set the table; *poner(se)* to put on; *ponerse de acuerdo sobre* to reach an agreement on *14*

popular popular

un poquito a very little (bit)

por for; through, by; in; along; *por adelantado* in advance *23*; *por ahora* for now *2*; *por aquel entonces* by then, at the time *14*; *por ejemplo* for example; *por favor* please; *por fin* finally; *por la mañana* in the morning; *por la noche* at night; *por la tarde* in the afternoon; *por teléfono* by telephone, on the telephone; *por todos lados* everywhere

¿por qué? why?

porque because

el portero, la portera goaltender, goalie

el Portugal Portugal

portugués, portuguesa Portuguese

la posdata postscript *38*

la posibilidad possibility

posible possible; *lo más (+ adverb) posible* as (+ adverb) as possible; *lo menos (+ adverb) posible* as (+ adverb) as possible

la posición position

el postre dessert

potable drinkable

la práctica practice; *La práctica hace al maestro.* Practice makes perfect.

practicar to practice, to do

el precio price

preciso,-a necessary

preferir (ie, i) to prefer

la pregunta question; *hacer una pregunta* to ask a question

preguntar to ask; *preguntarse* to wonder, to ask oneself

el premio prize

la prenda garment

preocupar(se) to worry

preparar to prepare; *prepararse* to get ready *6*

el preparativo preparation *27*

la presentación introduction

presentar to introduce, to present; *le presento a* let me introduce you (formal, *s.*) to; *les presento a* let me introduce you (*pl.*) to; *te presento a* let me introduce you (informal, *s.*) to

presente present

presento: see *presentar*

la presión (blood) pressure *32*

prestado,-a on loan; *pedir prestado,-a* to borrow

prestar to lend

la primavera spring

primer first (form of *primero* before a *m., s.* noun); *primer piso* first floor

primero first (adverb)

primero,-a first

el primo, la prima cousin

la princesa princess

principal principle, main

el príncipe prince

la prisa rush, hurry, haste;

tener prisa to be in a hurry

probable probable

el **probador** dressing room *35*

probar(se) (ue) to try (on); to test, to prove

el **problema** problem

la **producción** production *37*

produce produces

el **producto** product

el **profe** teacher

la **profesión** profession *38*

profesional professional *14*

el **profesor, la profesora** teacher

profundo,-a deep *31*

el **programa** program, show; *bajar un programa* to download a program; *programa de concurso* game show; *programa deportivo* sports program *15*; *programa informativo* news program *15*; *programa musical* music program *15*

el **programador, la programadora** computer programmer

prohibido doblar a la izquierda no left turn *17*

prohibir to forbid *19*

prometer to promise

el **pronombre** pronoun; *pronombre personal* subject pronoun

el **pronóstico** forecast; *pronóstico del tiempo* weather forecast *13*

pronto soon, quickly; *hasta pronto* see you soon

la **pronunciación** pronunciation

la **propina** tip

el **propósito** aim, purpose; *a propósito* by the way

protagonizado,-a por starring *16*

la **protesta** protest

próximo,-a next

el **proyecto** project *11*

la **prueba** test, quiz *39*

la **publicidad** publicity; advertising *37*

el **público** audience

público,-a public

puede ser maybe

el **puente** bridge

el **puerco** pig; pork

la **puerta** door

el **puerto** port

Puerto Rico Puerto Rico

puertorriqueño,-a Puerto Rican

pues thus, well, so, then (pause in speech)

el **puesto fijo** permanent job *37*

el **pulmón** lung *31*

la **pulmonía** pneumonia *31*

el **pulpo** octopus, squid

la **pulsera** bracelet

el **punto** dot, point; stitch *31*

la **puntuación** punctuation

puntual punctual *11*

el **pupitre** desk

puro,-a pure, fresh

Q

que that, which; *lo que* what, that which; *más (+ noun/adjective/adverb) que* more (+ noun/adjective/adverb) than; *que viene* upcoming, next

¿qué? what?; *¿a qué hora?* at what time?; *¿Qué comprendiste?* What did you understand?; *¿Qué hora es?* What time is it?; *¿Qué quiere decir...?* What is the meaning (of)...?; *¿Qué tal?* How are you?; *¿Qué (te/le/les) parece?* What do/does you/he/she/they think?; *¿Qué quiere decir...?* What is the meaning (of)...?;

¡Qué se va a hacer! What else can I do? *1*; *¿Qué tal si...?* What if...?, How about...? *36*; *¿Qué te parece si...?* How about if...? *36*; *¿Qué te pasa?* What is wrong with you?; *¿Qué temperatura hace?* What is the temperature?; *¿Qué (+ tener)?* What is wrong with (someone)?; *¿Qué tiempo hace?* How is the weather?

¡qué (+ adjective)! how (+ adjective)!; *¡Qué aburrido,-a!* How boring!/ What a bore! *2*; *¡Qué antipático,-a es!* He/She is so unpleasant! *2*

¡qué (+ noun)! what a (+ noun)!; *¡Qué lástima!* What a shame!, Too bad!; *¡Qué (+ noun) tan (+ adjective)!* What (a) (+ adjective) (+ noun)!

quedar to fit *34*; *quedarle bien a uno* to fit, to be becoming; *quedar(se)* to remain, to stay; *quedar(se) con* to keep *20*

el **quehacer** chore

quemar to burn; *quemarse* to get burned

querer (ie) to love, to want, to like; *¿Qué quiere decir...?* What is the meaning (of)...?; *querer decir* to mean; *quiere decir* it means; *quiero* I love; I want

querido,-a dear

el **queso** cheese

quien who, whom

¿quién? who?; *(pl. ¿quiénes?)* who?

quienquiera whoever

quiere: see *querer*

quiero: see *querer*

la **química** chemistry
quince fifteen
quinientos,-as five hundred
quinto,-a fifth
quisiera would like
quitar(se) to take off
quizás perhaps

R

el **rabo** tail
el **radio** radio (apparatus)
la **radio** radio (broadcast)
la **radiografía** X-ray *29*
rapado,-a shaved *33*
raparse to shave one's head *33*
rápidamente rapidly
la **rapidez** speed *40*
rápido,-a rapid, fast; quick *1*
la **raqueta de tenis** tennis racket *36*
el **rascacielos** skyscraper *19*
el **rasguño** scratch *29*
el **ratón** mouse
la **raya** stripe; part (in hair) *33*; *a rayas* striped
rayado,-a scratched, striped
la **razón** reason; *tener razón* to be right
real royal; real
la **realidad** reality; *realidad virtual* virtual reality *40*
realizar to attain, to bring about
la **rebaja** reduction, discount, sale *34*
rebajado,-a reduced *34*
rebelde unruly *33*
la **recepción** reception (desk)
el **recepcionista, la recep-cionista** receptionist
la **receta** recipe
recetar to prescribe *31*
recibir to receive
el **recibo** receipt; claim ticket *36*
recoger to pick up; *recoger la mesa* to clear the table
recogido gathered up

(hair) *33*
reconciliarse to make up, to reconcile *9*
reconocer to recognize *1*
recordar (ue) to remember
recto,-a straight *33*
el **recurso natural** natural resource *40*
la **Red Mundial de Información** World Wide Web
redondo,-a round *33*
la **referencia** reference *38*
referir(se) (ie, i) to refer
el **refresco** soft drink, refreshment
el **refrigerador** refrigerator
el **regalo** gift
regañar to scold *24*
regar to water *7*
regatear to bargain, to haggle
el **régimen** diet plan *30*
registrar to check in
la **regla** ruler; rule; *regla de tránsito* traffic rule *17*
regresar to return, to go back, to come back
regular average, okay, so-so, regular
la **reina** queen
reír(se) (i, i) to laugh
la **reja** wrought iron window grill; wrought iron fence
relacionado,-a related
las **relaciones públicas** public relations *37*
relajarse to relax *22*
el **relámpago** lightning *22*
relleno,-a stuffed, filled *28*
el **reloj** clock, watch
el **remitente** sender *20*
remoto,-a remote
repartir to distribute *27*
repasar to reexamine, to review
el **repaso** review
repetir (i, i) to repeat; *repitan* (*Uds.* command)

repeat; *repite* (*tú* command) repeat
repitan: see *repetir*
repite: see *repetir*
reportando reporting
el **reportero, la reportera** reporter
la **República Dominicana** Dominican Republic
el **requisito** requirement *38*
resbalar to slip *29*
resbaloso,-a slippery
rescatar to rescue *29*
la **reserva** reservation *21*
la **reservación** reservation
reservar to reserve *21*
el **resfriado** cold; *pescar un resfriado* to catch a cold
resolver (ue) to resolve, to solve
el **respaldar** seat-back
respetarse to respect each other *9*
respirar to breathe *31*
responder to answer
responsable responsible *38*
la **respuesta** answer
el **restaurante** restaurant
el **resumen** summary; *en resumen* in short
retrasado,-a delayed *22*
el **retraso** delay *22*
la **reunión** meeting, reunion
reunir(se) to get together
revisar to check
la **revista** magazine
el **rey** king
rico,-a rich, delicious
el **riel** rail
el **río** river
la **risa** laugh; *morirse de la risa* to die laughing
el **ritmo** rhythm
rizado,-a curly *5*
robar to steal *13*
el **robo** robbery; theft *13*
la **rodilla** knee
rojo,-a red
romántica romantic (film) *4*

romántico,-a romantic *27*

romper to break, to tear

la **ropa** clothing; *ropa interior* underwear

rosado,-a pink

el **rubí** ruby

rubio,-a blond, blonde

la **rueda** wheel; *rueda de prensa* press conference *14*

el **rugido** roar

rugir to roar

el **ruido** noise

el **rulo** hair roller *33*

Rusia Russia

ruso,-a Russian; *montaña rusa* roller coaster

la **rutina** routine

S

sábado Saturday; *el sábado* on Saturday

la **sábana** sheet *23*

saber to know; *No sé.* I do not know.; *sabes* you know; *sé* I know

sabes: see *saber*

el **sabor** flavor

saborear to taste, to savor

saca: see *sacar*

el **sacapuntas** pencil sharpener

sacar to take out; *saca (tú command)* stick out

la **sal** salt

la **sala** living room

salado,-a salty *28*

la **salchicha** sausage

el **salero** salt shaker

la **salida** departure, exit; way out *1*

salir to go out; *siempre salirse con la suya* to always get one's way

el **salón de belleza** beauty parlor *33*

la **salsa** salsa (dance music); *salsa de tomate* ketchup

saltar to jump

la **salud** health *29*

saludar to greet, to say hello

el **saludo** greeting

salvadoreño,-a Salvadoran

salvaje wild

salvar to save *13*

la **sandalia** sandal *34*

la **sandía** watermelon *25*

el **sandwich** sandwich

la **sangre** blood *29*

sano,-a healthy *30*

el **santo** saint's day; *Todos los Santos* All Saints' Day

el **sarampión** measles *32*

el **sastre** tailor *35*

el **satélite** satellite *40*

saudita Saudi, Saudi Arabian

el **saxofón** saxophone

se *¿Cómo se dice...?* How do you say...?; *¿Cómo se escribe...?* How do you write (spell)...?; *¿Cómo se llama (Ud./él/ella)?* What is (your/his/her) name?; *se considera* it is considered; *se dice* one says; *se escribe* it is written; *Se habla español.* Spanish is spoken.; *se llaman* their names are; *(Ud./Él/Ella) se llama....* (Your [formal]/His/Her) name is....; *se me hace tarde* it's getting late *1*

sé: see *saber*

sea: see *ser*

el **secador** hair dryer *6*

la **secadora** dryer *7*

secarse to dry *6*

la **sección** section

el **secretario, la secretaria** secretary

el **secreto** secret

la **sed** thirst; *tener sed* to be thirsty

la **seda** silk

seguir (i, i) to follow, to continue, to keep, to go on, to pursue; *siga derecho (por)...* keep straight along... *18*; *sigan (Uds. command)* follow; *sigue (tú command)* follow

según according to

el **segundo** second

segundo,-a second

la **seguridad** safety; *cinturón de seguridad* seat belt, safety belt

el **seguro de vida** life insurance *39*; *seguro médico* health insurance *32*

seguro,-a sure

seis six

seiscientos,-as six hundred

selecciona *(tú command)* select

la **selva** jungle; *selva tropical* tropical rain forest

el **semáforo** traffic light *17*

la **semana** week; *fin de semana* weekend; *Semana Santa* Holy Week

sensacionalista sensationalistic *15*

sentar (ie) to seat (someone); *sentarse* to sit down; *siéntate (tú command)* sit down; *siéntense (Uds. command)* sit down

el **sentido de aventura** sense of adventure *14*

sentir (ie, i) to be sorry, to feel sorry, to regret; *lo siento* I am sorry; *sentir(se)* to feel

la **señal** sign

señalar to point to, to point at, to point out; *señalen (Uds. command)* point to

señalen: see *señalar*

sencillo,-a one-way; single

el **señor** gentleman, sir, Mr.

la **señora** lady, madame, Mrs.

la **señorita** young lady, Miss

septiembre September

séptimo,-a seventh

ser to be; *eres* you are; *¿Eres (tú) de...?* Are you from...?; *es* you (formal) are, he/she/it is; *es la una* it is one o'clock; *Es medianoche.* It is midnight.; *Es mediodía.* It is noon.; *fue* you (formal) were, he/she/it was (preterite of *ser*); *fueron* you *(pl.)* were, they were (preterite of *ser*); *puede ser* maybe; *¿Qué hora es?* What time is it?; *sea* it is; *ser capaz/capaces* to be able (to) *40*; *ser difícil que* to be unlikely that; *ser fácil que* to be likely that; *ser listo,-a* to be smart; *son* they are; *son las* (+ number) it is (+ number) o'clock; *soy* I am

serio,-a serious

la **serpiente** snake

el **servicio** service; *servicio al cuarto* room service; *servicio de habitación* room service *23*

la **servilleta** napkin

servir (i, i) to serve; *servir para* to be good (useful) for *36*

sesenta sixty

setecientos,-as seven hundred

setenta seventy

sexto,-a sixth

los **shorts** shorts

si if

sí yes

siempre always; *siempre salirse con la suya* to always get one's way

siéntate: see *sentar*

siéntense: see *sentar*

siento: see *sentir*

siete seven

sigan: see *seguir*

el **siglo** century

los **signos de puntuación** punctuation marks

sigue: see *seguir*

siguiente following; *lo siguiente* the following

la **silabificación** syllabification

el **silencio** silence

la **silla** chair; *silla de ruedas* wheelchair *29*

el **sillón** armchair, easy chair

el **símbolo** symbol

similar alike, similar

simpático,-a nice, pleasant

el **simulador de vuelo** flight simulator *40*

sin without; *sin embargo* however, nevertheless; *sin gracia* plain *33*; *sin querer* accidentally *10*; *sin tacón* flat (shoes) *34*

sincero,-a sincere *9*

sino but (on the contrary), although, even though

sintético,-a synthetic

el **síntoma** symptom *32*

el **sistema de audio** audio system *27*

la **situación** situation

el **smoking** dinner jacket *35*

sobre on, over; about; *patinar sobre hielo* to ice-skate

el **sobre** envelope *20*

la **sobrina** niece

el **sobrino** nephew

sociable friendly *2*

Socorro Help *29*

el **sol** sun; *hace sol* it is sunny; *hay sol* it is sunny; *sol nuevo (SI.)* monetary unit of Perú *25*

solamente only

la **solapa** lapel *35*

soleado,-a sunny; *está soleado* it is sunny

soler (ue) to be accustomed to, to be used to

solicitar to apply *38*

solo,-a alone

sólo only, just

la **sombrerería** hat store

el **sombrero** hat

el **son:** see *ser*

el **sondeo** poll

el **sonido** sound

sonreír(se) (i, i) to smile

la **sonrisa** smile *23*

soñar to dream

la **sopa** soup; *plato de sopa* soup bowl

sorprender to surprise *24*

la **sorpresa** surprise

el **sótano** basement

soy: see *ser*

Sr. abbreviation for *señor*

Sra. abbreviation for *señora*

Srta. abbreviation for *señorita*

su, sus his, her, its, your *(Ud./Uds.),* their

suave smooth, soft

el **subdesarrollo** underdevelopment

subir to climb, to go up, to go up stairs, to take up, to bring up, to carry up; to get in

el **subtítulo** subtitle *4*

el **suceso** event, happening

sucio,-a dirty

la **suegra** mother-in-law *5*

el **suegro** father-in-law *5*

el **sueldo** salary *37*

el **suelo** floor *7*

suelto loose (hair) *33*

el **sueño** sleep; dream; *tener sueño* to be sleepy

la **suerte** luck; *buena suerte* good luck

el **suéter** sweater

sugerir to suggest *11*

el **supermercado** supermarket

la **superstición** superstition *11*

el **suplemento dominical** Sunday supplement *13*

el **suplente, la suplente** substitute *39*

el **sur** south; *América del Sur*

South America
suramericano,-a South American

el **sureste** southeast

surfear to surf

el **suroeste** southwest

el **surtido** assortment, supply, selection

el **sustantivo** noun

sustituir to substitute *39*

suyo,-a his, (of) his, her, (of) hers, its, your, (of) yours, their, (of) theirs; *siempre salirse con la suya* to always get one's way

T

la **tabla** chart

el **taco** taco

el **tacón alto** high heel *34*

tal such, as, so; *¿Qué tal?* How are you?; *tal vez* perhaps *1*

talentoso,-a talented *3*

la **talla** size *34*

el **tamal** tamale

el **tamaño** size

también also, too

el **tambor** drum

tampoco either, neither

tan so; *¡Qué (+ noun) tan (+ adjective)!* What (a) (+ adjective) (+ noun)!; *tan (+ adjective/adverb) como (+ person/item)* as (+ adjective/adverb) as (+ person/item); *tan pronto como sea posible* as soon as possible *21*

el **tanque** (fuel) tank *17*

tanto,-a so much; *tanto,-a (+ noun) como (+ person/item)* as much/many (+ noun) as (+ person/item); *tanto como* as much as; *Tanto gusto.* So glad to meet you.

la **tapa** tidbit, appetizer

la **taquilla** box office, ticket office

tardar to delay; *tardar en (+ infinitive)* to be long, to take a long time

la **tarde** afternoon; *buenas tardes* good afternoon; *de la tarde* P.M., in the afternoon; *por la tarde* in the afternoon

tarde late

la **tarea** homework

la **tarifa** fare; rate *21*

la **tarjeta** card; *tarjeta de crédito* credit card; *tarjeta de embarque* boarding pass *22*

el **taxista, la taxista** taxi driver

la **taza** cup

te (to, for) you *(i.o.)*; you *(d.o.)*; *¿Cómo te llamas?* What is your name?; *te llamas* your name is; *Te veo por ahí.* See you around. *1*

el **té** tea

el **teatro** theater

el **techo** roof

la **tecnología** technology

la **tela** fabric, cloth

el **teléfono** telephone; *número de teléfono* telephone number; *por teléfono* by telephone, on the telephone; *teléfono celular* cellular phone *12*; *teléfono inalámbrico* cordless phone *12*; *teléfono público* public telephone

la **telenovela** soap opera

la **televisión** television; *ver (la) televisión* to watch television

el **televisor** television set

el **tema** theme, topic

el **temblor** tremor

temer to fear; to be afraid (of) *22*

la **temperatura** temperature;

¿Qué temperatura hace? What is the temperature?

temprano early

el **tenedor** fork

tener to have; *¿Cuántos años tienes?* How old are you?; *¿Qué (+ tener)?* What is wrong with (person)?; *tener calor* to be hot; *tener cuidado* to be careful; *tener en común* to have in common *9*; *tener éxito* to be successful, to be a success; *tener frío* to be cold; *tener ganas de* to feel like; *tener hambre* to be hungry; *tener miedo de* to be afraid (of); *tener (+ number) años* to be (+ number) years old; *tener prisa* to be in a hurry; *tener que* to have to; *tener razón* to be right; *tener salidas* to have many options *37*; *tener sed* to be thirsty; *tener sueño* to be sleepy; *tengo* I have; *tengo (+ number) años* I am (+ number) years old; *tiene* it has; *tienes* you have

tengo: see *tener*

el **tenis** tennis

el **tenista, la tenista** tennis player

tercer third (form of *tercero* before a *m., s.* noun)

tercero,-a third

terco,-a stubborn *18*

terminar to end, to finish

la **ternera** veal

la **terraza** terrace *7*

el **terremoto** earthquake *13*

el **testigo, la testigo** witness *16*

ti you (after a preposition)

la **tía** aunt

el **tiempo** time; weather; verb tense; period, half; *a tiempo* on time; *hace*

buen (mal) tiempo the
weather is nice (bad);
¿Qué tiempo hace? How is
the weather?

la **tienda** store

tiene: see *tener*

tienes: see *tener*

la **tierra** land, earth

el **tigre** tiger

tímido,-a shy *2*

la **tina** bathtub

la **tintorería** dry cleaner's *36*

el **tío** uncle

típico,-a typical

el **tipo** type, kind

tirar to throw away; to
throw *8*; to drop *10*

el **tiro** shot

el **titular** headline

la **tiza** chalk

la **toalla** towel

el **tobillo** ankle *29*

toca: see *tocar*

el **tocadiscos** record player,
compact disc player

el **tocador** dresser

tocar to play (a musical
instrument); to touch;
toca (tú command)
touch; *tocarle (el turno)*
to be someone's turn *6*;
toquen (Uds. command)
touch

el **tocino** bacon

todavía yet; still

todo everything

todo,-a all, every, whole,
entire; *de todos los días*
everyday; *por todos lados*
everywhere; *todo el
mundo* everyone,
everybody; *todos los días*
every day

todos,-as everyone,
everybody

tolerante tolerant

tomar to drink, to have; to
take; *tomar asiento* to
take a seat *39; tomar el*

pelo to pull someone's leg

el **tomate** tomato; *salsa de
tomate* ketchup

la **tontería** foolish thing *11*

tonto,-a silly

el **tópico** theme

toquen: see *tocar*

torcer to twist *29*

la **tormenta** storm *15*

el **toro** bull

la **toronja** grapefruit

la **tortilla** cornmeal pancake
(Mexico); omelet (Spain)

la **tortuga** turtle

la **torre** tower; *las Torres
Gemelas* Twin Towers
(World Trade Center,
New York) *19*

toser to cough *31*

trabajador,-a hardworking *3*

trabajar to work; *trabajando
en parejas* working in
pairs; *trabajar de* to work
as a *2; trabajar en equipo*
to work as a team *37;
trabajar por su cuenta* to
be self-employed *37*

el **trabajo** work; *trabajo
manual* handicraft *38*

traducir to translate

traer to bring

el **tráfico** traffic

el **traje** suit; *traje de baño*
swimsuit; *traje de
etiqueta* tuxedo *35*

el **transbordo** transfer (travel) *24*

la **transmisión** transmission,
broadcast

el **transporte** transportation

tratar (de) to try (to do
something)

trece thirteen

treinta thirty

treinta y uno thirty-one

el **tren** train; *estación del tren*
train station

la **trenza** braid *33*

tres three; *tres dimensiones*
three-dimensional *40*

trescientos,-as three
hundred

la **tripulación** crew

triste sad

el **trombón** trombone

la **trompeta** trumpet

tropical tropical *21*

el **trozo** piece *30*

el **trueno** thunder *22*

tu your (informal); *(pl. tus)*
your (informal)

tú you (informal); *¡Tú
siempre tan amable!* You
are always so kind! *2*

la **tumba** tomb

la **turbulencia** turbulence *22*

el **turismo** tourism

el **turista, la turista** tourist

turístico,-a tourist

tutearse to call each other
"tú" *1*

tuyo,-a your, (of) yours

U

u or (used before a word that
starts with *o* or *ho*)

ubicado,-a located

Ud. you (abbreviation of
usted); you (after a
preposition); *Ud. se
llama....* Your name is....

Uds. you (abbreviation of
ustedes); you (after a
preposition)

último,-a last

un, una a, an, one; *a la una*
at one o'clock; *una sola
vía* one-way (road) *17*

único,-a only, unique

unido,-a united, connected

la **universidad** university

uno one; *quedarle bien a uno*
to fit, to be becoming

unos, unas some, any, a few

urgente urgent

el **Uruguay** Uruguay

uruguayo,-a Uruguayan

usar to use

usted you (formal, *s.*); you (after a preposition)

ustedes you (*pl.*); you (after a preposition)

la **uva** grape

V

la **vaca** cow

las **vacaciones** vacation

vacío,-a empty *17*

la **vacuna** vaccination *32*

el **vagón** car (train) *24*; *vagón comedor* dining car *24*

la **vainilla** vanilla

valer to be worth; *más vale que* it is better that; *valer la pena* to be worth *30*; *valer para* to be good at *37*

¡vamos! let's go!; *¡vamos a* (+ infinitive)*!* let's (+ infinitive)!

vaquero,-a denim *34*

los **vaqueros** jeans *34*

la **variedad** variety

varios,-as several

el **vaso** glass

vayan: see *ir*

ve: see *ir*

el **vecino, la vecina** neighbor

veinte twenty

veinticinco twenty-five

veinticuatro twenty-four

veintidós twenty-two

veintinueve twenty-nine

veintiocho twenty-eight

veintiséis twenty-six

veintisiete twenty-seven

veintitrés twenty-three

veintiuno twenty-one

vencer to expire

la **venda** bandage *31*

el **vendedor, la vendedora** salesperson

vender to sell

venezolano,-a Venezuelan

Venezuela Venezuela

vengan: see *venir*

venir to come; *vengan* (*Uds.* command) come

la **ventana** window

la **ventanilla** (sales) window *20*

el **ventilador** fan

veo: see *ver*

ver to see, to watch; *a ver* let's see, hello (telephone greeting); *veo* I see; *ver (la) televisión* to watch television; *ves* you see

el **verano** summer

el **verbo** verb

verdad true

¿verdad? right?

la **verdad** truth

verde green; unripe *25*

la **verdura** greens, vegetables

la **versión original** original version *4*

el **vestíbulo** lobby *23*

vertical vertical

ves: see *ver*

el **vestido** dress

el **vestidor** fitting room

vestir (i, i) to dress (someone); *vestirse* to get dressed

el **veterinario, la veterinaria** veterinarian

la **vez** time (*pl. veces*); *a veces* sometimes, at times; (number +) *vez/veces al/a la* (+ time expression) (number +) time(s) per (+ time expression); *otra vez* again, another time

viajar to travel

el **viaje** trip; *agencia de viajes* travel agency; *irse de viaje* to go away on a trip

la **víctima** victim *13*

la **vida** life

el **video digital (DVD)** digital video drive (DVD) *40*

viejo,-a old

el **viento** wind; *hace viento* it is windy

viernes Friday; *el viernes* on Friday

el **vinagre** vinegar

el **vínculo** link

violeta violet *34*

la **visa** visa

la **visita** visit

visitar to visit

la **vista** view; *hasta la vista* so long, see you later

la **vitrina** store window; glass showcase

vivir to live

el **vocabulario** vocabulary

la **vocal** vowel; *vocales abiertas* open vowels; *vocales cerradas* closed vowels

el **volante** steering wheel

volar (ue) to fly *8*

el **volibol** volleyball

volver (ue) to return, to go back, to come back

vosotros,-as you (Spain, informal, *pl.*); you (after a preposition)

la **voz** voice (*pl. voces*)

el **vuelo** flight; *auxiliar de vuelo* flight attendant

vuestro,-a,-os,-as your (Spain, informal, *pl.*)

W

la **Web** (World Wide)Web

Y

y and; *y cuarto* a quarter past, a quarter after; *y media* half past

ya already; now; *ya basta*

enough is enough *19;*
¡ya lo veo! I see it!

la **yema** yolk *26*

el **yerno** son-in-law *5*

el **yeso** cast *29*

yo I

Z

la **zanahoria** carrot

la **zapatería** shoe store

la **zapatilla** slipper *34*

el **zapato** shoe; *zapato bajo*

low-heel shoe; *zapato de
tacón* high-heel shoe

la **zona postal** zip code *20*

el **zoológico** zoo; *jardín
zoológico* zoological
garden

Vocabulary English/Spanish

This section provides a summary of the vocabulary for *Somos así EN SUS MARCAS, Somos así LISTOS* and *Somos así ¡YA!* The number following an entry indicates the lesson in which an item is first actively used in *Somos así ¡YA!* The vocabulary from *Somos así EN SUS MARCAS, Somos así LISTOS* and additional words and expressions are included for reference and have no number. Obvious cognates and expressions that occur as passive vocabulary for recognition only have been excluded from this end vocabulary.

Abbreviations:

d.o. direct object   *i.o.* indirect object   *pl.* plural
f. feminine   *m.* masculine   *s.* singular

A

a un, una; *a few* unos, unas; *a little (bit)* un poco; *a lot (of)* mucho, muchísimo; *a very little (bit)* un poquito
about sobre; acerca de; *about to* a punto de *24*
above encima de, arriba
abs los abdominales *30*
accent el acento
to **accept** admitir *10*
accepted aceptado,-a
accessory el complemento *21*
accident el accidente
accidentally sin querer *10*
according to según
accountant el contador, la contadora *37*
acid ácido *15*
to **acquire** adquirir *39*
acrobat el acróbata, la acróbata
across from enfrente (de) *18*
to **act** actuar *4*
action (film) de aventuras *4*
active activo,-a *37*
activity la actividad
actor el actor, la actriz
actress la actriz

to **add** añadir; agregar
address la dirección
addressee el destinatario *38*
to **adjust** ajustar *17*
advance el adelanto, el avance *40*
to **advance** avanzar *40*
advertisement el anuncio (comercial); *printed advertisement* el aviso
advertising la publicidad *37*; *advertising agency* la agencia de publicidad *37*; *advertising campaign* la campaña publicitaria *37*
advice el consejo
to **advise** aconsejar
aerobics los aeróbicos; *to do aerobics* hacer aeróbicos
to **affect** afectar *15*
affectionate cariñoso,-a
afraid asustado,-a; *to be afraid of* tener miedo de
Africa el África
African africano,-a
after después de; detrás de; *a quarter after* y cuarto; *after all* al fin y al cabo *33*; *the day after tomorrow* pasado mañana
afternoon la tarde; *good*

afternoon buenas tardes; *in the afternoon* de la tarde, por la tarde
afterwards después
again otra vez
age la edad
agency la agencia; *travel agency* agencia de viajes
agent el agente, la agente
ago hace (+ *time expression*) que
to **agree** convenir, estar de acuerdo
agreeable agradable
agreed de acuerdo
ahead adelante; *straight ahead* derecho
air aéreo,-a
air el aire; *air conditioning* el aire acondicionado; *pertaining to air* aéreo,-a
airline la aerolínea
airline ticket el billete, el boleto aéreo *22*
airplane el avión; *by plane* en avión *22*
airport el aeropuerto
alarm la alarma; *alarm (clock)* la alarma; *alarm clock* el despertador *8*; *fire alarm* alarma de

incendios; *smoke alarm*
alarma de incendios

albatros el albatros *11*

algebra el álgebra

all todo,-a; *any at all*
cualquiera

allergy la alergia *32*

to **allow** dejar (de)

almond la almendra *28*

almost casi

alone solo,-a

along por; *to get along*
llevarse

already ya

also también

although sino, aunque

always siempre; *to always get*
one's way siempre salirse
con la suya

ambassador el embajador, la
embajadora *21*

ambition la ambición *14*

ambulance la ambulancia *16*

America la América; *Central*
America América
Central; *North America*
América del Norte; *South*
America América del Sur;
United States of America
los Estados Unidos

American americano,-a;
Central American
centroamericano,-a;
North American
norteamericano,-a; *South*
American suramericano,-a

amulet el amuleto *11*

to **amuse** divertir *(ie, i)*; *to*
amuse oneself
distraerse *36*

amusement la atracción;
amusement park el parque
de atracciones; *(amusement)*
ride la atracción

an un, una

ancient antiguo,-a

and y; *(used before a word*
beginning with i *or* hi) e

animal el animal

ankle el tobillo *29*

to **announce** narrar; anunciar *38*

announcement el anuncio;
commercial announcement
el anuncio comercial

another otro,-a; *another time*
otra vez

answer la respuesta

to **answer** contestar

answering machine el
contestador automático *12*

antibiotic el antibiótico *31*

antique antiguo,-a

any unos, unas; alguno,-a,
algún, alguna; cualquier,
cualquiera; *any at all*
cualquiera; *not any*
ninguno,-a, ningún,
nunguna

anybody alguien

anyone alguien

anything algo

apartment el apartamento

apparatus el aparato

to **appear** aparecer *1*

apple la manzana

to **apply** solicitar *38*

appliance el aparato; *to turn*
on (an appliance) poner

appointment la cita

April abril

aquatic acuático,-a

Arab árabe

architect el arquitecto, la
arquitecta *2*

architecture la arquitectura *11*

Argentina la Argentina

Argentinean argentino,-a

to **argue** discutir

arm el brazo

armchair el sillón

around alrededor de

to **arrange** arreglar

arrival la llegada

to **arrive** llegar

art el arte; *(art) exhibit* la
exposición *19*

article el artículo

artist el artista, la artista

as tal, como; *as (+ adverb) as*
possible lo más/menos

(+ *adverb*) posible; *as*
(+ *adjective/adverb*) as
(+ *person/item*) tan
(+ *adjective/adverb*) como
(+ *person/item*); *as much as*
tanto como; *as much/many*
(+ *noun*) as (+ *person/item*)
tanto,-a (+ *noun*) como
(+ *person/item*); *as soon as*
en cuanto, luego que; *as*
soon as possible tan pronto
como sea posible *21*

Asia el Asia

Asian asiático,-a

to **ask** preguntar; *to ask a ques-*
tion hacer una pregunta;
to ask for pedir *(i, i)*; *to*
ask for permission (to do
something) pedir permiso
(para); *to ask oneself*
preguntarse

aspiration la aspiración

aspirin la aspirina *31*

assortment el surtido

asthma el asma *32*

at en; *at (the symbol @ used*
for e-mail addresses)
arroba; *at home* en casa;
at least menos mal *24*; *at*
night de la noche, por la
noche; *at...o'clock* a
la(s)...; *at the time* por
aquel entonces *14*; *at*
times a veces; *at what*
time? ¿a qué hora?

athlete el deportista, la
deportista

to **attain** conseguir *(i, i)*;
realizar

to **attend** asistir a

attic el ático

attitude la actitud

attraction la atracción

attractive bonito,-a, guapo,-a

audience el público

audio system el sistema de
audio *27*

August agosto

aunt la tía

Australia Australia

Australian australiano,-a
autograph el autógrafo
automatic automático,-a
autumn el otoño
available disponible *23*
avenue la avenida
average regular
avocado el aguacate
to **avoid** evitar *30*

B

back la espalda
bacon el tocino
bad malo,-a; *Too bad!* ¡Qué lástima!
bag el bolso *36*
baker el panadero, la panadera *2*
bakery la panadería
balanced equilibrado,-a *30*
bald calvo,-a
ball la pelota
ballet el ballet *14*
(ballet) dancer el bailarín, la bailarina *14*
balloon el globo
banana el plátano
band la banda
bandage la venda *31*
band-aid la curita *31*
bangs el flequillo *33*
bank el banco
bargain la ganga *34*
to **bargain** regatear
to **bark** ladrar
baseball el béisbol
basement el sótano
basketball el básquetbol, el baloncesto; *basketball player* el basquetbolista, la basquetbolista
to **bathe** bañar(se)
bathroom el baño, el cuarto de baño; *bathroom sink* el lavabo
bathtub la tina; la bañera *23*
to **be** ser; andar; *to be a success* tener éxito; *to be able (to)* poder *(ue)*, ser capaz/capaces *40; to be accustomed to* soler *(ue); to be acquainted with* conocer; *to be afraid (of)* tener miedo de, temer *22; to be born* nacer; *to be called* llamarse; *to be careful* tener cuidado; *to be cold* tener frío; *to be familiar with* conocer; *to be fitting* convenir; *to be glad* alegrarse (de); *to be going to (do something)* ir a (+ *infinitive*); *to be good at* valer para *37; to be good (useful) for* servir para *36; to be hospitalized* estar hospitalizado *32; to be hot* tener calor; *to be hungry* tener hambre; *to be important* importar; *to be in a hurry* tener prisa; *to be lacking* hacer falta, faltar *6; to be likely that* ser fácil que; *to be long* tardar en (+ *infinitive); to be necessary* hacer falta; *to be (+ number) years old* tener (+ *number*) años; *to be on sale* estar en oferta; *to be pleasing to* gustar; *to be ready* estar listo,-a; *to be right* tener razón; *to be satisfied (with)* estar contento,-a (con); *to be self-employed* trabajar por su cuenta *37; to be sleepy* tener sueño; *to be smart* ser listo,-a; *to be someone's turn* tocarle (el turno) *6; to be sorry* sentir *(ie, i); to be successful* tener éxito; *to be thirsty* tener sed; *to be unlikely that* ser difícil que; *to be used to* soler *(ue); to be worth* valer; valer la pena *30*
beach la playa
bean el frijol *25*
bear el oso; *teddy bear* oso de peluche
beard la barba *5*
to **beat** batir *26*
beautiful hermoso,-a
beauty parlor el salón de belleza *33*
because porque; *because of* a causa de
to **become** cumplir; *to become aware* enterar(se) de; *to become (+ number) years old* cumplir
bed la cama; *bedcover* la colcha *23; to go to bed* acostarse *(ue); to put (someone) in bed* acostar *(ue)*
bedroom el cuarto, la habitación
beef la carne de res; *boneless cut of beef* el filete
beefsteak el bistec *28*
before antes de; *a quarter before* menos cuarto; *before getting to* antes de llegar a... *18; the day before yesterday* anteayer
to **begin** empezar *(ie)*; comenzar *(ie)*
to **behave** comportarse *27*
behind detrás de
to **believe** creer
bellhop el botones
belly la barriga *29*
to **belong** pertenecer *1*
belt el cinturón; *safety belt* cinturón de seguridad; *seat belt* cinturón de seguridad
beneficial purpose el fin benéfico *40*
benefit el beneficio *39*
bermuda shorts las bermudas
beside al lado (de)
besides además
best mejor; *the best (+ noun)* el/la/los/las

mejor/mejores (+ *noun*)

better mejor; *it is better that* más vale que

between entre

bicycle la bicicleta

big grande; *(form of* grande *before a m., s. noun)* gran

bike la bicicleta

bill la cuenta

biography la biografía *36*

biology la biología

bird el pájaro, el ave *(f.)*

birthday el cumpleaños; *Happy birthday!* ¡Feliz cumpleaños!; *to have a birthday* cumplir años

biscuit la galleta

to **bite** morder *(ue)*

bitter amargo,-a *28*

black negro,-a

blackboard la pizarra

blender la licuadora

blind ciego,-a *9*

blond, blonde rubio,-a

blood la sangre *29*; *(blood) pressure* la presión *32*

blouse la blusa

blue azul

to **board** abordar

boarding pass la tarjeta de embarque *22*

boat el barco, el bote

body el cuerpo

Bolivia Bolivia

Bolivian boliviano,-a

bone el hueso *26*

boneless cut of beef or fish el filete

book el libro

bookcase el estante *8*

bookstore la librería

boot la bota

to **bore** aburrir

bored aburrido,-a

boring aburrido,-a

to **borrow** pedir prestado,-a

to **bother** molestar

bottle la botella *28*

box office la taquilla

boy el chico, el muchacho

boyfriend el novio

bracelet la pulsera

braid la trenza *33*

brake el freno; *brake pedal* el freno *17*

brand la marca *36*

bravo olé

Brazil el Brasil

Brazilian brasileño,-a

bread el pan

to **break** romper

breakfast el desayuno; *to have breakfast* desayunar(se)

breast el pecho *29*

to **breathe** respirar *31*

brick el ladrillo

bridge el puente

briefcase el maletín

to **bring** traer; llevar; *to bring about* realizar; *to bring up* subir

broadcast la transmisión

brochure el folleto

broom la escoba

brother el hermano; *brother-in-law* el cuñado *5*

brown *(color)* café; castaño,-a, marrón *5*

brunet, brunette moreno,-a

brush el cepillo

to **brush** cepillar(se)

building el edificio

bull el toro

bullfight la corrida

bump el golpe *29*

bun el moño *33*

to **burn** quemar

burro el burro

bus el autobús; *bus station* la estación de autobuses

business la empresa, los negocios; la economía y finanzas *13*; el comercio *39*

businessman el hombre de negocios

businessperson el comerciante, la comerciante *2*

businesswoman la mujer de negocios

busy ocupado,-a

but pero; *but (on the contrary)* sino

butcher shop la carnicería

butter la mantequilla

to **buy** comprar

by por; *by plane* en avión *22*; *by car* en carro, en coche; *by (+ vehicle)* en (+ *vehicle*); *by telephone* por teléfono; *by the way* a propósito; *by then* por aquel entonces *14*

C

cafeteria la cafetería

cage la jaula

cake el pastel

calendar el calendario

to **call** llamar; *to call each other "tú"* tutearse *1*

to **calm down** calmar(se)

camel el camello

camera la cámara; *camera person* el camarógrafo, la camarógrafa *37*

camping el camping

can la lata; *can opener* el abrelatas *26*

Canada el Canadá

Canadian canadiense

to **cancel** cancelar *21*

cancer el cáncer *32*

candidate el candidato, la candidata *39*

candy el dulce; la golosina *30*; *candy store* la dulcería

cantaloupe el melón

cap (baseball) la gorra

capital la capital; *capital letter* la mayúscula

car el carro; el coche; *by car* en carro, en coche; *(car) light* el faro *17*; *car (train)* el vagón *24*

card la tarjeta; *credit card*

tarjeta de crédito; *playing card* la carta

care el cuidado; *to take care of* cuidar(se), encargarse (de)

career la carrera

Caribbean el Caribe

carpenter el carpintero, la carpintera

carpet la alfombra

carrot la zanahoria

to **carry** llevar; *to carry up* subir

carry-on luggage el equipaje de mano

cartoons de dibujos animados *4*

cash el efectivo; *in cash* en efectivo

cashier el cajero, la cajera; *cashier's desk* la caja

cassette el casete

cast el yeso *29*

cat el gato, la gata

catastrophe la catástrofe

to **catch** coger; *to catch (a cold)* pescar (un resfriado)

cathedral la catedral

cauliflower la coliflor *25*

CD-ROM el disco compacto

to **celebrate** celebrar

celebration la celebración

cellular phone el celular; el teléfono celular *12*

center el centro; el medio; *in the center of* en medio de; *shopping center* centro comercial

Central America la América Central

Central American centroamericano,-a

century el siglo

cereal el cereal

certified el certificado *20*

chain la cadena *35*

chair la silla; *easy chair* el sillón

chalk la tiza

championship el

campeonato

change el cambio

to **change** cambiar; *to change one's mind* cambiar de opinión *37*

channel el canal

character el personaje; el carácter *38*

to **charge** cargar

charming encantador,-a *19*

chart la tabla

chat charla; *chat room* cuarto de charla

chauffeur el chofer, la chofer

cheap barato,-a

check la cuenta, el cheque

to **check** revisar; *to check in* registrar

checkered a cuadros

checkers las damas

cheese el queso

chemistry la química

cherry la cereza *25*

chess el ajedrez

chest el pecho

chickpea el garbanzo *25*

chicken el pollo; *chicken breast* la pechuga *26*

child el niño, la niña

Chile Chile

Chilean chileno,-a

chilly fresco,-a

chimney la chimenea

China la China

Chinese chino,-a

chocolate el chocolate

to **choose** escoger

chopped picado,-a *26*

chore el quehacer

Christmas la Navidad

church la iglesia

cigarette el cigarrillo

circus el circo

city la ciudad; *city block* la cuadra; *(city) map* el plano *18*

claim ticket el recibo *36*

clam la almeja

to **clarify** aclarar *10*

class la clase

classical literature la literatura clásica *36*

classical music la música clásica *27*

to **classify** clasificar

classmate el compañero, la compañera

clean limpio,-a

to **clean** limpiar

clear claro,-a

to **clear** limpiar; *to clear the table* recoger la mesa

clerk el dependiente, la dependiente

to **climb** subir

clock el reloj; *(alarm) clock* la alarma

to **close** cerrar *(ie)*

close up de cerca

closed cerrado,-a

closet el armario

cloth la tela

clothing la ropa

cloud la nube *22*

cloudy nublado,-a; *it is cloudy* está nublado

clown el payaso

club el club

coach el entrenador, la entrenadora *16*

coat el abrigo

cod fish el bacalao *25*

coffee el café; *coffee maker* la cafetera; *coffee pot* la cafetera

coin la moneda

cold frío,-a

cold el frío; el resfriado; el catarro *31*; *it is cold* hace frío; *to be cold* tener frío; *to catch (a cold)* pescar (un resfriado)

collar el cuello *35*

collect call la llamada de cobro revertido *12*

collection la colección

Colombia Colombia

Colombian colombiano,-a

colonial colonial *11*

color el color

column la columna

comb el peine

to **comb** peinar(se)

to **combine** combinar

to **come** venir; *to come back* regresar, volver *(ue)*; *to come in* entrar

comedy la comedia; *comedy (film)* cómico,-a *4*

comfortable cómodo,-a

comic strip la historieta cómica *13*

comical cómico,-a

commentator el comentarista, la comentarista

commercial comercial; *commercial (announcement)* el anuncio comercial

communication la comunicación

compact disc (CD) el disco compacto; *compact disc player* el tocadiscos

company la compañía

compartment el compartimiento

competition la competencia; el concurso

complete completo,-a

to **complete** completar, acabar

composition la composición *9*

computer la computadora; *computer programmer* el programador, la programadora; *computer science* la informática *37*

concert el concierto

concierge el conserje *23*

concourse el muelle

to **conduct** conducir

confidential confidencial *8*

confirmation la confirmación *21*

congestion la congestión *32*

to **congratulate** felicitar *20*

congratulations felicitaciones

to **connect** conectar(se)

connected conectado,-a; unido,-a

considerate considerado,-a *9*

contact lense el lente de contacto *6*

to **contain** contener

contest el concurso

to **continue** continuar, seguir *(i, i)*

cook el cocinero, la cocinera

to **cook** cocinar

cookie la galleta

cool el fresco; *it is cool* hace fresco

copilot el copiloto, la copiloto *22*

to **copy** copiar

cord el cordón *8*

cordless phone el teléfono inalámbrico *12*

corn el maíz; el choclo *26*

corner la esquina; *to turn (a corner)* doblar

cornmeal pancake *(Mexico)* la tortilla

correct correcto,-a

correspondence la correspondencia

corridor el corredor; el pasillo *7*

to **cost** costar *(ue)*

Costa Rica Costa Rica

Costa Rican costarricense

cotton el algodón

to **cough** toser *31*

counter el mostrador

country el país; *country code* el código del país *12*

couple la pareja

courtyard el patio

cousin el primo, la prima

to **cover** cubrir

cow la vaca

crab el cangrejo

crash el choque *15*

crazy loco,-a

cream la crema; *ice cream* el helado; *ice cream parlor* la

heladería; *shaving cream* crema de afeitar

to **create** crear

creative creativo,-a *8*

credit el crédito; *credit card* la tarjeta de crédito; *on credit* a crédito

crew la tripulación

criticism la crítica *39*

cruise el crucero

to **cross** cruzar

crossed atravesado,-a

crossword puzzle el crucigrama *13*

crutch la muleta *29*

to **cry** llorar *10*

Cuba Cuba

Cuban cubano,-a

culture la cultura

cultured culto,-a

cup la taza

cupboard el armario; la alacena *7*

curious curioso,-a *2*

curly rizado,-a *5*

currency la moneda (de un país) *21*

curtain la cortina

curve la curva

custard el flan

custom-made a medida *35*

customs la aduana

to **cut** cortar

D

dad el papá

dairy (store) la lechería

to **damage** estropearse *36*

dance el baile

to **dance** bailar

dancing el baile

dangerous peligroso,-a *29*

dark obscuro,-a; *to get dark* anochecer

dark-haired moreno,-a

dark-skinned moreno,-a

date la fecha; la cita

daughter la hija

daughter-in-law la nuera *5*

day el día; *All Saints' Day* Todos los Santos; *every day* todos los días; *New Year's Day* el Año Nuevo; *saint's day* el santo; *the day after tomorrow* pasado mañana; *the day before yesterday* anteayer

dead-end street el callejón sin salida *18*

dear querido,-a; estimado,-a

December diciembre

to **decide** decidir

to **decorate** adornar; decorar *8*

to **decrease** disminuir *17*

deep profundo,-a *31*

defender el defensor, la defensora

degree el grado

delay la demora; el retraso *22*

to **delay** tardar

delayed retrasado,-a *22*

delicate fino,-a *35*

delicious delicioso,-a, rico,-a

to **delight** encantar

delighted encantado,-a

delivery la entrega *20*

demanding exigente

denim vaquero,-a *34*

dentist el dentista, la dentista

to **deny** negar *22*

deodorant el desodorante

department el departamento; *department store* el almacén

departure la salida

to **deposit** depositar *12*

to **describe** describir

desert el desierto

to **deserve** merecer *1*

desire la gana

desk el escritorio, el pupitre; *cashier's desk* la caja; *reception desk* la recepción

desperate desesperado,-a *8*

dessert el postre

destination el destino

destiny el destino

detailed detallado,-a *38*

detective policiaca *4*

development el desarrollo *40*

diabetes la diabetes *32*

diary el diario *6*

to **die** morir(se) *(ue, u)*; *to die laughing* morirse de la risa

diet la dieta *30*; *diet plan* el régimen *30*

different diferente

difficult difícil

digital video drive (DVD) el video digital (DVD) *40*

dining car el vagón comedor *24*

dining room el comedor

dinner la comida, la cena; *to have dinner* cenar

dinner jacket el smoking *35*

to **direct** dirigir; conducir

direction la dirección

director el director, la directora *37*

dirty sucio,-a

disadvantage la desventaja *8*

disaster el desastre

disc jockey (DJ) el disc jockey, la disc jockey *27*

discount la rebaja *34*

discreet discreto,-a *21*

to **discuss** discutir

dish el plato

dishwasher el lavaplatos eléctrico

diskette el diskette

to **dislike** disgustar *4*

to **distribute** repartir *27*

dizziness el mareo *32*

to **do** hacer; practicar; *to do aerobics* hacer aeróbicos; *to do an internship* hacer prácticas *37*

doctor el médico, la médica; el doctor, la doctora *(abbreviation*: Dr., Dra.*)*; *doctor's office* el consultorio *32*

documentary el documental *4*

dog el perro, la perra

dollar el dólar

Dominican dominicano,-a; *Dominican Republic* la República Dominicana

donkey el burro

Don't be a pain/bore! ¡No seas pesado,-a! *2*

door la puerta

dot el punto

double doble; *double bed* la cama doble *23*

to **doubt** dudar

doubtful dudoso,-a

down abajo

to **download** *a (software) program* bajar un programa

downstairs abajo

downtown el centro

drama el drama *4*

to **draw** dibujar

drawing el dibujo

dream el sueño

to **dream** soñar

dress el vestido

to **dress (someone)** vestir *(i, i)*

dresser el tocador

dressing el aderezo; *dressing room* el probador *35*

drink el refresco, la bebida; *soft drink* el refresco

to **drink** tomar

drinkable potable

to **drive** conducir, manejar

driver el chofer, la chofer; el conductor, la conductora *17*; *driver's license* la licencia de conducir *17*; *taxi driver* el taxista, la taxista

drop la gota *31*

to **drop** tirar *10*

drug la droga *32*

drum el tambor

to **dry** secarse *6*

dry cleaner's la tintorería *36*

dryer la secadora *7*

duck el pato

due to a causa de
during durante
dust el polvo

E

each cada
ear (*inner*) el oído; (*outer*) la oreja
to **earn** ganar
early temprano
earring el arete
earth la tierra
earthquake el terremoto *13*
east el este
Easter la Pascua
easy fácil; *easy chair* el sillón
to **eat** comer; *to eat completely* comerse; *to eat lunch* almorzar (*ue*); *to eat right* alimentarse bien *30*; *to eat up* comerse
ecology la ecología
economic económico,-a
economy la economía
Ecuador el Ecuador
Ecuadorian ecuatoriano,-a
editorial el editorial; *editorial page* el editorial *13*
effort el esfuerzo *30*
egg el huevo; *egg white* la clara *26*
eight ocho; *eight hundred* ochocientos,-as
eighteen dieciocho
eighth octavo,-a
eighty ochenta
either tampoco; *either...or* o...o
El Salvador El Salvador
elbow el codo
elections las elecciones *16*
electric eléctrico,-a
electronic el correo electrónico
elegant elegante
elephant el elefante
elevator el ascensor
eleven once

else más
e-mail el e-mail
emigration emigración
empire el imperio
employee el empleado, la empleada
empty vacío,-a *17*
to **enchant** encantar
enchilada la enchilada
end el fin
to **end** terminar; *to end up* ir a parar
energy la energía *40*
engine el motor; *search engine* motor de búsqueda
engineer el ingeniero, la ingeniera
England Inglaterra
English inglés, inglesa
English el inglés (*language*)
to **enjoy** gozar; disfrutar *21*
enough bastante; *enough is enough* ya basta *19*
entertainment section la cartelera de espectáculos *19*
envelope el sobre *20*
environment el medio ambiente *40*
to **erase** borrar
eraser el borrador
escalator la escalera automática
to **escape** escapar(se)
essential esencial *21*
Europe Europa
European europeo,-a
to **evaluate** evaluar *38*
even aun; *even though* sino; *not even* ni
event el acontecimiento, el suceso
every todo,-a, cada; *every day* todos los días
everybody todo el mundo, todos,-as
everyday de todos los días
everyone todo el mundo,

todos,-as
everything todo
everywhere por todos lados
evident evidente
to **exaggerate** exagerar
exam el examen
example el ejemplo; *for example* por ejemplo
excellent excelente
excited emocionado,-a
exciting emocionante
excuse me perdón, con permiso
exercise el ejercicio
to **exercise** hacer ejercicio *30*
exhausted agotado,-a *19*
exhibition la exhibición
exit la salida
expense el gasto
expensive caro,-a
experience la experiencia
expertise la destreza
to **expire** vencer
to **explain** explicar, aclarar
explanation la explicación
explosion la explosión *15*
(exterior) wall el muro
eye el ojo

F

fabric la tela
face la cara
to **fade** desteñir *36*
faded desteñido,-a
to **fail** fracasar
failure el fracaso *37*
to **faint** desmayarse *31*
fairly bastante
fall la caída *29*
to **fall (down)** caer(se); *to fall asleep* dormirse (*ue, u*)
family la familia; *family tree* el árbol genealógico
famous conocido,-a; famoso,-a
fan el aficionado, la aficionada; el ventilador
fantastic fantástico,-a;

maravilloso,-a
far (from) lejos (de)
fare la tarifa; el pasaje *21*
farewell la despedida
farm la finca
farmer el agricultor, la agricultora
farther on adelante
to **fascinate** fascinar
fascinating fascinante
fashion designer el diseñador de modas, la diseñadora de modas *35*
fast rápido,-a
to **fasten** abrochar(se)
fat gordo,-a; la grasa *30*; *to get fat* engordarse; *to make fat* engordar
fate el destino
father el padre; el papá
father-in-law el suegro *5*
faucet el grifo
favorite favorito,-a
fax el fax
fear el miedo
to **fear** temer
feather la pluma
February febrero
to **feed** dar de comer
to **feel** sentir(se) *(ie, i)*; *to feel dizzy* marearse *29*; *to feel like* tener ganas de; *to feel sorry* sentir *(ie, i)*
fence la cerca; *wrought iron fence* la reja
fender el guardabarros
ferocious feroz *(pl.* feroces*)*
festival el festival *14*
fever la fiebre *31*
field (of study) el campo *37*
fierce feroz *(pl.* feroces*)*
fifteen quince
fifth quinto,-a
fifty cincuenta
to **fight** pelear *7*; *to fight with each other* pelearse *6*
to **fill** llenar *17*
filled relleno,-a *28*
fillet el filete

film la película
to **film** filmar
finally por fin
to **find** encontrar *(ue)*; *to find out about* enterar(se) de; averiguar *13*
fine la multa *17*
finger el dedo
to **finish** terminar, acabar
fire el fuego; el incendio; *fire alarm* la alarma de incendios; *firefighter* el bombero, la bombera
fireplace la chimenea
fireworks los fuegos artificiales
first primero,-a; primero; *(form of* primero *before a m., s. noun)* primer; *first floor* el primer piso
first-aid kit el botiquín de primeros auxilios *29*
fish el pescado; *boneless cut of fish* el filete
to **fish** pescar
fishing la pesca
to **fit** quedarle bien a uno; quedar *34*; *to fit (into)* caber
fitting room el vestidor
five cinco; *five hundred* quinientos,-as
to **fix** arreglar
flamingo el flamenco
flat roof la azotea
flat (shoes) sin tacón *34*
flavor el sabor
flavoring el aderezo
flight el vuelo; *flight attendant* el auxiliar de vuelo, la auxiliar de vuelo; *flight simulator* el simulador de vuelo *40*
floor el piso; el suelo *7*; *first floor* el primer piso; *ground floor* la planta baja
flour la harina *26*
flower la flor; *flower shop* la

florería
flu la gripe
flute la flauta
to **fly** volar *(ue)*
fog la niebla *22*
folding plegable *21*
to **follow** seguir *(i, i)*
following: the following lo siguiente
food la comida; el alimento *25*; *food server* el camarero, la camarera, el mesero, la mesera; *little food item* la golosina
foolish thing la tontería *11*
foot el pie; *on foot* a pie
footwear el calzado *34*
football el fútbol americano
for por, para; *for example* por ejemplo; *for now* por ahora *2*
to **forbid** prohibir *19*
to **forgive** perdonar *9*
forehead la frente *33*
foreign extranjero,-a
forest el bosque
to **forget** olvidar(se)
fork el tenedor
form el formulario *39*
to **form** formar; *to form an opinion* opinar
formal formal *27*; *formal tie* el corbatín *35*
former student el ex-alumno, la ex-alumna *14*
formality la formalidad *1*
forty cuarenta
forward el delantero, la delantera
to **found** fundar
four cuatro; *four hundred* cuatrocientos,-as
fourteen catorce
fourth cuarto,-a
fowl el ave *(f.)*
fracture la fractura *29*
France Francia
free libre
French francés, francesa

French fries las papas fritas *28*
frequently a menudo *33*
fresh fresco,-a; puro,-a
Friday viernes; *on Friday* el viernes
fried frito,-a *28*
friend el amigo, la amiga
friendly sociable *2*
friendship la amistad
from de, desde; *from a short distance* de cerca; *from the* de la/del (de + el); *from where?* ¿de dónde?
frozen congelado,-a *26*
fruit la fruta; *fruit store* la frutería
to **fry** freír *(i, i)*
(fuel) tank el tanque *17*
full lleno,-a; *full time* la jornada completa *37*
fun divertido,-a; *to have fun* divertirse
funny cómico,-a; chistoso,-a
furious furioso,-a *6*
furthermore además
future el futuro

G

gallon el galón *25*
game el partido, el juego; *game show* el programa de concurso; *games won* partidos ganados; *to play (a game)* jugar a; *video game* la maquinita
garage el garaje
garbage la basura
garden el jardín; *zoological garden* jardín zoológico
garland la guirnalda *27*
garlic el ajo
garment la prenda
gas pedal el acelerador *17*
gas station la gasolinera *17*
gathered up (hair) recogido *33*
gel (hair) el gel *33*
generous generoso,-a
gentleman el caballero

geography la geografía
geometry la geometría
German alemán, alemana
Germany Alemania
to **get** conseguir *(i, i)*; *to always get one's way* siempre salirse con la suya; *to get along* llevarse; *to get along well/badly* llevarse bien/mal *9*; *to get angry* enojarse *6*; *to get better* mejorar *3*; *to get burned* quemarse; *to get connected* conectarse; *to get dark* anochecer; *to get discouraged* desanimarse *39*; *to get dressed* vestirse; *to get fat* engordarse; *to get in* subir; *to get ready* prepararse *6*; *to get scared* asustarse *29*; *to get together* reunir(se); *to get up* levantarse; *to get used to* acostumbrar(se); *to get well* curarse *29*
gift el regalo; *gift certificate* el cheque regalo *36*; *gift for* la facilidad para *37*
giraffe la jirafa
girl la chica, la muchacha
girlfriend la novia
to **give** dar; *to give an opinion* opinar
glad contento,-a; *Glad to meet you!* ¡Mucho gusto!; *I would be (very) glad to* con (mucho) gusto; *So glad to meet you.* Tanto gusto.; *to be glad* alegrarse (de)
glass el vaso; *glass showcase* la vitrina
glasses los lentes *5*
globe el globo
glove el guante
to **go** ir; andar; *to go across* atravesar *23*; *to go away* irse; *to go away on a trip* irse de viaje; *to go back*

regresar, volver *(ue)*; *to go in* entrar; *to go on* seguir *(i, i)*; *to go out* salir; *to go shopping* ir de compras; *to go to bed* acostarse *(ue)*; *to go up* subir; *to go upstairs* subir; *to go with* ir con *34*
goal el gol
goalie el portero, la portera
goaltender el portero, la portera
godfather el padrino *5*
godmother la madrina *5*
gold el oro
good bueno,-a, *(form of* bueno *before a m., s. noun)* buen; *good afternoon* buenas tardes; *good appearance* la buena presencia *38*; *good luck* buena suerte; *good morning* buenos días; *good night* buenas noches; *good times* los buenos ratos *24*
good-bye adiós; *to say good-bye* despedir(se) *(i, i)*
good-bye la despedida
good-looking guapo,-a, bonito,-a
gorilla el gorila
gossip el chisme
gossipy chismoso,-a *2*
government el gobierno
to **graduate** graduarse *38*
graduation la graduación *14*
granddaughter la nieta
grandfather el abuelo
grandmother la abuela
grandson el nieto
grape la uva
grapefruit la toronja
grass el césped
gray gris
great fantástico,-a; gran; *Great!* ¡Chévere!, ¡Genial! *3*, ¡Padrísimo! *34*
great-grandfather el bisabuelo
great-grandmother la

bisabuela

greater mayor

greatest mayor

green verde; *green bean* la habichuela

greens la verdura

to **greet** saludar

grilled a la parrilla *28*

grocery store el almacén

ground picado,-a *26*

group el grupo; *musical group* grupo musical

to **grow** crecer *7*

Guatemala Guatemala

Guatemalan guatemalteco,-a

to **guess** adivinar *5*

guidance la dirección

guide el guía, la guía

guidebook la guía

guitar la guitarra

guitarist el guitarrista, la guitarrista *2*

guy el muchacho

gym el gimnasio *7*

H

hair el pelo

hair dryer el secador *6*

hair roller el rulo *33*

hair spray la laca *33*

haircut el corte *33*

hairdo el peinado *33*

hairdresser el peluquero, la peluquera *33*

hairstylist el peluquero, la peluquera

half medio,-a; *half past* y media

half el tiempo

hallway el corredor; el pasillo *7*

ham el jamón

hamburger la hamburguesa *2*

hand la mano; *on the other hand* en cambio

to **hand in** entregar

handbag el bolso; el maletín

handicraft el trabajo manual *38*

hanger la percha *8*

handkerchief el pañuelo

handsome guapo,-a

to **hang** colgar *(ue)*; *to hang up (the phone)* colgar *(ue) 12*

to **happen** pasar

happening el acontecimiento, el suceso

happiness la dicha

happy contento,-a, feliz *(pl. felices)*, alegre; *Happy birthday!* ¡Feliz cumpleaños!; *to make happy* alegrar *(de)*

hard difícil

hardworking trabajador,-a *3*

haste el apuro *36*

hat el sombrero; *hat store* la sombrerería

to **hate each other** odiarse *6*

to **have** tomar, tener; *(auxiliary verb)* haber; *to have a birthday* cumplir años; *to have a good time* pasarla muy bien *24*; *to have breakfast* desayunar(se); *to have dinner* cenar; *to have fun* divertirse; *to have in common* tener en común *9*; *to have just* acabar de *(+ infinitive)*; *to have lunch* almorzar *(ue)*; *to have many options* tener salidas *37*; *to have no idea of* no tener ni idea de *36*; *to have supper* cenar; *to have to* deber, tener que

he él; *He is so unpleasant!* ¡Qué antipático es! *2*

head la cabeza

headlight el faro

headline el titular

health la salud *29*; *health insurance* el seguro médico *32*

healthy sano,-a *30*

to **hear** oír; escuchar

heart el corazón; *heart disease* la enfermedad del corazón *32*

heat el calor

(heavy) shower el aguacero *22*

hello hola; *(telephone greeting)* aló, diga, oigo; *to say hello* saludar

to **help** ayudar

help la ayuda; *Help* Socorro *29*; *help wanted (classified ad)* los empleos *13*

hen la gallina

her su, sus; *(d.o.)* la; *(i.o.)* le; *(after a preposition)* ella; suyo,-a; *(of) hers* suyo,-a

here aquí

heritage la herencia

hey mira, miren, oye, oigan

hi hola

high heel el tacón alto *34*; *high-heel shoe* el zapato de tacón

highway la carretera

hill la colina

him *(d.o.)* lo; *(i.o.)* le; *(after a preposition)* él

hippopotamus el hipopótamo

to **hire** contratar *39*

his su, sus; suyo,-a; *(of) his* suyo,-a

Hispanic hispano,-a

history la historia

hockey el hockey

holding hands de la mano *12*

home la casa; el hogar; *at home* en casa

homework la tarea

Honduran hondureño,-a

Honduras Honduras

honey miel; *honey (term of endearment)* corazón

hood el capó

hope la aspiración

to **hope** esperar

horn el claxon; el cuerno

horoscope el horóscopo *13*

horrible horrible

horror (film) de terror 4

horse el caballo; *on horseback* a caballo

hot caliente; *it is hot* hace calor; *to be hot* tener calor

hotel el hotel

hour la hora

house la casa

how (+ adjective)! ¡qué (+ *adjective*)!; *How boring!* ¡Qué aburrido,-a! 2

how (+ adjective/adverb) lo (+ *adjective/adverb*)

how? ¿cómo?; *How about...?* ¿Qué tal si...? 36; *How about if...?* ¿Qué te parece si...? 36; *How are you?* ¿Qué tal?; *How are you (formal)?* ¿Cómo está (Ud.)?; *How are you (informal)?* ¿Cómo estás (tú)?; *How are you (pl.)?* ¿Cómo están (Uds.)?; *How do you say...?* ¿Cómo se dice...?; *How do you write (spell)...?* ¿Cómo se escribe...?; *How is the weather?* ¿Qué tiempo hace?; *How long...?* ¿Cuánto (+ *time expression*) hace que (+ *present tense of verb*)...?; *how many?* ¿cuántos,-as?; *how much?* ¿cuánto,-a?; *How old are you?* ¿Cuántos años tienes?

however sin embargo

hug el abrazo; *to hug each other* abrazarse 6

humidity la humedad 21

hunger el hambre (f.)

hurricane el huracán

hurry la prisa; *in a hurry* apurado,-a; *to be in a hurry* tener prisa

to **hurry up** apurar(se)

hurt herido,-a 16

to **hurt** doler (ue), lastimar(se);

hacer daño 10

husband el esposo; el marido

I

I yo; *I am sorry* lo siento; *I do not know.* No sé.; *I hope* ojalá; *I see it!* ¡Ya lo veo!

ice el hielo; *ice cream* el helado; *ice cream parlor* la heladería

to **ice-skate** patinar sobre hielo

idea la idea

ideal ideal

if si; *if only* ojalá

to **ignore** ignorar 9

iguana la iguana

illness la enfermedad 32

to **imagine** imaginar(se)

immediately en seguida

to **imply** implicar

important importante; *to be important* importar

impossible imposible

to **improve** mejorar 3

in en, por; *in a hurry* apurado,-a; *in advance* con anticipación 21, por adelantado 23; *in cash* en efectivo; *in favor (of)* a favor (de); *in front (of)* enfrente (de) 18; *in layers (hair)* a capas 33; *in love* enamorado,-a 35; *in order that* para que; *in order to* para; *in short* en resumen; *in the afternoon* de la tarde, por la tarde; *in the center of* en medio de; *in the middle of* en medio de, a mediados de 21; *in the morning* de la mañana, por la mañana

increase el aumento

incredible increíble 9

infection la infección 32

to **inform** informar

information la información

ingredient el ingrediente

inhabitant el habitante, la habitante

initiative la iniciativa 38

injection la inyección 31

to **injure** lastimar(se)

inn el parador

(inner) ear el oído

innovation la innovación 40

inside adentro

to **insist (on)** insistir (en)

to **install** instalar

instead of en vez de 30

instruction la dirección

intelligent inteligente

to **intend** pensar (ie)

to **interest** interesar

interesting interesante

international internacional; *international news* la noticia internacional 13

Internet la Internet

intersection la bocacalle 18

interview la entrevista

to **interview** entrevistar 13

to **introduce** presentar

invention el invento 40

invitation la invitación 27

to **invite** invitar

iron la plancha

to **iron** planchar

ironing board la mesa de planchar

island la isla

it (d.o.) la, (d.o.) lo; (neuter form) ello; *it is better that* más vale que, es mejor que 18; *it is cloudy* está nublado; *it is cold* hace frío; *it is cool* hace fresco; *it is hot* hace calor; *it is important that* es importante que 18; *It is midnight.* Es medianoche.; *it is necessary that* es necesario que 18; *It is noon.* Es mediodía; *it is (+ number) o'clock* son las (+ *number*); *it is one* o'clock es la una; *it is sunny* está soleado, hay sol, hace sol; *it is windy* hace viento; *it is written* se escribe; *it's getting late* se me hace tarde *1*; *It's the least I could do!* ¡No faltaba más! *10*; *it means* quiere decir

Italian italiano,-a
Italy Italia
itinerary el itinerario
its su, sus; suyo,-a

J

jacket la chaqueta
jail la cárcel *13*
January enero
Japan el Japón
Japanese japonés, japonesa
jeans los vaqueros *34*
jersey la camiseta
jewel la joya
jewelry store la joyería
job el empleo
to **join (a club)** hacerse miembro *1*
joke el chiste, la broma
to **joke** bromear *28*
journalist el periodista, la periodista
judge el juez *13*
juice el jugo
July julio
to **jump** saltar
June junio
jungle la selva
just sólo

K

keep straight along... siga derecho (por)... *18*
to **keep** seguir *(i, i)*; mantener; quedar(se) con *20*; *to keep company* hacer compañía *29*; *to keep in shape* mantenerse en forma *30*;

to keep up-to-date mantenerse al día *39*
Kenya Kenya
Kenyan kenyano,-a
ketchup la salsa de tomate
key la llave
to **kill** matar *13*
kilo(gram) el kilo(gramo)
kind amable
kind el tipo
king el rey
kiss el beso
kitchen la cocina
knee la rodilla
knife el cuchillo
to **know** saber; conocer; *I do not know.* No sé.
knowledge la cultura; el conocimiento *31*
known conocido,-a

L

label la etiqueta *34*
lady la señora, Sra., la dama; *young lady* la señorita
lake el lago
lamp la lámpara
land la tierra
to **land** aterrizar
landing strip la pista de aterrizaje *22*
landscape el paisaje *24*
language la lengua, el idioma
lapel la solapa *35*
large *(in numbers)* numeroso,-a *7*
last pasado,-a, último,-a; *last name* el apellido; *last night* anoche
to **last** durar *22*
late tarde
Latin music la música latina *27*
later luego, después; *see you later* hasta luego, hasta la vista
laugh la risa

to **laugh** reír(se) *(i, i)*
laundry room el lavadero
lawn el césped
lawyer el abogado, la abogada
to **lay eggs** poner huevos *11*
lazy perezoso,-a
to **learn** aprender; *to learn about* enterar(se) de
least: the least (+ adjective + noun) el/la/los/las (+ *noun*) menos (+ *adjective*)
leather el cuero
to **leave** dejar; irse; *to leave a message* dejar un recado *12*
left izquierdo,-a
left la izquierda; *to the left* a la izquierda
leg la pierna; *to pull someone's leg* tomar el pelo
lemon el limón
to **lend** prestar
lentil la lenteja *25*
less menos; *less (+ noun/ adjective/adverb) than* menos (+ *noun/adjective/ adverb*) que
to **let** dejar (de); *let me introduce you to (formal, s.)* le presento a, (*informal, s.*) te presento a, (*pl.*) les presento a
letter la carta, la letra; *capital letter* la mayúscula; *lower-case letter* la minúscula
letterhead el membrete *38*
lettuce la lechuga
let's (+ infinitive)! ¡vamos a (+ *infinitive*)!; *let's go!* ¡vamos!; *let's see* a ver
level el nivel
liar mentiroso,-a *2*
librarian el bibliotecario, la bibliotecaria
library la biblioteca
license plate la placa
lie la mentira
to **lie** mentir *(ie, i)*
to **lie down** acostarse
life la vida; *life insurance* el

seguro de vida *39*

to **lift** levantar; *to lift weights* levantar pesas *30*

light la luz (*pl.* luces*)*; claro,-a *34*; *light bulb* la bombilla

to **light** encender *(ie)*

lighthouse el faro

lightning el relámpago *22*

like como

to **like** gustar; querer; *I/you/he/she/it/we/they would like...* me/te/le/nos/os/les gustaría...

lime el limón

line la fila

lion el león

link el vínculo

lipstick el lápiz de labios *6*

list la lista

to **listen to** oír; escuchar

liter el litro *25*

little poco,-a; *a little (bit)* un poco; *a very little (bit)* un poquito; *little food item* la golosina; *little machine* la maquinita

to **live** vivir

live en vivo

living room la sala

lobby el vestíbulo *23*

lobster la langosta

local call la llamada local *12*

located ubicado,-a

lock la cerradura

to **lodge** alojar(se)

long largo,-a; *long-distance call* la llamada de larga distancia *12*

to **look** parecer *1*; *to look (at)* mirar; *to look for* buscar

loose ancho,-a *34*; *loose (hair)* suelto *33*

to **lose** perder *(ie) 10*; *to lose weight* bajar de peso *30*

lost perdido,-a *18*

love el amor

to **love** querer

lovely hermoso,-a

lowercase letter la minúscula

low-heel shoe el zapato bajo

luck la suerte; *good luck* buena suerte

lucky afortunado,-a *9*

luggage el equipaje; *carry-on luggage* el equipaje de mano

lunch el almuerzo; *to eat lunch* almorzar *(ue)*; *to have lunch* almorzar *(ue)*

lung el pulmón *31*

luxury el lujo

M

machine la máquina; *little machine* la maquinita

madness la locura *26*

magazine la revista

magnificent magnífico,-a

maid la camarera *23*

mail el correo; *electronic mail* correo electrónico; *mail carrier* el cartero, la cartera *2*

mailbox el buzón *20*

main principal

to **maintain** mantener

majority la mayoría

to **make** hacer; *to make a call* hacer una llamada *12*; *to make a mistake* equivocar(se); hacer un error *17*; *to make fat* engordar; *to make happy* alegrar (de); *to make responsible (for)* encargar (de); *to make up* reconciliarse *9*

makeup el maquillaje; *to put makeup on (someone)* maquillar; *to put on makeup* maquillarse

mall el centro comercial

man el hombre

manager el gerente, la gerente

manners los modales *27*

many mucho,-a; *how many?*

¿cuántos,-as?; *too many* demasiado,-a

map el mapa

March marzo

marinated marinado,-a *28*

market el mercado; *meat market* la carnicería

marvellous maravilloso,-a

massage el masaje *30*

match el partido

to **match** ir con *34*

material el material

mathematics las matemáticas

to **matter** importar

mattress el colchón *23*

maximum máximo,-a

May mayo

maybe a lo mejor, puede ser

mayonnaise la mayonesa

me *(i.o.)* me; *(d.o.)* me; *(after a preposition)* mí; *me too* igualmente *1*; *they call me* me llaman

to **mean** querer decir; *it means* quiere decir; *What is the meaning (of)...?* ¿Qué quiere decir...?

means of transportation el medio de transporte *21*

measles el sarampión *32*

measurement la medida *35*

meat la carne; *meat market* la carnicería

mechanic el mecánico, la mecánica

medal la medalla *35*

medical history form la hoja clínica *30*

medicine la medicina

medium mediano,-a *34*

to **meet** conocer; *to meet the requirements* cumplir con los requisitos *38*; *Glad to meet you!* ¡Mucho gusto!

meeting la reunión

melon el melón

member el miembro

men's restroom el baño de

los caballeros
menu el menú
mess el desorden 6
Mexican mexicano,-a
Mexico México
microphone el micrófono
microwave oven el horno microondas
middle el medio; *in the middle of* en medio de
midfielder el mediocampista, la mediocampista
midnight la medianoche; *It is midnight.* Es medianoche.
milk la leche; *milk store* la lechería
mine mío,-a; *(of) mine* mío, -a; *the pleasure is mine* el gusto es mío
mineral water el agua mineral *(f.)*
minimum mínimo,-a
minus menos
minute el minuto
mirror el espejo
to **miss** extrañar; perder *22*; echar de menos *30*
Miss la señorita, Srta.
mist la neblina
misunderstanding el malentendido *21*
mix la mezcla *26*
mixer la batidora *26*
modern moderno,-a
mom la mamá
Monday lunes; *on Monday* el lunes
monetary unit of Perú el sol nuevo (S/.) *25*
money el dinero; la moneda; *money order* el giro postal *20*
monkey el mono
month el mes
monument el monumento
moon la luna
more más; *more (+ noun/adjective/adverb) than* más

(+ *noun/adjective/adverb*) que; *more than* más de
morning la mañana; *good morning* buenos días; *in the morning* de la mañana, por la mañana
Moroccan marroquí
Morocco Marruecos
most: the most (+ adjective + noun) el/la/los/las (+ *noun*) más (+ *adjective*)
mother la madre; la mamá
mother-in-law la suegra *5*
motor el motor
motorcycle la moto(cicleta)
mountain la montaña
mouse el ratón
mouth la boca
to **move** mudar(se)
movie la película; *movie theater* el cine
to **mow** cortar
Mr. el señor, Sr.
Mrs. la señora, Sra.
much mucho,-a; mucho; *as much as* tanto como; *as much (+ noun) as (+ person/item)* tanto,-a (+ *noun*) como (+ *person/ item*); *how much?* ¿cuánto,-a?; *too (much)* demasiado; *too much* demasiado,-a; *very much* muchísimo
mumps las paperas *32*
murderer el asesino, la asesina *13*
muscle el músculo *30*
museum el museo
music la música; *music program* el programa musical *15*
musical el musical *4*; *musical group* el grupo musical
musician el músico, la música *2*
must deber
mustache el bigote *5*

mustard la mostaza
my mi, *(pl.)* mis; mío,-a; *my name is* me llamo
mystery el misterio; *mystery (film)* de misterio *4*

N

nail polish el esmalte de uñas *6*
name el nombre; *last name* el apellido; *my name is* me llamo; *their names are* se llaman; *What is your name?* ¿Cómo te llamas?; *What is (your/his/her) name?* ¿Cómo se llama (Ud./él/ella)?; *(Your [formal]/His/Her) name is....* (Ud./Él/Ella) se llama....; *your name is* te llamas
napkin la servilleta
to **narrate** narrar
narrow estrecho,-a
national nacional; *national news* la noticia nacional *13*
native indígena
natural resource el recurso natural *40*
navy blue azul marino *34*
near cerca (de)
necessary necesario,-a, preciso,-a; *to be necessary* hacer falta
neck el cuello
necklace el collar
to **need** necesitar; faltar *6*
neighbor el vecino, la vecina
neighborhood el barrio
neither tampoco; *neither...nor* ni...ni
nephew el sobrino
nervous nervioso,-a
never nunca; jamás *3*
nevertheless sin embargo
new nuevo,-a; *New Year's Day* el Año Nuevo
news la noticia; *news*

program el noticiero, el programa informativo *15*
newspaper el periódico
next próximo,-a, que viene; *next (to)* al lado (de); *next door (to)* al lado (de) *18*
to **nibble** picotear *27*
Nicaragua Nicaragua
Nicaraguan nicaragüense
nice simpático,-a, amable; agradable; *the weather is nice* hace buen tiempo
nickname el apodo *1*
niece la sobrina
night la noche; *at night* de la noche, por la noche; *good night* buenas noches; *last night* anoche
nine nueve; *nine hundred* novecientos,-as
nineteen diecinueve
ninety noventa
ninth noveno,-a
no no; *no left turn* prohibido doblar a la izquierda *17*; *No way!* ¡Ni hablar! *11*
nobody nadie; *Nobody answers the phone.* No contesta nadie. *12*
noise el ruido
none ninguno,-a, ningún, ninguna
noon el mediodía; *It is noon.* Es mediodía.
normal normal
north el norte; *North America* la América del Norte; *North American* norteamericano,-a
northeast el noreste
northwest el noroeste
nose la nariz
not any ninguno,-a, ningún, ninguna
not even ni
not very poco,-a
note el apunte *3*
notebook el cuaderno
nothing nada

novel la novela *36*
November noviembre
now ahora; ya; *right now* ahora mismo
number el número; *telephone number* número de teléfono
nurse el enfermero, la enfermera

O

to **obey** obedecer *1*
to **obtain** conseguir (i, i)
obvious obvio,-a
occasion la ocasión
occupied ocupado,-a
to **occur** pasar; ocurrir; *to occur to someone* ocurrirse *27*
ocean el océano
o'clock a la(s)...; *it is (+ number) o'clock* son las (+ number); *it is one o'clock* es la una
October octubre
octopus el pulpo
of de; *of the* de la/del (de + el); *of course* desde luego; *of course!* ¡claro!, ¡Cómo no!; *(of) hers* suyo,-a; *(of) his* suyo,-a; *(of) mine* mío,-a; *(of) ours* nuestro,-a; *of which* cuyo,-a; *(of) yours* tuyo,-a
to **offer** ofrecer
office la oficina; *box office* la taquilla; *post office* oficina de correos; *ticket office* la taquilla; *doctor's office* el consultorio
official oficial
oh! ¡ay!
oil el aceite, el petróleo *40*
okay de acuerdo, regular; *(pause in speech)* bueno
old viejo,-a; antiguo,-a; *How old are you?* ¿Cuántos años tienes? *to be (+ number) years old*

tener (+ *number*) años; *to become (+ number) years old* cumplir
older mayor
oldest el/la mayor
olive la aceituna *25*
omelet (*Spain*) la tortilla; el omelet
on en, sobre; *on credit* a crédito; *on foot* a pie; *on Friday* el viernes; *on horseback* a caballo; *on loan* prestado,-a; *on Monday* el lunes; *on sale* de rebajas *34*; *on Saturday* el sábado; *on Sunday* el domingo; *on the corner (of)* en la esquina (de) *18*; *on the other hand* en cambio; *on the telephone* por teléfono; *on Thursday* el jueves; *on time* a tiempo; *on top of* encima de; *on Tuesday* el martes; *on Wednesday* el miércoles
one un, una, uno; *one block from* a una cuadra (de)... *18*; *one hundred* cien, (*when followed by another number*) ciento; *one-way (road)* una sola vía *17*
one-way sencillo,-a
onion la cebolla
only único,-a, sólo, solamente; *if only* ojalá
open abierto,-a
to **open** abrir; *open (command)* abre
opening la inauguración *33*; *opening (of a show)* el estreno *16*
operation la operación *32*
opinion la opinión *9*
opportunity la oportunidad
opposite opuesto,-a *21*
or o, (*used before a word that starts with o or ho*) u; *either...or* o...o

orange (*color*) anaranjado,-a

orange la naranja

to **order** pedir *(i, i)*; mandar, ordenar

organ el órgano

to **organize** organizar

organized organizado,-a *8*

original version la versión original *4*

other otro,-a

ought deber

ounce la onza *25*

our nuestro,-a

outdoors al aire libre

(outer) ear la oreja

outside afuera

oven el horno; *microwave oven* horno microondas

over sobre; encima de; *over there* allá

overnight bag el maletín

overseas al extranjero *20*

oxygen el oxígeno *40*

P

P.S. la P.D. *29*

package el paquete *20*

paella la paella

page la página

pain la pena

to **paint** pintar

painting el cuadro

pair la pareja

pajamas el pijama

pale pálido,-a *34*

Panama Panamá

Panamanian panameño,-a

panther la pantera

pants el pantalón

pantyhose las pantimedias

papaya la papaya

paper el papel; *sheet of paper* la hoja de papel

parade el desfile

Paraguay el Paraguay

Paraguayan paraguayo,-a

pardon me perdón

parents los padres, los papás

park el parque; *amusement park* parque de atracciones

parking el estacionamiento *17*

part la parte; *part (in hair)* la raya *33*

to **participate** participar

partner el compañero, la compañera

part-time la media jornada *37*

party la fiesta

to **pass** pasar; *pass me* pásame

passenger el pasajero

passion for la pasión por *37*

passport el pasaporte

past pasado,-a; *a quarter past* y cuarto; *half past* y media

pasta la pasta *26*

pastime el pasatiempo

pastry el pastel

path el camino

patience la paciencia *17*

patient el paciente, la paciente *31*

patio el patio

paw la pata

to **pay** pagar

pea el guisante

peace la paz

peach el durazno

pear la pera

pearl la perla

pen el bolígrafo, la pluma

penalty la pena máxima

pencil el lápiz *(pl.* lápices*)*; *pencil sharpener* el sacapuntas

people la gente; *people call me* me dicen, me llaman *1*

pepper la pimienta (*seasoning*); *bell pepper* el pimiento; *pepper shaker* el pimentero

perfect perfecto,-a

perfume el perfume

perhaps quizás; tal vez *1*

period el tiempo

perm (*permanent wave*) la

permanente *33*

permanent job el puesto fijo *37*

permission el permiso; *to ask for permission (to do something)* pedir permiso (para)

permit el permiso

to **permit** permitir

person la persona

personal personal; *personal history* el historial personal *38*

personnel el personal *38*

pertaining to air aéreo,-a

pertaining to water acuático,-a

Peru el Perú

Peruvian peruano,-a

philosophy la filosofía

photo la foto(grafía)

photographer el fotógrafo, la fotógrafa

physics la física

piano el piano

to **pick up** recoger

picnic el picnic

picture el cuadro

piece la pieza; el trozo *30*; *piece of furniture* el mueble

pier el muelle

pig el puerco

pile el montón *36*

pill la pastilla *31*

pillow la almohada *23*

pilot el piloto, la piloto

pineapple la piña

pink rosado,-a

pity la lástima

place el lugar, la posición; la parte

to **place** poner; colocar

plaid a cuadros

plain sin gracia *33*

plan el plan

to **plan** pensar *(ie)*

plant la planta

plastic el plástico

plate el plato; *license plate* la placa

play la comedia

to **play** jugar *(ue)*; *(a musical instrument)* tocar; *(a sport/game)* jugar a

player el jugador, la jugadora; *basketball player* el basquetbolista, la basquetbolista; *record player* el tocadiscos; *soccer player* el futbolista, la futbolista; *tennis player* el tenista, la tenista

playing card la carta

plaza la plaza

pleasant simpático,-a

please por favor

to **please** agradar, complacer

pleasing agradable; *to be pleasing to* gustar

pleasure el gusto; el placer; *the pleasure is mine* encantado,-a, el gusto es mío

plum la ciruela

plural el plural

pneumonia la pulmonía *31*

pocket el bolsillo *35*

point el punto

to **point** apuntar; *to point to (at, out)* señalar

police (officer) el policía, la policía

to **polish one's nails** pintarse las uñas *6*

politically políticamente

poll la encuesta

pollution (environmental) la contaminación ambiental

polo shirt la camiseta

pony tail la cola (de caballo) *33*

poor pobre

popular popular

population la población

pork el puerco

port el puerto

Portugal el Portugal

Portuguese portugués, portuguesa

position la posición

possible posible; *as (+ adverb) as possible* lo más/menos (+ *adverb*) posible

post office la oficina de correos

postscript la posdata *38*

pot la olla; *coffee pot* la cafetera

potato la papa

pound la libra

practice la práctica

to **practice** practicar

precinct la comisaría *16*

precisely that eso mismo *6*

to **prefer** preferir *(ie, i)*

preparation el preparativo *27*

to **prepare** preparar

to **prescribe** recetar *31*

press conference la rueda de prensa *14*

pretty bonito,-a, lindo,-a

price el precio

prince el príncipe

princess la princesa

principle principal

printed estampado,-a *34*

printed advertisement el aviso

prize el premio

probable probable

problem el problema

production la producción *37*

profession la profesión *38*

professional profesional *14*

program el programa, *to download a program* bajar un programa

project el proyecto *11*

to **promise** prometer

protest la protesta

proud orgulloso,-a *3*

to **prove** probar(se) *(ue)*

provided that con tal de que *35*

public público,-a; *public relations* las relaciones públicas *37*; *public square* la plaza; *public telephone* el teléfono público

publishing house la editorial *37*

Puerto Rican puertorriqueño,-a

Puerto Rico Puerto Rico

to **pull someone's leg** tomar el pelo

punctual puntual *11*

punishment la pena

purchase la compra

pure puro,-a

purple morado,-a *34*

purpose el propósito; el fin *40*

purse el bolso; la cartera *36*

to **pursue** seguir *(i, i)*

to **put** poner; colocar; *to put (someone) in bed* acostar *(ue)*; *to put in charge (of)* encargar (de); *to put makeup on (someone)* maquillar; *to put on* poner(se); *to put on lipstick* pintarse los labios *6*; *to put on makeup* maquillarse

Q

quality la calidad

quarter el cuarto; *a quarter after, a quarter past* y cuarto; *a quarter to, a quarter before* menos cuarto

queen la reina

question la pregunta; *to ask a question* hacer una pregunta

quick rápido,-a *1*

quickly pronto

quiet callado,-a *19*

to **quit** dejar (de)

quiz la prueba *39*

quiz show el concurso *15*

R

rabbit el conejo
radio (*apparatus*) el radio; (*broadcast*) la radio; *radio announcer* el locutor, la locutora *37*; *radio station* la emisora (de radio)
rain la lluvia
to **rain** llover *(ue)*
raincoat el impermeable
raise el aumento *39*
to **raise** levantar
ranch la finca
rapid rápido
rapidly rápidamente
rate la tarifa *21*
rather bastante
raw crudo,-a *25*
razor cut a navaja *33*
to **reach** cumplir; *to reach an agreement on* ponerse de acuerdo sobre *14*
to **read** leer
reading la lectura
ready listo,-a; *to be ready* estar listo,-a
real real
reality la realidad
to **realize** darse cuenta de *9*
really? ¿de veras?
rear-view mirror el espejo retrovisor *17*
reason la razón
receipt el recibo
to **receive** recibir
reception (desk) la recepción
receptionist el recepcionista, la recepcionista
recipe la receta
to **recognize** reconocer *1*
to **reconcile** reconciliarse *9*
record el disco; *record player* el tocadiscos
to **record** grabar
red rojo,-a
red-haired pelirrojo,-a
reduced rebajado,-a *34*

reduction la rebaja *34*
to **refer** referir(se) *(ie, i)*
referee el árbitro, la árbitro
reference la referencia *38*
refreshment el refresco
refrigerator el refrigerador
to **regret** sentir *(ie, i)*; arrepentirse *21*
regular regular; *regular (mail)* corriente *20*
relative el pariente, la pariente; el familiar *2*
to **relax** descansar; relajarse *22*
relief el alivio *36*
to **remain** quedar(se)
to **remember** recordar *(ue)*; acordar(se) (de) *(ue)*
remote remoto,-a; *remote control* el control remoto
to **rent** alquilar
to **repeat** repetir *(i, i)*
report el informe; el boletín *22*
reporter el periodista, la periodista; el reportero, la reportera
to **request** pedir *(i, i)*
requirement el requisito *38*
to **rescue** rescatar *29*
to **resemble** parecerse a *1*
reservation la reservación; la reserva *21*
to **reserve** reservar *21*
to **resolve** resolver *(ue)*
to **respect each other** respetarse *9*
respectfully atentamente
responsible responsable *38*
to **rest** descansar
restaurant el restaurante
resume el currículum *38*
return la devolución *34*
to **return** volver *(ue)*; regresar; devolver *8*
reunion la reunión
reverse gear la marcha atrás *17*
to **review** repasar
rib la costilla

rice el arroz
rich rico,-a
ride el paseo; *(amusement) ride* la atracción
to **ride** montar
right correcto,-a; derecho,-a; *right?* ¿verdad?; *right now* ahora mismo; *to be right* tener razón
right la derecha; *to the right* a la derecha
ring el anillo
ripe maduro,-a
river el río
road el camino
roar el rugido
to **roar** rugir
robbery el robo
rock music la música rock *27*
roller coaster la montaña rusa
roller skate el patín *36*
romantic romántico,-a *27*; *romantic (film)* romántica *4*
roof el techo; *flat roof* la azotea
room el cuarto; la habitación; *chat room* cuarto de charla; *dining room* el comedor; *laundry room* el lavadero; *living room* la sala; *room service* servicio al cuarto, servicio de habitación *23*
rooster el gallo
rotten podrido,-a *25*
round redondo,-a *33*
round-trip de ida y vuelta
row la fila
ruby el rubí
rug la alfombra
to **ruin** arruinar *27*
rule la regla
ruler la regla
to **run** correr
runner el corredor, la corredora

rush la prisa
Russia Rusia
Russian ruso,-a

S

sad triste
safety la seguridad; *safety belt* el cinturón de seguridad
to **sail** navegar *19*
saint's day el santo; *All Saints' Day* Todos los Santos
salad la ensalada
salary el sueldo *37*
sale la oferta; la rebaja *34*; *to be on sale* estar en oferta
(sales) window la ventanilla *20*
salesperson el vendedor, la vendedora
salt la sal; *salt shaker* el salero
salty salado,-a *28*
Salvadoran salvadoreño,-a
same mismo,-a
sand la arena
sandal la sandalia *34*
sandwich el sandwich; el emparedado *27*
satellite el satélite *40*; *satellite dish* la antena parabólica *40*
Saturday sábado; *on Saturday* el sábado
saucepan la olla
Saudi saudita; *Saudi Arabia* Arabia Saudita; *Saudi Arabian* saudita
sausage (*seasoned with red peppers*) el chorizo; la salchicha
to **save** ahorrar; salvar *13*
to **savor** saborear
saxophone el saxofón
to **say** decir; *How do you say...?* ¿Cómo se dice...?; *one says* se dice; *say (command)* di; *to say good-bye* despedir(se) *(i, i)*; *to say*

hello saludar; *to say you are sorry* pedir perdón
scarf la bufanda
scenery el paisaje
schedule el horario
school el colegio, la escuela; (*of a university*) la facultad
scholarship la beca *14*
science la ciencia; *science fiction (film)* de ciencia ficción *4*
to **scold** regañar *24*
score el marcador
to **score** marcar
scratch el rasguño *29*
scratched rayado,-a
screen la pantalla
scuba diving el buceo
sea el mar
sea lion el león marino *11*
seafood el marisco
seal la foca *11*
search la búsqueda; *search engine* el motor de búsqueda
season la estación
seasoning el aderezo
to **seat (someone)** sentar *(ie)*
seat belt el cinturón de seguridad
seat-back el respaldar
second el segundo; segundo,-a
secret el secreto
secretary el secretario, la secretaria
section la sección
to **see** ver; *let's see* a ver; *See you around.* Te veo por ahí. *1*; *see you later* hasta luego, hasta la vista; *see you soon* hasta pronto; *see you tomorrow* hasta mañana; *you see* ves
to **seem** parecer
selection el surtido
self-confidence la confianza en sí mismo *39*

selfish egoísta
to **sell** vender
to **send** enviar
sender el remitente *20*
sensationalistic sensacionalista *15*
sense of adventure el sentido de aventura *14*
sense of hearing el oído
sentence la oración, la frase
September septiembre
serious serio,-a; grave *31*
to **serve** servir *(i, i)*
service el servicio; *room service* servicio al cuarto
set (of clothes) el conjunto *36*
to **set** poner; *to set the table* poner la mesa
seven siete; *seven hundred* setecientos,-as
seventeen diecisiete
seventh séptimo,-a
seventy setenta
several varios,-as
sewing la costura
to **shake hands** dar la mano *39*
shame la lástima
shampoo el champú
to **share** compartir
to **shave** afeitar(se); *to shave one's head* raparse *33*
shaved rapado,-a *33*
shaving cream la crema de afeitar
she ella; *She is so unpleasant!* ¡Qué antipática es! *2*
sheep la oveja
sheet la hoja; la sábana *23*; *sheet of paper* hoja de papel
ship el barco
shipment el envío *20*
shirt la camisa; *polo shirt* la camiseta
shoe el zapato; *high-heel shoe* zapato de tacón; *low-heel shoe* zapato bajo; *shoe store* la zapatería

shopping center el centro comercial
shore la orilla
short (*not tall*) bajo,-a, (*not long*) corto,-a; *from a short distance* de cerca; *in short* en resumen
shortage la escasez *40*
shorts los shorts; *bermuda shorts* las bermudas
shot el tiro; la inyección *31*
should deber
shoulder el hombro
to **shout** gritar
show el programa; *game show* programa de concurso
to **show** enseñar; mostrar (*ue*)
shower la ducha
to **shower** duchar(se)
shrimp el camarón
to **shrink** encogerse *36*
shy tímido,-a *2*
sick enfermo,-a; *sick of* harto,-a de *3*
side el lado
sideburn la patilla *33*
sidewalk la acera
sightseeing cruise el crucero turístico *19*
sign la señal
to **sign** firmar
silk la seda
silly tonto,-a
silver la plata
silverware los cubiertos
since desde, como
sincere sincero,-a *9*
to **sing** cantar
singer el cantante, la cantante
single sencillo,-a; *single bed* la cama sencilla *23*
sink el fregadero; *bathroom sink* el lavabo
sir el señor, Sr.
sister la hermana; *sister-in-law* la cuñada *5*
to **sit down** sentarse; *sit down (command)* siéntate
sit-ups los abdominales *30*

six seis; *six hundred* seiscientos,-as
sixteen dieciséis
sixth sexto,-a
sixty sesenta
size el tamaño; la talla *34*
to **skate** patinar; *to ice-skate* patinar sobre hielo; *to in-line skate* patinar sobre ruedas
skater el patinador, la patinadora
sketch el dibujo
to **sketch** dibujar
to **ski** esquiar
skier el esquiador, la esquiadora
skiing el esquí
skill la destreza
skin (*of animal*) el pellejo *26*; (*skin*) *rash* la erupción en la piel *32*
skirt la falda
sky el cielo
skyscraper el rascacielos *19*
sleep el sueño
to **sleep** dormir (*ue, u*)
sleeping car el coche cama *24*
sleeve la manga *35*
to **slip** resbalar *29*
slipper la pantufla; la zapatilla *34*
slippery resbaloso,-a
slow lento,-a; *slow music* la música lenta *27*
small pequeño,-a; *small bit* el pedacito *26*; *small room used for storing food* la alacena *7*; *small suitcase* el maletín
smart listo,-a; *to be smart* ser listo,-a
smile la sonrisa *23*
to **smile** sonreír(se) (*i, i*)
to **smoke** fumar
smoke alarm la alarma de incendios
smoked ahumado,-a *28*

smooth suave
snake la serpiente
snow la nieve
to **snow** nevar (*ie*)
so tal, tan; *So glad to meet you.* Tanto gusto.; *so long* hasta luego; *so that* a fin de que, para que
so-so regular
soap el jabón; *soap opera* la telenovela
soccer el fútbol; *soccer player* el futbolista, la futbolista
sock el calcetín
soft suave; blando,-a *23*; *soft drink* el refresco
solid liso,-a *34*
to **solve** resolver (*ue*)
some unos, unas; alguno,-a, algún, alguna
somebody alguien
someone alguien; *someone from the United States* estadounidense
something algo; *something from the United States* estadounidense
sometimes a veces
son el hijo
son-in-law el yerno *5*
song la canción
soon luego, pronto; *as soon as* en cuanto, luego que; *see you soon* hasta pronto
soup la sopa; *soup bowl* el plato de sopa
sour ácido *15*
south el sur; *South America* la América del Sur; *South American* suramericano,-a
southeast el sureste
southwest el suroeste
Spain España
Spanish el español (*language*)
Spanish español, española
Spanish-speaking de habla hispana
Spanish studies la filología hispana *37*

to **speak** hablar
speaker el parlante *27*
speaking el habla (*f.*)
special especial
spectator el espectador, la espectadora
speech el habla (*f.*)
speed la rapidez *40*
to **speed up** acelerar *17*
speeding el exceso de velocidad *17*
to **spend** gastar *21*; *to spend (time)* pasar
spice la especia *28*
spiked (hair) de punta *33*
spinach las espinacas *25*
sport el deporte; *to play (a sport)* jugar a
sports program el programa deportivo *15*
sporty deportivo,-a
spring la primavera
square el cuadro; *public square* la plaza
squid el pulpo
stable el establo
stadium el estadio
stain la mancha *36*; *stained* manchado,-a *36*
to **stain** mancharse *36*
StairMaster® la escalera *30*
stairway la escalera
stamp la estampilla *20*
to **stand out** destacar(se)
star la estrella
starring protagonizado,-a por *16*
to **start** empezar *(ie)*; comenzar *(ie)*
station la estación; *bus station* estación de autobuses; *radio station* la emisora; *subway station* estación del metro; *train station* estación del tren
stationery el papel de carta *38*
stationery store la papelería
to **stay** alojarse, quedar(se); la estancia *23*

to **steal** robar *13*
steering wheel el volante
step el escalón *23*
to **step on** pisar *17*
stepbrother el hermanastro
stepfather el padrastro
stepmother la madrastra
stepsister la hermanastra
stereo el estéreo
stew el guiso *28*
stick out *(command)* saca
still todavía
stitch el punto *31*
stocking la media *34*
stomach el estómago
stop el alto; *pare 17*
to **stop** dejar (de); parar
stopover la escala
store la tienda; el comercio *39*; *candy store* la dulcería; *dairy (store)* la lechería; *department store* el almacén; *fruit store* la frutería; *hat store* la sombrerería; *jewelry store* la joyería; *milk store* la lechería; *shoe store* la zapatería; *stationery store* la papelería; *store window* la vitrina
storm la tormenta *15*
stove la estufa
straight recto,-a *33*; *straight (hair)* lacio *5*; *straight ahead* derecho
to **straighten** arreglar; *to straighten (hair)* alisarse *33*
strawberry la fresa
street la calle
stress el estrés *30*
to **stretch** estirarse *36*
strict estricto,-a *3*
strike la huelga *15*
stripe la raya
striped a rayas, rayado,-a
strong fuerte
stubborn terco,-a *18*
student el estudiante, la estudiante; el alumno, la

alumna *14*; *student discount* el descuento de estudiante *21*
studious estudioso,-a *3*
study el estudio
to **study** estudiar
stuffed relleno,-a *28*
styling gel la espuma *33*
subject la asignatura; el asunto *15*
substitute el suplente, la suplente *39*
to **substitute** sustituir *39*
subtitle el subtítulo *4*
subway el metro; *subway station* la estación del metro
success el éxito; *to be a success* tener éxito
such tal; *such as* como
sufficient bastante
sufficiently bastante
sugar el azúcar; *sugar bowl* la azucarera
to **suggest** aconsejar; sugerir *11*
suit el traje
suitcase la maleta; *small suitcase* el maletín
summer el verano
sun el sol
Sunday domingo; *on Sunday* el domingo; *Sunday supplement* el suplemento dominical *13*
sunglasses las gafas de sol
sunny soleado,-a; *it is sunny* está soleado, hay sol, hace sol
supermarket el supermercado
superstition la superstición *11*
supper la cena; *to have supper* cenar
supply el surtido
sure seguro,-a
to **surf** navegar, surfear
surgeon el cirujano, la cirujana *29*
surname el apellido
surprise la sorpresa
to **surprise** sorprender *24*

survey la encuesta

sweater el suéter

to **sweep** barrer

sweet dulce, golosina

swelling la inflamación *32*

to **swim** nadar

swimming pool la piscina

swimsuit el traje de baño

symptom el síntoma *32*

synthetic sintético,-a

syrup el jarabe *31*

T

table la mesa; *to clear the table* recoger la mesa; *to set the table* poner la mesa; *tray table* la mesita

tablecloth el mantel

tablespoon la cuchara

taco el taco

tail el rabo

tailor el sastre *35*

to **take** tomar, llevar; *to take a long time* tardar en (+ infinitive); *to take a seat* tomar asiento *39*; *to take a walk* dar un paseo; *to take advantage* aprovecharse *40*; *to take away* llevarse; *to take care of* cuidar(se), ocuparse de *27*; *to take charge (of)* encargarse (de); *to take off* despegar, quitar(se); *to take out* sacar; *to take up* subir

talent for la facilidad para *37*

talented talentoso,-a *3*

tall alto,-a

to **tan** broncear(se)

tape recorder la grabadora

to **taste** saborear

taxi driver el taxista, la taxista

tea el té

to **teach** enseñar

teacher el profesor, la profesora

team el equipo

to **tear** romper

to **tease** fastidiar *4*

teaspoon la cucharita

techno music la música tecno *27*

technology la tecnología

teddy bear el oso de peluche

telephone el teléfono; *by telephone* por teléfono; *on the telephone* por teléfono; *public telephone* teléfono público; *telephone booth* la cabina telefónica *12*; *telephone company* la compañía telefónica *12*; *telephone number* el número de teléfono

to **telephone** llamar

television la televisión; *television set* el televisor; *to watch television* ver (la) televisión

to **tell** decir; *(a story)* contar *(ue)*; *tell (command)* di; *tell me (Ud. command)* dígame; *to tell lies* decir mentiras *9*; *to tell secrets* contar secretos *9*; *to tell the truth* decir la verdad *9*

temperature la temperatura; *What is the temperature?* ¿Qué temperatura hace?

ten diez

tennis el tenis; *tennis player* el tenista, la tenista; *tennis racket* la raqueta de tenis *36*

tenth décimo,-a

to **terminate** acabar

terrace la terraza *7*

terrible horroroso,-a *33*

test el examen; la prueba *39*

to **test** probar(se) *(ue)*

to **thank** agradecer *10*; *thank you very much* muchas gracias

thanks gracias

that que, ese, esa, *(far away)*

aquel, aquella; aquello; *(neuter form)* eso, ello; *that (one)* aquél, aquélla, ése, ésa; *that way* así; *that which* lo que

the *(m., s.)* el, *(f., s.)* la, *(f., pl.)* las, *(m., pl.)* los; *the pleasure is mine* igualmente *1*; *to the* al

theater el teatro; *movie theater* el cine; *theater play* la obra de teatro *19*

theft el robo *13*

their su, sus; suyo,-a; *(of) theirs* suyo,-a

them *(i.o.)* les; *(d.o.)* los/las; *(after a preposition)* ellos,-as

theme el tema, el tópico

then luego, después, entonces; *(pause in speech)* pues

there allí; *over there* allá; *there is* hay; *there are* hay; *there was* había, hubo; *there were* había, hubo

these estos, estas; *these (ones)* éstos, éstas

they ellos,-as; *they are* son; *they were* fueron

thief el ladrón, la ladrona *13*

thigh el muslo *26*

thin delgado,-a

thing la cosa

to **think** pensar *(ie)*; *to think about (i.e., to have an opinion)* pensar de; *to think about (i.e., to focus one's thoughts)* pensar en; *to think about (doing something)* pensar en (+ infinitive)

third tercero,-a; *(form of tercero before a m., s. noun)* tercer

thirst la sed

thirteen trece

thirty treinta

thirty-one treinta y uno

this *(m., s.)* este, *(f., s.)* esta; esto; *this (one)* éste, ésta

those esos, esas, *(far away)* aquellos, aquellas; *those (ones)* aquéllos, aquéllas, ésos, ésas

thousand mil

three tres; *three hundred* trescientos,-as; *three-dimensional* tres dimensiones *40*

throat la garganta

through por

to **throw** tirar *8*

to **throw away** tirar

thunder el trueno *22*

Thursday jueves; *on Thursday* el jueves

thus pues; así

ticket el boleto; el pasaje; *ticket office* la taquilla

tidbit la golosina

tidy ordenado,-a *8*

tie la corbata

to **tie (the score of a game)** empatar

tiger el tigre

tight estrecho,-a *34*

time el tiempo, la vez *(pl. veces)*; *another time* otra vez; *at times* a veces; *at what time?* ¿a qué hora?; *(number +) time(s) per (+ time expression)* (number +) vez/veces al/a la (+ time expression); *on time* a tiempo; *to spend (time)* pasar; *to take a long time* tardar en (+ *infinitive*); *What time is it?* ¿Qué hora es?

tip la propina

tire la llanta

tired cansado,-a; *tired of* harto,-a de *3*

to a; *to herself* consigo misma *6*; *to himself* consigo mismo *6*; *to the left* a la izquierda; *to the right* a la derecha

today hoy

toe el dedo

together junto,-a; *to get together* reunir(se)

toilet el excusado

tomato el tomate

tomorrow mañana; *see you tomorrow* hasta mañana; *the day after tomorrow* pasado mañana

tongue la lengua

tonight esta noche

too también; *Too bad!* ¡Qué lástima!; *too many* demasiado,-a; *too (much)* demasiado; *too much* demasiado,-a

tooth el diente; la muela *29*

toothbrush el cepillo de dientes *6*

toothpaste la pasta de dientes *6*

to **touch** tocar; *touch (command)* toca

tourism el turismo

tourist turístico,-a; *tourist office* la oficina de turismo *18*

toward hacia

towel la toalla

tower la torre

traffic el tráfico; *traffic circle* la glorieta *17*; *traffic light* el semáforo *17*; *traffic rule* la regla de tránsito *17*

train el tren; *(train) platform* el andén *24*; *train station* la estación del tren, la estación del ferrocarril *24*

to **train** entrenar *7*

transfer *(travel)* el transbordo *24*

to **translate** traducir

transmission la transmisión

transportation el transporte

to **travel** viajar

travel agency la agencia de viajes

travel agent el agente de viajes, la agente de viajes *37*

traveler's check el cheque de viajero *21*

tray table la mesita

treadmill la cinta (de correr) *30*

tree el árbol; *family tree* árbol genealógico

tremor el temblor

trial el juicio *16*

trip el paseo, el viaje; *to go away on a trip* irse de viaje

trombone el trombón

tropical tropical *21*

trouble la pena

truck el camión

trumpet la trompeta

trunk el baúl

to **trust** confiar *9*

truth la verdad

to **try (on)** probar(se) *(ue)*; *to try (to do something)* tratar (de)

t-shirt la camiseta

Tuesday martes; *on Tuesday* el martes

turbulence la turbulencia *22*

turkey el pavo

to **turn (a corner)** doblar; *to turn (around)* dar vueltas *17*; *to turn off* apagar; *to turn on* encender *(ie)*; *to turn on (an appliance)* poner; *to turn to dusk* anochecer; *to turn up* aparecer *1*

turtle la tortuga

tuxedo el traje de etiqueta *35*

twelve doce

twenty veinte

twenty-five veinticinco

twenty-four veinticuatro

twenty-nine veintinueve

twenty-one veintiuno

twenty-seven veintisiete

twenty-six veintiséis

twenty-three veintitrés
twenty-two veintidós
Twin Towers *(World Trade Center, New York)* las Torres Gemelas 19
twins los gemelos, las gemelas 5
to **twist** torcer 29
two dos; *two hundred* doscientos,-as; *two-way (road)* dobla vía 17
type el tipo

U

ugly feo,-a
umbrella el paraguas
umpire el árbitro, la árbitro
uncle el tío
under bajo
undershirt la camiseta
to **understand** comprender; entender 4
understanding comprensivo,-a 9
underwear la ropa interior
to **undress** desvestir(se)
unique único,-a
united unido,-a; *someone or something from the United States* estadounidense; *United States of America* los Estados Unidos
university la universidad; *school (of a university)* la facultad
unripe verde 25
unruly rebelde 33
until hasta, *(to express time)* menos
up arriba
upcoming que viene
unpleasant antipático,-a 2
unruly rebelde 33
upstairs arriba; *to go upstairs* subir
urgent urgente
Uruguay el Uruguay

Uruguayan uruguayo,-a
us *(i.o.)* nos; *(d.o.)* nos; *(after a preposition)* nosotros
to **use** usar
useless inútil 14

V

to **vacate** desocupar 23
vacation las vacaciones
vaccination la vacuna 32
vacuum la aspiradora
to **vacuum** pasar la aspiradora
vanilla la vainilla
variety la variedad
veal la ternera
vegetable la verdura
Venezuela Venezuela
Venezuelan venezolano,-a
verb el verbo
vertical vertical
very muy, mucho,-a; *not very* poco,-a; *very much* muchísimo
veterinarian el veterinario, la veterinaria
victim la víctima 13
video game la maquinita
vinegar el vinagre
violet violeta 34
virtual reality la realidad virtual 40
visa la visa
visit la visita
to **visit** visitar
voice la voz *(pl. voces)*
volleyball el volibol

W

to **wait (for)** esperar
to **wake up** despertar(se) *(ie)*
walk el paseo
to **walk** caminar; andar; *to take a walk* dar un paseo
wall la pared, la muralla; *(exterior) wall* el muro
wallet la billetera

to **want** querer
war la guerra 15
wardrobe el armario
warehouse el almacén
to **wash** lavar(se) 3
washer la lavadora 7
wastebasket el cesto de papeles
wastepaper basket el cesto de papeles
watch el reloj
to **watch** ver; *to watch television* ver (la) televisión
water el agua *(f.)*; *mineral water* agua mineral *(f.)*; *pertaining to water* acuático,-a
to **water** regar 7
waterfall la catarata
watermelon la sandía 25
way la manera; *to always get one's way* siempre salirse con la suya; *by the way* a propósito; *way out* la salida 1
we nosotros
to **wear** llevar; *to wear (a size of shoes)* calzar 36
weather el tiempo; *How is the weather?* ¿Qué tiempo hace?; *the weather is nice (bad)* hace buen (mal) tiempo; *weather forecast* el pronóstico del tiempo 13
Web la Web
Wednesday miércoles; *on Wednesday* el miércoles
week la semana
weekend el fin de semana
to **weigh** pesar 11
welcome bienvenido,-a; *you are welcome* de nada
welcome la bienvenida
well bien; *(pause in speech)* bueno, este, pues
well-read culto,-a
west el oeste
wet mojado,-a 29

western (film) de vaqueros *4*
what? ¿qué?, ¿cuál?; *at what time?* ¿a qué hora?; *What do/does you/he/she/they think?* ¿Qué (te/le/les) parece?; *What else can I do?* ¡Qué se va a hacer! *1*; *What if...?* ¿Qué tal si...? *36*; *What is the meaning (of)...?* ¿Qué quiere decir...?; *What is the temperature?* ¿Qué temperatura hace?; *What is wrong with (someone)?* ¿Qué (+ *tener*)?; *What is wrong with you?* ¿Qué te pasa?; *What is your name?* ¿Cómo te llamas?; *What is (your/his/her) name?* ¿Cómo se llama (Ud./él/ella)?; *What time is it?* ¿Qué hora es?; *What's the way to get to...?* ¿Cuál es el camino para llegar a...? *18*
what! ¡qué!; *What (a) (+ adjective) (+ noun)!* ¡Qué (+ *noun*) tan (+ *adjective*)!; *what a (+ noun)!* ¡qué (+ *noun*)!; *What a bore!* ¡Qué aburrido,-a! *2*; *What a shame!* ¡Qué lástima!
wheel la rueda; *steering wheel* el volante; *wheel-chair* la silla de ruedas *29*
when cuando
when? ¿cuándo?
where donde; adonde
where? ¿dónde?; *from where?* ¿de dónde?; *(to) where?* ¿adónde?; *Where is...?* ¿Dónde está...?, ¿Dónde queda...? *18*, ¿Dónde se encuentra...? *18*; *Where are you from?* ¿De dónde eres?; *Where are you (formal) from?*, *Where is*

(he/she/it) from? ¿De dónde es (Ud./él/ella)?
wherever dondequiera
which que; *of which* cuyo,-a; *that which* lo que
which? ¿cuál?; *which one?* ¿cuál?; *which ones?* ¿cuáles?
while mientras (que)
white blanco,-a
white-haired canoso,-a
who quien
who? ¿quién?, *(pl.)* ¿quiénes?
whoever quienquiera
whom quien
whose cuyo,-a
why? ¿por qué?
wife la esposa; la mujer
wild salvaje
to **win** ganar; *games won* los partidos ganados
wind el viento; *it is windy* hace viento
window la ventana; *store window* la vitrina
windshield el parabrisas
windshield wiper el limpiaparabrisas
wing el ala *(f.) 26*
winter el invierno
to **wish** desear *19*
with con; *with me* conmigo; *with you* (tú) contigo
without sin
witness el testigo, la testigo *16*
woman la mujer; *young woman* la muchacha
woman's suit el conjunto *36*
women's restroom el baño de las damas
to **wonder** preguntarse
wonderful estupendo,-a
wood la madera
wool la lana
word la palabra
work el trabajo, la obra
to **work** trabajar; funcionar *12*; *to work as a* trabajar de *2*;

to work as a team trabajar en equipo *37*; *to work out* hacer ejercicio *30*
worker el obrero, la obrera
world el mundo; *World Wide Web* la Red Mundial de Información
to **worry** preocupar(se)
worse peor
worst: the worst (+ noun) el/la/los/las peor/peores
would like quisiera
would that ojalá
wound la herida *29*
wow! ¡caramba!
to **write** escribir; *How do you write...?* ¿Cómo se escribe...?; *it is written* se escribe; *to write down* apuntar *15*
writer el escritor, la escritora
wrong number el número equivocado *12*
wrought iron fence la reja
wrought iron window grill la reja

X

X-ray la radiografía *29*

Y

yard el patio
to **yawn** bostezar
year el año; *New Year's Day* Año Nuevo; *to be (+ number) years old* tener (+ *number*) años
yellow amarillo,-a
yes sí
yesterday ayer; *the day before yesterday* anteayer
yet todavía
yield ceda el paso *17*
yolk la yema *26*
you *(informal)* tú; *(formal, s.)* usted (Ud.); *(pl.)*, ustedes

(Uds.); (*Spain, informal, pl.*) vosotros,-as; (*after a preposition*) ti, usted (Ud.), ustedes (Uds.), vosotros,-as; (*d.o.*) la, lo, las, los, te; (*Spain, informal, pl., d.o.*) os; (*formal, i.o.*) le; (*pl., i.o.*) les; (*Spain, informal, pl., i.o.*) os; (*i.o.*) te; *Are you from...?* ¿Eres (tú) de...?; *you are* eres; *you (formal) are* es; *You are always so kind!* ¡Tú siempre tan amable! 2; *you don't say!* ¡no me digas!; *you (pl.) were* fueron

young joven; *young lady* la señorita; *young woman* la muchacha

younger menor

youngest el/la menor

your (*informal*) tu; (*informal, pl.*) tus; su, sus (Ud./Uds.), (*Spain, informal, pl.*) vuestro,-a, -os,-as; suyo,-a; tuyo,-a; (*of*) *yours* suyo,-a

yours truly atentamente

youth hostel el albergue juvenil 23

Z

zebra la cebra

zero cero

zip code la zona postal 20

zoo el jardín zoológico; el zoológico

zoological garden el jardín zoológico

Index

Credits

Acknowledgments

We would like to thank the following publishers, authors, and holders of copyright for permission to include copyrighted material in *Somos así ¡YA!*: **98–99**, "Mafalda," three comic strips by Joaquín Salvado Lavado (Quino), reprinted by permission of Quipos s.r.l.; **146–149**, "Un día de éstos," by Gabriel García Márquez from *Los funerales de la Mamá Grande*, reprinted by permission from Agencia Literaria Carmen Balcells, S.A.; **238–241**, "Naranjas," by Ángela McEwan-Alvarado, from *Cuentos Hispanos de los Estados Unidos*, reprinted by permission from Arte Público Press; **285–287**, "De la segunda salida de Don Quijote," by Miguel de Cervantes Saavedra, excerpt from the Easy Reader titled, *Don Quijote de la Mancha (Primera Parte)*, published by EMC Publishing; **332–337**, "Los gitanos" (originally "Los alambradores"), by Ana María Matute, excerpt from the Easy Reader titled *Historias de la Artámila*, published by EMC Publishing; **379–386**, *Abel Sánchez*, Capítulo I, Capítulo XXXVIII by Miguel de Unamuno, reprinted by permission from Herederos de Miguel de Unamuno; **432–435**, *La zapatera prodigiosa*, by Federico García Lorca, excerpt from Act Two, Scene Two, by permission from Mercedes Casanovas, Agente Literaria; **483–484**, "Leyenda," "Los dos reyes y los dos laberintos," © 1995 by Jorge Luis Borges, reprinted by permission from the Wylie Agency Inc.

Photo Credits

Adams, Dixon D./DDB Stock Photos: 162
AGE Spain/Superstock: 369 (t)
Aitchison, Stewart/DDB Stock Photo: 279 (t), 280
Allard, William/Magnum Photos: 244 (tr)
Antmann, Mark/The Image Works: vi–vii (backgroound), 102 (bl), 102 (br)
AP/Wide World Photos: x–xi (background), 161 (t), 165 (b), 169 (b), 171 (t), 200 (tr), 209 (t), 317 (b), 320, 349
Arruza/Tony Stone Images: 69 (l), 200–201, 201 (b), 409 (t)
Bachmann/Stock Boston: 52 (bl), 52 (br), v (b)
Balaguer, Alejandro/Tony Stone Images: 473 (t)
Ball, David/The Stock Market: 390 (tr), xv
Balog, James/Tony Stone Images: 473 (b)
Balthis, Frank S.: 53 (t), 105 (b), 131 (b), 135 (t), 135 (b), 321 (b), v (t)
Barro, Scott: 461 (t)
Barton, Paul/The Stock Market: 55 (t), 189, 414
Bocxe, Wesley/Photo Researchers, Inc.: 222 (l)
Bourgeois, Steve: 43 (b), 108, 122 (l), 158, 172, 185 (t), 213 (t), 323 (c), 437
Bowman, Charles/Leo De Wys, Inc.: 290–291, 291 (b), xii–xiii (l)
Bridwell, Michelle/PhotoEdit: 216 (t), 481 (t), 481 (b)
Bryant, D. Donne/DDB Stock Photo: 83, 444 (l)
Bryant, Doug/DDB Stock Photo: 206 (b), 212 (b)
Bryant, Matthew/DDB Stock Photo: 92 (l), 307 (b)
Buren, Jodi/Woodfin Camp & Associates: 399 (bl)
Buenos Aires Stock Photo/DDB Stock Photo: 55 (c)
C/B Productions/The Stock Market: 395
Cassidy, Anthony/Tony Stone Images: viii–ix (background), 152 (tr), ix (l)
Castro, Haroldo/FPG International: 319 (t)
Cate, Myrleen/Tony Stone Images: xxiv (bl), xxiv (br)
Chan, George/Photo Researchers, Inc.: 169 (tr)
Chapple, Ron/FPG International: 14, 449 (b)
Chatterton, Carolyn: 131 (t), 132, 252 (r), 262 (t)
Churilla, Lynda/Outline Syndicates Inc.: 209 (b)

Cohen, Stuart: iv, iv–v (background), xii–xiii, 118, 37 (b), 50, 63 (b), 74, 86, 90 (r), 152 (tl), 155, 156, 159 (c), 169 (tl), 177 (l), 177 (r), 193 (t), 237 (t), 282, 306, 353 (b), 377 (t), 377 (c), 440 (t)
Columbia Department of Tourism: 127 (t), 127 (c)
Comstock: 8 (b), 115 (t)
Copyright © 1999 PhotoDisc, Inc: 11, 24, 58, 61 (b), 68 (b), 73 (bl), 73 (br), 73 (bc), 73 (t), 109 (t), 109 (b), 109 (c), 111 (t), 111 (c), 113, 124, 143, 159 (b), 161 (b), 170 (t), 171 (b), 176, 178, 183 (b), 192, 199, 212 (c), 216 (b), 223, 224 (t), 232, 248 (b), 253, 255 (t), 255 (b), 257 (t), 257 (b), 258 (b), 261 (t), 267 (t), 269, 270 (b), 277, 281 (l), 294 (l), 298, 300 (t), 301, 307 (t), 310 (b), 311 (t), 311 (b), 315, 323 (b), 324 (l), 324 (r), 325 (t), 325 (b), 326 (t), 326 (br), 329 (bl), 329 (bc), 329 (br), 343, 344 (t), 344 (b), 346 (l), 354 (t), 359 (bl), 359 (blc), 359 (brc), 359 (br), 401 (t), 401 (c), 401 (b), 404, 405 (t), 406 (t), 413 (b), 417 (t), 417 (c), 423 (t), 425 (t), 427, 465
Corbis: 168, 482
Corbis/Colita: 96 (l)
Courau, J.P./DDB Stock Photo: 355 (b)
Cruz, Francisco/Superstock: 442 (b)
Cummins, Jim/FPG International: xiv (t), xiv–xv (background), 340–341, 341 (b), 487
Curtis, Strauss/The Stock Market: 405 (b), 409 (b)
D'Antonio, Nancy: 59 (l), 231 (t), 429 (t)
Daemmrich, Bob: 40, 326 (bl), 331 (b), 348 (t)
Daemmrich, Bob/Stock Boston: 340 (tl), 340 (bl), 340 (br), 346, 361 (t), 366, 372, 418 (r), 452, xiv (b)
Daemmrich, Bob/The Image Works: 200 (bl), 200 (br), 393 (b)
Daemmrich, Bob/Tony Stone Images: 423 (b), 464
Dallet, J.D./Superstock: 200 (tl)
Damm, Fridmar/Leo De Wys, Inc.: 303 (b)
Davis, James/International Stock Photography: 15
Day, Donna/Tony Stone Images: 397
De Oca, Art Montes/FPG International: 308 (t)